21世纪应用型本科会计系列规划教材

Intermediate Financial Accounting

中级财务会计

易爱军　骆阳　主编

东北财经大学出版社
Dongbei University of Finance & Economics Press
大连

图书在版编目（CIP）数据

中级财务会计 / 易爱军，骆阳主编．—大连：东北财经大学出版社，2024.1

（21世纪应用型本科会计系列规划教材）

ISBN 978-7-5654-4997-0

Ⅰ.中…　Ⅱ.①易…②骆…　Ⅲ.财务会计-高等学校-教材　Ⅳ.F234.4

中国国家版本馆CIP数据核字（2023）第202037号

东北财经大学出版社出版

（大连市黑石礁尖山街217号　邮政编码　116025）

网　　址：http：//www.dufep.cn

读者信箱：dufep@dufe.edu.cn

大连东泰彩印技术开发有限公司印刷　东北财经大学出版社发行

幅面尺寸：185mm×260mm　字数：526千字　印张：22

2024年1月第1版　2024年1月第1次印刷

责任编辑：石真珍　周　晗　责任校对：何　群

封面设计：原　皓　版式设计：原　皓

定价：55.00元

教学支持　售后服务　联系电话：（0411）84710309

前　言

党的二十大报告吹响了党团结带领全国各族人民全面建成社会主义现代化强国、实现第二个百年奋斗目标的冲锋号，数字经济的快速发展和我国经济的高质量发展也对会计行业人才培养提出了新的要求。加强新时代会计人才培养工作，打造一支适应市场经济发展需求、具备优秀专业素养和优秀道德品质的会计人才队伍，既是会计行业更好践行服务国家建设主题和诚信建设主线的必由之路，也是国家社会经济发展对会计行业发展提出的新要求。

本教材以习近平新时代中国特色社会主义思想和党的二十大精神为指引，以课程思政教育为导向，以我国最新企业会计准则为依据，紧密结合应用型本科高校会计教学特点和会计发展方向，深入挖掘“中级财务会计”课程所蕴含的思政元素，总结提炼作者团队多年从事财务会计课程教学的改革成果，引入企业实际案例，采用由浅入深、循序渐进的方式来安排总体结构和各章内容，既密切契合应用型高校会计人才培养目标，又兼顾初级会计师和注册会计师的考核要求，充分发挥教材在提高人才培养质量中的基础性作用，力争为社会培养一大批思想素质好、专业水平高、应用能力强的新时代会计人才。

本教材分为十一章。第一章为总论，主要介绍财务会计的基本理论。第二章至第十一章为会计实务部分。其中，第二章到第七章为资产部分，分别介绍了货币资金、金融资产、存货、固定资产和投资性房地产、无形资产、长期股权投资的基本概念、核算要求、具体核算方法及其主要特点；第八章为负债，包括流动负债和非流动负债两部分，具体介绍了短期借款、应付票据、应付及预收款项、应付职工薪酬、应交税费、长期借款、应付债券和长期应付款等的核算要求和核算方法；第九章为所有者权益，介绍了实收资本与其他权益工具、资本公积与其他综合收益、留存收益的核算要求和核算方法；第十章为收入、费用和利润的核算；第十一章为财务报告部分，分别介绍了资产负债表、利润表、现金流量表和所有者权益变动表的编制方法以及报表附注的基本内容。

在内容的编排上，本教材注重思想性和政策性、创新性和综合性、互动性和应用性的结合。其一，本教材总结了作者团队多年从事财务会计课程教学的改革成果，侧重介绍财务会计学科前沿的内容，淘汰陈旧过时的内容，以帮助学生站在时代前沿准确理解和掌握会计基本规范和基本技能，培养学生的创新意识和社会责任意识，体现了会计工作的思想性和政策性。其二，本教材在安排内容和例题时，注重业务的整体性和连续性，采用由浅入深、循序渐进的编写方法来安排总体结构和各章具体内容，有助于学生更好地掌握专业知识，提高实际应用能力，体现了会计教学的创新性和综合性。其三，本教材密切结合应用型本科人才培养目标和学生实际，突出了“互联网+”的时代特点，体现了会计教学的互动性和应用性。在栏目的设计上，本教材在每章开头设有“学习目标”“育人目标”，每章结尾设有“知识小结”“思政链接”“即测即评”等栏目，突出重点和难点，引导学生自主学习、自主思考；在例题的设计上，本教材以海洋企业为核算对象，凸显海洋特色，培养学生的海洋意识；在“思政链接”中，本教材选择了一些代表性强、影响力大的典型案例并予以分析，以培养学生良好的职业素养和道德品质。本教材不仅可作为高等院校会计学、财务管理学专业以及其他经济管理类专业在校本科生学习会计的教科书，也可供从事会计、财务管理和其他经济管理工作的人员用于自学、培训等。

本教材由江苏海洋大学商学院会计系的易爱军、骆阳担任主编，薛淑娟、武玉清、金慧琴、冯格格老师参加了编写工作。具体的编写分工为：易爱军负责编写第一章，金慧琴负责编写第二章、第五章，武玉清负责编写第三章、第四章，薛淑娟负责编写第六章、第九章，骆阳负责编写第七章、第八章，冯格格负责编写第十章、第十一章，最后由易爱军、骆阳总纂定稿。

在本教材的编写过程中，编者们参考了大量近年的文献资料（在书后的参考文献中列出），在此对所有文献的作者表示感谢。同时，感谢江苏海洋大学及商学院各级领导的大力支持。

由于编者时间仓促，水平有限，书中内容安排与语言表述可能还存在缺点和错误，恳请读者和同行批评指正。

编　者

2023年8月于江苏连云港

目　录

第一章 总 论

学习目标

1. 掌握会计要素的概念及确认条件；
2. 掌握会计信息质量要求；
3. 掌握会计计量属性及其应用原则；
4. 熟悉财务报告的目标；
5. 熟悉财务报告的构成。

育人目标

培养民族自豪感和遵纪守法精神。

第一节 会计概述

一、会计的定义和起源

会计是以货币为主要计量单位，反映和监督一个单位经济活动的一种经济管理活动。在企业，会计主要反映企业的财务状况、经营成果和现金流量，并对企业经营活动和财务收支进行监督。会计是随着人类社会生产的发展和经济管理的需要而产生、发展并不断完善起来的。在生产活动中，为了获得一定的劳动成果，必然要耗费一定的人力、物力和财力。人们一方面关心劳动成果的多少，另一方面也注重劳动耗费的高低。人们通常将结绳记事、刻石计数作为会计的萌芽，随着生产活动的发展，产生了对生产活动进行专门计量与记录的会计。之后，人类文明不断进步，社会经济活动不断革新，生产力不断提高，会计的核算内容、核算方法等也得到了较大发展，逐步由简单的计量与记录行为，发展成为以货币单位综合地反映和监督经济活动过程的一种经济管理工作，并在参与单位经营管理决策、提高资源配置效率、促进经济健康持续发展方面发挥积极作用。

二、会计的作用

党的二十大报告明确提出，高质量发展是全面建设社会主义现代化国家的首要任务，要以中国式现代化全面推进中华民族伟大复兴。会计作为现代企业的一项重要的基础性工作，通过一系列会计程序，提供决策有用的信息，并积极参与经营管理决策，提高企业经济效益，促进市场经济的健康有序发展。在我国经济发展已转入高质量发展的阶段，会计在优化经济结构、防范化解重大风险、推动经济社会持续健康发展等方面都将发挥越来越重要的作用。

第一，有助于提供决策有用的信息，提高企业透明度，规范企业行为。会计通过其反映职能，提供有关企业财务状况、经营成果和现金流量方面的信息，是包括投资者和债权人在内的各方面信息使用者进行决策的依据。比如，对于作为企业所有者的投资者来说，为了选择投资对象、衡量投资风险、做出投资决策，不仅需要了解企业包括毛利率、总资产收益率、净资产收益率等指标在内的盈利能力和发展趋势方面的信息，也需要了解有关企业经营情况方面的信息及其所处行业的信息；对于作为债权人的银行来说，为了选择贷款对象、衡量贷款风险、做出贷款决策，不仅需要了解企业包括流动比率、速动比率、资产负债率等指标在内的短期偿债能力和长期偿债能力，也需要了解企业所处行业的基本情况及其在同行业所处的地位；对于作为社会经济管理者的政府部门来说，为了制定经济政策、进行宏观调控、配置社会资源，需要从总体上掌握企业的资产负债结构、损益状况和现金流转情况，从宏观上把握经济运行的状况和发展变化趋势。所有这一切，都需要会计提供有助于他们进行决策的信息，通过提高会计信息透明度来规范企业会计行为。

第二，有助于考核企业领导人经济责任的履行情况。企业接受了包括国家在内的所有投资者和债权人的投资，就有责任按照其预定的发展目标和要求，合理利用资源，加强经营管理，提高经济效益，接受考核和评价。会计信息有助于评价企业的业绩，有助于考核企业领导人经济责任的履行情况。比如，对于作为企业所有者的投资者来说，他们为了了解企业当年度经营活动成果和当年度的资产保值和增值情况，需要将利润表中的净利润与上年度进行对比，以反映企业的盈利发展趋势；需要将其与同行业进行对比，以反映企业在与同行业竞争时所处的位置，从而考核企业领导人的经济责任。

三、企业会计的分类与企业会计准则

（一）企业会计的分类

随着企业公司制的建立和所有权、经营权的分离以及资本市场的发展，企业会计逐步演化为两大分支：一是服务于企业内部管理信息及其决策需要的管理会计，亦即对内报告会计；二是服务于企业外部信息使用者信息及其决策需要的财务会计，亦即对外报告会计。财务会计与管理会计的主要区别如下：

（1）目标不同。财务会计主要是向外部的各种利益相关者（如投资者、债权人、税务机关等）提供财务报告，展示企业的财务状况、利润情况和现金流动情况；管理会计则是为了更好地支持企业内部的管理决策，提供对企业经营活动的详细分析和评估，帮助管理层做出更好的决策。

（2）报告内容不同。财务会计通常报告企业的历史财务状况，如资产、负债、收入、费用、利润等；管理会计一般报告的是企业的内部业务活动情况，如成本、利润、预算、绩效等。

（3）信息使用者不同。财务会计主要是为了满足外部用户（如投资者、银行、税务局等）的需求；而管理会计主要是为企业内部管理层使用，为管理层提供决策所需的信息。

（4）管理手段不同。财务会计主要利用会计准则和财务报告来检测企业财务状况；管理会计则更加注重量化分析和比较分析，采用各种管理工具和方法，如成本法、收益法、差异分析法等，来帮助管理层进行决策。

财务会计由于需要服务于外部信息使用者，在保护投资者及社会公众利益、维护市场经济秩序及其稳定方面扮演着越来越重要的角色。因此，在社会经济生活中的地位日显突出，迫切需要一套社会公认的、统一的会计原则来规范其行为。在这种情况下，企业会计准则应运而生。其核心是通过规范企业财务会计确认、计量和报告内容，提高会计信息质量，降低资金成本，提高资源配置效率。

（二）企业会计准则

1.我国会计准则的发展历程

我国一直重视会计准则的建设，尤其是改革开放以来，会计制度不断改革创新，从改革开放初期为了吸引外资而建立的外商投资企业会计制度，到后来为了适应股份制改革而建立的股份制企业会计制度，再到后来建立的不分行业、不分所有制的统一的会计制度，即《企业会计制度》《金融企业会计制度》《小企业会计制度》，适应了我国改革开放和市场经济发展的需要。

1992年，我国发布了第一项会计准则，即《企业会计准则》，之后又先后发布了包括关联方关系及其交易的披露、现金流量表、非货币性交易、投资、收入、或有事项、资产负债表日后事项、会计政策、会计估计变更和会计差错更正、借款费用、债务重组、固定资产、无形资产、存货、中期财务报告等在内的16项具体准则。之后，为适应我国市场经济发展和经济全球化的需要，按照立足国情、国际趋同、涵盖广泛、独立实施的原则，财政部对上述准则做了系统性的修改，并制定了一系列新的准则，于2006年2月15日，发布了包括《企业会计准则——基本准则》（以下简称基本准则）和38项具体准则在内的企业会计准则体系，2006年10月30日，又发布了企业会计准则应用指南，从而实现了我国会计准则与国际财务报告准则的实质性趋同。

由于企业所处的具体商业环境和国内外环境发生了明显的变化，为保证会计信息的真实可靠、内容完整，2019年，我国对原有会计准则进行了重新修订。新会计准则从三个方面确保了会计信息的真实可靠性：一是充分考虑了市场因素变化对资产价值的影响，强调按资产的定义确认和计量资产，在资产不能预期给企业带来经济利益时，要求企业计提相应的减值准备；二是允许企业在不违背国家统一的会计核算制度的前提下，根据所处的具体商业环境灵活地选择适合自身的会计政策，如可对其他应收款计提坏账准备，可采取不同百分比进行计提，以及采用不同的固定资产折旧政策等，充分揭示企业所面临的市场风险；三是就或有事项等不确定性事项所可能引发的风险，要求企业认真甄别，将符合负债确认条件的或有事项产生的义务确认为负债，并在会计报表附注中充分披露。新会计准则还要求承租人在确认租赁引发的负债时，考虑货币的时间价值。

2.我国现行会计准则的构成及特点

我国企业会计准则体系由基本准则、具体准则、会计准则应用指南和解释公告等组成。其中，基本准则在整个企业会计准则体系中扮演着概念框架的角色，起着统驭作用；具体准则是在基本准则的基础上，对具体交易或者事项会计处理的规范；应用指南是对具体准则的一些重点难点问题做出的操作性规定；解释公告是随着企业会计准则的贯彻实施，就实务中遇到的实施问题而对准则做出的具体解释。在我国现行企业会计准则体系中，基本准则类似于国际会计准则理事会的《编报财务报表的框架》和美国财务会计准则委员会的《财务会计概念公告》，它规范了包括财务报告目标、会计基本假设、会计信息质量要求、会计要素的定义及其确认、计量原则、财务报告等在内的基本问题，是会计准则制定的出发点，是制定具体准则的基础。

新准则充分借鉴国际财务报告准则，除极少数事项外，已与国际财务报告准则实现了趋同。在资产计价、负债核算、收入确认和完善财务报告体系等重要方面与国际会计惯例基本一致。从过去偏重工商企业准则扩展到横跨金融、保险、农业等众多领域的39项准则，覆盖了企业的各项经济业务，填补了我国市场经济条件下新型业务处理规定的空白。主要创新表现在：

（1）涉及的领域上，增加了原准则中没有或虽有但规定不详细或不明确的内容，如企业年金基金、股份支付、投资性房地产、生物性资产、金融工具的确认计量与列报、保险合同的规定等。

（2）会计处理方法的具体内容上，引入多项新的概念，如引入公允价值概念。新准则引入了公允价值计量，例如要求上市公司在非货币性资产交换中考虑换出、换入资产的公允价值。

（3）披露方法做出了许多新的规定，如金融风险的披露更为直接和透明。准则要求，将衍生金融工具纳入表内核算，这使得上市公司进行的一些高风险金融投资可以及时地在财务报表中得到反映，使治理层可以更直接地获取相关信息，为更好地履行其职责提供了条件，同时也使投资者可以更直接地了解上市公司衍生金融工具的情况。

3.数字化背景下会计准则的未来发展展望

一方面，IASB的国际会计准则已经形成了较强的应用生态，在未来相当长时期内仍将具有较大的影响力。但从长远来看，由于其缺陷逐渐暴露，且其缺陷带来的后果日趋严重，难以继续长期作为会计准则国际趋同的“标杆”。另一方面，数字化的迅猛发展正推动传统会计向智能会计转型，企业发展环境正发生巨大变化，数据隐私保护、数据信息披露要求等都相应发生了变化，对国际会计准则提出了全新的要求；中国的综合实力与整体国际影响力正逐年提升，习近平总书记提出的“推动构建人类命运共同体”理念得到了世界上越来越广泛的认同，中国特色社会主义制度的优越性也有助于我国会计准则制定机构从社会公共利益的视角出发，协调处理会计规则与其他规则之间的关系，总结和探索出一套真正具有全球“普适性”的会计规则。因此，中国在未来有可能成为新一轮会计准则国际趋同的引领者。

第二节　财务报告的目标

财务报告目标是构建会计要素确认、计量和报告原则并制定各项准则的基本出发点。我国财务报告的目标是向财务报告使用者提供与企业财务状况、经营成果和现金流量等相关的会计信息，反映企业管理层受托责任的履行情况，有助于财务报告使用者做出经济决策。它是财务会计确认和计量的最终成果，是沟通企业管理层与外部信息使用者之间的桥梁和纽带。

一、财务报告目标的重要作用

财务报告的目标定位决定着财务报告应当向谁提供有用的会计信息，应当保护谁的经济利益，这既是财务报告编制的出发点，也是企业会计准则建设与发展的立足点。因此，需要清楚界定企业财务报告的使用者具有哪些特征，进行什么样的经济决策，在决策过程中需要什么样的会计信息等。为使用者提供有用信息，不仅可以有效地调和企业管理层与外部信息使用者之间的关系，还可以提高使用者的决策水平与质量，降低资金成本，提高市场效率。

财务报告的目标定位决定着财务报告所要求会计信息的质量特征，决定着会计要素的确认与计量原则，是财务会计系统的核心与灵魂。

二、财务报告目标的主要内容

（一）向财务报告的使用者提供决策有用的信息

财务报告使用者主要包括投资者、债权人、政府及其有关部门和社会公众等。满足投资者的信息需要是企业财务报告编制的首要出发点，将投资者作为企业财务报告的首要使用者，突显了投资者的地位，体现了保护投资者利益的要求，是市场经济发展的必然。如果企业在财务报告中提供的会计信息与投资者的决策无关，那么财务报告就失去了其编制的意义。根据投资者决策有用目标，财务报告所提供的信息应当如实反映企业所拥有或者控制的经济资源、对经济资源的要求权以及经济资源及其要求权的变化情况，如实反映企业的各项收入、费用、利得和损失的金额及其变动情况，如实反映企业各项经营活动、投资活动和筹资活动等所形成的现金流入和现金流出情况等，从而有助于现在的或者潜在的投资者正确、合理地评价企业的资产质量、偿债能力、盈利能力和营运效率等，有助于投资者根据相关会计信息做出理性的投资决策，有助于投资者评估与投资有关的未来现金流量的金额、时间和风险等。

除了投资者之外，企业财务报告的使用者还有债权人、政府及有关部门、社会公众等。例如，企业贷款人、供应商等债权人通常十分关心企业的偿债能力和财务风险，需要信息来评估企业能否如期支付贷款本金及其利息，能否如期支付所欠购货款等；政府及其有关部门作为经济管理和经济监管部门，通常关心经济资源分配的公平、合理，市场经济秩序的公正、有序，宏观决策所依据信息的真实、可靠等，因此，需要信息来监管企业的生产经营活动，制定税收政策、进行税收征管和国民经济统计等；社会公众也关心企业的生产经营活动，包括对所在地经济做出的贡献，如增加就业、刺激消费、提供社区服务等。因此，在财务报告中提供有关企业发展前景及其能力、经营效益、效率等方面的信息，可以满足社会公众的信息需要。使用者的许多信息需求是共同的。由于投资者是企业资本的主要提供者，通常情况下，如果财务报告能够满足这一群体的会计信息需求，也可以满足其他使用者的大部分信息需求。

（二）反映企业管理层受托责任的履行情况

现代企业制度强调企业所有权和经营权相分离，企业管理层受委托人之托，经营管理企业及其各项资产，负有受托责任，即企业管理层所经营管理的企业各项资产基本上为投资者投入的资本（或者留存收益作为再投资），或者向债权人借入的资金所形成的，企业管理层有责任妥善保管并合理、有效运用这些资产。企业投资者和债权人等需要及时或者经常性地了解企业管理层保管、使用资产的情况，以便于评价企业管理层的责任情况和业绩情况，并决定是否需要调整投资或者信贷政策，是否需要加强企业内部控制和其他制度建设，是否需要更换管理层等。因此，财务报告应当反映企业管理层受托责任的履行情况，以有助于外部投资者和债权人等评价企业的经营管理责任和资源使用的有效性。

第三节 会计基本假设

会计基本假设是企业会计确认、计量和报告的前提，是对会计核算所处时间、空间环境等所做的合理设定。会计基本假设包括会计主体假设、持续经营假设、会计分期假设、货币计量假设。

一、会计主体假设

会计主体，是指企业会计确认、计量和报告的空间范围。为了向财务报告使用者客观反映企业财务状况、经营成果和现金流量，提供与其决策有用的信息，会计核算和财务报告的编制应当集中于反映特定对象的活动，并将其与其他经济实体区别开来，才能实现财务报告的目标。

会计主体假设，就是指企业应当对其本身发生的交易或者事项进行会计确认、计量和报告，反映企业本身所从事的各项生产经营活动。明确界定会计主体是开展会计确认、计量和报告工作的重要前提。

首先，明确会计主体，才能划定会计所要处理的各项交易或事项的范围。在会计工作中，只有那些影响企业本身经济利益的各项交易或事项才能加以确认、计量和报告。会计工作中通常所讲的资产、负债的确认，收入的实现，费用的发生等，都是针对特定会计主体而言的。

其次，明确会计主体，才能将会计主体的交易或者事项与会计主体所有者及其他会计主体的交易或者事项区分开来。例如，企业所有者的经济交易或者事项是基于企业所有者主体所发生的，不应纳入企业会计核算的范围。但是企业所有者投入到企业的资本或者企业向所有者分配的利润，则属于企业主体所发生的交易或者事项，应当纳入企业会计核算的范围。

会计主体不同于法律主体。会计主体是会计核算和监督的组织，一般来说，一个独立核算的单位都是一个会计主体，比如，一个公司、一个商店、一个车间、一个基金，都可以成为一个会计主体。而法律主体，通常指那些具有民事行为能力的单位，通俗地讲，就是有资格成为原告或被告的单位，如有限责任公司、股份有限公司等，都是法律主体。一般来说，每个法律主体都需要进行会计核算和监督，故法律主体必然是一个会计主体。但会计主体不一定是法律主体。两者的区分要结合各自的概念来具体加以确认。

【例 1-1】某集团公司由母公司和20家子公司组成，母、子公司均属于不同的法律主体，但母公司对子公司拥有控制权，请问集团公司是会计主体吗？

该例中，母公司拥有20家子公司，母、子公司虽是不同的法律主体，但母公司对子公司拥有控制权，为了全面反映企业集团的财务状况、经营成果和现金流量，就有必要将企业集团作为一个会计主体，编制合并财务报表，因此该集团公司不是法律主体，是会计主体。

【例1-2】某基金管理公司管理了15只证券投资基金，每只基金需单独核算，并向基金持有人定期披露基金的财务状况和经营成果等，请问每只基金是会计主体吗？

该例中，由企业管理的证券投资基金，虽不属于法律主体，但应当对每只基金进行会计确认、计量和报告，因此属于会计主体。

二、持续经营假设

持续经营，是指在可以预见的将来，企业将会按当前的规模和状态继续经营下去，不会停业，也不会大规模削减业务。在持续经营前提下，会计确认、计量和报告应当以企业持续、正常的生产经营活动为前提。

企业是否持续经营，在会计原则、会计方法的选择上有很大差别。一般情况下，应当假定企业将会按照当前的规模和状态继续经营下去。明确这个基本假设，就意味着会计主体将按照既定用途使用资产，按照既定的合约条件清偿债务，会计人员就可以在此基础上选择会计原则和会计方法。

【例1-3】某企业购入一条生产线，预计使用寿命为10年，请问该企业在持续经营假设下应该如何分摊生产线的价值？

该例中，考虑到企业将会持续经营下去，故可假定企业的固定资产会在持续经营的生产经营过程中长期发挥作用，不断地为企业生产产品，直至生产线使用寿命结束。为此，固定资产就应当根据历史成本进行记录，并采用合适的折旧方法，将历史成本分摊到预计使用寿命期间所生产的相关产品成本中去。

三、会计分期假设

会计分期，是指将一个企业持续经营的生产经营活动划分为一个个连续的、长短相同的期间。会计分期的目的在于通过会计期间的划分，将持续经营的生产经营活动划分成一个个连续、相等的期间，据以结算盈亏，按期编报财务报告，从而及时向财务报告使用者提供有关企业财务状况、经营成果和现金流量的信息。

在会计分期假设下，企业应当划分会计期间，分期结算账目和编制财务报告。会计期间通常分为年度和中期。中期，是指短于一个完整的会计年度的报告期间，如月度、季度、半年度等。

根据持续经营假设，每家企业都将按当前的规模和状态持续经营下去，但无论是企业的生产经营决策还是投资者、债权人等的决策都需要及时的信息，都需要将企业持续的生产经营活动划分为一个个连续的、长短相同的期间，分期确认、计量和报告企业的财务状况、经营成果和现金流量。

明确会计分期假设意义重大。正是因为有了会计分期，才产生了当期与以前期间、以后期间的概念，才使不同类型的会计主体有了记账的时间基准，进而出现了折旧、摊销等会计处理方法。

四、货币计量假设

货币计量，是指会计主体以货币为主要计量单位，来对生产经营活动进行确认、计量和报告。

之所以选择货币为基础进行计量，是由货币的本身属性所决定的。货币是商品的一般等价物，是衡量一般商品价值的共同尺度，具有价值尺度、流通手段、贮藏手段和支付手段等特点。而重量、长度、容积、台、件等其他计量单位，均只能从某一侧面反映企业的生产经营情况，无法在量上进行汇总和比较，不便于会计计量和经营管理。只有选择货币尺度进行计量，才能充分反映企业的生产经营情况。所以，基本准则规定，会计确认、计量和报告选择货币作为计量单位。

第四节　会计信息质量要求

会计信息质量要求是对企业财务报告中所提供会计信息质量方面的基本要求，是会计信息对投资者、债权人等信息使用者决策有用所应具备的基本特征，主要包括可靠性、相关性、可理解性、可比性、实质重于形式、重要性、谨慎性、及时性等。

一、可靠性

可靠性即客观性、真实性，要求企业应当以实际发生的交易或者事项为依据进行确认、计量和报告，如实反映符合确认和计量要求的各项会计要素及其他相关信息，保证会计信息真实可靠、内容完整。

会计信息要有用，必须以可靠为基础，如果财务报告所提供的会计信息是不可靠的，就会给信息使用者的决策产生误导甚至带来损失。

为了贯彻可靠性要求，企业应当做到：

（1）以实际发生的交易或者事项为依据进行确认、计量，将符合会计要素定义及其确认条件的资产、负债、所有者权益、收入、费用、利润等如实反映在财务报表中，不得根据虚构的、没有发生的或者尚未发生的交易或者事项进行确认、计量和报告。

（2）在符合重要性和成本效益原则的前提下，保证会计信息的完整性。报表及其附注内容等应当保持完整，与信息使用者决策相关的有用信息都应当充分披露，不能随意遗漏或减少应予披露的信息。

【例 1-4】20×3年年末，某公司发现销售萎缩，年初确定的销售收入目标可能无法实现。考虑到第二年春节前后，公司销售可能会出现较大幅度增长，故公司提前预计了库存商品销售。在当年年末，制作了若干存货出库凭证，并确认销售收入实现。

该例中，某公司会计处理不是以其实际发生的交易或事项为依据的，而是虚构了交易事项，违背了会计信息质量要求的可靠性原则，也违背了《中华人民共和国会计法》的规定。

二、相关性

相关性即有用性，要求企业提供的会计信息应当与信息使用者的经济决策需要相关，有助于信息使用者对企业过去、现在或者未来的情况做出评价或者预测。

会计信息是否有用，是否具有价值，关键是看其与使用者的决策需要是否相关，是否有助于决策或者提高决策水平。相关的会计信息应当能够有助于使用者评价企业过去的决策，证实或者修正过去的有关预测，因而具有反馈价值。相关的会计信息还应当具有预测价值，有助于使用者根据财务报告所提供的会计信息预测企业未来的财务状况、经营成果和现金流量。

在会计实务中，区分收入和利得、费用和损失，区分流动资产和非流动资产、流动负债和非流动负债，适度引入公允价值等，都可以提高会计信息的预测价值，进而提升会计信息的相关性。

会计信息质量的相关性要求，需要企业在确认、计量和报告会计信息的过程中，充分考虑使用者的决策模式和信息需要。但相关性是以可靠性为基础的，会计信息应在可靠性前提下，尽可能做到相关性，以满足信息使用者的决策需要。

三、可理解性

可理解性即明晰性，要求企业提供的会计信息应当清晰明了，便于信息使用者理解和使用。

企业编制财务报告、提供会计信息的目的在于使用。为有效使用会计信息，应当便于使用者了解会计信息的内涵，弄懂会计信息的内容。这就要求财务报告所提供的会计信息应当清晰明了，易于理解。只有这样，才能提高会计信息的有用性，实现财务报告的目标，满足向投资者等财务报告使用者提供决策有用信息的要求。

四、可比性

可比性要求会计信息具有纵向和横向上的可比性。

1.纵向可比

同一企业对于不同时期发生的相同或相似的交易或者事项，应当采用一致的会计政策，不得随意变更。当然，满足会计信息可比性要求，并不表明不允许企业变更会计政策，企业按照规定或者会计政策变更后可以提供更可靠、更相关的会计信息时，就必须及时变更会计政策，以向投资者提供更为有用的会计信息。但有关会计政策变更的情况及影响，应当在会计报表附注中加以说明。

2.横向可比

不同企业发生的相同或者相似的交易或者事项，应当采用一致的会计政策。要求不同企业按照一致的确认、计量和报告要求提供有关会计信息，以确保会计信息口径一致、相互可比。

五、实质重于形式

实质重于形式要求企业应当按照交易或者事项的经济实质进行会计确认、计量和报告，而不仅仅以交易或者事项的法律形式为依据。

企业发生的交易或事项，在多数情况下，其经济实质和法律形式是一致的，但在有些特殊情况下，会出现不一致，如企业按照销售合同销售商品的同时，签订了售后回购协议。从法律形式上看，销售收入已经实现，但从实质上看，企业没有将商品所有权上的主要风险和报酬转移给购货方，不满足收入确认的各项条件，故即使签订了商品销售合同或已将商品交付给购货方，也不应当确认销售收入。

六、重要性

重要性要求企业提供的会计信息应当反映与企业财务状况、经营成果和现金流量有关的所有重要交易或者事项，即重要的会计信息应详细予以反映，非重要的会计信息可以简化反映。

在实务中，如果会计信息的省略或者错报会影响投资者等财务报告使用者据此做出决策的，该信息就具有重要性。重要性的应用需要依赖职业判断，企业应当根据其所处环境和实际情况，从项目的性质和金额大小两方面加以判断。

例如，我国上市公司要求对外提供季度财务报告，考虑到季度财务报告披露的时间较短，从成本效益原则考虑，季度财务报告没有必要像年度财务报告那样披露详细的附注信息。因此，中期财务报告准则规定，公司季度财务报告附注应当以年初至本中期末为基础编制，披露自上年度资产负债表日之后发生的，有助于理解企业财务状况、经营成果和现金流量变化情况的重要交易或者事项，体现了会计信息质量的重要性要求。

七、谨慎性

谨慎性要求企业对交易或者事项进行会计确认、计量和报告应当保持应有的谨慎，不应高估资产或者收益、低估负债或者费用。

在市场经济环境下，企业的生产经营活动面临着许多风险和不确定性，如应收款项的可收回性、固定资产的使用寿命、无形资产的使用寿命、售出存货可能发生的退货或者返修等。会计信息质量的谨慎性要求企业在面临不确定性因素的情况下做出职业判断时，应当保持应有的谨慎，充分估计到各种风险和损失，既不高估资产或者收益，也不低估负债或者费用。

例如，要求企业对可能发生的资产减值损失计提资产减值准备、对售出商品可能发生的保修义务等确认预计负债等，就体现了会计信息质量的谨慎性要求。

谨慎性的应用也不允许企业设置秘密准备，如果企业故意低估资产或者收益，或者故意高估负债或者费用，将不符合会计信息的可靠性和相关性要求，会损害会计信息质量，扭曲企业实际的财务状况和经营成果，从而对使用者的决策产生误导，这是会计准则所不允许的。

八、及时性

及时性要求企业对于已经发生的交易或者事项，应当及时进行确认、计量和报告，不得提前或者延后。

会计信息的价值在于帮助信息使用者做出经济决策，具有时效性。即使是可靠、相关的会计信息，如果不及时提供，就失去了时效性，对于使用者的效用就会大大降低甚至不再具有实际意义。

在会计确认、计量和报告过程中贯彻及时性，一是要求及时收集会计信息，即在交易或事项发生后，及时收集整理各种原始单据或者凭证；二是要求及时处理会计信息，即按照企业会计准则的规定，及时对交易或事项进行确认或者计量，并编制财务报告；三是要求及时传递会计信息，即按照国家有关时限规定，将编制的财务报告及时传递给财务报告使用者。

第五节　会计要素及其确认

会计要素，是指按照交易或者事项的经济特征所做的基本分类，分为反映企业财务状况的会计要素和反映企业经营成果的会计要素。我国企业会计要素按其性质分为资产、负债、所有者权益、收入、费用和利润。其中资产、负债、所有者权益要素侧重于反映企业的财务状况，收入、费用和利润要素侧重于反映企业的经营成果。

一、资产的定义及其确认条件

（一）资产的定义

资产是指企业过去的交易或者事项形成的，由企业拥有或控制的，预期会给企业带来未来经济利益的资源。根据资产的定义，资产具有以下几方面的特征：

1.资产预期会给企业带来未来经济利益

资产预期会给企业带来经济利益，是指资产直接或者间接导致现金和现金等价物流入企业的潜力。这种潜力可以来自企业日常的生产经营活动，也可以是非日常活动；带来的经济利益可以是现金或者现金等价物，或是可以转化为现金或者现金等价物的形式，或是可以减少现金或现金等价物流出的形式。

资产预期能否为企业带来经济利益是资产的重要特征。例如，企业采购的原材料、购置的固定资产等可以用于生产经营过程，制造商品或者提供劳务，对外出售后收回货款，即为企业所获得的经济利益。如果某一项目预期不能给企业带来经济利益，就不能将其确认为企业的资产。前期已经确认为资产的项目，如果不能再为企业带来经济利益，也不能再确认为企业的资产。

【例1–5】某企业在20×3年年末盘点存货时，发现存货毁损60万元，企业以该存货管理责任不清为由，将毁损的存货计入“待处理财产损溢”，并在资产负债表中作为流动资产予以反映。

因为该存货预期不能再为企业带来经济利益，不符合资产的定义，故不应再在资产负债表中确认为一项资产。

2.资产应为企业拥有或控制的资源

资产作为一项资源，应当由企业拥有或者控制，具体是指企业享有某项资源的所有权，或者虽然不享有某项资源的所有权，但该资源能被企业所控制。企业享有资产的所有权通常表明企业能够排他性地从资产中获取经济利益。

通常在判断资产是否存在时，所有权是考虑的首要因素。在有些情况下，资产虽不为企业所拥有，即企业并不享有其所有权，但企业控制了这些资产，同样表明企业能够从资产中获取经济利益，符合会计上对资产的定义。

3.资产是由企业过去的交易或者事项形成的

资产应当由企业过去的交易或者事项所形成，过去的交易或者事项包括购买、生产、建造行为或者其他交易或事项。也就是说，只有过去的交易或事项才能产生资产，企业预期在未来发生的交易或者事项不能确认为资产。例如，企业有购买某存货的意愿或者计划，但是购买行为尚未发生，就不符合资产的定义，不能因此而确认存货资产。

【例1-6】甲企业和乙施工单位签订了一项厂房建造合同，建造合同尚未履行，能否确认为资产？

该例中，甲企业的建造行为尚未发生，不符合资产的定义，因此不能确认为在建工程或固定资产。

(二) 资产的确认条件

将一项资源确认为资产，需要符合资产的定义，还应同时满足以下两个条件：

1.与该资源有关的经济利益很可能流入企业

从资产的定义可以看到，能否带来经济利益是资产的一个本质特征，但在现实生活中，由于经济环境瞬息万变，与资源有关的经济利益能否流入企业或者能够流入多少实际上带有不确定性。因此，资产的确认还应与经济利益流入的不确定性程度的判断结合起来。如果根据编制财务报表时所取得的证据，与资源有关的经济利益很可能流入企业，那么就应当将其作为资产予以确认；反之，不能确认为资产。

例如，某企业赊销一批商品给某一客户，从而形成了对该客户的应收账款，由于企业最终收到款项与销售实现之间有时间差，而且收款又在未来期间，带有一定的不确定性，如果该企业在销售时判断未来很可能收到款项或者能够确定收到款项，该企业就应该在销售实现时点将该应收账款确认为一项资产；反之，如果该企业判断很可能部分或者全部无法收回，则表明该应收账款已经不符合资产的确认条件，企业应当对该应收账款计提坏账准备，减少资产的价值。

2.该资源的成本或者价值能可靠计量

可计量性是所有会计要素确认的重要前提，资产的确认同样需要符合这一要求。只有当有关资源的成本或者价值能够可靠计量的时候，资产才能予以确认。

二、负债的定义及其确认条件

(一) 负债的定义

负债是指企业过去的交易或者事项形成的，预期会导致经济利益流出企业的现时义务。根据负债的定义，负债具有以下几个方面的特征：

1.负债是企业承担的现时义务

负债必须是企业承担的现时义务，这是负债的一个基本特征。其中，现时义务是指企业在现行条件下已承担的义务，未来发生的交易或者事项形成的义务不属于现时义务，不应当确认为负债。

义务可以是法定义务，也可以是推定义务。其中，法定义务是指具有约束力的合同或者法律法规规定的义务，通常在法律意义上需要强制执行。例如，企业购买原材料形成应付账款，向银行贷入款项形成借款，按照税法规定应当缴纳的税款等，均属于企业承担的法定义务，需要依法予以偿还。推定义务是指根据企业多年来的习惯做法、公开的承诺或者公开宣布的政策，而导致有关各方认为企业将会承担的责任。例如，某企业多年来执行一项销售政策——对于售出商品提供一定期限内的售后保修服务，预期将为售出商品提供的保修服务就属于推定义务，应当将其确认为一项负债。

2.负债预期会导致经济利益流出企业

预期会导致经济利益流出企业也是负债的一个本质特征。只有企业在履行义务时会导致经济利益流出企业的，才符合负债的定义，如果不会导致企业经济利益流出，就不符合负债的定义。在履行现时义务清偿负债时，导致经济利益流出企业的形式多种多样，如用现金偿还或以实物资产形式偿还，以提供劳务形式偿还，以部分转移资产、部分提供劳务形式偿还；将负债转为资本等。

3.负债是由企业过去的交易或者事项形成的

负债应当由企业过去的交易或者事项所形成。也就是说，只有过去的交易或事项才形成负债。企业将在未来发生的承诺、签订的合同等交易或事项，不形成负债。

【例1-7】某企业向银行借款2 000万元，同时还与银行达成了2个月后借入1 000万元的借款意向书。

该例中，某企业向银行借款2 000万元，即由过去的交易或者事项形成的，属于负债。达成借款意向书就不属于过去的交易或事项，不应形成企业的负债。

（二）负债的确认条件

将一项现时义务确认为负债，需要符合负债的定义，还需同时满足以下两个条件：

1.与该义务有关的经济利益很可能流出企业

从负债的定义可以看出，预期会导致经济利益流出企业是负债的一个本质特征。在实务中，履行义务所需流出的经济利益带有不确定性，尤其是与推定义务相关的经济利益通常需要依赖于大量的估计。因此，负债的确认应当与经济利益流出的不确定性程度的判断结合起来，如有确凿证据表明，与现时义务有关的经济利益很可能流出企业，就应当将其作为负债予以确认；反之，如果企业承担了现时义务，但是会导致企业经济利益流出的可能性很小，就不符合负债的确认条件，不应将其作为负债予以确认。

2.未来流出经济利益的金额能够可靠地计量

负债的确认在考虑经济利益流出企业的同时，对于未来流出的经济利益的金额应当能够可靠计量。对于与法定义务有关的经济利益流出金额，通常可以根据合同或者法律规定的金额予以确定，考虑到经济利益流出的金额通常在未来期间，有时未来期间较长，有关金额的计量需要考虑货币时间价值等因素的影响。对于与推定义务有关的经济利益流出金额，企业应当根据履行相关义务所需支出的最佳估计数进行估计，并综合考虑有关货币时间价值、风险等因素的影响。

三、所有者权益的定义及其确认条件

（一）所有者权益的定义

所有者权益是指企业资产扣除负债后，由所有者享有的剩余权益。公司的所有者权益又称为股东权益或净资产。所有者权益是所有者对企业资产的剩余索取权，是企业资产中扣除债权人权益后应由所有者享有的部分，既可反映所有者投入资本的保值增值情况，又体现了保护债权人权益的理念。

（二）所有者权益的来源构成

所有者权益的来源包括所有者投入的资本、直接计入所有者权益的利得和损失、留存收益等，通常由实收资本（或股本）、资本公积（含股本溢价或资本溢价、其他资本公积）、盈余公积、未分配利润构成。商业银行等金融企业在税后利润中提取的一般风险准备，也构成所有者权益。

所有者投入的资本是指所有者所有投入企业的资本部分，既包括构成企业注册资本或者股本部分的金额，也包括投入资本超过注册资本或者股本部分的金额，即资本溢价或者股本溢价，这部分投入资本在我国企业会计准则体系中被计入了资本公积，并在资产负债表中的资本公积项目下反映。

直接计入所有者权益的利得和损失，是指不应计入当期损益、会导致所有者权益发生增减变动的、与所有者投入资本或向所有者分配利润无关的利得或者损失。其中，利得是指由企业非日常活动所形成的、会导致所有者权益增加的、与所有者投入资本无关的经济利益的流入。损失是指由企业非日常活动所发生的、会导致所有者权益减少的、与向所有者分配利润无关的经济利益的流出。直接计入所有者权益的利得和损失主要包括以公允价值计量且其变动计入其他综合收益的金融资产的公允价值变动额、现金流量套期中套期工具利得或损失属于有效套期部分等。

留存收益是企业历年实现的净利润留存于企业的部分，主要包括累计计提的盈余公积和未分配利润。

（三）所有者权益的确认条件

所有者权益体现的是所有者在企业中的剩余权益，因此，所有者权益的确认主要依赖于其他会计要素，尤其是资产和负债的确认。所有者权益金额的确定也主要取决于资产和负债的计量。例如，企业接受投资者投入的资产，在该资产符合企业资产确认条件时，就相应地符合了所有者权益的确认条件；当该资产的价值能够可靠计量时，所有者权益的金额也就可以确定。

四、收入的定义及其确认条件

（一）收入的定义

收入是指企业在日常活动中形成的、会导致所有者权益增加的、与所有者投入资本无关的经济利益的总流入。根据收入的定义，收入具有以下几方面的特征：

1.收入是企业在日常活动中形成的

日常活动是指企业为完成其经营目标所从事的经常性活动以及与之相关的活动。例如，工业企业制造并销售产品、商业企业销售商品、保险公司签发保单、咨询公司提供咨询服务、软件企业为客户开发软件、安装公司提供安装服务、商业银行对外贷款、租赁公司出租资产等，均属于企业的日常活动。明确界定日常活动是为了将收入与利得相区分，因为企业非日常活动所形成经济利益的流入不能确认为收入，而应当计入利得。

2.收入是与所有者投入资本无关的经济利益的总流入

收入应当会导致经济利益的流入，从而导致资产的增加。例如，企业销售商品，应当收到现金或者在未来有权收到现金，才表明该交易符合收入的定义。鉴于所有者投入资本也会导致经济利益的流入，而该经济利益的流入显然属于所有者权益的增加项目，不应确认为收入，应当将其排除在收入的定义之外。

（二）收入的确认条件

企业应当在履行了合同中的履约义务，即在客户取得相关商品或服务控制权时确认收入。取得相关商品控制权，是指能够主导该商品的使用并从中获得几乎全部的经济利益。

五、费用的定义及其确认条件

（一）费用的定义

费用是指企业在日常活动中发生的、会导致所有者权益减少的、与向所有者分配利润无关的经济利益的总流出。根据费用的定义，费用具有以下几方面的特征：

1.费用是企业在日常活动中形成的

费用必须是企业在其日常活动中所形成的，这些日常活动的界定与收入定义中涉及的日常活动的界定相一致。因日常活动所产生的费用通常包括销售成本（营业成本）、职工薪酬、折旧费、无形资产摊销费等。将费用界定为日常活动所形成的，目的是将其与损失相区分，企业非日常活动所形成的经济利益的流出不能确认为费用，而应当计入损失。

2.费用是与向所有者分配利润无关的经济利益的总流出

费用的发生应当会导致经济利益的流出，从而导致资产的减少或者负债的增加（最终也会导致资产的减少）。其表现形式包括现金或者现金等价物的流出，存货、固定资产和无形资产等的流出或者消耗等。鉴于企业向所有者分配利润也会导致经济利益的流出，而该经济利益的流出显然属于所有者权益的抵减项目，不应确认为费用，应当将其排除在费用的定义之外。

3.费用会导致所有者权益的减少

与费用相关的经济利益的流出应当会导致所有者权益的减少，不会导致所有者权益减少的经济利益的流出不符合费用的定义，不应确认为费用。

【例1-8】某企业用银行存款400万元购买生产用原材料。

该例中，该购买行为尽管使企业经济利益流出了400万元，但该流出没有导致企业所有者权益减少，而是使企业增加了另外一项资产（存货），因此不应将该经济利益的流出确认为费用。

【例1-9】某企业用银行存款偿还了一笔应付账款1 000万元。

该例中，该偿付行为尽管导致企业经济利益流出了1 000万元，但该流出没有导致企业所有者权益减少，而是使企业负债（应付账款）减少了，因此不应将该经济利益的流出确认为费用。

（二）费用的确认条件

费用的确认除了应当符合定义外，也应当满足严格的条件，即费用只有在经济利益很可能流出从而导致企业资产减少或者负债增加，且经济利益的流出额能够可靠计量时才能予以确认。因此，费用的确认至少应当符合以下条件：一是与费用相关的经济利益应当很可能流出企业；二是经济利益流出企业的结果会导致资产的减少或者负债的增加；三是经济利益的流出额能够可靠计量。

六、利润的定义及其确认条件

（一）利润的定义

利润是指企业在一定会计期间的经营成果。通常情况下，如果企业实现了利润，表明企业的所有者权益将增加，业绩得到了提升；反之，则表明企业发生了亏损。利润是评价企业管理层业绩的一项重要指标，也是会计信息使用者进行决策时的重要参考。

（二）利润的来源构成

利润包括收入减去费用后的净额、直接计入当期利润的利得和损失等。其中，收入减去费用后的净额反映的是企业日常活动的业绩，直接计入当期利润的利得和损失反映的是企业非日常活动的业绩。直接计入当期利润的利得和损失是指应当计入当期损益、最终会引起所有者权益发生增减变动的、与所有者投入资本或者向所有者分配利润无关的利得或损失。企业应当严格区分收入和利得、费用和损失之间的区别，以更加全面地反映企业的经营业绩。

（三）利润的确认条件

利润反映的是收入减去费用、利得减去损失后的净额的概念。因此，利润的确认主要依赖于收入和费用以及利得和损失的确认。其金额的确定也主要取决于收入、费用、利得和损失金额的计量。

七、会计要素计量属性及其应用原则

（一）会计要素计量属性

会计计量是为了将符合确认条件的会计要素登记入账并列报于财务报表而确定其金额的过程。企业应当按照规定的会计计量属性进行计量，确定相关金额。计量属性是指所计量的某一要素的特性，如桌子的长度、铁矿的重量、楼房的高度等。从会计角度，计量属性反映的是会计要素金额的确定基础，主要包括历史成本、重置成本、可变现净值、现值和公允价值等。

1.历史成本

历史成本，又称为实际成本，就是取得或制造某项财产物资时所实际支付的现金或者其他等价物。在历史成本计量下，资产按照其购置时支付的现金或者现金等价物的金额，或者按照购置资产时所付出对价的公允价值计量；负债按照其因承担现时义务而实际收到的款项或者资产的金额，或者承担现时义务的合同金额，或者按照日常活动中为偿还负债预期需要支付的现金或现金等价物的金额计量。

2.重置成本

重置成本又称现行成本，是指按照当前市场条件，重新取得同样一项资产所需支付的现金或现金等价物金额。在重置成本计量下，资产按照现在购买相同或者相似资产所需支付的现金或现金等价物的金额计量；负债按照现在偿付该项债务所需支付的现金或现金等价物的金额计量。

3.可变现净值

可变现净值是指在正常生产经营过程中以预计售价减去进一步加工成本和销售所必需的预计税金、费用后的净值。在可变现净值计量下，资产按照其正常对外销售所能收到现金或现金等价物的金额扣减该资产至完工时估计将要发生的成本、估计的销售费用以及相关税金后的金额计量。

4.现值

现值是指对未来现金流量以恰当的折现率进行折现后的价值，是考虑货币时间价值因素等的一种计量属性。在现值计量下，资产按照预计从其持续使用和最终处置中所产生的未来净现金流入量的折现金额计量；负债按照预计期限内需要偿还的未来净现金流出量的折现金额计量。

5.公允价值

公允价值是指市场参与者在计量日发生的有序交易中，出售一项资产所能收到或者转移一项负债所需支付的价格。

（二）各种计量属性之间的关系

在各种会计要素计量属性中，历史成本通常反映的是资产或者负债过去的价值，而重置成本、可变现净值、现值、公允价值通常反映的是资产或负债的现时成本或者现时价值，是与历史成本相对应的计量属性。当然以上关系也并不是绝对的。比如，资产或者负债的历史成本有时就是根据交易时有关资产或负债的公允价值确定的，在非货币性资产交换中，如果交换具有商业实质，且换入、换出资产的公允价值能够可靠计量的，换入资产入账成本的确定应当以换出资产的公允价值为基础，除非有确凿证据表明换入资产的公允价值更加可靠；在非同一控制下的企业合并交易中，合并成本也是以购买方在购买日为取得被购买方的控制权而付出的资产、发生或承担的负债等的公允价值来计量。

在引入公允价值过程中，我国充分考虑了国际财务报告准则中公允价值应用的三个级次：第一，存在活跃市场的资产或负债，活跃市场中的报价应当用于确定其公允价值；第二，不存在活跃市场的，参考熟悉情况并自愿交易的各方最近进行的市场交易中使用的价格或参照实质上相同的其他资产或负债的当前公允价值；第三，不存在活跃市场，且不满足上述两个条件的，应当采用估值技术等确定资产或负债的公允价值。值得一提的是，我国引入公允价值是适度、谨慎和有条件的。原因是考虑到我国尚属新兴的市场经济国家，如果不加限制地引入公允价值，有可能出现公允价值计量不可靠，甚至借此人为操纵利润的现象。因此，在投资性房地产和生物资产等具体准则中规定，只有存在活跃市场、公允价值能够取得并可靠计量的情况下，才能采用公允价值计量。

本章小结

1.会计是以货币为主要计量单位，反映和监督一个单位经济活动的一种经济管理活动。会计有助于提供决策有用的信息，提高企业透明度，规范企业行为；有助于考核企业领导人经济责任的履行情况。

2.企业会计分为管理会计和财务会计。我国企业会计准则体系由基本准则、具体准则、会计准则应用指南和解释公告等组成。

3.财务报告目标是构建会计要素确认、计量和报告原则并制定各项准则的基本出发点。我国财务报告的目标，是向财务报告使用者提供与企业财务状况、经营成果和现金流量等相关的会计信息，反映企业管理层受托责任的履行情况，有助于财务报告使用者做出经济决策。

4.会计基本假设是企业会计确认、计量和报告的前提，是对会计核算所处时间、空间环境等所做的合理设定。会计基本假设包括会计主体假设、持续经营假设、会计分期假设、货币计量假设。会计主体，是指企业会计确认、计量和报告的空间范围。持续经营，是指在可以预见的将来，企业将会按当前的规模和状态继续经营下去，不会停业，也不会大规模削减业务。会计分期，是指将企业持续经营的生产经营活动划分为一个个连续的、长短相同的期间。货币计量，是指会计主体在财务会计确认、计量和报告时以货币作为计量手段，来反映会计主体的生产经营活动。

5.会计信息质量要求是对企业财务报告中所提供会计信息质量的基本要求，是使财务报告中所提供会计信息对信息使用者决策有用所应具备的基本特征，主要包括可靠性、相关性、可理解性、可比性、实质重于形式、重要性、谨慎性和及时性等。

6.会计要素，是指按照交易或事项的经济特征所做的基本分类，分为反映企业财务状况的会计要素和反映企业经营成果的会计要素。我国企业会计要素按其性质分为资产、负债、所有者权益、收入、费用和利润。其中，资产、负债、所有者权益要素侧重于反映企业的财务状况，收入、费用、利润要素侧重于反映企业的经营成果。

7.会计计量是为了将符合确认条件的会计要素登记入账并列报于财务报表而确定其金额的过程。从会计角度，计量属性反映的是会计要素金额的确定基础，主要包括历史成本、重置成本、可变现净值、现值、公允价值等。

思政链接

皖江物流财务舞弊案例

安徽皖江物流（集团）股份有限公司（简称“皖江物流”）成立于2000年11月，由原芜湖港务管理局改制发起组建，公司原名为芜湖港储运股份有限公司，于2014年9月正式更名为皖江物流。皖江物流现为淮南矿业集团控股的国有上市公司，形成了煤炭物流、集装箱外贸物流、商品车物流三大业务板块。

2014年10月，皖江物流因涉嫌虚假陈述和不实披露，被中国证监会立案调查。2015年7月23日，中国证监会对皖江物流下达行政处罚决定。行政处罚决定书披露皖江物流存在以下违法事实：

1.皖江物流2012年虚增收入4 550 546 404.97元，虚增利润255 853 505.71元，占2012年年报利润总额的51.36%；2013年虚增收入4 603 540 216.10元，虚增利润233 966 308.60元，占2013年年报利润总额的64.64%。具体舞弊手段包括虚构交易、签订阴阳合同、少提坏账准备、少提财务费用等。

2.皖江物流未在2011年年报披露淮矿物流为华中有色、上海中望、中西部钢铁、溧阳建新制铁有限公司（以下简称溧阳建新）、溧阳昌兴炉料有限公司（以下简称溧阳昌兴）等公司提供16亿元的动产差额回购担保业务。

3.2014年淮矿物流向中西部钢铁等公司提供共计2.2亿元的高额担保，2013—2014年淮矿物流为江苏匡克等8家公司承担最高额为13.05亿余元的动产差额回购担保。皖江物流未按规定披露上述事项，其中1.56亿元动产差额回购担保事项也未在2013年年报中披露。

4.2013年皖江物流未按规定披露淮矿物流与福鹏系公司30亿元债务的转移情况。

资料来源 中国证监会. 中国证监会行政处罚决定书（安徽皖江物流（集团）股份有限公司、汪晓秀、孔祥喜等24名责任人员）[EB/OL].（2015-07-23）[2023-08-31]. http: //vip.stock.finance.sina.com.cn/corp/view/vCB_AllBulletinDetail.php? id=1978058.

思政启示：

可靠性原则是会计信息的首要原则。可靠的会计信息对国家、企业和投资者都至关重要。会计信息如果违背可靠性原则，将会对企业、投资者、债权人等带来巨大危害。一是会对企业形象造成负面影响。如果会计信息不可靠，会破坏企业的形象和信誉，降低企业在公众心中的信任度。二是会误导决策。投资者和管理层依据不准确的会计信息做出的商业决策，可能会导致企业面临一系列风险和亏损。三是会导致投资者利益受损。如果企业通过不准确的会计信息来吸引投资者，这将使得投资者的投资价值受到影响，可能会导致投资者的损失。四是会违反法规。准确的会计信息是企业遵守相关法规的基础，如果企业违反了会计准则，可能会面临法律纠纷和处罚。为确保会计信息的真实可靠，企业应该建立健全的会计信息管理制度和内部控制制度。会计人员应不断提高自身的专业素养和知识水平，养成诚实守信的品质，并严格遵守会计准则相关规定，确保会计信息的真实可靠，满足利益相关方对财务信息的需求，为经济社会发展提供真实可靠的财务信息。

第一章 即测即评

业务练习题

1. 中国海洋××股份有限公司20×3年7月初资产总额1 000万元，负债总额400万元，所有者权益总额600万元。该公司7月发生了下列经济业务：

（1）接受某投资者投资，收到面额为600 000元的转账支票一张存入银行。

（2）从银行中提取现金80 000元。

（3）购买甲材料30 000元，原材料已入库，货款未支付。

（4）购买乙材料50 000元，原材料已入库，货款已用银行存款支付。

（5）将50 000元现金存入银行。

（6）某员工出差预借现金20 000元。

（7）用银行存款30 000元归还前欠货款。

要求：计算该公司7月末的资产总额、负债总额和所有者权益总额。

2. 中国海洋××股份有限公司20×3年5月份发生如下几项业务：

（1）销售商品一批，总售价70 000元已收讫；该批商品成本为60 000元。

（2）预收货款20 000元，商品将在下月交付。

（3）预付下季度仓库租金10 000元。

（4）购入原材料一批，价值20 000元，以银行存款支付。

（5）支付本月水电费3 000元。

要求：分别采用权责发生制和收付实现制计算该公司5月份的利润总额。

第二章 货币资金

学习目标

1. 掌握货币资金的构成；
2. 掌握货币资金的管理控制原则；
3. 掌握现金的支出范围；
4. 掌握各种银行结算方式的概念和使用范围；
5. 掌握未达账项的内容，掌握银行存款余额调节表的编制；
6. 掌握其他货币资金的核算。

育人目标

了解货币资金使用和管理规定，培养勤俭节约意识。

货币资金是企业资产的重要组成部分，是企业资产中流动性较强的一种资产。任何企业要进行生产经营活动都必须拥有货币资金，持有货币资金是进行生产经营活动的基本条件。货币资金从本质上讲属于金融资产范畴，由于其会计处理的特殊性，本章单独加以阐述。根据货币资金的存放地点及其用途的不同，货币资金分为库存现金、银行存款及其他货币资金。

第一节 库存现金

一、库存现金

库存现金是指存放于企业财会部门，由出纳人员经管的货币，是流动性最强的一种货币性资产，可以随时用其购买所需的物资，支付有关费用，偿还债务，也可以随时存入银行。现金的定义有狭义和广义之分，狭义的现金是指企业的库存现金；广义的现金除库存现金外，还包括银行存款和其他符合现金定义的票证等。本章所指现金是狭义的现金，即库存现金，包括人民币现金和外币现金。

二、现金的使用范围

根据国务院发布的《现金管理暂行条例》的规定，除以下情况企业可以使用现金外，其他情况均不得使用现金进行结算，只能通过银行进行转账结算：

（1）职工工资、津贴；

（2）个人劳务报酬；

（3）根据国家规定颁发给个人的科学技术、文化艺术、体育等各种奖金；

（4）各种劳保、福利费用以及国家规定的对个人的其他支出；

（5）向个人收购农副产品和其他物资的款项；

（6）出差人员必须随身携带的差旅费；

（7）结算起点（1 000元）以下的零星支出；

（8）中国人民银行确定需要支付现金的其他支出。

除第（5）、第（6）项外，开户单位支付给个人的款项，超过现金使用限额的部分，应当以支票或银行本票等方式支付；确需全额支付现金的，经开户银行审核后，予以支付现金。

三、有关现金收支的规定

第一，企业库存现金限额由开户银行确定，一般为企业3～5天的零星开支所需，交通不便的地区可适当多保留，但不能超过企业15天的零星开支所需，多余现金应交存银行，不足部分从银行提取。

第二，企业现金收入应于当日送存开户银行。当日送存有困难的，由开户银行确定具体送存时间。

第三，企业支付现金，可以从本企业库存现金限额中支付或者从开户银行提取，不得从本企业的现金收入中直接支付（即坐支）。因特殊情况需要坐支现金的，应当事先报经开户银行审查批准，由开户银行核定坐支范围和限额。

第四，不准用不符合制度的凭证顶替库存现金，即不得“白条顶库”；不准谎报用途套取现金；不准用银行账户代其他单位和个人存入或支取现金；不准用单位收入的现金以个人名义存储，不准保留账外公款，不得设置“小金库”等。

四、现金的核算

为了总括地反映企业库存现金的收入、支出和结存情况，企业应当设置“库存现金”账户，借方登记企业库存现金的增加，贷方登记企业库存现金的减少，期末借方余额反映期末企业实际持有库存现金的金额。企业内部各部门周转使用的备用金，可以单独设置“备用金”科目进行核算。

为加强现金管理，随时掌握现金收付的动态和库存余额，保证现金的安全，企业必须设置“库存现金日记账”，按照现金业务发生的先后顺序逐笔序时登记。有外币现金的企业，应当分别按人民币和各种外币设置“库存现金日记账”进行明细核算。每日终了，应根据登记的“库存现金日记账”结余数与实际库存数核对，做到账款相符。月份终了，“库存现金日记账”的余额必须与“库存现金总账”科目的余额核对相符。

（一）备用金的核算

由企业财务部门单独拨给企业内部各单位周转使用的现金叫备用金。对于备用金，可以通过“其他应收款——备用金”核算，也可以单独设置“备用金”科目。备用金的管理包括定额管理和非定额管理两种。

定额管理指财会部门对经常需要使用备用金的部门核定备用金定额，并按核定的定额拨付备用金，定额备用金使用后报销时，财会部门按照核准的报销金额付给现金，补足备用金。

【例2-1】中国海洋××股份有限公司根据发生的有关定额备用金的经济业务，编制相关会计分录。

(1) 企业核定厂办的备用金为2 000元，以现金拨付。

借：其他应收款——厂办备用金　　2 000

　贷：库存现金　　2 000

或　借：备用金——厂办　　2 000

　贷：库存现金　　2 000

(2) 厂办张三出差归来，报销差旅费1 500元，财会部门以现金支付。

借：管理费用　　1 500

　贷：库存现金　　1 500

非定额管理指财务部门根据企业内部某部门或个人的实际需要，一次付给现金，使用后持有关原始凭证报销，报销时财会部门根据所付款项和应报销的金额进行清算，若有余款全部收回，若不足，则补足差额。

【例2-2】中国海洋××股份有限公司根据发生的有关非定额备用金的经济业务，编制相关会计分录。

(1) 核定厂办的备用金为2 000元，以现金拨付。

借：其他应收款——厂办备用金　　2 000

　贷：库存现金　　2 000

或　借：备用金——厂办　　2 000

　贷：库存现金　　2 000

(2) 张三出差归来，报销差旅费1 500元，余款退回。

借：库存现金　　500

　管理费用　　1 500

　贷：其他应收款——厂办张三　　2 000

（二）现金清查的核算

为保证现金的安全完整，企业应当按规定对库存现金进行定期和不定期的清查。现金清查一般采用实地盘点法，并根据清查结果编制现金盘点报告单。如果有挪用现金、白条顶库的情况，应及时予以纠正；对于超限额留存的现金应及时送存银行。如果账款不符，发现有待查明原因的现金短缺或溢余，应先通过“待处理财产损溢”科目核算。按管理权限经批准后，分别按以下情况处理：

如为现金短缺，属于应由责任人赔偿或保险公司赔偿的部分，计入“其他应收款”；属于无法查明原因的，计入“管理费用”。

如为现金溢余，属于应支付给有关人员或单位的，计入“其他应付款”；属于无法查明原因的，计入“营业外收入”。

【例2-3】中国海洋××股份有限公司根据发生的有关现金清查的经济业务，编制相关会计分录。

(1) 进行现金清查，发现现金长款50元，原因待查。

借：库存现金 50

贷：待处理财产损溢——待处理流动资产损溢 50

(2) 经反复核查，无法查明长款的原因。

借：待处理财产损溢——待处理流动资产损溢 50

贷：营业外收入 50

(3) 进行现金清查，发现现金短款200元，原因待查。

借：待处理财产损溢——待处理流动资产损溢 200

贷：库存现金 200

(4) 经核查，上述短款中的100元由出纳员失责造成，应由其赔偿，另100元无法查明原因。

借：其他应收款——出纳员×× 100

管理费用 100

贷：待处理财产损溢——待处理流动资产损溢 200

第二节 银行存款

银行存款就是企业存放在银行或其他金融机构的货币资金。按照国家有关规定，凡是独立核算的单位都必须在当地银行开设账户。企业在银行开设账户以后，除按核定的限额保留库存现金外，超过限额的现金必须存入银行；除了在规定的范围内可以用现金直接支付的款项外，在经营过程中所发生的一切货币收支业务，都必须通过银行存款账户进行结算。

企业银行存款应当按照银行和其他金融机构的名称及存款种类进行明细核算。

企业必须设置“银行存款日记账”，按照银行存款收付业务发生的先后顺序逐笔序时登记，每日终了应结出余额。“银行存款日记账”应定期与“银行对账单”核对，至少每月核对一次。企业账面结余与银行对账单结余之间如有差额，必须逐笔查明原因，并按月编制“银行存款余额调节表”调节相符。月份终了，“银行存款日记账”的余额必须与“银行存款”总账科目的余额核对相符。

企业通过银行办理支付结算时，应当认真执行国家各项管理办法和结算制度。中国人民银行1997年9月19日颁布的《支付结算办法》规定：单位和个人办理支付结算，不准签发没有资金保证的票据或远期支票，套取银行信用；不准签发、取得和转让没有真实交易和债权债务的票据，套取银行和他人资金；不准无理拒绝付款，任意占用他人资金；不准违反规定开立和使用账户。

一、银行存款开户管理

按照国家规定，凡是独立核算的单位都必须在当地银行开设账户。企业在银行开设账户后，除按核定的限额保留库存现金外，超过限额的现金必须存入银行。银行存款账户分为基本存款户、一般存款户、临时存款户、专用存款户四种。

基本存款户是企业办理日常结算和现金收付的账户。企业的工资、奖金等现金的支取，只能通过基本存款户；一个企业只能选择一家银行的一个营业机构开立一个基本存款户，不得在多家银行机构开立基本存款户，不得在同一家银行的几个分支机构开立基本存款户。

一般存款户是存款人因借款或其他结算需要，在基本存款账户开户银行以外的银行营业机构开立的银行结算账户。企业可通过一般存款户办理转账结算和现金缴存，但不能办理现金支取。

临时存款户是企业因临时经营活动需要而开立的账户。企业可通过临时存款户办理转账结算和根据国家现金管理的规定办理现金收付。

专用存款户是企业因特定用途需要而开立的账户。

二、银行结算方式的种类

（一）银行汇票

银行汇票是汇款人将款项交存当地出票银行，由出票银行签发的，由其在见票时，按照实际结算金额无条件支付给收款人或持票人的票据。银行汇票具有使用灵活、票随人到、兑现性强等特点，适用于先收款后发货或钱货两清的商品交易。

企业支付购货款等款项时，应向出票银行填写“银行汇票申请书”，填明收款人名称、支付金额、申请人、申请日期等事项并签章，签章为其预留银行的印鉴。银行受理银行汇票申请书，收妥款项后签发银行汇票，并用压数机压印出票金额，然后将银行汇票和解讫通知一并交给汇款人。申请人取得银行汇票后即可持银行汇票向填明的收款单位办理结算。

收款企业在收到付款单位送来的银行汇票时，应在出票金额以内，根据实际需要的款项办理结算，并将实际结算金额和多余金额准确、清晰地填入银行汇票和解讫通知的有关栏内，银行汇票的实际结算金额低于出票金额的，其多余金额由出票银行退交申请人。收款企业还应填写进账单并在汇票背面“持票人向银行提示付款签章”处签章，签章应与预留银行的印鉴相同。然后，将银行汇票和解讫通知、进账单一并交开户银行办理结算。银行审核无误后，办理转账。

银行汇票的有关规定如下：

（1）单位和个人各种款项结算，均可使用银行汇票。

（2）银行汇票可用于转账，填明“现金”字样的银行汇票也可用于支取现金。

（3）银行汇票的付款期限为出票日起1个月内。超过付款期限提示付款不获付款的，持票人须在票据权利时效期内向出票银行做出说明，并提供本人身份证件或单位证明，持银行汇票和解讫通知请求付款。

（4）银行汇票的收款人可以将银行汇票背书转让给他人。背书转让以不超过出票金额的实际结算金额为限，未填写实际结算金额或实际结算金额超过出票金额的银行汇票不得背书转让。

（5）银行汇票同城、异地均可使用。

（二）银行本票

银行本票是银行签发的，承诺自己在见票时无条件支付确定金额给收款人或持票人的票据。银行本票由银行签发并保证兑付，而且见票即付，具有信誉高、支付功能强的特点。银行本票分为定额本票和不定额本票，定额本票面值分别为1 000元、5 000元、10 000元和50 000元。在票面划去转账字样的，为现金本票，现金本票只能用于支取现金。

银行本票的有关规定如下：

（1）无论单位和个人，在同一票据交换区域支付各种款项，都可使用银行本票。

（2）银行本票的支付期限为自出票日起最长不超过2个月，在付款期限内银行本票见票即付。

（3）申请人或收款人为单位的，银行不予签发现金银行本票。

（4）收款单位可以根据需要在交换区域内背书转让银行本票。

（5）银行本票为同城使用。

（三）商业汇票

商业汇票是出票人签发的，委托付款人在指定日期无条件支付确定金额给收款人或持票人的票据。商业汇票可由付款人签发并承兑，也可由收款人签发后交由付款人承兑。承兑指汇票付款人按照票据记明的事项签署有关手续，承认票据到期无条件向持票人支付款项。

采用商业汇票结算方式，可使企业间的债权债务关系表现为外在的票据，使商业信用票据化，加强约束力，有利于维护和发展社会主义市场经济。对于购货企业来说，由于可延期付款，在资金暂时不足的情况下可及时购进材料物资，保证生产经营顺利进行。对于销货企业来说，可疏通商品渠道，扩大销售，促进生产。汇票经过承兑，信用较高，可以按期收回货款，防止拖欠。在急需资金时，还可以向银行申请贴现，融通资金，比较灵活。销货企业应根据购货企业的资金和信用情况不同，选用商业承兑汇票或银行承兑汇票；购货企业应加强资金的计划管理，调度好货币资金，在汇票到期以前，将票款送存开户银行，保证按期承付。

商业汇票按承兑人不同，分为商业承兑汇票和银行承兑汇票两种。

商业承兑汇票是由销货企业或购货企业签发，但由购货企业承兑的商业汇票。承兑不得附有条件，否则视为拒绝承兑。汇票到期时，购货企业的开户银行凭票将票款划给销货企业或贴现银行。持票人应在提示付款期限内通过开户银行委托收款或直接向付款人提示付款。汇票到期时，如果购货企业的存款不足支付票款，开户银行应将汇票退还销货企业，银行不负责付款，由购货双方自行处理。

银行承兑汇票是由收款人或付款人签发，并由付款人向开户行申请承兑，经银行审查同意承兑的商业汇票。承兑银行按票面金额向出票人收取万分之五的手续费。汇票到期时，如果购货企业的存款不足支付票款，其开户银行予以付款，然后转为购货企业的逾期贷款，计收一定的罚息。

商业汇票的有关规定如下：

（1）在银行开立存款账户的法人以及其他组织之间具有真实的交易关系或债权债务关系，才能使用商业汇票。

（2）商业汇票的付款期限由交易双方商定，但最长不得超过6个月。商业汇票的提示付款期限自汇票到期日起10日内。

（3）定日付款或出票后定期付款的商业汇票，持票人应当在汇票到期日前向付款人提示承兑；见票后定期付款的汇票，持票人应当自出票日起1个月内向付款人提示承兑。汇票未按规定期限提示承兑的，持票人丧失对其前手的追索权。

（4）付款人应当自收到提示承兑的汇票之日起3日内承兑或者拒绝承兑。付款人拒绝承兑的，必须出具拒绝承兑的证明。

（5）商业汇票允许贴现，并允许背书转让。

（6）商业汇票同城、异地均可使用。

（四）支票

支票是单位或个人签发的，委托办理支票存款业务的银行在见票时无条件支付确定金额给收款人或持票人的票据。

支票的有关规定如下：

（1）单位和个人在同一票据交换区域的各种款项结算，均可以使用支票。

（2）支票上印有"现金"字样的为现金支票，现金支票只能用于支取现金。支票上印有"转账"字样的为转账支票，转账支票只能用于转账。未印有"现金"或"转账"字样的为普通支票，普通支票可用于支取现金，也可以用于转账。在普通支票左上角划两条平行线的，为划线支票，划线支票只能用于转账，不得支取现金。

（3）支票的提示付款期限为自出票日起10日内（中国人民银行另有规定的除外）。

（4）转账支票可以根据需要在票据交换区内背书转让。

（5）禁止签发空头支票。签发空头支票，银行除退票外，还按票面金额5%但不低于1 000元收取罚款，持票人有权要求出票人赔偿支票金额2%的赔偿金。

（6）签发支票时，应使用蓝黑墨水或碳素墨水，将支票上各要素填写齐全，并在支票上加盖其预留银行印鉴。

（7）支票适用于同城结算。

（五）信用卡

信用卡是指商业银行向个人和单位发行的，凭以向特约单位购物、消费和向银行存取现金，且具有消费信用的特制载体卡片。

信用卡按使用对象分为单位卡和个人卡；按信誉等级分为金卡和普通卡。凡在中国境内金融机构开立基本存款账户的单位可申领单位卡，单位卡可申领若干张。

单位卡的有关规定如下：

（1）单位卡账户的资金一律从其基本存款账户转账存入，在使用过程中，需要向其账户续存资金的，也一律从其基本存款账户转账存入，不得交存现金，不得将销货收入的款项存入其账户。

（2）单位卡一律不得用于10万元以上的商品交易、劳务供应款项的结算，不得支取现金。

（3）信用卡在规定的限额和期限内允许善意透支，透支额金卡最高不得超过10 000元，普通卡最高不得超过5 000元。透支期限最长不得超过60天。透支利息，自签单日或银行记账日起15日内按日息万分之五计算，超过15日按日息万分之十计算，超过30日或透支金额超过规定限额的，按日息万分之十五计算。透支计息不分段，按最后期限或最高透支额的最高利息档次计息。

（4）严禁将单位款项存入个人卡账户中。

（六）汇兑

汇兑是汇款人委托银行将其款项支付给收款人的结算方式。单位和个人的各种款项结算，均可使用汇兑结算方式。汇兑分为信汇、电汇两种。信汇是指汇款人委托银行通过邮寄方式将款项划给收款人。电汇是指汇款人委托银行通过电报将款项划给收款人。

汇兑结算方式适用于异地之间的各种款项结算。

（七）委托收款

委托收款是指收款人委托银行向付款人收取款项的结算方式。无论单位还是个人均可使用委托收款结算方式。委托收款适用于同城或异地款项的结算。委托收款结算款项划回的方式分为邮寄和电报两种。付款单位应在收到委托收款的通知次日起3日内，主动通知银行是否付款；如果不通知银行，银行视同企业同意付款，并在第四日从单位账户中付出该笔委托收款款项。

（八）托收承付

托收承付是根据购销合同由收款人发货后委托银行向异地付款人收取款项，由付款人向银行承认付款的结算方式。

托收承付的有关规定如下：

（1）使用托收承付结算方式的收款单位和付款单位，必须是国有企业、供销合作社以及经营管理较好，并经开户银行审查同意的企业。

（2）办理托收承付结算的款项，必须是商品交易，以及因商品交易而产生的劳务供应款项。采用托收承付结算方式时，购销双方必须签有符合法律规定的购销合同，并在合同上订明使用托收承付结算方式。代销、寄销、赊销商品的款项，不得办理托收承付结算。

（3）适用于异地结算。

（4）托收承付款项划回方式分为邮寄和电报两种。

（5）托收承付方式结算每笔的金额起点为10 000元。新华书店系统每笔金额起点为1 000元。

（6）购货企业承付货款分为验单付款和验货付款两种，在双方签订合同时加以约定。验单付款的承付期为3天，从付款人开户银行发出承付的审核通知的次日算起（承付期内遇法定休假日顺延）。购货企业在承付期内，未向银行表示拒绝付款，银行即视作承付，并在承付期满次日（法定休假日顺延）上午银行开业时，将款项主动从付款人的账户内付给收款人。验货付款是购货企业待货物运达企业，对其进行检验与合同完全相符后才承认付款。验货付款的承付期为10天，从运输部门向购货企业发出提货通知次日起算起。承付期内验货企业未表示拒绝付款的，银行视为同意承付，于10天期满的次日上午银行开始营业时，将款项划给收款人。

在下列情况下，付款人可以在承付期内向银行提出全部或部分拒绝付款：

①没有签订购销合同或购销合同未明确采用托收承付结算方式的款项；

②未经双方事先达成协议，收款人提前交货或因逾期交货付款人不再需要该项货物的款项；

③未按合同规定的到货地址发货的款项；

④代销、寄销、赊销商品的款项；

⑤验单付款，发现所列货物的品种、规格、数量、价格与合同规定不符，或货物已到，经检查货物与合同规定或发货清单不符的款项；

⑥验货付款，经检查货物与合同规定或发货清单不符的款项；

⑦货款已经支付或计算错误的款项。

付款人提出拒绝付款时，必须填写“拒绝付款理由书”并签章。

（九）信用证

信用证结算方式是国际结算的一种主要方式。经中国人民银行批准经营结算业务的商业银行总行以及经商业银行总行批准开办信用证结算业务的分支机构，也可以办理国内企业之间商品交易的信用证结算业务。

采用信用证结算方式的，收款单位收到信用证后，即备货装运，签发有关发票账单，连同运输单据和信用证，送交银行，根据退还的信用证等有关凭证编制收款凭证；付款单位在接到开证行的通知时，根据付款的有关单据编制付款凭证。

（十）网络银行支付

网络银行，又称网上银行或在线银行，英文为Internet Bank或Network Bank，指一种以信息技术和互联网技术为依托，通过互联网平台向用户开展和提供开户、销户、查询、对账、行内转账、跨行转账、信贷、网上证券、投资理财等各种金融服务的新型银行机构与服务形式，为用户提供全方位、全天候、便捷、实时的快捷金融服务系统。网络银行一般分为个人网络银行和企业网络银行。网络银行（网银）支付是指在银联在线支付平台输入用户名和支付密码方式登录到网络银行，并完成支付的方式，是电子商务企业提供在线交易服务不可或缺的功能之一。

三、银行存款的清查

银行存款的清查采取与银行核对账目的形式进行，即将本单位的银行存款日记账与银行送来的对账单（一般是一个月一次）进行逐笔核对。

银行存款日记账与银行对账单的核对，会出现两情况：第一，核对相符；第二，核对不符。

（1）核对相符时，说明双方的记账基本无误。但核对相符时也可能存在错账，例如双方均少记或多记、错记相同的金额等。

（2）核对不相符时，可能有两种情况：第一，出现了未达账项；第二，一方或双方账簿记录有错误。

未达账项指企业与银行之间，由于记账时间不一致而发生的一方已登记入账，另一方未入账的事项。

未达账项有四种情况：

①银行已收款入账而企业未收款入账；

②银行已付款入账而企业未付款入账；

③企业已收款入账而银行未收款入账；

④企业已付款入账而银行未付款入账。

对银行存款进行清查时，如果银行存款日记账与银行对账单不符时，出纳员将银行存款日记账与银行送来的对账单逐笔进行核对，对上的打“√”，没对上的就是未达账项或错账，将没对上的编制未达账项汇总表，然后根据未达账项汇总表编制“银行存款余额调节表”。

【例2-4】中国海洋××股份有限公司20×3年3月银行存款日记账余额为22 007元，银行对账单上该公司存款余额为23 195元，经核对查明有如下未达账项：

（1）3月31日，公司存入转账支票1 057元，银行尚未入账。

（2）3月29日，公司开出转账支票1 645元，持票人尚未到银行办理转账手续。

（3）3月30日，公司委托银行代收账款800元，银行已入账，而公司尚未接到收款通知。

（4）3月31日，公司委托银行代付水电费200元，银行已入账，而公司尚未接到付款通知。

要求：根据上述业务编制“银行存款余额调节表”（见表2-1）。

表2-1 银行存款余额调节表

20×3年3月31日

单位：元

项目	金额	项目	金额
企业银行存款日记账余额	22 007	银行对账单余额	23 195
加：银行已收，企业未收	800	加：企业已收，银行未收	1 057
减：银行已付，企业未付	200	减：企业已付，银行未付	1 645
调节后的存款余额	22 607	调节后的存款余额	22 607

经过“银行存款余额调节表”调整后，如果仍不能核对相符，则企业与银行一方或双方记账肯定有错误，此时就要到银行逐笔对账；如果核对相符，一般来讲企业与银行没出现错账，但不能说明双方绝对没有错账，如双方同时多记或少一笔款项等。

第三节 其他货币资金

在企业的经营资金中，有些货币资金的存款地点和用途与库存现金和银行存款不同，如外埠存款、银行汇票存款、银行本票存款、信用卡存款、信用证保证金存款、存出投资款等，这些资金在会计核算上统称为“其他货币资金”。

一、外埠存款

外埠存款是指企业到外地进行临时或零星采购时，汇往采购地银行开立采购专户的款项。企业汇出款项时，须填写汇款委托书，加盖“采购资金”字样。汇入银行对汇入的采购款项，以汇款单位名义开立采购账户。采购资金存款不计利息，除采购员差旅费可以支取少量现金外，一律转账。采购专户只付不收，付完结束账户。

企业将款项委托当地银行汇往采购地开立专户时，根据汇出款项凭证，编制付款凭证，进行账务处理，借记“其他货币资金——外埠存款”科目，贷记“银行存款”科目。

采购人员报销用外埠存款支付材料的采购货款等款项时，企业应根据供应单位发票账单等报销凭证，编制付款凭证，借记“在途物资”“应交税费——应交增值税（进项税额）”等科目，贷记“其他货币资金——外埠存款”科目。采购员完成采购任务，将多余的外埠存款转回当地银行时，应根据银行的收款通知，编制收款凭证。

【例2-5】中国海洋××股份有限公司根据发生的有关外埠存款收付的经济业务，编制相关会计分录。

（1）中国海洋××股份有限公司委托开户银行将一笔金额为300 000元的款项汇往上海设立采购专户。

借：其他货币资金——外埠存款　　300 000

　贷：银行存款　　300 000

（2）中国海洋××股份有限公司派采购人员到上海进行采购。采购员采购时从上述采购专户中支付款项226 000元，其中材料买价为200 000元，增值税为26 000元。采购员持采购发票来报销用外埠存款支付采购货款等款项时：

借：原材料　　200 000

　　应交税费——应交增值税（进项税额）　　26 000

　贷：其他货币资金——外埠存款　　226 000

（3）采购完毕，多余的外埠存款转回中国海洋××股份有限公司开户行时：

借：银行存款　　74 000

　贷：其他货币资金——外埠存款　　74 000

二、银行汇票存款

银行汇票存款是指企业为取得银行汇票，按照规定存入银行的款项。企业向银行提交“银行汇票委托书”并将款项交存开户银行，取得汇票后，根据银行盖章的委托书存根联，编制付款凭证，借记“其他货币资金——银行汇票”科目，贷记“银行存款”科目。

企业使用银行汇票支付款项后，应根据发票账单及开户行转来的银行汇票有关副联等凭证，经核对无误后编制会计分录，借记“在途物资”“应交税费——应交增值税（进项税额）”等科目，贷记“其他货币资金——银行汇票”科目。银行汇票使用完毕，应转销“其他货币资金——银行汇票”账户。如实际采购支付后银行汇票有余额，多余部分应借记“银行存款”科目，贷记“其他货币资金——银行汇票”科目。汇票因超过付款期限或其他原因未曾使用而退还款项时，应借记“银行存款”科目，贷记“其他货币资金——银行汇票”科目。

【例2-6】中国海洋××股份有限公司根据发生的有关银行汇票存款收付的经济业务，编制相关会计分录。

（1）中国海洋××股份有限公司向开户行申请一张面值为50 000元的银行汇票，银行审核同意并签发银行汇票。

借：其他货币资金——银行汇票存款　　50 000

　贷：银行存款　　50 000

（2）中国海洋××股份有限公司持上述银行汇票向乙企业采购材料，材料买价为30 000

元，增值税为3 900元。中国海洋××股份有限公司将银行汇票交给乙企业。中国海洋××股份有限公司根据采购发票进行的账务处理为：

借：原材料　30 000

　　应交税费——应交增值税（进项税额）　3 900

　贷：其他货币资金——银行汇票存款　33 900

（3）乙企业收到上述银行汇票，将银行汇票和进账单交付开户行收款，开户行审核后将进账单盖章后退还乙企业。乙企业根据进账单回单和销售发票进行的账务处理为：

借：银行存款　33 900

　贷：主营业务收入　30 000

　　应交税费——应交增值税（销项税额）　3 900

（4）中国海洋××股份有限公司收到开户行的多余款通知，通知银行汇票的多余款16 100元已转入其存款户。中国海洋××股份有限公司收到多余款通知书进行的账务处理为：

借：银行存款　16 100

　贷：其他货币资金——银行汇票存款　16 100

三、银行本票存款

银行本票存款是指企业为取得银行本票，按照规定存入银行的款项。企业向银行提交“银行本票申请书”并将款项交存银行，取得银行本票时，应根据银行盖章退回的申请书存根联，编制付款凭证，借记“其他货币资金——银行本票存款”科目，贷记“银行存款”科目。企业用银行本票支付购货款等款项后，应根据发票账单等有关凭证，借记“在途物资”“应交税费——应交增值税（进项税额）”等科目，贷记“其他货币资金——银行本票存款”科目。如企业因本票超过付款期等原因未曾使用而要求银行退款时，应填制进账单一式二联，连同本票一并交给银行，然后根据银行收回本票时盖章退回的一联进账单，借记“银行存款”科目，贷记“其他货币资金——银行本票存款”科目。

【例2-7】中国海洋××股份有限公司根据发生的有关银行本票存款收付的经济业务，编制相关会计分录。

（1）中国海洋××股份有限公司向开户行申请一张面值为50 000元的银行本票，银行审核同意并签发银行本票。

借：其他货币资金——银行本票存款　50 000

　贷：银行存款　50 000

（2）中国海洋××股份有限公司持上述银行本票向乙企业采购材料，买价为30 000元，增值税为3 900元。中国海洋××股份有限公司将银行本票交给乙企业。由于银行本票金额大于实际结算金额，乙企业开具一张面值为16 100元的支票交付给中国海洋××股份有限公司。中国海洋××股份有限公司根据采购发票等进行的账务处理为：

借：原材料　30 000

　　应交税费——应交增值税（进项税额）　3 900

　　银行存款　16 100

　贷：其他货币资金——银行本票存款　50 000

（3）乙企业收到上述银行本票并开具一张面值为16 100元的支票给中国海洋××股份有限公司。乙企业根据银行本票、支票存款和销售发票进行的账务处理为：

借：其他货币资金——银行本票存款 50 000
　贷：主营业务收入 30 000
　　应交税费——应交增值税（销项税额） 3 900
　　银行存款 16 100

（4）乙企业将银行本票和进账单交付开户行收款，开户行审核后将进账单盖章后退还乙企业。乙企业根据进账单回单进行的账务处理为：

借：银行存款 16 100
　贷：其他货币资金——银行本票存款 16 100

四、信用卡存款

信用卡存款是指企业为取得信用卡而存入银行信用卡专户的款项。企业申领信用卡，按照有关规定填制申请表，并按银行要求交存备用金，银行开立信用卡存款账户，发给信用卡。企业根据银行盖章退回的交存备用金的进账单，借记“其他货币资金——信用卡存款”科目，贷记“银行存款”科目。企业收到开户银行转来的信用卡存款的付款凭证及所附发票账单，经核对无误后进行会计处理，借记“管理费用”等科目，贷记“其他货币资金——信用卡存款”科目。

【例2-8】中国海洋××股份有限公司根据发生的有关信用卡存款收付的经济业务，编制相关会计分录。

（1）中国海洋××股份有限公司向开户行申请领用信用卡1张，并从基本存款户中划出40 000元款项办理信用卡。

借：其他货币资金——信用卡存款 40 000
　贷：银行存款 40 000

（2）中国海洋××股份有限公司用信用卡购买办公用品10 000元，增值税税额为1 300元，根据发票账单等有关凭证，编制如下会计分录：

借：管理费用 10 000
　应交税费——应交增值税（进项税额） 1 300
　贷：其他货币资金——信用卡存款 11 300

五、信用证保证金存款

信用证保证金存款是指采用信用证结算方式的企业为开具信用证而存入银行信用证保证金专户的款项。企业向银行申请开出信用证用于支付供货单位购货款项时，根据开户银行盖章退回的“信用证委托书”回单，借记“其他货币资金——信用证存款”科目，贷记“银行存款”科目。企业收到供货单位信用证结算凭证及所附发票账单，经核对无误后进行会计处理，借记“在途物资”“应交税费——应交增值税（进项税额）”等科目，贷记“其他货币资金——信用证存款”科目。如果企业收到未用完的信用证存款余款，应借记“银行存款”科目，贷记“其他货币资金——信用证存款”科目。

六、存出投资款

存出投资款是指企业为购买股票、债券、基金等根据有关规定存入在证券公司指定银行开立的投资款专户的款项。企业向证券公司划出资金时，应按实际划出的金额，借记“其他货币资金——存出投资款”科目，贷记“银行存款”科目；购买股票、债券等时，按实际发生的金额，借记“交易性金融资产”等科目，贷记“其他货币资金——存出投资款”科目。

本章小结

1.货币资金是企业资产的重要组成部分，是企业资产中流动性较强的一种资产。根据货币资金的存放地点及用途的不同，货币资金分为库存现金、银行存款及其他货币资金。

2.现金的定义有狭义和广义之分。狭义的现金是指企业的库存现金；广义的现金除库存现金外，还包括银行存款和其他符合现金定义的票证等。以下情况可以使用现金：职工工资、津贴；个人劳务报酬；根据国家规定颁发给个人的科学技术、文化艺术、体育等各种奖金；各种劳保、福利费用以及国家规定的对个人的其他支出；向个人收购农副产品和其他物资的款项；出差人员必须随身携带的差旅费；结算起点（1 000元）以下的零星支出；中国人民银行确定需要支付现金的其他支出。

3.为了加强现金管理，随时掌握现金收付的动态和库存余额，保证现金的安全，企业必须设置“库存现金日记账”，按照现金业务发生的先后顺序逐笔序时登记。有外币现金的企业，应当分别按人民币和各种外币设置“库存现金日记账”进行明细核算。

4.银行存款就是企业存放在银行或其他金融机构的货币资金。银行存款账户分为基本存款户、一般存款户、临时存款户、专用存款户四种。银行结算方式分为银行汇票、银行本票、商业汇票、支票、信用卡、汇兑、委托收款、托收承付、信用证、网络银行支付等。

5.银行存款的清查采取与银行核对账目的形式进行。未达账项是指企业与银行之间，由于记账时间不一致而发生的一方已登记入账，另一方未入账的事项。未达账项有企业已收银行未收、企业已付银行未付、银行已收企业未收、银行已付企业未付四种情况。

6.在企业的经营资金中，有些货币资金的存款地点和用途与库存现金和银行存款不同，如外埠存款、银行本票存款、银行汇票存款、信用证保证金存款、信用卡存款、存出投资款等，这些资金在会计核算上统称为“其他货币资金”。

思政链接

康美药业财务造假案例分析

从闪崩、被质疑、调查到自曝再到处罚，2019年8月16日，康美药业的财务造假事件终于有了结论。

这是一场有预谋、有组织、长期系统实施的财务造假，且涉案金额创下了A股历史之最。

经调查，2016—2018年上半年，康美药业合计虚增营业收入275.15亿元，占同期公告营业收入的40%以上，虚增营业利润39.36亿元，占同期公告营业利润的三分之一。为了配合虚增的营业收入，康美药业通过财务不记账、虚假记账，伪造、变造大额定期存单或银行对账单，伪造销售回款的方式虚增货币资金。相较于以应收账款挂账方式虚增营业收入的造假手段，有现金流入配合的造假稍微高明了一点，但不管高明与否，造假都会导致相应科目金额虚高，前者是应收账款，后者是货币资金，总会露出马脚。

2016年年报，康美药业虚增货币资金225.49亿元；2017年年报虚增299.44亿元；2018年半年报虚增361.88亿元。2018年年报，虚增的内容变成了在建工程、投资性房地产和固定资产，虚增的数额也骤减至36.05亿元，康美药业甚至承认了2017年年底账上有299亿元的货币资金不见了。2018年半年报，康美药业虚增了361.88亿元的货币资金。一是虚增营业收入。2016年1月1日—2018年6月30日，康美药业累计虚增营业收入275.15亿元，大部分虚构的货币资金由此而来。收入是假的，现金流入自然也是假的。二是未披露控股股东及其关联方资金占用的其他应收款。2016年1月1日—2018年12月31日，康美药业在未经过决策审批或授权程序的情况下，累计向控股股东及其关联方提供非经营性资金116.19亿元。上述款项被用于购买股票、替控股股东及其关联方偿还融资本息、垫付解质押款或支付收购溢价款等用途，且上述款项并未公告。直到2018年上半年，这些被关联方占用的资金一直以现金名义挂在公司账面上，成为虚构货币资金的一部分。下半年，康美药业遭立案调查，公司年报中首次出现了对控股股东及其关联方的其他应收款88.79亿元，这笔被挪用的资金才首次浮出水面。

康美药业为何要财务造假？其中一个可能的原因是大股东缺钱，于是将罪恶的黑手伸向了上市公司。首先，上市公司的116.19亿元货币资金全部被控股股东及其关联方挪用。2018年年报显示，公司其他应收款共计92.28亿元，截至2019年3月31日，该数据为93.95亿元，说明大股东仍未归还占款。其次，2016—2018年上半年，公司累计虚增营业收入275.15亿元，虚增营业利润39.36亿元。同期，其营收同比增长率分别为19.79%、22.34%和27.88%，营造出一种业绩蒸蒸日上的表象，靓丽业绩带动康美药业股价稳步上涨。2016年年初至2018年上半年，公司股价几乎翻倍，远远跑赢大盘。上市公司业绩与股价起飞，一时风头无两，实控人马兴田夫妇及关联方却开始疯狂质押所持上市公司股票。

Wind数据显示，当前控股股东及其关联方合计未解押股权质押数量为19.76亿股，占其所持上市公司股份的99.46%，绝大部分质押起始日在2016年5月—2018年3月之间。也就是说，在公司股价处于相对高位时，他们几乎将手中全部股权质押套现，并通过取得银行借款、发行债券和吸收投资等方式取得的现金分别高达320亿元、340亿元和347亿元，扣除当期偿还债务等筹资活动现金流出之后，该部分仍然是上市公司最大现金来源。

造假一时爽，露馅火葬场。马兴田夫妇迟迟不将挪用的现金归还，本就泡沫严重的账面现金无法产出与之相当的利息收入，上市公司还不停借钱维持运转，终究还是被有心人抓到了马脚，夫妇双双翻船。2020年5月，证监会对康美药业违法违规案做出行政处罚及市场禁入决定，同时，将康美药业相关涉案人员移送了司法机关。康美药业白马形象瞬间瓦解，公司股价从2015年5月的高点跌落近90%，市值跌到不足200亿元。

资料来源　陈容，柳秋红．财务会计教学案例［M］．成都：西南财经大学出版社，2018.

思政启示：

货币资金是企业的重要资产，合理、规范的管理是企业经营的关键。违反货币资金管理规定会对国家、企业和社会公众造成严重的危害。一是会面临财务风险。企业货币资金使用不合规，会导致企业资金使用混乱，财务状况不稳定，面临流动性风险和违约风险等财务风险。二是会面临处罚和诉讼。企业未按照规定使用货币资金，可能会被相关部门处罚，被投资者、股东起诉，影响企业声誉和发展。三是会导致资金利用效率低下。企业货币资金使用不合理，会导致资金利用率低，影响企业资源配置和利润的提高。为加强货币资金管理，企业应建立完善的货币资金管理制度，并加强内部控制。会计人员应不断提高自身的专业素养和知识水平，了解并严格遵守最新的财务管理和资金使用的相关规定，保持对会计职业的敬业精神和责任感，确保货币资金使用合法合规，有效防范资金滥用和非法使用的风险，为企业高质量发展保驾护航。

第二章　即测即评

业务练习题

1.中国海洋××股份有限公司3月末银行存款日记账账面余额为95 200元，银行送来的对账单上的余额为96 700元，经逐笔核对，存在如下的未达账项：

（1）银行已将一笔委托收款5 800元收到入账，而公司未接到收款通知；

（2）银行已为公司支付货款400元，而企业尚未接到付款通知；

（3）公司送存银行的销货款5 500元，银行尚未入账；

（4）公司签发面额为1 600元的现金支票一张，持票人尚未到银行支取款项。

试编制银行存款余额调节表。(调节后的金额为100 600元)

2.编制下列业务的会计分录：

（1）中国海洋××股份有限公司委托开户银行将一笔金额为300 000元的款项汇往重庆设立采购专户。

（2）中国海洋××股份有限公司派采购人员到重庆进行采购。采购员采购时从上述采购专户中支付款项226 000元，其中材料买价为200 000元，增值税为26 000元。

（3）采购完毕，多余的外埠存款转回中国海洋××股份有限公司开户行。

第三章　金融资产

学习目标

1. 掌握金融资产概念及其分类；
2. 掌握以公允价值计量且其变动计入当期损益的金融资产的会计处理；
3. 掌握债权投资的会计处理；
4. 掌握贷款和应收款项的会计处理；
5. 掌握以公允价值计量且其变动计入其他综合收益的金融资产的会计处理；
6. 了解金融资产减值损失的确认和计量。

育人目标

树立正确的理财观，培养按时履约的意识。

第一节　金融资产概述

一、金融工具和金融资产概念

金融工具，是指融通资金的工具，泛指各种证明债权债务关系或所有权关系的具有法律效力的书面证明。会计上的金融工具一般指形成一个企业的金融资产，并形成另一个企业的金融负债或权益工具的合同。权益工具，是指能证明拥有某个企业在扣除所有负债之后的资产中的剩余权益的合同。金融资产，是指企业持有的货币资金、持有其他企业的权益工具，或符合下列任一条件的资产：

（1）从其他方收取现金或其他资产的权利，如应收账款、应收票据；

（2）在潜在有利条件下，与其他方交换金融资产或金融负债的合同权利，如认股权证；

（3）将来可用或需用自身权益工具进行结算的非衍生工具合同，如债转股合约；

（4）将来可用或需用自身权益工具进行结算的衍生工具合同，如期权、期货等。

二、金融资产的分类

（一）按经济内容分类

金融资产按经济内容可分为货币资金、应收账款、应收票据、其他应收款、股权投资、债权投资等。

（二）按计量方法分类

金融资产按计量方法可分为按成本计量的金融资产、按公允价值计量的金融资产。成本又包括历史成本和摊余成本。

（三）按公允价值变动计入财务报表的项目分类

金融资产按公允价值变动计入财务报表的项目可分为公允价值变动计入当期损益的金融资产、公允价值变动计入其他综合收益的金融资产。

（四）按会计准则分类

金融资产按会计准则可分为：（1）以摊余成本计量的金融资产；（2）以公允价值计量且其变动计入其他综合收益的金融资产；（3）以公允价值计量且其变动计入当期损益的金融资产。

其中，以摊余成本计量的金融资产以收取合同现金流量为目标，且其现金流量仅包含本金和以未偿付本金为基础计算的利息，主要包括应收款项、债权投资等。以公允价值计量且其变动计入其他综合收益的金融资产既以收取合同现金流量为目标，又以出售为目标；且特定日期产生的现金流量仅包含本金和以未偿付本金为基础计算的利息，主要包括其他债权投资和其他权益工具投资。以上两类之外的金融资产归为以公允价值计量且其变动计入当期损益的金融资产，主要包括随时准备出售的金融资产。

以上所讲金融资产为《企业会计准则第22号——金融工具确认和计量》（2017）所列示的金融资产，货币资金、长期股权投资等未包括在内。

第二节　以公允价值计量且其变动计入当期损益的金融资产

一、以公允价值计量且其变动计入当期损益的金融资产概述

以公允价值计量且其变动计入当期损益的金融资产，是指企业分类为以摊余成本计量的金融资产和以公允价值计量且其变动计入其他综合收益的金融资产之外的金融资产，包括交易性金融资产和直接指定为以公允价值计量且其变动计入当期损益的金融资产。

（1）交易性金融资产，指企业为了近期内出售而持有的金融资产。如企业以赚取差价为目的从二级市场购入的股票、债券、基金等，就属于交易性金融资产。衍生工具不作为有效套期工具的，也应当划分为交易性金融资产或金融负债。

（2）直接指定为以公允价值计量且其变动计入当期损益的金融资产，主要指企业基于风险管理、战略投资等需要而将其直接指定为以公允价值计量且其公允价值变动计入当期损益的金融资产。

二、以公允价值计量且其变动计入当期损益的金融资产的会计处理

以公允价值计量且其变动计入当期损益的金融资产的会计处理主要涉及取得、投资期间利息或股利的核算、资产负债表日公允价值变动、处置等业务。主要分录如下：

（1）企业取得交易性金融资产时：

借：交易性金融资产——成本（公允价值）
　　投资收益（购买时发生的交易费用）
　　应收股利（已宣告但尚未发放的现金股利）
　　应收利息（已到付息期但尚未领取的利息）
　贷：银行存款等（实际支付款项）

（2）持有期间股利或利息的核算：

借：应收股利（被投资单位宣告发放的现金股利×投资持股比例）
　　应收利息（资产负债表日计算的应收利息）
　贷：投资收益

（3）资产负债表日公允价值变动：

①公允价值上升：

借：交易性金融资产——公允价值变动
　贷：公允价值变动损益

②公允价值下降：

借：公允价值变动损益
　贷：交易性金融资产——公允价值变动

（4）出售交易性金融资产：

借：银行存款等（处置时实际收到款项）
　贷：交易性金融资产——成本
　　　　　　　　　　——公允价值变动（也可能在借方，依据变动结果）
　　投资收益（差额，也可能在借方）

【例3-1】20×3年1月8日，中国海洋××股份有限公司以赚取差价为目的从二级市场购入一批债券作为交易性金融资产，面值总额为2 000万元，年利率为4%，3年期，每年付息一次，该债券于20×2年1月1日发行。取得时公允价值为2 100万元，其中包含了已到付息期但尚未领取的20×2年的利息，另支付交易费用20万元，全部款项均以银行存款支付。

交易性金融资产的入账价值=2 100−80=2 020（万元）

取得时的分录为：

借：交易性金融资产——成本	20 200 000	
投资收益	200 000	
应收利息	800 000	
贷：银行存款		21 200 000

【例3-2】假设中国海洋××股份有限公司20×2年12月1日购入的股票成本100元，20×2年12月31日，公允价值110元；20×3年2月10日出售，售价115元，则20×2年12月31日和20×3年2月10日的会计处理如下：

①20×2年12月31日：

借：交易性金融资产——公允价值变动	10	
贷：公允价值变动损益		10

②20×3年2月10日：

借：银行存款　　115
　贷：交易性金融资产——成本　　100
　　　　　　　　　——公允价值变动　　10
　　投资收益　　5

【例3-3】中国海洋××股份有限公司20×3年10月10日自证券市场购入乙公司发行的股票100万股，共支付价款860万元，其中包括交易费用4万元。购入时，乙公司已宣告但尚未发放的现金股利为每股0.16元。中国海洋××股份有限公司将购入的乙公司股票作为交易性金融资产核算。20×3年12月2日，中国海洋××股份有限公司出售该交易性金融资产，收到价款960万元，假定现金股利已于出售金融资产前收到。请计算中国海洋××股份有限公司20×3年利润表中因该交易性金融资产应确认的投资收益。

中国海洋××股份有限公司应确认的投资收益=960-（860-4-100×0.16）-4=116（万元）

【例3-4】20×2年5月，中国海洋××股份有限公司以480万元购入乙公司股票60万股作为交易性金融资产，另支付手续费10万元。20×2年6月30日该股票每股市价为7.5元。20×2年8月10日，乙公司宣告分派现金股利，每股0.20元，8月20日，中国海洋××股份有限公司收到分派的现金股利。至20×2年12月31日，中国海洋××股份有限公司仍持有该交易性金融资产，期末每股市价为8.5元，20×3年1月3日，中国海洋××股份有限公司以515万元出售该交易性金融资产。假定中国海洋××股份有限公司每年6月30日和12月31日对外提供财务报告。

要求：

（1）编制上述经济业务的会计分录。

（2）计算该交易性金融资产的累计损益。

（1）编制上述经济业务的会计分录。

①20×2年5月购入时：

借：交易性金融资产——成本　　4 800 000
　　投资收益　　100 000
　贷：银行存款　　4 900 000

②20×2年6月30日：

借：公允价值变动损益　　300 000（4 800 000-600 000×7.5）
　贷：交易性金融资产——公允价值变动　　300 000

③20×2年8月10日宣告分派现金股利时：

借：应收股利　　120 000（0.20×600 000）
　贷：投资收益　　120 000

④20×2年8月20日收到股利时：

借：银行存款　　120 000
　贷：应收股利　　120 000

⑤20×2年12月31日：

借：交易性金融资产——公允价值变动　　600 000（600 000×8.5-4 500 000）
　贷：公允价值变动损益　　600 000

⑥20×3年1月3日处置：

借：银行存款　　5 150 000

　贷：交易性金融资产——成本　　4 800 000

　　　　　　　　——公允价值变动　　300 000

　　　投资收益　　50 000

（2）计算该交易性金融资产的累计损益：

该交易性金融资产的累计损益=-10-30+12+60+5=37（万元）

【例3-5】20×3年5月13日，中国海洋××股份有限公司支付价款1 000 000元从二级市场购入乙公司发行的股票100 000股，每股价格10.60元（含已宣告但尚未发放的现金股利0.60元），另支付交易费用1 000元。中国海洋××股份有限公司将持有的乙公司股权划分为交易性金融资产，且持有乙公司股权后对其无重大影响。

中国海洋××股份有限公司其他相关资料如下：

（1）5月23日，收到乙公司发放的现金股利；

（2）6月30日，乙公司股票价格涨到每股13元；

（3）8月15日，将持有的乙公司股票全部售出，每股售价15元。

假定不考虑其他因素，中国海洋××股份有限公司的账务处理如下：

（1）5月13日，购入乙公司股票：

借：交易性金融资产——成本　　1 000 000

　　应收股利　　60 000

　　投资收益　　1 000

　贷：银行存款　　1 061 000

（2）5月23日，收到乙公司发放的现金股利：

借：银行存款　　60 000

　贷：应收股利　　60 000

（3）6月30日，确认股票价格变动：

借：交易性金融资产——公允价值变动　　300 000

　贷：公允价值变动损益　　300 000

（4）8月15日，乙公司股票全部售出：

借：银行存款　　1 500 000

　贷：交易性金融资产——成本　　1 000 000

　　　　　　　　——公允价值变动　　300 000

　　　投资收益　　200 000

第三节　以摊余成本计量的金融资产——债权投资

一、债权投资概述

债权投资，是指业务管理模式以收取合同现金流量为目的，亦即企业购入的到期日固定、回收金额固定或可确定，且企业有明确意图和能力持有至到期的非衍生金融资产。通常情况下，企业持有的、在活跃市场上有公开报价的国债、企业债券、金融债券等，可以划分为债权投资。

企业改变其管理金融资产的业务模式时，应按照金融工具准则规定，对所有受影响的相关金融资产进行重分类。企业对金融资产进行重分类，应当自重分类日起采用未来适用法进行相关会计处理，不得对以前已经确认的利得、损失（包括减值损失或利得）或利息进行追溯调整。债权投资可以重分类为其他债权投资，也可以重分类为交易性金融资产。

二、债权投资的会计处理

债权投资的会计处理主要涉及取得、投资期间利息的核算、转换、处置等业务。主要分录如下：

（1）企业取得债权投资时：

借：债权投资——成本（面值）

　　应收利息（已到付息期但尚未领取的利息，分期付息）

　　债权投资——应计利息（已到付息期但尚未领取的利息，一次性还本付息）

　　　　　　——利息调整（借贷方差额，也可能在贷方）

　贷：银行存款等

（2）债权投资的利息计提：

借：应收利息（面值×票面利率，分期付息）

　　债权投资——应计利息（面值×票面利率，一次性还本付息）

　贷：投资收益（摊余成本×实际利率）

　　　债权投资——利息调整（借贷方差额，也可能在借方）

金融资产的摊余成本，是指该金融资产的初始确认金额经过下列调整后的结果：

①扣除已偿还的本金；

②加上或减去采用实际利率法将该初始确认金额与到期日金额之间的差额进行摊销形成的累计摊销额；

③扣除已发生的减值损失（仅适用于金融资产）。

（3）收到债权投资的利息：

借：银行存款

　贷：应收利息（分期付息时）

　　　债权投资——应计利息（一次性还本付息时）

（4）债权投资转换时：

①转换为其他债权投资：

借：其他债权投资（重分类日的公允价值）

　贷：债权投资（以摊余成本计量的金融资产的账面价值）

　　　其他综合收益（差额，可能在借方）

②转换为交易性金融资产投资：

借：交易性金融资产（重分类日的公允价值）

　贷：债权投资（以摊余成本计量的金融资产的账面价值）

　　　公允价值变动损益（差额，可能在借方）

（5）出售债权投资时：

借：银行存款等

贷：债权投资——成本

投资收益（差额，也可能在借方）

【例3-6】中国海洋××股份有限公司于20×2年1月2日从证券市场上购入B公司于20×1年1月1日发行的债券，该债券四年期，票面年利率为4%，每年1月5日支付上年度的利息，到期日为20×5年1月1日，到期日一次归还本金和最后一次利息。中国海洋××股份有限公司购入债券的面值为1 000万元，实际支付价款为992.77万元，另支付相关费用20万元。中国海洋××股份有限公司购入后将其划分为债权投资。该债券的实际利率为5%。假定按年计提利息。

要求：编制中国海洋××股份有限公司从20×2年1月2日至20×5年1月1日上述有关业务的全部会计分录（计算时保留两位小数）。

应收利息=面值×票面利率

投资收益=摊余成本×实际利率

"债权投资——利息调整"科目金额即为"应收利息"和"投资收益"的差额。

（1）20×2年1月2日：

借：债权投资——成本　10 000 000

应收利息　400 000（10 000 000×4%）

贷：银行存款　10 127 700

债权投资——利息调整　272 300

（2）20×2年1月5日：

借：银行存款　400 000

贷：应收利息　400 000

（3）20×2年12月31日：

应确认的投资收益=972.77×5%=48.64（万元）

"债权投资——利息调整"科目金额=48.64-1 000×4%=8.64（万元）

借：应收利息　400 000

债权投资——利息调整　86 400

贷：投资收益　486 400

（4）20×3年1月5日：

借：银行存款　400 000

贷：应收利息　400 000

（5）20×3年12月31日：

期初摊余成本= 972.77+48.64-40=981.41（万元）

应确认的投资收益=981.41×5%=49.07（万元）

"债权投资——利息调整"科目金额=49.07-1 000×4%=9.07（万元）

借：应收利息　400 000

债权投资——利息调整　90 700

贷：投资收益　490 700

（6）20×4年1月5日：

借：银行存款　　400 000

　贷：应收利息　　400 000

（7）20×4年12月31日：

期初摊余成本= 981.41+49.07−40=990.48（万元）

应确认的投资收益=990.48×5%=49.52（万元）

“债权投资——利息调整”科目金额=49.52−1 000×4%=9.52（万元）

借：应收利息　　400 000

　　债权投资——利息调整　　95 200

　贷：投资收益　　495 200

（8）20×5年1月1日：

借：银行存款　　10 400 000

　贷：债权投资——成本　　10 000 000

　　　应收利息　　400 000

【例3-7】20×2年1月1日，中国海洋××股份有限公司支付价款1 000元（含交易费用）从活跃市场上购入某公司5年期债券，面值1 250元，票面利率4.72%，按年支付利息（即每年59元），本金最后一次支付。合同约定，该债券的发行方在遇到特定情况时可以将债券赎回，且不需要为提前赎回支付额外款项。中国海洋××股份有限公司在购买该债券时，预计发行方不会提前赎回。

中国海洋××股份有限公司将购入的该公司债券划分为债权投资，且不考虑所得税、减值损失等因素。为此，中国海洋××股份有限公司在初始确认时先计算确定该债券的实际利率：

设该债券的实际利率为r，则可列出如下等式：

$$59\times(1+r)^{-1}+59\times(1+r)^{-2}+59\times(1+r)^{-3}+59\times(1+r)^{-4}+(59+1\ 250)\times(1+r)^{-5}=1\ 000\text{（元）}$$

采用插值法，可以计算得出r=10%，由此可编制表3-1。

表3-1　　**摊余成本及实际利息计算表**　　单位：元

年份	期初摊余成本(a)	实际利息(b)	现金流入(c)	期末摊余成本(d=a+b−c)
20×2年	1 000	100	59	1 041
20×3年	1 041	104	59	1 086
20×4年	1 086	109	59	1 136
20×5年	1 136	114*	59	1 191
20×6年	1 191	118**	1 309	0

注：实际利息按10%计算。

*数字四舍五入取整。

**数字考虑了计算过程中出现的尾差。

根据上述数据，中国海洋××股份有限公司的有关账务处理如下：

(1) 20×2年1月1日，购入债券：

借：债权投资——成本 1 250

  贷：银行存款 1 000

    债权投资——利息调整 250

(2) 20×2年12月31日，确认实际利息收入、收到票面利息：

借：应收利息 59

  债权投资——利息调整 41

  贷：投资收益 100

借：银行存款 59

  贷：应收利息 59

(3) 20×3年12月31日，确认实际利息收入、收到票面利息：

借：应收利息 59

  债权投资——利息调整 45

  贷：投资收益 104

借：银行存款 59

  贷：应收利息 59

(4) 20×4年12月31日，确认实际利息收入、收到票面利息：

借：应收利息 59

  债权投资——利息调整 50

  贷：投资收益 109

借：银行存款 59

  贷：应收利息 59

(5) 20×5年12月31日，确认实际利息、收到票面利息：

借：应收利息 59

  债权投资——利息调整 55

  贷：投资收益 114

借：银行存款 59

  贷：应收利息 59

(6) 20×6年12月31日，确认实际利息、收到票面利息和本金：

借：应收利息 59

  债权投资——利息调整 59

  贷：投资收益 118

持有至到期-计息调整=250-41-45-50-55=59（元）

投资收益=59+59=118（元）

借：银行存款 59

  贷：应收利息 59

借：银行存款等 1 250

  贷：债权投资——成本 1 250

假定在20×4年1月1日，中国海洋××股份有限公司预计本金的一半（即625元）将会在该年年末收回，而其余的一半本金将于20×6年年末付清。遇到这种情况时，中国海洋××股份有限公司应当调整20×4年初的摊余成本，差额计入当期损益。调整时采用最初确定的实际利率计算。

据此，调整表3-1中相关数据，见表3-2。

表3-2 **调整后的摊余成本及实际利息计算表** 单位：元

年份	期初摊余成本（a）	实际利息（b）	现金流入（c）	期末摊余成本（d=a+b-c）
20×4年	1 138*	114**	684	568
20×5年	568	57	30***	595
20×6年	595	60	655	0

注：实际利息按10%计算，所有结果均四舍五入取整。

*1 138=684×（1+10%）$^{-1}$+30×（1+10%）$^{-2}$+655×（1+10%）$^{-3}$

** 114=1 138×10%

***30=625×4.72%

根据上述调整，中国海洋××股份有限公司的账务处理如下：

（1）20×4年1月1日，调整期初摊余成本：

借：债权投资——利息调整 52

　贷：投资收益 52

（2）20×4年12月31日，确认实际利息、收回本金：

借：应收利息 59

　　债权投资——利息调整 55

　贷：投资收益 114

借：银行存款 59

　贷：应收利息 59

借：银行存款 625

　贷：债权投资——成本 625

（3）20×5年12月31日，确认实际利息等：

借：应收利息 30

　　债权投资——利息调整 27

　贷：投资收益 57

借：银行存款 30

　贷：应收利息 30

（4）20×6年12月31日，确认实际利息、收回本金等：

“债权投资——利息调整”科目金额=250-41-45-52-55-27=30（元）

投资收益=30+30=60（元）

借：应收利息 30

　　债权投资——利息调整 30

　贷：投资收益 60

借：银行存款 30

贷：应收利息 30

借：银行存款 625

贷：债权投资——成本 625

假定中国海洋××股份有限公司购买的债券不是分次付息，而是到期一次还本付息，且利息不以复利计算。此时，中国海洋××股份有限公司所购买债券的实际利率r，可以计算如下：

$(59+59+59+59+59+1\ 250)\times(1+r)^{-5}=1\ 000$（元）

由此得出r≈9.05%。

据此，调整上述表中相关数据，见表3-3。

表3-3 **按到期一次付息调整后的摊余成本及实际利息计算表** 单位：元

年份	期初摊余成本（a）	实际利息（b）	现金流入（c）	期末摊余成本（d=a+b-c）
20×2年	1 000	90.5	0	1 090.5
20×3年	1 090.5	98.69	0	1 189.19
20×4年	1 189.19	107.62	0	1 296.81
20×5年	1 296.81	117.36	0	1 414.17
20×6年	1 414.17	130.83*	1 545	0

注：实际利息按9.05%计算。

*考虑了计算过程中出现的尾差2.85元。

根据上述数据，中国海洋××股份有限公司的有关账务处理如下：

（1）20×2年1月1日，购入债券：

借：债权投资——成本 1 250

贷：银行存款 1 000

债权投资——利息调整 250

（2）20×2年12月31日，确认实际利息收入：

借：债权投资——应计利息 59

——利息调整 31.5

贷：投资收益 90.5

（3）20×3年12月31日，确认实际利息收入：

借：债权投资——应计利息 59

——利息调整 39.69

贷：投资收益 98.69

（4）20×4年12月31日：

借：债权投资——应计利息 59

——利息调整 48.62

贷：投资收益 107.62

（5）20×5年12月31日，确认实际利息：

借：债权投资——应计利息　　59

　　　　　　——利息调整　　58.36

　贷：投资收益　　117.36

（6）20×6年12月31日，确认实际利息、收到本金和名义利息：

"债权投资——利息调整"科目金额=250−31.5−39.69−48.62−58.36=71.83（元）

投资收益=59+71.83=130.83（元）

借：债权投资——应计利息　　59

　　　　　　——利息调整　　71.83

　贷：投资收益　　130.83

借：银行存款　　1 545

　贷：债权投资——成本　　1 250

　　　　　　　——应计利息　　295

【例3-8】20×2年3月，由于贷款基准利率的变动和其他市场因素的影响，乙公司持有的、原划分为债权投资的某公司债券价格持续下跌。为此，乙公司于4月1日对外出售10%的该债权投资，收取价款1 200 000元（即所出售债券的公允价值），剩余的90%债券根据市场情况可能持有也可能出售。

假定4月1日该债券出售前的账面余额（成本）为10 000 000元，不考虑债券出售等其他相关因素的影响，则乙公司相关的账务处理如下：

借：银行存款　　1 200 000

　贷：债权投资——成本　　1 000 000

　　　投资收益　　200 000

借：其他债权投资——成本　　9 000 000

　贷：债权投资——成本　　9 000 000

借：其他债权投资——公允价值变动　　1 800 000

　贷：其他综合收益　　1 800 000

假定4月23日，乙公司将该债券全部出售，收取价款11 800 000元，则乙公司相关账务处理如下：

借：银行存款　　11 800 000

　贷：其他债权投资——成本　　10 800 000

　　　投资收益　　1 000 000

借：其他综合收益　　1 800 000

　贷：投资收益　　1 800 000

第四节　以摊余成本计量的金融资产——贷款和应收款项

一、贷款和应收款项概述

贷款和应收款项，是指在活跃市场中没有报价、回收金额固定或可确定的非衍生金融资产。通常情况下，一般企业因销售商品或提供劳务形成的应收款项、商业银行发放的贷款等，由于在活跃的市场上没有报价，回收金额固定或可确定，从而可以划分为此类。

但是，企业不应将下列非衍生金融资产划分为贷款和应收款项：

①准备立即出售或在近期出售的非衍生金融资产；

②初始确认时被指定为以公允价值计量且其变动计入当期损益的非衍生金融资产；

③初始确认时被指定为可供出售的非衍生金融资产；

④因债务人信用恶化以外的原因，使持有方可能难以收回几乎所有初始投资的非衍生金融资产。

企业所持证券投资基金或类似基金，不应当划分为贷款和应收款项。

贷款和应收款项泛指一类金融资产，主要指金融企业发放的贷款和其他债权，但不限于金融企业发放的贷款和其他债权（如委托贷款）。非金融企业持有的现金和银行存款、销售商品或提供劳务形成的应收款项、企业持有的其他企业的债权（不包括在活跃市场上有报价的债务工具）等，只要符合贷款和应收款项的定义，可以划分为这一类。划分为贷款和应收款项类的金融资产，与划分为债权投资的金融资产，其主要差别在于前者不是在活跃市场上有报价的金融资产，并且不像债权投资那样在出售或重分类方面受到较多限制。如果某债务工具投资在活跃市场上没有报价，则企业不能将其划分为债权投资。

二、贷款和应收款项的会计处理

贷款和应收款项的会计处理原则，与债权投资大致相同。具体而言：

（1）金融企业按当前市场条件发放的贷款，应按发放贷款的本金和相关交易费用之和作为初始确认金额。一般企业对外销售商品或提供劳务形成的应收债权，通常应按从购货方应收的合同或协议价款作为初始确认金额。

（2）贷款持有期间所确认的利息收入，应当根据实际利率计算。实际利率应在取得贷款时确定，在该贷款预期存续期间或适用的更短期间内保持不变。实际利率与合同利率差别较小的，也可按合同利率计算利息收入。

（3）企业收回或处置贷款和应收款项时，应将取得的价款与该贷款和应收款项账面价值之间的差额计入当期损益。

贷款是商业银行的一项主要业务，应设置“贷款”科目对按规定发放的各种贷款（如质押贷款、抵押贷款、保证贷款、信用贷款，以及具有贷款性质的银团贷款、贸易融资、协议透支、信用卡透支、转贷款）进行核算。一般企业的应收款项，通常应设置“应收账款”“应收票据”“长期应收款”“其他应收款”等科目进行核算。

与应收账款和应收票据相关的主要账务处理如下：

(一) 应收账款

企业因销售商品、提供劳务等经营活动发生的应收账款，按应收金额，借记“应收账款”科目，按确认的营业收入，贷记“主营业务收入”等科目。收回应收账款时，借记“银行存款”等科目，贷记“应收账款”科目。涉及增值税销项税额的，还应进行相应的处理。

企业与债务人进行债务重组，应当分别债务重组的不同方式对重组债权进行处理。

(二) 应收票据

企业因销售商品、提供劳务等而收到的已承兑的商业汇票，按商业汇票的票面金额，借记“应收票据”科目，按确认的营业收入，贷记“主营业务收入”等科目。涉及增值税销项税额的，还应进行相应的处理。

持未到期的商业汇票向银行贴现，应按实际收到的金额（即减去贴现息后的净额），借记“银行存款”等科目，按贴现息部分，借记“财务费用”等科目，按商业汇票的票面金额，贷记“应收票据”科目或“短期借款”科目。

将持有的商业汇票背书转让以取得所需物资，按应计入取得物资成本的金额，借记“材料采购”或“原材料”、“库存商品”等科目，按商业汇票的票面金额，贷记“应收票据”科目，如有差额，借记或贷记“银行存款”等科目。涉及增值税进项税额的，还应进行相应的处理。

商业汇票到期，应按实际收到的金额，借记“银行存款”科目，按商业汇票的票面金额，贷记“应收票据”科目。

【例3-9】中国海洋××股份有限公司销售一批商品给乙企业，货已发出，增值税专用发票上注明的商品价款为200 000元，增值税销项税额为26 000元。当日收到乙企业签发的不带息商业承兑汇票一张，该票据的期限为3个月。相关销售商品收入符合收入确认条件。

中国海洋××股份有限公司的账务处理如下：

(1) 销售实现时：

借：应收票据	226 000	
贷：主营业务收入		200 000
应交税费——应交增值税（销项税额）		26 000

(2) 3个月后，应收票据到期，中国海洋××股份有限公司收回款项226 000元，存入银行：

借：银行存款	226 000	
贷：应收票据		226 000

(3) 如果中国海洋××股份有限公司在该票据到期前向银行贴现，且银行拥有追索权，则中国海洋××股份有限公司应按票据面值确认“短期借款”，按实际收到的金额（即减去贴现息后的净额）与票据金额之间的差额确认“财务费用”。假定中国海洋××股份有限公司贴现获得现金净额223 660元，则相关账务处理如下：

借：银行存款	223 660	
财务费用	2 340	
贷：短期借款		226 000

需要注意的是，企业应当设置“应收票据备查簿”，逐笔登记商业汇票的种类，号数，出票日，票面金额，交易合同号，付款人、承兑人、背书人的姓名或单位名称，到期日，背书转让日，贴现日，贴现率和贴现净额，收款日，收回金额，退票情况等资料。商业汇票到期结清票款或退票后，在备查簿中应予注销。

【例3-10】20×2年3月15日，中国海洋××股份有限公司销售一批商品给乙公司，开出的增值税专用发票上注明的销售价款为300 000元，增值税销项税额为39 000元，款项尚未收到。双方约定，乙公司应于20×2年10月31日付款。20×2年6月4日，经与中国银行协商后约定：中国海洋××股份有限公司将应收乙公司的货款出售给中国银行，价款为263 250元；在应收乙公司货款到期无法收回时，中国银行不能向中国海洋××股份有限公司追偿。中国海洋××股份有限公司根据以往经验，预计该批商品将发生的销售退回金额为22 600元，其中，增值税销项税额为2 600元，成本为13 000元，实际发生的销售退回由中国海洋××股份有限公司承担。20×2年8月3日，中国海洋××股份有限公司收到乙公司退回的商品，价款为22 600元。假定不考虑其他因素。

中国海洋××股份有限公司与应收债权出售有关的账务处理如下：

（1）20×2年6月4日出售应收债权：

借：银行存款	263 250	
其他应收款	22 600	
营业外支出	53 150	
贷：应收账款		339 000

（2）20×2年8月3日收到退回的商品：

借：主营业务收入	20 000	
应交税费——应交增值税（销项税额）	2 600	
贷：其他应收款		22 600
借：库存商品	13 000	
贷：主营业务成本		13 000

本例涉及企业将应收债权不附追索权予以出售（处置）。应收债权的出售通常分为不附追索权的出售和附追索权出售。不附追索权应收债权出售，其含义是：企业将其按照销售商品、提供劳务的销售合同所产生的应收债权出售给银行等金融机构，根据企业、债务人及银行等金融机构之间的协议，在所售应收债权到期无法收回时，银行等金融机构不能够向出售应收债权的企业进行追偿。在这种情况下，企业应将所售应收债权予以转销，结转计提的相关坏账准备，确认按协议约定预计将发生的销售退回、销售折让、现金折扣等，确认出售损益。

企业在出售应收债权的过程中如附有追索权，即在有关应收债权到期无法从债务人处收回时，银行等金融机构有权向出售应收债权的企业追偿，或按照协议约定，企业有义务按照约定金额自银行等金融机构回购部分应收债权，应收债权的坏账风险由售出应收债权的企业负担，则企业应按照以应收债权为质押取得借款的核算原则进行会计处理。

第五节 以公允价值计量且其变动计入其他综合收益的金融资产

一、概述

金融资产同时符合下列条件的，应当分类为以公允价值计量且其变动计入其他综合收益的金融资产：

（1）企业管理该金融资产的业务模式既以收取合同现金流量为目标又以出售该金融资产为目标。

（2）该金融资产的合同条款规定，在特定日期产生的现金流量，仅为对本金和以未偿付本金金额为基础的利息的支付，如企业持有的普通债券投资。

二、会计处理

以公允价值计量且其变动计入其他综合收益的金融资产具体可分为其他债权投资、其他权益工具投资。其中，其他债权投资主要涉及取得、持有期间利息的计提和收取、资产负债表日公允价值变动、减值、处置等业务；其他权益工具投资主要涉及取得、持有期间对方企业宣告分配股利、收到股利、资产负债表日公允价值变动、处置等业务。

（一）其他债权投资

1.取得时

借：其他债权投资——成本（面值）

　　应交税费——应交增值税（进项税额）（交易费用中可抵扣的进项税额）

　　应收利息（已到付息期但尚未领取的利息，分期付息）

　　其他债权投资——应计利息（已到付息期但尚未领取的利息，一次性付息）

　　　　　　　——利息调整（借贷方差额，也可能在贷方）

　贷：银行存款等（实际支付款项）

2.资产负债表日计算利息

（1）利息计提：

借：应收利息（面值×票面利率，分期计息）

　　其他债权投资——应计利息（面值×票面利率，一次性付息）

　贷：投资收益（摊余成本×实际利率）

　　　其他债权投资——利息调整（借贷方差额，也可能在借方）

（2）利息收取：

借：银行存款

　贷：应收利息（分期收取利息）

　　　其他债权投资——应计利息（一次性收取利息）

3.资产负债表日公允价值变动

（1）公允价值上升：

借：其他债权投资——公允价值变动

贷：其他综合收益——金融资产公允价值变动

（2）公允价值下降：

借：其他综合收益——金融资产公允价值变动

贷：其他债券投资——公允价值变动

4.资产负债表日减值（减值恢复，则做相反分录）

借：信用减值损失

贷：其他综合收益——金融资产减值准备

5.处置

借：银行存款等

贷：其他债权投资——成本（面值）

——公允价值变动（可能在借方）

——利息调整（未到期处置，可能在借方）

——应计利息（到期一次性付息）

其他综合收益（持有期间公允价值累计变动额，也可能在借方）

投资收益（借贷方差额，也可能在借方）

（二）其他权益工具投资

1.取得时

借：其他权益工具投资——成本（公允价值与交易费用之和）

应收股利（已宣告但尚未发放的现金股利）

应交税费——应交增值税（进项税额）（交易费用中可抵扣的进项税额）

贷：银行存款等（实际支付金额）

2.持有期间股利核算

（1）被投资企业宣告分配股利：

借：应收股利

贷：投资收益

（2）被投资企业实际发放股利：

借：银行存款

贷：应收股利

3.资产负债表日公允价值变动

（1）公允价值上升：

借：其他权益工具投资——公允价值变动

贷：其他综合收益——金融资产公允价值变动

（2）公允价值下降：

借：其他综合收益——金融资产公允价值变动

贷：其他权益工具投资——公允价值变动

4.处置

借：银行存款等

其他综合收益——金融资产公允价值变动（可能在贷方）

贷：其他权益工具投资——成本

贷：其他权益工具投资——公允价值变动（可能在借方）

盈余公积（借贷方差额部分的10%）

利润分配——未分配利润（借贷方差额部分的90%）

【例3-11】20×3年1月1日，中国海洋××股份有限公司支付价款1 028.244元购入某公司发行的3年期公司债券，该公司债券的票面总金额为1 000元，票面利率4%，实际利率为3%，利息每年年末支付，本金到期支付。中国海洋××股份有限公司将该公司债券划分为以公允价值计量且其变动计入其他综合收益的金融资产。20×3年12月31日，该债券的市场价格为1 000.094元。20×4年1月20日，中国海洋××股份有限公司将该债券以900.094元的价格出售。假定不考虑交易费用和其他因素的影响。中国海洋××股份有限公司的账务处理如下：

（1）20×3年1月1日，购入债券：

借：其他债权投资——成本　　1 000

　　　　　　　　——利息调整　　28.244

　贷：银行存款　　1 028.244

（2）20×3年12月31日，计提利息、收到利息、确认公允价值变动：

实际利息=1 028.244×3%=30.84732≈30.85（元）

年末摊余成本=1 028.244+30.85-40=1 019.094（元）

①计提利息：

借：应收利息　　40

　贷：投资收益　　30.85

　　其他债权投资——利息调整　　9.15

②收到利息：

借：银行存款　　40

　贷：应收利息　　40

③资产负债表日公允价值变动：

借：其他综合收益——金融资产公允价值变动　　10（1 019.094-1 009.094）

　贷：其他债权投资——公允价值变动　　10

（3）20×4年1月20日处置时：

借：银行存款　　900.094

　　其他债权投资——公允价值变动　　10

　　投资收益　　119

　贷：其他债权投资——成本　　1 000

　　　　　　　　——利息调整　　19.094（28.244-9.15）

　　其他综合收益　　10

【例3-12】中国海洋××股份有限公司于20×2年7月13日从二级市场购入股票1 000 000股，每股市价15元，手续费30 000元；初始确认时，该股票划分为以公允价值计量且其变动计入其他综合收益的金融资产。20×2年12月31日，中国海洋××股份有限公司仍持有该股票，该股票市价为16元。20×3年2月1日，中国海洋××股份有限公司将该股票售出，售价为每股13元，另支付交易费用30 000元。假定不考虑其他因素，中国海洋××股份有限公司的账务处理如下：

（1）20×2年7月13日，购入股票：

借：其他权益工具投资——成本　　15 030 000

　贷：银行存款　　15 030 000

（2）20×2年12月31日，确认股票价格变动：

借：其他权益工具投资——公允价值变动　　970 000

　贷：其他综合收益——金融资产公允价值变动　　970 000

（3）20×3年2月1日，出售股票：

借：银行存款　　12 970 000

　其他综合收益　　970 000

　盈余公积　　206 000

　利润分配——未分配利润　　1 854 000

　贷：其他权益工具投资——成本　　15 030 000

　　　　——公允价值变动　　970 000

【例3-13】20×2年12月1日，中国海洋××股份有限公司从证券市场上购入B公司的股票，指定为以公允价值计量且其变动计入其他综合收益的金融资产，实际支付款项100万元（含相关税费5万元）。20×2年12月31日，该金融资产的公允价值为95万元。20×3年3月31日，其公允价值为60万元。

中国海洋××股份有限公司的账务处理如下：

（1）20×2年12月1日：

借：其他权益工具投资——成本　　1 000 000

　贷：银行存款　　1 000 000

（2）20×2年12月31日：

借：其他综合收益——金融资产公允价值变动　　50 000

　贷：其他权益工具投资——公允价值变动　　50 000

（3）20×3年3月31日：

借：其他综合收益——金融资产公允价值变动　　350 000

　贷：其他权益工具投资——公允价值变动　　350 000

【例3-14】20×2年5月6日，中国海洋××股份有限公司支付价款10 160 000元（含交易费用10 000元和已宣告但尚未发放的现金股利150 000元），购入乙公司发行的股票2 000 000股，占乙公司有表决权股份的0.5%。中国海洋××股份有限公司将其划分为以公允价值计量且其变动计入其他综合收益的金融资产。其他资料如下：

（1）20×2年5月10日，中国海洋××股份有限公司收到乙公司发放的现金股利150 000元。

（2）20×2年6月30日，该股票市价为每股5.2元。

（3）20×2年12月31日，中国海洋××股份有限公司仍持有该股票；当日，该股票市价为每股5元。

（4）20×3年5月9日，乙公司宣告发放股利40 000 000元。

（5）20×3年5月13日，中国海洋××股份有限公司收到乙公司发放的现金股利。

（6）20×3年5月20日，中国海洋××股份有限公司以每股4.9元的价格将该股票全部转让。

假定不考虑其他因素的影响，中国海洋××股份有限公司的账务处理如下：

（1）20×2年5月6日，购入股票：

借：其他权益工具投资——成本　　10 010 000

　　应收股利　　150 000

　贷：银行存款　　10 160 000

（2）20×2年5月10日，收到现金股利：

借：银行存款　　150 000

　贷：应收股利　　150 000

（3）20×2年6月30日，确认股票的价格变动：

借：其他权益工具投资——公允价值变动　　390 000

　贷：其他综合收益——金融资产公允价值变动　　390 000

（4）20×2年12月31日，确认股票价格变动：

借：其他综合收益——金融资产公允价值变动　　400 000

　贷：其他权益工具投资——公允价值变动　　400 000

（5）20×3年5月9日，确认应收现金股利：

借：应收股利　　200 000

　贷：投资收益　　200 000

（6）20×3年5月13日，收到现金股利：

借：银行存款　　200 000

　贷：应收股利　　200 000

（7）20×3年5月20日，出售股票：

借：银行存款　　9 800 000

　　盈余公积　　21 000

　　利润分配——未分配利润　　189 000

　　其他权益工具投资——公允价值变动　　10 000

　贷：其他权益工具投资——成本　　10 010 000

　　　其他综合收益——金融资产公允价值变动　　10 000

金融资产的初始计量及后续计量具体见表3-4。

表3-4　　金融资产初始计量及后续计量

类别	初始计量	后续计量
以公允价值计量且其变动计入当期损益的金融资产	公允价值计量，交易费用计入当期损益	公允价值计量，公允价值变动计入当期损益
以摊余成本计量的金融资产	公允价值计量，交易费用计入初始成本	摊余成本计量
以公允价值计量且其变动计入其他综合收益的金融资产		公允价值计量，公允价值变动计入其他综合收益

本章小结

1.金融资产主要包括库存现金、应收账款、应收票据、贷款、垫款、其他应收款、应收利息、债权投资、股权投资、基金投资、衍生金融资产等。金融资产的分类与金融资产的计量密切相关。

2.以公允价值计量且其变动计入当期损益的金融资产，可进一步划分为交易性金融资产和直接指定为以公允价值计量且其变动计入当期损益的金融资产。企业取得交易性金融资产时，借记“交易性金融资产——成本”（公允价值）、“投资收益”（发生的交易费用）、“应收股利”（已宣告但尚未发放的现金股利）、“应收利息”（已到付息期但尚未领取的利息）等科目，贷记“银行存款”等科目。持有期间的股利或利息，借记“应收股利”（被投资单位宣告发放的现金股利×投资持股比例）、“应收利息”（资产负债表日计算的应收利息）等科目，贷记“投资收益”科目。资产负债表日公允价值上升，借记“交易性金融资产——公允价值变动”科目，贷记“公允价值变动损益”科目。公允价值下降，借记“公允价值变动损益”科目，贷记“交易性金融资产——公允价值变动”科目。

3.债权投资，是指业务管理模式以收取合同现金流量为目的，亦即企业购入的到期日固定、回收金额固定或可确定，且企业有明确意图和能力持有至到期的非衍生金融资产。通常情况下，企业持有的、在活跃市场上有公开报价的国债、企业债券、金融债券等，可以划分为债权投资。企业取得的债权投资，借记“债权投资——成本”（面值）、“应收利息”（已到付息期但尚未领取的利息）、“债权投资——利息调整”（差额，也可能在贷方）等科目，贷记“银行存款”等科目。

4.以摊余成本计量的金融资产——贷款和应收款项，是指在活跃市场中没有报价、回收金额固定或可确定的非衍生金融资产。通常情况下，一般企业因销售商品或提供劳务形成的应收款项、商业银行发放的贷款等，由于在活跃的市场上没有报价，回收金额固定或可确定，可以划分为此类。非金融企业持有的现金和银行存款、销售商品或提供劳务形成的应收款项、企业持有的其他企业的债权（不包括在活跃市场上有报价的债务工具）等，只要符合贷款和应收款项的定义，可划分为这一类。

5.金融资产同时符合下列条件的，应当分类为以公允价值计量且其变动计入其他综合收益的金融资产：企业管理该金融资产的业务模式既以收取合同现金流量为目标又以出售该金融资产为目标；该金融资产的合同条款规定，在特定日期产生的现金流量，仅为对本金和以未偿付本金金额为基础的利息的支付，如企业持有的普通债券投资。通常情况下，划分为此类的金融资产应当在活跃的市场上有报价，因此，企业从二级市场上购入的、有报价的债券投资、股票投资、基金投资等，可以划分为以公允价值计量且其变动计入其他综合收益的金融资产。

6.企业应当在资产负债表日对以公允价值计量且其变动计入当期损益的金融资产以外的金融资产的账面价值进行检查，有客观证据表明该金融资产发生减值的，应当计提减值准备。

思政链接

华锐风电收不回的应收账款

2014年11月29日，华锐风电科技（集团）股份有限公司（以下简称“华锐风电”）首次发布《关于处置应收账款的公告》。公告提到，2014年以来，公司未新增任何银行贷款，同时银行贷款余额已清零，银行授信被限制使用，资本市场融资也因业绩下滑及被立案调查等而无法操作。在当前经营状况下，上述常规方式不可能在短期内出现根本改观，无法解决资金缺口问题。华锐风电于2014年11月28日召开了第二届董事会临时会议，审议通过了《关于启动公司应收账款快速处置的议案》。董事会同意启动应收账款快速处置相关程序。董事会可以在公司章程规定的权限范围内决定应收账款快速处置的一切相关事宜，包括但不限于进一步授权（如需要）公司经营管理层根据商谈结果落实应收账款快速处置相关事宜。可见，当时华锐风电已经不得不面对其应收账款占用大量资金带来的问题了。

2019年1月11日，华锐风电发布《关于与佳木斯电机股份有限公司签署〈应收账款解决协议〉的公告》（编号：临2019-003）。华锐风电曾于2015年11月27日召开第三届董事会临时会议，审议通过了《关于拟与佳木斯电机股份有限公司签署〈应收账款转让协议〉的议案》，转让公司应收内蒙古北方龙源风力发电有限责任公司的应收款项约人民币1.685亿元，抵偿公司及下属子公司欠付佳木斯电机股份有限公司（以下简称“佳电股份”）的等额货款（相关公告：临2015-104）。截至2018年11月23日，双方确认华锐风电对佳电股份的欠款为18 710.5666万元（包含了上述转让协议中约定的相关账款）。对于上述18 710.5666万元欠款，华锐风电于2019年1月31日前以银行承兑汇票方式支付3 500万元（承兑期限不超过9个月），于2019年1月15日前以商业承兑汇票方式支付剩余15 210.5666万元（兑付期限为2019年7月31日前），并以股权质押或资产抵押方式为商业承兑汇票提供保证，具体抵押或质押事宜由双方另行签订协议；如华锐风电出具的商业承兑汇票到期不能兑付，华锐风电保证在接到佳电股份不能兑付的书面通知10日内一次性支付2 000万元现金或银行承兑汇票（承兑期限不超过9个月），剩余13 336.5666万元佳电股份同意华锐风电以其他公司的到期债权、自有股权或资产进行清偿，具体事宜由双方另行签订协议。若华锐风电按照协议规定在2019年1月31日前支付3 500万元货款，将确认债务重组收益4 909.72万元。

资料来源　华锐风电科技（集团）股份有限公司董事会. 华锐风电科技（集团）股份有限公司关于与佳木斯电机股份有限公司签署《应收账款解决协议》的公告［EB/OL］.（2019-01-11）［2023-09-01］. http：//static.sse.com.cn/disclosure/listedinfo/announcement/c/2019-01-11/601558_20190111_1.pdf.

思政启示：

企业和会计人员违反应收账款管理规定可能会带来以下危害：一是业务风险。企业未按照规定管理应收账款，可能会导致应收账款无法被及时回收，甚至出现坏账，给企业带来业务风险。二是资金风险。若应收账款不能及时、有效地回收，可能会导致资金链断裂，影响企业现金流，甚至面临债务违约等风险。三是信誉风险。若企业应收账款管理不规范，可能会导致企业信誉下降，影响企业商誉及未来融资等业务。因此企业和会计人员应严格遵守应收账款管理规定，加强内部控制、财务管理，确保应收账款管理规范合规。

同时，也要加强风险管理，及时发现和处理潜在风险，降低企业财务风险和管理风险。

第三章 即测即评

业务练习题

1.20×2年1月1日，中国海洋××股份有限公司从二级市场上以价款1 020 000元（含已到付息期但尚未领取的利息20 000元）购入某公司发行的债券，另发生交易费用20 000元。该债券面值1 000 000元，剩余期限为2年，票面年利率为4%，每半年付息一次，中国海洋××股份有限公司将其划分为以公允价值计量且其变动计入当期损益的金融资产。其他相关资料如下：

（1）20×2年1月5日，收到该债券20×1年下半年利息20 000元；

（2）20×2年6月30日，该债券的公允价值为1 150 000元（不含利息）；

（3）20×2年7月5日，收到该债券半年利息；

（4）20×2年12月31日，该债券的公允价值为1 100 000元（不含利息）；

（5）20×3年1月5日，收到该债券20×2年下半年利息；

（6）20×3年3月31日，中国海洋××股份有限公司将该债券出售，取得价款1 180 000元（含一季度利息10 000元）。

要求：假定不考虑其他因素，做出中国海洋××股份有限公司的账务处理。

2.中国海洋××股份有限公司于20×1年1月1日从证券市场上购入B公司于20×0年1月1日发行的债券作为其他债权投资，该债券5年期、票面年利率为5%、每年1月5日支付上年度的利息，到期日为20×5年1月1日，到期日一次归还本金和最后一次利息。该债券的实际年利率为4%，面值为1 000万元，中国海洋××股份有限公司实际支付价款为1 076.30万元，另支付相关费用10万元。假定按年计提利息。20×1年12月31日，该债券的公允价值为1 020万元。20×2年12月31日，该债券的预计未来现金流量现值为1 000万元并将继续下降。20×3年1月20日，中国海洋××股份有限公司将该债券全部出售，收到款项995万元存入银行。

要求：编制中国海洋××股份有限公司从20×1年1月1日至20×3年1月20日上述有关业务的会计分录。

第四章　存　货

学习目标

1. 了解存货的概念、内容和入账价值；
2. 理解和运用各种存货成本的计价方法；
3. 掌握实际成本法、计划成本法下存货业务的核算；
4. 掌握存货清查方法；
5. 掌握各类存货的会计处理方法。

育人目标

树立成本控制意识和节约意识，学会爱护集体资产。

第一节　存货概述

一、存货的概念、内容和分类

（一）存货的定义

存货是企业为生产或销售储备的各种材料物资，包括企业在日常活动中持有以备出售的产成品或商品、处在生产过程中的在产品、在生产过程或提供劳务过程中耗用的材料、物料等。存货区别于固定资产等非流动资产的最基本特征是：企业持有存货的最终目的是出售，不论是可供直接出售，如企业的产成品、商品等；还是需经过进一步加工后才能出售，如原材料等。

（二）存货的内容

企业的存货通常包括以下内容：

1.原材料

原材料指企业在生产过程中经加工改变其形态或性质并构成产品主要实体的各种原料及主要材料、辅助材料、外购半成品（外购件）、修理用备件（备品备件）、包装材料、燃料等。为建造固定资产等各项工程而储备的各种材料，虽也属于材料，但其持有目的是建造固定资产等各项工程，不符合存货定义，故不能作为企业的存货进行核算。

2.在产品

在产品指企业正在制造尚未完工的产品，包括正在各个生产工序加工、已加工完毕但尚未检验、已检验但尚未办理入库手续的产品。

3.半成品

半成品指经过一定生产过程并已检验合格交付半成品仓库保管，但尚未制造完工成为产成品，仍需进一步加工的中间产品。

4.产成品

产成品指工业企业已经完成全部生产过程并验收入库，可以按照合同规定的条件送交订货单位或者可作为商品对外销售的产品。企业接受外来原材料加工制造的代制品和为外单位加工修理的代修品，制造和修理完成验收入库后，应视同企业的产成品。

5.商品

商品指商品流通企业外购或委托加工后完成验收入库，可用于销售的各种商品。

6.周转材料

周转材料指企业能多次使用并逐渐转移其价值、能保持原有形态，不能被确认为固定资产的材料，如包装物和低值易耗品等。其中，包装物是指为了包装本企业商品而储备的各种包装容器，如桶、箱、瓶、坛、袋等，其主要作用是盛装、装潢产品或商品。低值易耗品是指不符合固定资产确认条件的各种用具物品，如工具、管理用具、玻璃器皿、劳动保护用品以及在经营过程中周转使用的容器等。

（三）存货的分类

1.按所属行业分类

（1）制造业存货，指企业购进后直接用于生产制造，并构成产品实体的商品物资。这类存货的特点是在出售前，需要经过企业生产加工过程，改变其原有的实物形态或使用功能。其主要指工业企业的原材料、委托加工材料、包装物、低值易耗品、在产品、自制半成品等。

（2）商品流通企业存货，指企业购进以供直接销售的商品物资。这类存货的特点是在出售之前，原有实物形态一般保持不变。其主要指商品流通企业所购销的商品、委托加工物资等。

（3）其他行业存货，指企业购进后为近期的生产活动所耗用的物料和服务性行业未完工的修理物品等。这类存货的主要特点是为了满足企业的各种消耗性需要，而不是为了将其直接销售或加工制成产品后再出售。其主要指旅行社、饭店、宾馆、照相、修理、游乐场所、美容美发等服务企业供业务活动使用的物品。这类企业通常既不生产产品也不经销产品，存有的各种少量物料用品、办公用品、家具用具等，主要供业务活动时使用，这些用品也作为存货加以管理。

2.按存放地点分类

（1）库存存货，指企业库存的准备销售或生产耗用的各类存货，如库存原材料、自制半成品、库存商品等。

（2）加工中存货，包括自行加工中存货和委托外单位加工中存货，如在产品、委托加工物资。

（3）在途存货，指企业购入的、期末尚未到达或验收入库的各种材料物资。

（4）委托代销存货，指本企业委托其他单位代销的存货。

3.按来源分类

（1）外购存货；

（2）自制存货；

（3）委托外单位加工存货。

4.注意事项

（1）关于代销商品的归属。代销商品（托销商品）在售出以前，所有权属于委托方，因此，代销商品应作为委托方的存货处理。但为促进受托方对代销商品的核算和管理，现行会计制度也要求受托方将其受托代销商品作为资产进行核算。

（2）关于在途商品的归属，以下在途商品，均应作为购货方的存货进行核算：

①销售方按销售合同或协议规定已确认销售，但尚未发运给购货方的商品；

②购货方已收到商品，但尚未收到销货方结算发票等的商品；

③购货方已经确认为购进，但尚未到达入库的在途商品。

二、存货的确认条件

存货必须在符合定义的前提下，同时满足下列两个条件，才能予以确认：

1.与该存货有关的经济利益很可能流入企业

资产最重要的特征是预期能给企业带来经济利益。如果某一项目预期不能给企业带来经济利益，就不能确认为企业的资产。存货是企业的一项重要的流动资产，因此，对存货的确认，关键是判断其是否很可能给企业带来经济利益，或其所包含的经济利益是否很可能流入企业。通常，拥有所有权是与该存货有关的经济利益很可能流入本企业的一个重要标志。一般情况下，根据销售合同已经售出（取得现金或收取现金的权利），所有权已经转移的存货，因其所含经济利益已不能流入本企业，因而不能再作为本企业的存货进行核算，即使该存货尚未运离企业。企业在判断与该存货有关的经济利益能否流入企业时，通常应综合考虑该存货所有权的归属，而不应当仅仅看其存放的地点等。

2.该存货的成本能够可靠地计量

成本或者价值能够可靠地计量是资产确认的一项基本条件。存货作为企业资产的组成部分，要予以确认也必须能够对其成本进行可靠计量。存货的成本能够可靠地计量必须以取得的确凿证据为依据，并且具有可验证性。如果存货成本不能可靠地计量，则不能确认为一项存货。如企业承诺的订货合同，由于并未实际发生，不能可靠确定其成本，因此就不能确认为购买企业的存货。

第二节 存货的初始计量

《企业会计准则第1号——存货》规定：存货应当按照成本进行初始计量。存货成本包括采购成本、加工成本和其他成本。

存货的采购成本包括购买价款、相关税费、运输费、装卸费、保险费以及其他可归属于存货采购成本的费用。

存货的加工成本包括直接人工以及按照一定方法分配的制造费用。

存货的其他成本是指除采购成本、加工成本以外的，使存货达到目前场所和状态所发生的其他支出。

一、外购存货的成本

企业外购存货主要包括原材料和商品。外购存货的成本即存货的采购成本，指企业物资从采购到入库前所发生的全部支出。

加工企业购入存货的入账价值包括：买价、运输费、装卸费、保险费、包装费、仓储费、运输途中的合理损耗、入库前的挑选整理费、按规定应计入成本的税金及其他费用。

①存货的购买价款，指企业购入的材料或商品的发票账单上列明的价款，但不包括按规定可以抵扣的增值税额。

②存货的相关税费，指企业购买、自制或委托加工存货发生的进口关税、消费税、资源税、不能抵扣的增值税进项税额等应计入存货采购成本的税费。

③其他可归属于存货采购成本的费用，指采购成本中除上述各项以外的、可归属于存货采购成本的费用，如在存货采购过程中发生的仓储费、包装费、运输途中的合理损耗、入库前的挑选整理费用等。其中，能分清负担对象的费用，应直接计入存货的采购成本；不能分清负担对象的费用，应选择合理的分配方法，分配计入有关存货的采购成本。分配方法通常包括按所购存货的数量或采购价格比例进行分配。

对于采购过程中发生的物资毁损、短缺等，除合理的途中损耗应当作为存货的其他可归属于存货采购成本的费用计入采购成本外，应区别不同情况进行会计处理：

①从供货单位、外部运输机构等收回的短缺物资或其他赔款，应冲减所购物资的采购成本。

②因遭受意外灾害发生的损失和尚待查明原因的途中损耗，暂作为待处理财产损溢进行核算，查明原因后再做处理。

商品流通企业在采购商品过程中发生的运输费、装卸费、保险费、其他可归属于存货采购成本的费用等进货费用，应计入所购商品成本。在实务中，企业也可将上述进货费用先进行归集，期末，再按所购商品的存、销情况进行分摊。对已售商品的进货费用，计入“主营业务成本”；对未售商品的进货费用，计入期末存货成本。商品流通企业采购商品的进货费用金额较小的，可在发生时直接计入当期“销售费用”。

【例 4-1】6月5日，中国海洋××股份有限公司从乙公司购入B材料一批，价款20 000元，增值税税款2 600元。中国海洋××股份有限公司已开出商业汇票，B材料尚未到达公司。会计分录如下：

借：在途物资——乙公司	20 000	
应交税费——应交增值税（进项税额）	2 600	
贷：应付票据——乙公司		22 600

接上例，6月10日，中国海洋××股份有限公司购入的材料已到达公司并验收入库。会计分录如下：

借：原材料——B材料	20 000	
贷：在途物资——乙公司		20 000

【例 4-2】中国海洋××股份有限公司为增值税一般纳税企业，增值税税率为13%。某

月用银行存款购入材料1 000千克，材料买价为10元/千克。用库存现金支付装卸费及入库前的挑选整理费500元。材料运达公司，验收时发现材料只有950千克，经查，所短少的50千克材料为定额内损耗。货款及增值税款均未支付。所购材料用于应交增值税产品的加工。试计算所购物资的总成本与单位成本，并做会计分录。

总成本=1 000×10+500=10 500（元）

单位成本=10 500÷950=11.05（元/千克）

借：原材料　　10 500

　　应交税费——应交增值税（进项税额）　　1 300

　贷：银行存款　　11 300

　　　库存现金　　500

二、加工取得存货的成本

企业通过进一步加工取得的存货主要包括产成品、在产品、半成品、委托加工物资等，其成本由采购成本、加工成本构成。某些存货还包括使存货达到目前场所和状态所发生的其他成本，如可直接认定的产品设计费用等。通过进一步加工取得存货的成本中，采购成本是由所使用或消耗的原材料采购成本转移而来的，因此，确定存货加工成本是明确加工取得存货成本的关键。

存货加工成本，由直接人工和制造费用构成，其实质是企业在进一步加工存货的过程中追加发生的生产成本，因此，不包括直接由材料存货转移来的价值。其中，直接人工是指直接从事产品生产的工人的职工薪酬。直接人工和间接人工的划分依据通常是生产工人是否与所生产的产品直接相关（即可否直接确定其服务的产品对象）。制造费用是指企业为生产产品和提供劳务而发生的各项间接费用。制造费用是一种间接生产成本，包括企业生产部门（如生产车间）管理人员的职工薪酬、折旧费、办公费、水电费、机物料消耗、劳动保护费、季节性和修理期间的停工损失等。

（一）存货加工成本的确定原则

企业在加工存货过程中发生的直接人工和制造费用，如果能够直接计入有关的成本核算对象，则应直接计入该成本核算对象；否则，应按照合理方法分配计入有关成本核算对象。分配方法一经确定，不得随意变更。存货加工成本在完工产品和在产品之间的分配应通过成本核算方法进行计算确定。

（二）直接人工的分配

如果企业生产车间同时生产几种产品，则其发生的直接人工应采用合理方法分配计入各产品成本中。由于工资形成的方式不同，直接人工的分配方法也不同。比如，按计时工资或者按计件工资分配直接人工。

（三）制造费用的分配

由于企业各个生产车间或部门的生产任务、技术装备程度、管理水平、费用水准各不相同，因此，制造费用的分配一般应按生产车间或部门进行。

企业应根据制造费用的性质，合理选择分配方法。也就是说，企业所选择的制造费用分配方法，必须与制造费用的发生具有较密切的相关性，并且使分配到每种产品上的制造费用金额科学合理，同时还应当适当考虑计算手续的简便。在各种产品之间分配制造费用的方法，通常有按生产工人工资、按生产工人工时、按机器工时、按耗用原材料的数量或成本、按直接成本（原材料、燃料、动力、生产工人工资及应提取的福利费之和）、按产成品产量等。这些分配方法通常是对各月生产车间或部门的制造费用实际发生额进行分配的。

委托外单位加工完成存货的入账金额包括：实际耗用的原材料或半成品以及加工费、运输费、装卸费、保险费、按规定应当计入成本的税金等。

如果委托加工的是消费品，由受托方代收代缴的消费税，应按如下情况进行处理：

（1）委托加工的物资收回后直接用于销售的，委托方应将受托方代收代缴的消费税计入委托加工物资的成本；

（2）委托加工的物资收回后用于连续生产应交消费税产品，按规定准予抵扣的，委托方支付给受托方代收代缴的消费税应记入“应交税费——应交消费税”科目的借方。

【例4-3】20×2年2月10日，中国海洋××股份有限公司委托乙企业加工材料一批（属于应税消费品）。原材料的成本为100 000元，支付的加工费为80 000元（不含增值税），消费税税率为10%，双方适用的增值税税率为13%。2月25日，材料加工完毕，加工费等款项已用银行存款支付。

（1）如果材料收回后继续用于应交消费税的产品加工，试做有关账务处理；

（2）如果材料收回后直接对外销售，试做有关账务处理。

（1）如果材料收回后继续用于应交消费税的产品加工，有关账务处理为：

①发出委托加工材料：

借：委托加工物资　　100 000

　贷：原材料　　100 000

②支付加工费：

借：委托加工物资　　80 000

　　应交税费——应交增值税（进项税额）　　10 400

　贷：银行存款　　90 400

③支付消费税：

借：应交税费——应交消费税　　20 000（180 000÷（1-10%）×10%）

　贷：银行存款　　20 000

④收回加工后的物资：

借：原材料　　180 000

　贷：委托加工物资　　180 000

（2）如果材料收回后直接对外销售，有关账务处理为：

①发出委托加工材料：

借：委托加工物资　　100 000

　贷：原材料　　100 000

②支付加工费：

借：委托加工物资　　80 000

　　应交税费——应交增值税（进项税额）　　10 400

　贷：银行存款　　90 400

③支付消费税：

借：委托加工物资　　20 000

　贷：银行存款　　20 000

④收回时：

借：原材料/库存商品　　200 000

　贷：委托加工物资　　200 000

三、其他方式取得存货的成本

除外购、加工取得存货外，企业还可通过接受投资者投资、非货币性资产交换、债务重组、企业合并等其他方式取得存货。

（一）投资者投入存货的成本

投资者投入存货的成本应当按照投资合同或协议约定的价值确定，但合同或协议约定价值不公允的除外。在投资合同或协议约定价值不公允的情况下，按照该项存货的公允价值作为其入账价值。

（二）通过非货币性资产交换、债务重组、企业合并等方式取得存货的成本

企业通过非货币性资产交换、债务重组、企业合并等方式取得的存货，其成本应当分别按照《企业会计准则第7号——非货币性资产交换》《企业会计准则第12号——债务重组》《企业会计准则第20号——企业合并》等的规定确定，但后续计量和披露应当执行存货准则的规定。

（三）盘盈存货的成本

盘盈的存货应按其重置成本作为入账价值，并通过“待处理财产损溢”科目进行会计处理，按管理权限报经批准后冲减当期管理费用。

四、不计入存货成本的相关费用

下列费用不应计入存货成本，而应在其发生时直接计入当期损益：

（1）非正常消耗的直接材料、直接人工及制造费用。例如，企业超定额的废品损失以及由于自然灾害而发生的直接材料、直接人工及制造费用，由于这些费用的发生无助于使该存货达到目前场所和状态，故不应计入存货成本，而应计入当期损益。

（2）仓储费用。企业在采购入库后发生的储存费用，应直接计入当期损益。但是，在生产过程中为达到下一个生产阶段所必需的仓储费用，则应计入存货成本。例如，某酒类生产企业为使其生产的酒达到规定的产品质量标准而必须发生的仓储费用，就应计入酒的成本。

（3）不能归属于使存货达到目前场所和状态的其他支出。该类支出不符合存货的定义和确认条件，应在发生时直接计入当期损益，不得计入存货成本。

第三节 发出存货的计量

一、确定发出存货成本的方法

企业应根据各类存货的实物流转方式、企业管理的要求、存货的性质等实际情况，合理选择发出存货成本的计算方法，以合理确定当期发出存货的实际成本。

发出存货成本的计价方法有如下三种：

1.按实际成本计价

实际成本法下，发出存货成本的计价方法有先进先出法、移动加权平均法、月末一次加权平均法、个别计价法等。

我国《企业会计准则第1号——存货》规定：应当采用先进先出法、加权平均法或个别计价法确定发出存货的实际成本。企业不得采用后进先出法确定发出存货的成本。

2.按估价法计价

估价法下，发出存货成本的计算方法有毛利率法、售价金额核算法。

3.按计划成本计价

计划成本法下，发出存货时，先按存货的计划成本对发出存货的成本进行计算，期末再对发出存货的实际成本与计划成本之间的差异进行调整，进而计算得出本期发出存货的实际成本。

（一）按实际成本计价

1.先进先出法

先进先出法以“先购入的存货应先发出”这一存货实物流转假设为前提，对发出存货进行计价。采用该方法，先购入的存货成本在后购入存货成本之前转出，据此确定发出存货和期末存货的成本。

该方法将核算工作分散在日常进行，期末存货成本较接近市价，能及时准确反映存货的资金占用情况。但是当物价变动幅度大时，发出存货成本低、收入高，收支不能恰当配比，影响利润的准确性；且如果收发存货的业务频繁，其计算工作量很大。

先进先出法适用于物价基本稳定、存货收发业务频率不高的存货。

2.移动加权平均法

移动加权平均法，是以每次进货成本加上原有库存存货成本，除以每次进货数量与原有库存存货数量之和，据以计算发货前存货加权平均单位成本，作为计算各批次发出存货成本的依据。

计算公式如下：

$$存货单位成本=\frac{原有库存存货的实际成本+本次进货的实际成本}{原有库存存货数量+本次进货数量}$$

本次发出存货成本=本次发出存货数量×本次发货前的存货单位成本

本月月末库存存货成本=本月月末库存存货的数量×本月月末存货单位成本

3.月末一次加权平均法

月末一次加权平均法，是以当月全部进货成本加上月初存货成本，除以当月全部进货数量加上月初存货数量，计算出存货的加权平均单位成本，以此为基础计算当月发出存货成本和期末存货成本的一种方法。

其计算公式如下：

$$\text{存货单位成本}=\frac{\text{月初库存存货的实际成本}+\sum\left(\text{本月各批进货的实际单位成本}\times\text{本月各批进货的数量}\right)}{\text{月初库存存货数量}+\text{本月各批进货数量之和}}$$

本月发出存货的成本=本月发出存货的数量×存货单位成本

本月月末库存存货成本=本月月末库存存货的数量×存货单位成本

4.个别计价法

个别计价法，亦称个别认定法、具体辨认法、分批实际法，其特征是注重所发出存货具体项目的实物流转与成本流转之间的联系，逐一辨认各批发出存货和期末存货所属的购进批别或生产批别，分别按其购入或生产时所确定的单位成本计算各批发出存货和期末存货的成本。个别计价法下，每一种存货的实际成本是计算其发出存货成本和期末存货成本的依据，故个别计价法是最准确的存货成本核算方法。对于不能替代使用的存货、为特定项目专门购入或制造的存货以及提供的劳务，通常采用个别计价法确定发出存货的成本。在实际工作中，随着越来越多的企业采用计算机信息系统进行会计处理，个别计价法被广泛应用于发出存货的计价将成为可能。

【例4-4】中国海洋××股份有限公司某月A材料的收、发情况如下：

1日，结存200千克，单位成本2元/千克，金额400元；

2日，发出150千克；

5日，购进200千克，单位成本2.2元/千克，金额440元；

7日，发出200千克；

10日，购进200千克，单位成本2.1元/千克，金额420元；

15日，发出150千克；

22日，购进100千克，单位成本2.3元/千克，金额230元；

27日，发出150千克。

要求：分别按先进先出法、月末一次加权平均法、移动加权平均法计算发出存货的成本（单价保留两位小数）。

（1）先进先出法

2日发出存货成本=150×2=300（元）

7日发出存货成本=50×2+150×2.2=430（元）

15日发出存货成本=50×2.2+100×2.1=320（元）

27日发出存货成本=100×2.1+50×2.3=325（元）

本月发出存货成本=300+430+320+325=1 375（元）

月末结存存货成本=50×2.3=115（元）

（2）月末一次加权平均法

加权平均单价=（400+1 090）÷（200+500）=2.13（元/千克）

本月发出存货成本=650×2.13=1 384.5（元）

月末结存存货成本=400+1 090-1384.5=105.5（元）

（3）移动加权平均法

2日发出存货成本=150×2=300（元），结存50千克，总成本100元。

5日购进后的平均单位成本=（100+440）÷（50+200）=2.16（元/千克）

7日发出存货成本=200×2.16=432（元），结存50千克，总成本108元（100+440-432）。

10日购进后的平均单位成本=（108+420）÷（50+200）=2.11（元/千克）

15日发出存货成本=150×2.11=316.5（元），结存100千克，总成本211元。

22日购进后的平均单位成本=（211+230）÷（100+100）=2.21（元/千克）

27日发出存货成本=150×2.21=331.5（元）

本月发出存货成本=300+432+316.5+331.5=1 380（元）

月末结存存货成本=400+1 090-1 380=110（元）

（二）按估价法计价

1.毛利率法

毛利率法是根据本期销售净额乘以前期实际（或本月计划）毛利率，匡算本期销售毛利，并计算发出存货成本的一种方法。计算公式如下：

①销售净额=商品销售收入-销售退回与折让

②销售毛利=销售净额×毛利率

③销售成本=销售净额-销售毛利

④期末存货成本=期初存货成本+本期购货成本-本期销售成本

【例4-5】某商场月初纺织品存货146 000元，本月购货850 000元，销货1 200 000元，销售退回与折让合计10 000元，上季度该类商品毛利率为25%，计算本月已销存货和月末存货的成本。

本月销售净额=1 200 000-10 000=1 190 000（元）

销售毛利=1 190 000×25%=297 500（元）

销售成本=1 190 000-297 500=892 500（元）

月末存货成本=146 000+850 000-892 500=103 500（元）

上述销售成本的计算公式可以简化为：

销售成本=销售净额×（1-毛利率）

仍以上例：

销售成本=1 190 000×（1-25%）=892 500（元）

用毛利率法计算本期销售成本和期末存货成本，在商品流通企业较为常见，特别是商品批发企业，若按每种商品计算并结转销售成本，工作量较为繁重，且商品批发企业的同类商品毛利率大致相同，采用这种存货计价方法也比较接近于实际。

采用该方法时，商品销售成本按商品大类销售额计算，在大类商品账上结转成本，计算手续简便。商品明细账平时只记数量，不记金额，每季末的最后一个月再根据月末结存数量，按照最后进价法等计价方法，先计算月末存货成本，然后计算该季度的商品销售成本，用该季度的商品销售成本减去前两个月已结转的成本，计算第三个月应结转的销售成本，从而对前两个月用毛利率计算的成本进行调整。

2.售价金额核算法

售价金额核算法是指用成本与零售价的百分比计算期末存货成本的一种方法。这种方法的基本内容如下：

（1）期初存货和本期购货同时按成本和零售价记录，以便计算可供销售的存货成本和售价总额；

（2）本期销售只按售价记录，从本期可供销售的存货售价总额中减去本期销售的售价总额，计算出期末存货的售价总额；

（3）计算存货成本与零售价的百分比，即成本率，公式如下：

$$成本率=\frac{期初存货成本+本期购货成本}{期初存货售价+本期购货售价}\times 100\%$$

（4）计算期末存货成本，公式为：

期末存货成本=期末存货售价×成本率

（5）计算本期销售成本，公式为：

本期销售成本=期初存货成本+本期购货成本−期末存货成本

【例4-6】某百货超市20×2年年初库存商品的成本为28万元，售价总额为35万元；当年购入商品的成本为20万元，售价总额为25万元；当年实际的销售收入为42万元。在采用售价金额核算法的情况下，计算该超市20×2年年末库存商品的成本。

成本率=（28+20）÷（35+25）×100%=80%

期末存货成本=42×80%=33.6（万元）

该超市20×2年年末库存商品的成本=28+20−33.6=14.4（万元）

（三）按计划成本计价

计划成本法是指企业存货的收入、发出和结余均按计划成本计价，同时设置“材料成本差异”（或“产品成本差异”）科目，登记实际成本与计划成本的差额，在月末时将发出存货的计划成本调整为实际成本。具体分录如下：

（1）采购时：

借：材料采购（实际采购成本）

　　应交税费——应交增值税（进项税额）

　贷：银行存款等

（2）材料入库时：

借：原材料（计划单价×入库数量）

　　材料成本差异（可能在贷方）

　贷：材料采购（实际采购成本）

（3）领用材料时：

借：生产成本（计划单价×领用数量）

　　制造费用等

　贷：原材料（计划单价×领用数量）

（4）月末调整原材料计划成本时：

$$\begin{matrix}本期材料\\成本差异率\end{matrix}=\left(\begin{matrix}期初结存材料\\的成本差异\end{matrix}+\begin{matrix}本期验收入库材料\\的成本差异\end{matrix}\right)\div\left(\begin{matrix}期初结存材料\\的计划成本\end{matrix}+\begin{matrix}本期验收入库\\材料的计划成本\end{matrix}\right)$$

本月发出材料应负担的成本差异=本月发出材料的计划成本×材料成本差异率

本月发出材料的实际成本=本月发出材料的计划成本±本月发出材料应负担的成本差异

本月结存材料的实际成本=本月结存材料的计划成本±本月结存材料应负担的成本差异

在计算时，“材料成本差异”如为借方余额，用正数表示，如为贷方余额，用负数表示，计算得出的材料成本差异如为正数，表示超支差异，说明实际成本超过计划成本，需将平时按计划成本确认的发出存货成本予以调高，编制调整分录如下：

借：生产成本（领用时计划成本×材料成本差异率）

　　制造费用等

　贷：材料成本差异（领用时计划成本×材料成本差异率）

计算得出的材料成本差异如为负数，表示节约差异，说明实际成本小于计划成本，需将平时按计划成本确认的发出存货成本予以调低，编制调整分录如下：

借：生产成本（领用时计划成本×材料成本差异率，红字）

　　制造费用等

　贷：材料成本差异（领用时计划成本×材料成本差异率，红字）

或将数字加框，或编制相反分录。

下面以原材料的计划成本核算为例进行说明。

1.外购原材料的核算

在计划成本核算下，外购原材料无论是否入库，均应通过“材料采购”账户核算其实际成本，待材料物资入库后，再按其计划成本借记“原材料”账户，按其实际成本贷记“材料采购”账户，按两者的差额借记或贷记“材料成本差异”账户。具体情形如下：

（1）款项已付或已开出商业汇票，材料尚未运抵企业或尚未入库。

这种情况应根据已开出的商业票据或付款凭证借记“材料采购”账户，贷记“银行存款”“应付票据”等账户。

【例4-7】中国海洋××股份有限公司从乙公司购入A材料一批，价款5 000元，增值税款650元。款项已用银行存款支付。另用银行存款支付运费200元（不考虑增值税）。A材料尚未运达公司，A材料的计划成本5 000元。根据有关凭证做如下会计分录：

借：材料采购——A材料	5 200	
应交税费——应交增值税（进项税额）	650	
贷：银行存款		5 850

待A材料入库后再做会计分录如下：

借：原材料——A材料	5 000	
材料成本差异	200	
贷：材料采购——A材料		5 200

（2）发票账单未到，但材料已验收入库。

这种情况通常等有关发票账单到达后再做处理，但月末账单还未到时，应按计划成本暂估入账，借记“原材料”账户，贷记“应付账款——暂估”账户，下月初再用红字冲回。

【例4-8】中国海洋××股份有限公司从丙公司购入B材料一批，材料已验收入库，月末账单未到，B材料的计划成本为3 000元。

月末暂估入账：

借：原材料——B材料　　3 000

　贷：应付账款——暂估　　3 000

下月用红字凭证冲回：

借：原材料——B材料　　3 000（红字）

　贷：应付账款——暂估　　3 000（红字）

（3）材料已验收入库，尚未付款或尚未开出商业汇票。

这种情况应根据实际应支付的价款，借记“材料采购”账户，按可抵扣的增值税，借记“应交税费——应交增值税（进项税额）”账户，按应支付的金额贷记“应付账款”账户。同时结转材料采购成本。

【例4-9】中国海洋××股份有限公司从丁公司购入C材料500吨，实际采购单价为20元/吨，计划单价为22元/吨，价款10 000元，应支付增值税款1 300元。C材料已验收入库，款项未付。会计分录如下：

借：材料采购——C材料　　10 000

　　应交税费——应交增值税（进项税额）　　1 300

　贷：应付账款——丁公司　　11 300

材料验收入库后：

借：原材料——C材料　　11 000

　贷：材料采购——C材料　　10 000

　　　材料成本差异　　1 000

（4）收料后，发现物资出现短缺与损耗。

这种情况下，企业应将短缺或损耗金额从“材料采购”账户转入“待处理财产损溢”账户，待查明原因后按以下情况处理：

属于销售方责任的，应借记“应付账款”账户，贷记“待处理财产损溢”账户；

属于运输单位责任的，应借记“其他应收款”账户，贷记“待处理财产损溢”账户；

属于无法收回的损耗，应借记“管理费用”账户，贷记“待处理财产损溢”账户；

属于自然灾害等非正常原因造成的损失，应将扣除残料价值和过失人或保险公司赔款后的净损失，借记“营业外支出——非常损失”账户，贷记“待处理财产损溢”账户。

【例4-10】中国海洋××股份有限公司从丁公司购入A材料一批，价款8 000元，运抵企业后发现材料短缺2 000元。经查明，丁公司少发货1 000元，由于运输单位责任短缺1 000元。

查明原因前，应做如下会计分录：

借：待处理财产损溢——待处理流动资产损溢　　2 000

　贷：材料采购——A材料　　2 000

查明原因后，应做如下会计分录：

借：应付账款——丁公司　　1 000

　　其他应收款——运输公司　　1 000

　贷：待处理财产损溢——待处理流动资产损溢　　2 000

2. 自制材料入库的核算

企业自制材料是指由本企业的生产部门自制加工并已验收入库的材料物资，对已加工完毕入库的材料物资，应根据材料物资入库单及成本核算凭证，按其计划成本，借记“原材料”账户，按其实际成本，贷记“生产成本”账户，按两者的差异，借或贷记“材料成本差异”账户。

【例4-11】6月5日，中国海洋××股份有限公司自制加工A材料30千克已入库，其计划成本900元，实际成本920元。会计处理如下：

借：原材料——A材料　　900
　　材料成本差异　　20
　贷：生产成本　　920

3. 原材料发出的核算

在计划成本核算下，原材料的发出平时按其计划成本进行结转，待期末再根据“材料成本差异明细账”计算出本期的材料成本差异率，将本期发出材料的计划成本调整为实际成本。

【例4-12】中国海洋××股份有限公司本月初“原材料”账户余额10 000元，“材料成本差异”账户贷方余额400元，本月入库材料的计划成本10 000元，本月入库“材料成本差异”为贷方100元，则：

原材料成本差异率=（−400−100）÷（10 000+10 000）×100%=−2.5%

按上例，根据本月发出材料凭证汇总表，本月生产车间用于产品生产领用材料2 000元，在建工程领用材料1 000元，车间一般耗用材料500元，厂部领用材料800元。会计分录如下：

①结转发出材料的计划成本：

借：生产成本　　2 000
　　在建工程　　1 000
　　制造费用　　500
　　管理费用　　800
　贷：原材料　　4 300

②结转本月发出材料成本差异：

借：生产成本　　50（红字）
　　在建工程　　25（红字）
　　制造费用　　12.5（红字）
　　管理费用　　20（红字）
　贷：材料成本差异　　107.5（红字）

结转后实际生产成本=2 000−50=1 950（元），在建工程实际成本=1 000−25=975（元），其余类推。

二、已售存货成本的结转

存货准则规定企业应将已售存货的成本结转为当期损益，计入营业成本，即企业在确认存货销售收入的当期，应将已销售存货的成本结转为当期营业成本，其目的是符合收入与费用配比的要求。

存货为商品、产成品的，企业应采用先进先出法、移动加权平均法、月末一次加权平均法、个别计价法等方法，确定已销售商品的实际成本。存货为材料等非商品存货的，应将已出售材料按实际成本予以结转，计入当期其他业务成本。此处所指材料销售不构成企业的主营业务。

对已售存货计提了存货跌价准备的，还应结转已计提的存货跌价准备，冲减当期主营业务成本或其他业务成本，如存货跌价准备是按存货类别计提的，则按各类别的比例结转相应的存货跌价准备。

三、周转材料的成本结转

企业应当采用一次转销法或者五五摊销法对包装物和低值易耗品进行摊销，计入相关资产的成本或者当期损益。如果对相关包装物或低值易耗品计提了存货跌价准备，还应结转已计提的存货跌价准备，冲减相关资产的成本或当期损益。

生产领用的包装物，应将其成本计入制造费用；随同商品出售但不单独计价的包装物，应将其成本计入当期销售费用；随同商品出售并单独计价的包装物，应将其成本计入当期其他业务成本。出租或出借的包装物因不能使用而报废时回收的残料，应作为当月包装物摊销额的减少，冲减有关资产成本或当期损益。

（一）一次转销法

一次转销法，是指低值易耗品或包装物在领用时就将其全部账面价值计入相关资产成本或当期损益的方法。一次转销法通常适用于价值较低或极易损坏的管理用具和小型工具、卡具以及在单件小批生产方式下为制造某批订货所用的专用工具等低值易耗品、生产领用的包装物和随同商品出售的包装物等；数量不多、金额较小，且业务不频繁地出租或出借的包装物，也可采用一次转销法结转包装物的成本，但在出租和出借包装物收回时，应加强实物管理，并在备查簿上进行登记。

低值易耗品报废时回收的残料、出租或出借包装物不能使用做报废处理所取得的残料，应作为当月低值易耗品或包装物摊销额的减少，冲减有关资产成本或当期损益。

【例4-13】中国海洋××股份有限公司对包装物采用计划成本法核算。本月生产领用一批不单独计价的包装物，计划成本为6 000元，材料成本差异率为2%。则领用时的账务处理为：

借：生产成本	6 120	
贷：周转材料——包装物		6 000
材料成本差异		120

或写成如下两笔分录：

①按计划成本核算：

借：生产成本	6 000	
贷：周转材料——包装物		6 000

②调整计划成本：

借：生产成本	120	
贷：材料成本差异		120

【例4-14】中国海洋××股份有限公司销售产品领用一批不单独计价的包装物，其计划成本为4 000元，材料成本差异率为-2%。则领用时的账务处理为：

借：销售费用　　3 920

　贷：周转材料——包装物　　4 000

　　材料成本差异　　80（红字）

【例4-15】中国海洋××股份有限公司销售产品领用单独计价的包装物一批，包装物的销售收入为8 000元，增值税税率为13%，款已收到并存入银行。该包装物的计划成本为10 000元，材料成本差异率为-1%。则有关账务处理为：

（1）对于取得的收入：

借：银行存款　　9 040

　贷：其他业务收入　　8 000

　　应交税费——应交增值税（销项税额）　　1 040

（2）对于领用的包装物的成本：

借：其他业务成本　　9 900

　贷：周转材料——包装物　　10 000

　　材料成本差异　　100（红字）

【例4-16】中国海洋××股份有限公司20×3年1月20日因销售产品出租包装物100个给乙企业，租期1个月，每个包装物成本为20元、收取押金30元、收取租金10元。出租包装物采用一次转销法摊销成本。2月20日，对方归还80个，其余20个无法归还。收回的80个包装物，估计其价值为15元/个。则有关账务处理为：

（1）出租时：

借：其他业务成本　　2 000

　贷：周转材料——包装物　　2 000

（2）收取押金时：

借：银行存款　　3 000

　贷：其他应付款——存入保证金　　3 000

（3）收取租金时：

借：银行存款　　1 000

　贷：其他业务收入　　1 000

（4）收回包装物时：

借：原材料　　1 200

　贷：其他业务成本　　1 200

（5）归还包装物押金时：

借：其他应付款——存入保证金　　2 400

　贷：银行存款　　2 400

（6）没收未归还包装物押金时：

借：其他应付款——存入保证金　　600

　贷：其他业务收入　　530.97（600÷1.13）

　　应交税费——应交增值税（销项税额）　　69.03（600÷1.13×13%）

【例4-17】中国海洋××股份有限公司20×3年1月因销售产品出借包装物100个给乙企业，每个包装物成本为20元、收取押金30元。出借包装物采用一次转销法摊销其成本。2月，乙企业归还80个包装物，其余20个无法归还。收回的80个包装物，估计其价值为15元/个。则有关账务处理为：

（1）出借时：

借：销售费用　　2 000

　贷：周转材料——包装物　　2 000

（2）收取押金时：

借：银行存款　　3 000

　贷：其他应付款——存入保证金　　3 000

（3）收回包装物时：

借：原材料　　1 200

　贷：销售费用　　1 200

（4）归还包装物押金时：

借：其他应付款——存入保证金　　2 400

　贷：银行存款　　2 400

（5）没收未归还包装物押金时：

借：其他应付款——存入保证金　　600

　贷：其他业务收入　　530.97（600÷1.13）

　　应交税费——应交增值税（销项税额）　　69.03（600÷1.13×13%）

（二）五五摊销法

五五摊销法，是指低值易耗品或包装物在领用或出租、出借时先摊销其成本的一半，在报废时再摊销其成本的另一半，即低值易耗品或包装物成本分两次各按50%进行摊销。

【例4-18】中国海洋××股份有限公司低值易耗品采用五五摊销法核算。某月基本生产车间领用低值易耗品一批，实际成本为6 000元，则有关账务处理为：

（1）领用时：

借：周转材料——低值易耗品——在用　　6 000

　贷：周转材料——低值易耗品——在库　　6 000

同时摊销50%的价值：

借：制造费用　　3 000

　贷：周转材料——低值易耗品——摊销　　3 000

（2）上述低值易耗品报废时，收回残值入库，估价500元。

①摊销另外50%的价值时：

借：制造费用　　3 000

　贷：周转材料——低值易耗品——摊销　　3 000

②回收残料时：

借：原材料　　500

　贷：制造费用　　500

③转销低值易耗品时：

借：周转材料——低值易耗品——摊销　　6 000

　贷：周转材料——低值易耗品——在用　　6 000

企业因非货币性资产交换、债务重组等转出的存货，应当分别按照《企业会计准则第7号——非货币性资产交换》和《企业会计准则第12号——债务重组》的规定进行会计处理。

第四节　期末存货的计量

资产负债表日，当存货成本低于可变现净值时，存货按成本计量；当存货成本高于可变现净值时，存货按可变现净值计量，同时按照成本高于可变现净值的差额计提存货跌价准备，计入当期损益。

一、存货的可变现净值

可变现净值，是指在日常活动中，存货的估计售价减去至完工时估计将要发生的成本、销售费用以及相关税费后的金额。存货的可变现净值由存货的估计售价、至完工时将要发生的成本、估计的销售费用、估计的相关税费等内容构成。

可变现净值具有以下基本特征：

（1）确定存货可变现净值的前提是企业在进行日常活动，即企业在进行正常的生产经营活动。如企业处于清算过程，就不能按存货准则规定确定存货的可变现净值。

（2）可变现净值特征表现为存货的预计未来净现金流量，而不是存货的售价或合同价。

企业预计的销售存货现金流量，并不完全等于存货的可变现净值。存货在销售过程中可能发生的销售费用和相关税费，以及为达到预定可销售状态还可能发生的加工成本等相关支出，构成现金流入的抵减项目。企业预计的销售存货现金流量，扣除这些抵减项目后，才能确定存货的可变现净值。

（3）不同存货可变现净值的构成不同。

① 产成品、商品和用于出售的材料等直接用于出售的商品存货，在正常生产经营过程中，应当以该存货的估计售价减去估计的销售费用和相关税费后的金额确定其可变现净值。

② 需要经过加工的材料存货，在正常生产经营过程中，应当以所生产的产成品的估计售价减去至完工时估计将要发生的成本、估计的销售费用和相关税费后的金额确定其可变现净值。

二、确定存货的可变现净值应考虑的因素

企业在确定存货的可变现净值时，应当以取得的确凿证据为基础，并且考虑持有存货的目的、资产负债表日后事项的影响等因素。

（一）确定存货的可变现净值应当以取得确凿证据为基础

确定存货的可变现净值必须建立在取得确凿证据的基础上。这里所讲的“确凿证据”

是指对确定存货的可变现净值和成本有直接影响的客观证明。

1.存货成本的确凿证据

存货的采购成本、加工成本、其他成本及以其他方式取得存货的成本，应当以取得外来原始凭证、生产成本账簿记录等作为确凿证据。

2.存货可变现净值的确凿证据

存货可变现净值的确凿证据，是指对确定存货的可变现净值有直接影响的确凿证明，如产成品或商品的市场销售价格、与产成品或商品相同或类似商品的市场销售价格、销货方提供的有关资料和生产成本资料等。

（二）确定存货的可变现净值应当考虑持有存货的目的

由于企业持有存货的目的不同，确定存货可变现净值的计算方法也不同。企业在确定存货的可变现净值时，应考虑持有存货的目的。企业持有存货的目的通常如下：

（1）持有以备出售，如商品、产成品，其中又分为有合同约定的存货和没有合同约定的存货。

（2）将在生产过程或提供劳务过程中耗用，如材料等。

（三）确定存货的可变现净值应当考虑资产负债表日后事项等的影响

在确定资产负债表日存货的可变现净值时，不仅要考虑资产负债表日与该存货相关的价格与成本波动，还应考虑未来的相关事项。

三、存货可变现净值确定的具体应用

对于企业持有的各类存货，确定可变现净值的关键是确定其估计售价。企业应当区别如下情况确定存货的估计售价：

（1）为执行销售合同或劳务合同而持有的存货，通常应当以产成品或商品的合同价格作为其可变现净值的计算基础。

如果企业与购买方签订了销售合同（或劳务合同，下同），并且销售合同订购的数量等于企业持有存货的数量时，应当以销售合同价格作为其可变现净值的计算基础。也就是说，如果企业就其产成品或商品签订了销售合同，则该批产成品或商品的可变现净值应当以合同价格作为计算基础；如果销售合同所规定的标的物还没有生产出来，但持有专门用于生产该标的物的原材料，其可变现净值也应当以合同价格作为计算基础。

【例4-19】20×2年9月1日，中国海洋××股份有限公司与乙公司签订了一份不可撤销的销售合同，双方约定，20×3年1月20日，中国海洋××股份有限公司应按每台31万元的价格向乙公司提供W3型机器10台。

20×2年12月31日，中国海洋××股份有限公司W3型机器的账面成本为280万元，数量为10台，单位成本为28万元/台。

20×2年12月31日，W3型机器的市场销售价格为30万元/台。假定不考虑相关税费和销售费用。

根据中国海洋××股份有限公司与乙公司签订的销售合同规定，该批W3型机器的销售价格已由销售合同约定，并且其库存数量等于销售合同约定的数量，因此，在这种情况下，计算W3型机器的可变现净值应以销售合同约定的价格310万元（31×10）作为计算基础。

（2）如果企业持有存货的数量多于销售合同订购数量，超出部分的存货可变现净值应当以产成品或商品的一般销售价格作为计算基础。

【例4-20】20×2年11月11日，中国海洋××股份有限公司与乙公司签订了一份不可撤销的销售合同，双方约定，20×3年4月20日，中国海洋××股份有限公司应按每台30万元的价格向乙公司提供W5型机器12台。

20×2年12月31日，中国海洋××股份有限公司W5型机器的总成本为392万元，数量为14台，单位成本为28万元/台。根据中国海洋××股份有限公司销售部门提供的资料表明，向乙公司销售的W5型机器的平均运杂费等销售费用为0.12万元/台；向其他客户销售W5型机器的平均运杂费等销售费用为0.1万元/台。20×2年12月31日，W5型机器的市场销售价格为32万元/台。

在本例中，能够证明W5型机器的可变现净值的确凿证据是中国海洋××股份有限公司与乙公司签订的有关W5型机器的销售合同、市场销售价格资料、账簿记录和公司销售部门提供的有关销售费用的资料等。

根据该销售合同的规定，库存的W5型机器中的12台的销售价格已由销售合同约定，其余2台并没有由销售合同约定。因此，在这种情况下，对于销售合同约定的12台W5型机器的可变现净值，应以销售合同约定的价格30万元/台作为计算基础，而对于超出部分（2台）的W5型机器的可变现净值应以市场销售价格32万元/台作为计算基础。

W5型机器的可变现净值=（30×12−0.12×12）+（32×2−0.1×2）
=（360−1.44）+（64−0.2）
=358.56+63.8 =422.36（万元）

（3）如果企业持有存货的数量少于销售合同订购数量，实际持有与该销售合同相关的存货应以销售合同所规定的价格作为可变现净值的计算基础。如果该合同为亏损合同，还应同时按照《企业会计准则第13号——或有事项》的规定确认预计负债。

（4）没有销售合同约定的存货（不包括用于出售的材料），其可变现净值应当以产成品或商品的一般销售价格（即市场销售价格）作为计算基础。

【例4-21】20×2年12月31日，中国海洋××股份有限公司W6型机器的账面成本为300万元，数量为10台，单位成本为30万元/台。

20×2年12月31日，W6型机器的市场销售价格为32万元/台。预计发生的相关税费和销售费用合计为1万元/台。

中国海洋××股份有限公司没有签订有关W6型机器的销售合同。

在没有就W6型机器签订销售合同的情况下，中国海洋××股份有限公司计算W6型机器的可变现净值应以一般销售价格计价，其可变现净值为320万元（32×10）。

（5）用于出售的材料等通常以市场价格作为其可变现净值的计算基础。市场价格指材料等的市场销售价格。如果用于出售的材料存在销售合同约定，应按合同价格作为其可变现净值的计算基础。

【例4-22】20×2年12月1日，中国海洋××股份有限公司根据市场需求变化，决定停止生产W7型机器。为减少不必要的损失，决定将原材料中专门用于生产W7型机器的外购原材料——D材料全部出售，20×2年12月31日该批材料的账面成本为200万元，数量为10吨。据市场调查，D材料的市场销售价格为10万元/吨，同时可能发生销售费用及相关税费共计0.5万元。

本例中，由于企业已决定不再生产W7型机器，因此，该批D材料的可变现净值不能再以W7型机器的销售价格作为其计算基础，而应按其本身的市场销售价格作为计算基础。即：

该批D材料的可变现净值=10×10−0.5=99.5（万元）

需要注意的是，资产负债表日同一项存货中如有一部分有合同价格约定、另一部分不存在合同价格的，应当分别确定其可变现净值，并与其相对应的成本进行比较，分别确定存货跌价准备计提或转回的金额，由此计提的存货跌价准备不得相互抵销。

（6）对于材料存货应当区分以下两种情况确定其期末价值：

①为生产而持有的原材料、在产品、委托加工材料等，如果用其生产的产成品的可变现净值预计高于产成品的生产成本，则该材料仍按成本计量。

【例4-23】20×2年12月31日，中国海洋××股份有限公司库存原材料——A材料的账面成本为300万元，市场销售价格总额为280万元（假定本章中所称销售价格和成本均不含增值税），假定没有发生其他销售费用。用A材料生产的产成品——W1型机器的可变现净值高于成本。

根据上述资料可知，20×2年12月31日，A材料的账面成本高于其市场价格，但是由于用其生产的产成品——W1型机器的可变现净值高于成本，也就是用该原材料生产的最终产品此时并没有发生价值减损，因而，A材料即使其账面成本已高于市场价格，也不应计提存货跌价准备，仍应按300万元列示在20×2年12月31日资产负债表的存货项目之中。

②如果材料价格的下降表明产成品的可变现净值低于成本，则该材料应当按可变现净值计量。

【例4-24】20×2年12月31日，中国海洋××股份有限公司库存原材料——B材料的账面成本为120万元，单位成本为1.2万元／件，数量为100件，可用于生产100台W2型机器。B材料的市场销售价格为1.1万元／件。假定没有发生其他销售费用。

B材料市场销售价格下跌，导致用B材料生产的W2型机器的市场销售价格也下跌，由此造成W2型机器的市场销售价格由3万元／台降为2.7万元／台，但生产成本仍为2.8万元／台。将每件B材料加工成W2型机器尚需投入1.6万元，估计发生运杂费等销售费用0.1万元／台。根据上述资料，确定B材料的可变现净值。

①计算用该原材料所生产的产成品的可变现净值：

W2型机器的可变现净值=W2型机器估计售价−估计销售费用−估计相关税费

=2.7×100−0.1×100=260（万元）

②该原材料所生产的产成品的可变现净值与其成本进行比较：

W2型机器的可变现净值为260万元，小于其成本280万元，即B材料价格的下降表明W2型机器的可变现净值低于成本，因此B材料应当按可变现净值计量。

③计算该原材料的可变现净值：

$$\text{B材料的可变现净值} = \text{W2型机器的售价总额} - \text{将B材料加工成W2型机器尚需投入的成本} - \text{估计销售费用} - \text{估计相关税费}$$

$$= 2.7 \times 100 - 1.6 \times 100 - 0.1 \times 100 = 100(\text{万元})$$

B材料的可变现净值100万元小于其成本120万元，因此B材料的期末价值应为其可变现净值100万元，即B材料应按100万元列示在20×2年12月31日资产负债表的存货项目之中。

四、计提存货跌价准备的方法

（一）按单个存货项目计提

在采用计算机信息系统进行会计处理的情况下，企业完全有可能按单个存货项目计提存货跌价准备。该方式下，企业应将每个存货项目的成本与其可变现净值逐一进行比较，按较低者计量存货，按成本高于可变现净值的差额计提存货跌价准备。按单个项目计提跌价准备，要求企业应当根据管理要求和存货的特点，明确存货项目的确定标准，如明确将某一型号和规格的材料或某一品牌和规格的商品作为一个存货项目。

（二）分类计提

如某一类存货数量繁多且单价较低，企业可按存货类别对成本与可变现净值进行计量，每个存货类别均按成本与可变现净值较低者来确定存货期末价值。

【例4-25】中国海洋××股份有限公司的有关资料及存货期末计量见表4-1，假设公司此前没对存货计提跌价准备，不考虑相关税费和销售费用。

表4-1 按存货类别计提存货跌价准备

20×2年12月31日

金额单位：元

商品	数量（台）	成本		可变现净值		按类别确定的账面价值	计提的存货跌价准备
		单价	总额	单价	总额		
第一组							
A商品	400	10	4 000	9	3 600		
B商品	500	7	3 500	8	4 000		
合计			7 500		7 600	7 500	0
第二组							
C商品	200	50	10 000	48	9 600		
D商品	100	45	4 500	44	4 400		
合计			14 500		14 000	14 000	500
第三组							
E商品	700	100	70 000	80	56 000	56 000	
合计			70 000		56 000	56 000	14 000
总计			92 000		77 600	77 500	14 500

（三）合并计提

与在同一地区生产和销售的产品系列相关、具有相同或类似最终用途或目的，且难以与其他项目分开计量的存货，可以合并计提存货跌价准备。存货具有相同或类似最终用途或目的，并在同一地区生产和销售，意味着存货所处的经济环境、法律环境、市场环境等相同，具有相同的风险和报酬，因此，可对该类存货合并计提存货跌价准备。

（四）存货的可变现净值可能低于成本的情形

存货存在下列情形之一的，通常表明存货的可变现净值低于成本：

（1）该存货的市场价格持续下跌，且在可预见的未来无回升的希望。

（2）使用该项原材料生产出产品的成本大于其销售价格。

（3）因产品更新换代，原有库存原材料已不适应新产品的需要，该原材料的市场价格又低于其账面成本。

（4）因企业所提供的商品或劳务过时或消费者偏好改变而使市场需求发生变化，导致市场价格逐渐下跌。

（5）其他足以证明该项存货实质上已经发生减值的情形。

（五）存货的可变现净值为零的情形

存货存在下列情形之一的，通常表明存货的可变现净值为零：

（1）已霉烂变质的存货。

（2）已过期且无转让价值的存货。

（3）生产中已不再需要，且无使用价值和转让价值的存货。

（4）其他足以证明已无使用价值和转让价值的存货。

五、存货跌价准备转回的处理

资产负债表日，企业应当确定存货的可变现净值。企业确定存货的可变现净值应以资产负债表日的财务状况为基础，既不能提前，也不能延后确定，且每一资产负债表日都应重新确定。

如以前减记存货价值的影响因素已经消失，则减记的金额应当予以恢复，并在原已计提的存货跌价准备金额内转回，并计入当期损益。转回的存货跌价准备应与计提该准备的存货项目或类别直接对应，转回金额以将存货跌价准备余额冲减至零为限。

【例4-26】20×2年12月31日，中国海洋××股份有限公司E材料的账面成本为10万元，由于E材料市场价格下跌，导致用E材料生产的W8型机器的可变现净值低于其成本。E材料的预计可变现净值为8万元，由此计提存货跌价准备2万元。

假定：（1）20×3年6月30日，E材料的账面成本为10万元，由于E材料市场价格有所上升，使得E材料的预计可变现净值变为9.5万元。

（2）20×3年12月31日，E材料的账面成本为10万元，由于E材料市场价格进一步上升，预计E材料的可变现净值为11.1万元。

本例中：（1）20×3年6月30日，由于E材料市场价格上升，E材料的可变现净值有所恢复，应计提的存货跌价准备为0.5万元（10-9.5），则当期应冲减已计提的存货跌价准备1.5万元（2-0.5），冲减额小于已计提的存货跌价准备2万元，因此，应转回的存货跌价准备为1.5万元。会计分录为：

借：存货跌价准备　　15 000

　贷：资产减值损失——存货减值损失　　15 000

（2）20×3年12月31日，E材料的可变现净值上升，已高于账面成本，按照成本与可变现净值孰低法，此时已不需要计提存货跌价准备，故应将E材料已计提的存货跌价准备余额0.5万元进一步转回（将对E材料已计提的“存货跌价准备”余额冲减至零为限）。会计分录为：

借：存货跌价准备　　5 000

　贷：资产减值损失——存货减值损失　　5 000

六、存货盘亏或毁损的会计处理

存货发生的盘亏或毁损，应作为待处理财产损溢进行核算。按管理权限报经批准后，根据造成存货盘亏或毁损的原因，先扣除残料价值、可收回的保险赔偿和过失人赔偿后，分别以下情况进行处理：

（1）属于计量收发差错和管理不善等原因造成的存货短缺，将净损失计入管理费用。

（2）属于自然灾害等非常原因造成的存货毁损，将净损失计入营业外支出。

本章小结

1. 存货是企业在日常活动中持有以备出售的产成品或商品，处在生产过程中的在产品，在生产过程或提供劳务过程中耗用的材料、物料等。存货的确认条件：（1）与该存货有关的经济利益很可能流入企业；（2）该存货的成本能够可靠计量。

2. 存货的成本由采购成本、加工成本、其他成本组成。采购存货的成本包含采购价款，从采购到入库之前发生的运输费、保险费、装卸费、相关税费及其他与采购商品有关的费用；加工形成存货的成本由采购成本和加工成本组成。加工成本由直接人工和制造费用组成；其他方式取得存货包括投资者投资、非货币性资产交换、债务重组、企业合并等。投资者投资应按照公允价值入账，但合同或协议约定价值不公允的除外。通过非货币性资产交换、债务重组、企业合并等方式取得的存货成本应分别按照《企业会计准则第7号——非货币性资产交换》《企业会计准则第12号——债务重组》《企业会计准则第20号——企业合并》等规定确定。

3. 实际成本法下，发出存货有如下四种方法：先进先出法、移动加权平均法、月末一次加权平均法、个别计价法。存货按照计划成本计价的，要计算并结转发出存货应分摊的成本差异。包装物使用方式不同，应采用不同的计量方法：生产领用的包装物计入制造费用；随商品一起出售且包装物单独计价的，计入其他业务成本，不单独计价的计入当期销售费用。低值易耗品的计量方法分为一次转销法和五五摊销法。

4. 资产负债表日，存货应当按照成本与可变现净值孰低计量。可变现净值是指企业在日常活动中，存货的估计售价减去至完工时估计将要发生的成本、估计的销售费用以及相关税费后的金额。不同存货的可变现净值不同：产成品或商品的可变现净值=估计售价-销售费用-相关税费；需要加工的材料存货还应减去至完工时估计要发生的成本。估计售价的确定要考虑以下情况：期末存货已签订合约的，估计售价=合同约定金额；没有签订合约的，估计售价=该存货当时的市场售价。

5. 可变现净值与存货成本差异处理：可变现净值大于存货成本时，存货成本不变，不计提存货跌价准备；可变现净值小于存货成本时，存货成本按照可变现净值计量，差异计入存货跌价准备；如果以前减记存货价值的影响因素消失，则减记的金额应当予以恢复，并在原已计提的存货跌价准备的金额内转回，转回的金额计入当期损益。

6.存货盘亏或毁损的处理：发生时，应记入待处理财产损溢；属于计量收发差错和管理不善等原因造成的存货短缺，净损失计入管理费用；非正常损失的，计入营业外支出；应由过失人或保险公司赔偿的，计入其他应收款。

思政链接

广州浪奇2019年末虚增存货11亿，累计虚增收入129亿

2018年1月1日至2019年12月31日，广州浪奇通过虚构大宗商品贸易业务、循环交易乙二醇仓单等方式，虚增营业收入、营业成本和利润。通过上述方式，广州浪奇2018年年度报告虚增营业收入6 234 322 859.99元，虚增营业成本6 023 835 603.98元，虚增利润210 487 256.01元，占当期披露利润总额的518.07%。广州浪奇2019年年度报告虚增营业收入6 651 448 598.32元，虚增营业成本6 450 009 272.10元，虚增利润201 439 326.22元，占当期披露利润总额的256.57%。

2018年1月1日至2019年12月31日，为美化报表，广州浪奇将部分虚增的预付账款调整为虚增的存货。通过上述方式，广州浪奇2018年年度报告虚增存货金额为956 423 831.44元，占当期披露存货金额的75.84%、披露总资产的13.54%、披露净资产的50.53%。2019年年度报告虚增存货金额为1 082 231 342.91元，占当期披露存货金额的78.58%、披露总资产的12.17%、披露净资产的56.83%。

资料来源　中国证监会广东监管局. 中国证券监督管理委员会广东监管局行政处罚决定书〔2021〕21号［EB/OL］.（2021-12-20）［2023-09-01］. http：//www.csrc.gov.cn/guangdong/c104558/c1661944/content.shtml.

思政启示：

随意计提存货跌价准备可能会面临如下处罚：一是来自财务监管部门的行政处罚。如果企业违反会计准则和规定，随意计提存货跌价准备，相关财务监管部门可以对企业进行行政处罚，包括罚款、责令改正、吊销执照等。二是需承担赔偿责任。如果企业随意计提存货跌价准备导致投资者或其他利益相关者遭受损失，企业可能面临赔偿责任。三是面临责任追究。企业负责人和相关会计人员可能会受到内部和外部的责任追究，包括追究个人责任、停职、开除等。因此，为加强存货管理，保护集体资产，企业应加强内部控制，防止随意计提存货跌价准备的风险。会计人员应该严格遵守会计准则和规定，树立成本控制意识，合理计提存货跌价准备，确保财务信息的准确性和真实性。

第四章　即测即评

业务练习题

1.中国海洋××股份有限公司为一般纳税人，原材料按实际成本计价。6月份发生下列业务：

(1) 收到本企业所购M材料的发票，买价40 000元，增值税5 200元，材料运抵企业，该批材料款项已于上月全额支付。

(2) 收到所购H材料的发票，买价25 000元，增值税3 250元，通过银行支付款项。

(3) 购入M材料1 000千克，增值税专用发票记录买价30 000元，增值税3 900元，款已付，材料尚未运到。

(4) 上述材料运到，支付运输费1 000元，增值税90元，经检验入库材料990千克，10千克材料为途中合理损耗。

(5) 发出M材料10 000元用于产品生产，发出H材料2 000元用于行政管理部门使用。

(6) 月末，所购H材料800千克已运抵企业，但发票账单尚未收到，按暂估价9 600元入账。

要求：根据上述经济业务编制会计分录。

2. 中国海洋××股份有限公司为增值税一般纳税人，材料采用计划成本法核算。K材料计划单位成本为每千克10元。该企业4月份有关资料如下（不考虑其他因素）：

(1)“原材料”账户月初余额40 000元，“材料成本差异”账户月初贷方余额500元，“材料采购”账户月初借方余额10 600元（上述账户核算的均为K材料）。

(2) 4月5日，企业上月已付款的K材料1 000千克如数收到，已验收入库。

(3) 4月15日，从外地A公司购入K材料6 000千克，增值税专用发票注明的材料价款为59 000元，增值税税额7 670元，企业已用银行存款支付上述款项，材料尚未到达。

(4) 4月20日，从A公司购入的K材料到达，验收入库时发现短缺40千克，经查明为途中定额内自然损耗。按实收数量验收入库。

(5) 4月30日，汇总本月发料凭证，本月共发出K材料7 000千克，全部用于产品生产。

要求：

(1) 编制相关的会计分录；

(2) 计算本月材料成本差异率；

(3) 计算本月发出材料应负担的成本差异及月末库存材料的实际成本。

3. 乙公司存货期末采用成本与可变现净值孰低法计量。该公司存货的有关资料如下：

(1) 20×1年年末开始计提存货跌价准备，库存商品的账面成本为60 000元，可变现净值为56 000元。

(2) 20×2年将存货的三分之一对外出售，结转销售成本。

(3) 20×3年年末，库存商品的账面成本为80 000元，可变现净值为76 000元。

要求：根据上述资料，编制期末计提存货跌价准备的会计分录。

第五章　固定资产和投资性房地产

学习目标

1.掌握固定资产的确认条件；
2.掌握固定资产初始计量的核算；
3.掌握固定资产后续支出的核算；
4.掌握固定资产处置的核算；
5.熟悉固定资产折旧方法；
6.掌握投资性房地产概念和范围；
7.掌握投资性房地产的确认条件；
8.掌握投资性房地产初始计量的核算；
9.掌握投资性房地产后续计量的核算；
10.掌握投资性房地产转换的核算；
11.掌握投资性房地产处置的核算。

育人目标

增强爱惜公共财物的意识，培养求真务实、开拓创新、诚实守信的品质。

第一节　固定资产

一、固定资产概述

（一）固定资产的概念

固定资产，是指为生产商品、提供劳务、出租或经营管理而持有的、使用寿命超过一个会计年度的有形资产。

从概念看，固定资产具有以下特征：

1.为生产商品、提供劳务、出租或经营管理而持有

企业持有固定资产的目的是生产商品、提供劳务、出租或经营管理，即企业持有的固定资产是企业的劳动工具或手段，而不是用于出售的产品。其中“出租”的固定资产，是指企业以经营租赁方式出租的机器设备类固定资产，不包括以经营租赁方式出租的建筑物，后者属于企业的投资性房地产，不属于固定资产。

2.使用寿命超过一个会计年度

固定资产的使用寿命，是指企业使用固定资产的预计期间，或者该固定资产所能生产产品或提供劳务的数量。通常情况下，固定资产的使用寿命是指使用固定资产的预计期间，比如厂房的使用寿命表现为企业对该厂房的预计使用年限。对于某些机器设备或运输设备等固定资产，其使用寿命表现为以该固定资产所能生产产品或提供劳务的数量，如汽车等，按其预计行驶里程估计使用寿命。

固定资产使用寿命超过一个会计年度，意味着固定资产属于非流动资产。固定资产的账面价值会随着使用和磨损，通过计提折旧方式逐渐减少。

3.固定资产是有形资产

固定资产具有实物特征，这是固定资产与无形资产的主要区别。

（二）固定资产的确认条件

1.确认条件

《企业会计准则第4号——固定资产》规定，固定资产在同时满足以下两个条件时，才能加以确认：

（1）与该固定资产有关的经济利益很可能流入企业

企业在确认固定资产时，需要判断与该项固定资产有关的经济利益是否很可能流入企业。如果很可能流入企业，并同时满足固定资产确认的其他条件，应将其确认为固定资产；否则，不应将其确认为固定资产。

在会计实务中，判断与固定资产有关的经济利益是否很可能流入企业，主要判断与该固定资产所有权相关的风险和报酬是否转移到了企业。与固定资产所有权相关的风险，是指由于经营情况变化造成的相关收益的变动，以及由于资产闲置、技术陈旧等原因造成的损失；与固定资产所有权相关的报酬，是指在固定资产使用寿命内使用该资产而获得的收入，以及处置该资产所实现的利得等。

通常，取得固定资产的所有权是判断与固定资产所有权相关的风险和报酬是否转移的一个重要标志，但不是唯一标志。有些情况下，某项固定资产的所有权虽不属于企业，但企业能控制与该项固定资产有关的经济利益流入企业，意味着与该固定资产所有权相关的风险和报酬实质上已转移到企业，在这种情况下，企业应将该项固定资产予以确认。

（2）该固定资产的成本能够可靠地计量

企业在确定固定资产成本时必须取得确凿证据，但是，有时需要根据所获得的最新资料，对固定资产的成本进行合理估计。如企业对已达到预定可使用状态但尚未办理竣工决算的固定资产，需要根据工程预算、工程造价、工程实际发生的成本等资料，按估计价值确定其成本，待办理竣工决算后，再按照实际成本对暂估价值进行调整。

2.确认条件的具体运用

企业在对固定资产进行确认时，应按照固定资产定义和确认条件，结合企业具体情形加以判断。

环保和安全等设备，虽不能直接为企业带来经济利益，却有助于企业从相关资产获得经济利益，或者将减少企业未来经济利益的流出，因此，企业也应当将其确认为固定资产。例如，企业购置的污水处理设备，虽不会为企业带来直接经济利益，却有助于企业提高污水处理能力，有利于净化环境，减少企业未来由于污染环境而需要支付的罚款等支出，因此，也满足固定资产确认的第一个条件。

固定资产的各组成部分，如果各自具有不同使用寿命或者以不同方式为企业提供经济利益，从而适用不同折旧率或折旧方法的，各组成部分实际上是以独立的方式为企业提供经济利益，企业应当分别将各组成部分确认为单项固定资产。例如，飞机的引擎，如果其与飞机机身具有不同的使用寿命，适用不同折旧率或折旧方法，则企业应当将其确认为单项固定资产。

对于工业企业所持有的工具、用具、备品备件、维修设备等资产，施工企业所持有的模板、挡板、架料等周转材料，以及地质勘探企业所持有的管材等资产，企业应当根据实际情况，分别管理和核算。尽管该类资产具有固定资产的某些特征，比如，使用期限超过一年，也能够带来经济利益，但由于数量多单价低，考虑到成本效益原则，在实务中，通常确认为存货。但符合固定资产定义和确认条件的，比如企业（民用航空运输）的高价周转件等，应当确认为固定资产。

由于企业的经营内容、经营规模等各不相同，固定资产的标准也不可能强求绝对一致，各企业应根据制度中规定的固定资产标准，结合各自的具体情况，制定适合本企业实际情况的固定资产目录、分类方法、每类或每项固定资产的折旧年限及折旧方法，作为固定资产核算的依据，编制成册并按照管理权限，经股东大会或董事会，或经理（厂长）会议或类似机构批准，按照法律、行政法规的规定报送有关各方备案，同时备置于企业所在地，以供投资者等有关各方查阅。

企业已经确定对外报送或置于企业所在地的有关固定资产目录、分类方法、估计净残值、预计使用年限、折旧方法等，一经确定，不得随意变更。

（三）固定资产的分类

1.按经济用途分类

（1）生产经营用固定资产，指直接服务于企业生产经营过程的各种固定资产，如房屋、建筑物、机器设备和工具器具等。

（2）非生产经营用固定资产，指不直接服务于生产经营过程的各种固定资产，如职工宿舍、学校、浴室、幼儿园等单位使用的房屋、设备和其他固定资产等。

2.按使用情况分类

（1）使用中固定资产，指正在使用中的生产经营性和非生产经营性固定资产、季节性经营和大修理固定资产、企业出租给其他单位的固定资产和内部替换使用的固定资产。

（2）未使用固定资产，指已完工或已购建但尚未交付使用的固定资产以及因改建、扩建等原因暂停使用的固定资产。

（3）不需用固定资产，指本企业多余或不适用、需要调配处理的固定资产。

3.按所有权分类

（1）自有固定资产，指企业拥有的、可供企业自由支配使用的固定资产。

（2）租入固定资产，指企业采用租赁方式从其他单位租入的固定资产。

（四）固定资产核算的账户设置

为了核算固定资产，企业一般需要设置“固定资产”“累计折旧”“在建工程”“工程物资”“固定资产清理”等账户，对固定资产取得、折旧计提、处置等情况进行核算。

1.“固定资产”账户

该账户核算企业所有固定资产的原始价值，反映固定资产原值的增减变动和结存情况。借方登记企业增加的固定资产原价，贷方登记企业减少的固定资产原价，期末借方余额，反映企业期末固定资产的账面原价。在“固定资产”账户下，企业应按照固定资产的核算要求设置“生产经营用固定资产”“非生产经营用固定资产”“不需用固定资产”“租出固定资产”“未使用固定资产”等明细账。

2.“累计折旧”账户

该账户核算企业固定资产的累计折旧额，反映折旧的提取、形成和转销情况。该账户是“固定资产”账户的备抵账户，两者相抵的差额为固定资产的净值。贷方登记企业计提的固定资产折旧，借方登记处置固定资产转出的累计折旧，期末贷方余额，反映企业固定资产的累计折旧额。

3.“在建工程”账户

该账户核算企业进行基建工程、安装工程、技术改造工程、大修理工程等发生的实际成本，包括需要安装设备的价值，并分别设置“建筑工程”“安装工程”“在安装设备”“技术改造工程”“大修理工程”“其他支出”等明细账进行核算。借方登记企业各项在建工程的实际支出，贷方登记完工工程转出的成本，期末借方余额反映企业尚未达到预定可使用状态的在建工程的成本。

4.“工程物资”账户

该账户核算企业为基建工程、更新改造工程和大修理工程准备的各种物资的实际成本，包括为工程准备的材料、尚未交付安装的需要安装设备的实际成本、预付大型设备款、基本建设期间根据项目概算购入为生产准备的工具及器具等的实际成本。“工程物资”账户应分别设置“专用材料”“专用设备”“预付大型设备款”“为生产准备的工具及器具”等明细账进行核算。借方登记企业购入工程物资的成本，贷方登记领用工程物资的成本，期末借方余额，反映企业为在建工程准备的各种物资的成本。

5.“固定资产清理”账户

该账户核算企业因出售、报废、毁损、对外投资、非货币性资产交换、债务重组等原因转出的固定资产价值以及在清理过程中发生的费用等，借方登记转出的固定资产净值、清理过程中应支付的相关税费及其他费用，贷方登记固定资产清理过程中取得的残值收入等，期末借方余额，反映企业尚未清理完毕的固定资产清理净损失，贷方余额，反映企业尚未清理完毕的固定资产清理净收益。该科目应按被清理的固定资产项目设置明细账，进行明细核算。

此外，企业固定资产、在建工程、工程物资发生减值的，还应当设置“固定资产减值准备”“在建工程减值准备”“工程物资减值准备”等科目进行核算。

二、固定资产的初始计量

固定资产的初始计量，指确定固定资产的取得成本。固定资产应当按照成本进行初始计量。成本包括企业为购建某项固定资产达到预定可使用状态前所发生的一切合理的、必要的支出。在实务中，企业取得固定资产的方式是多种多样的，包括外购、自行建造、投资者投入以及非货币性资产交换、债务重组、企业合并等，取得的方式不同，其成本的具体构成内容及确定方法也不尽相同。

(一) 外购固定资产的成本

企业外购固定资产的成本，包括买价、相关税费、使固定资产达到预定可使用状态前所发生的可归属于该项资产的运输费、装卸费、安装费和专业人员服务费等。

企业外购的固定资产分为不需要安装的固定资产和需要安装的固定资产两种情形。如购入不需要安装的固定资产，购入后即可发挥作用，即可达到预定可使用状态。如购入需要安装的固定资产，只有安装调试后，达到设计要求或合同规定的标准，才可发挥作用，才可达到预定可使用状态。

1.购入不需要安装的固定资产

固定资产取得成本为企业实际支付的买价、包装费、运杂费、保险费、专业人员服务费和相关税费等，其账务处理为：按应计入固定资产成本的金额，借记“固定资产”科目，贷记“银行存款”“其他应付款”“应付票据”等科目。

【例 5-1】中国海洋××股份有限公司购入一台不需要安装的机床，取得的增值税专用发票上注明的价款为200 000元，增值税进项税额为26 000元，发生运输费3 000元，运输费增值税270元。款项已用银行存款支付。假定不考虑其他相关税费。账务处理如下：

借：固定资产　　203 000
　　应交税费——应交增值税（进项税额）　　26 270
　贷：银行存款　　229 270

2.购入需要安装的固定资产

此时，固定资产的取得成本是在不需要安装固定资产取得成本的基础上，加上安装调试成本等，其账务处理为：按应计入固定资产成本的金额，先记入“在建工程”科目，安装完毕交付使用时再转入“固定资产”科目。

【例 5-2】中国海洋××股份有限公司购入一台需要安装的机器设备，增值税专用发票上注明的设备价款为300 000元，增值税进项税额为39 000元，支付的运输费为5 000元，运输费增值税450元。款项已用银行存款支付；安装设备时，领用本企业外购原材料一批，价值20 000元，购进时支付的增值税进项税额为2 600元；支付安装工人工资3 000元。假定不考虑其他相关税费。账务处理如下：

(1) 支付设备价款、增值税、运杂费时：

借：在建工程　　305 000
　　应交税费——应交增值税（进项税额）　　39 450
　贷：银行存款　　344 450

(2) 领用本公司原材料、支付安装工人工资时：

借：在建工程　　23 000
　贷：原材料　　20 000
　　　应付职工薪酬　　3 000

(3) 设备安装完毕达到预定可使用状态时：

借：固定资产　　328 000
　贷：在建工程　　328 000

3.外购固定资产的特殊考虑

（1）会计实务中，企业可能以一笔款项同时购入多项没有单独标价的资产。如果这些资产均符合固定资产的定义，并满足固定资产的确认条件，则应将各项资产单独确认为固定资产，并按各项固定资产公允价值的比例对总成本进行分配，分别确定各项固定资产的成本。如果以一笔款项购入的多项资产中还包括固定资产以外的其他资产，也应按类似的方法予以处理。

【例5-3】20×3年5月18日，中国海洋××股份有限公司根据与B企业达成的一揽子协议，一次性从B企业购进了甲、乙、丙、丁四台不同型号的生产设备。中国海洋××股份有限公司为购买该批设备共计支付货款1 200 000元，增值税税额156 000元，运杂费16 000元，款项全部以银行存款支付。假定甲、乙、丙、丁均满足固定资产定义及确认条件，各自的公允价值分别为248 400元、400 200元、441 600元、289 800元。不考虑其他相关税费。中国海洋××股份有限公司的账务处理如下：

（1）确定计入固定资产成本的金额：

固定资产成本=1 200 000+16 000=1 216 000（元）

（2）确定设备甲、乙、丙、丁的价值比例：

设备的公允价值总额=248 400+400 200+441 600+289 800=1 380 000（元）

设备甲应分配的价值比例=248 400÷1 380 000×100%=18%

设备乙应分配的价值比例=400 200÷1 380 000×100%=29%

设备丙应分配的价值比例=441 600 ÷1 380 000×100%=32%

设备丁应分配的价值比例=289 800 ÷1 380 000×100%=21%

（3）确定设备甲、乙、丙、丁各自的入账价值：

设备甲的入账价值=1 216 000×18%=218 880（元）

设备乙的入账价值=1 216 000×29%=352 640（元）

设备丙的入账价值=1 216 000×32%=389 120（元）

设备丁的入账价值=1 216 000×21%=255 360（元）

（2）购买固定资产的价款超过正常信用条件延期支付，实质上具有融资性质的，固定资产的成本以购买价款的现值为基础确定。各期实际支付的价款之和与其现值之间的差额，应当在信用期间内采用实际利率法进行摊销，摊销金额除符合《企业会计准则第17号——借款费用》中规定的资本化条件应当计入固定资产成本外，其余部分均应当在信用期间内确认为财务费用，计入当期损益。其会计处理为：购入固定资产时，按购买价款的现值，借记“固定资产”或“在建工程”科目，按应支付的金额，贷记“长期应付款”科目，按其差额，借记“未确认融资费用”科目。

【例5-4】中国海洋××股份有限公司20×3年1月1日从B公司购入一台大型设备作为固定资产使用，该设备已收到，不需安装。购货合同约定，设备总价款2 000万元，分3年支付，20×3年12月31日支付1 000万元，20×4年12月31日支付600万元，20×5年12月31日支付400万元。假定中国海洋××股份有限公司3年期银行借款年利率为6%。

固定资产入账价值=1 000÷（1+6%）+600÷（1+6%）^{2}+400÷（1+6%）^{3}

=1 813.24（万元）

长期应付款入账价值=2 000万元

未确认融资费用=2 000-1 813.24=186.76（万元）

20×3年1月1日账务处理如下：

借：固定资产　　18 132 400

　　未确认融资费用　　1 867 600

　贷：长期应付款　　20 000 000

20×3年12月31日账务处理如下：

未确认融资费用摊销=1 813.24×6%=108.79（万元）

借：财务费用　　1 087 900

　贷：未确认融资费用　　1 087 900

借：长期应付款　　10 000 000

　贷：银行存款　　10 000 000

20×4年12月31日账务处理如下：

未确认融资费用摊销=（1 813.24+108.79-1 000）×6%=55.32（万元）

借：财务费用　　553 200

　贷：未确认融资费用　　553 200

借：长期应付款　　6 000 000

　贷：银行存款　　6 000 000

20×5年12月31日账务处理如下：

未确认融资费用摊销=186.76-108.79-55.32=22.65（万元）

借：财务费用　　226 500

　贷：未确认融资费用　　226 500

借：长期应付款　　4 000 000

　贷：银行存款　　4 000 000

（二）自行建造固定资产

自行建造固定资产的成本，由建造该项资产达到预定可使用状态前所发生的必要支出构成，包括工程物资成本、人工成本、缴纳的相关税费、应予资本化的借款费用以及应分摊的间接费用等。

企业自行建造固定资产包括自营建造和出包建造两种方式。无论采用何种方式，所建工程都应当按照实际发生的支出确定其工程成本并单独核算。

1.自营方式建造固定资产

企业以自营方式建造固定资产，意味着企业自行组织工程物资采购、自行组织施工人员从事工程施工。以自营方式建造固定资产，其成本应当按照直接材料、直接人工、直接机械施工费等计量。

企业为建造固定资产准备的各种物资应当按照实际支付的买价、运输费、保险费等相关税费作为实际成本，并按照各种专项物资的种类进行明细核算。工程完工后，剩余的工程物资转为本企业存货的，按其实际成本或计划成本进行结转。盘盈、盘亏、报废、毁损的工程物资，减去保险公司、过失人赔偿部分后的差额，工程项目尚未完工的，计入或冲减所建工程项目的成本；工程已经完工的，计入当期营业外支出或营业外收入。

在建工程达到预定可使用状态前因进行负荷联合试车所发生的净支出，计入工程成本。在建工程在达到预定可使用状态前所取得的负荷联合试车过程中形成的、能够对外销售的产品，其发生的成本，计入在建工程成本，销售或转为库存商品时，按其实际销售收入或预计售价冲减工程成本。

所建造的固定资产已达到预定可使用状态，但尚未办理竣工决算的，应当自达到预定可使用状态之日起，根据工程预算、造价或者工程实际成本等，按估计的价值转入固定资产，并按有关规定，计提固定资产折旧，待办理竣工决算手续后再做调整。

在建工程发生单项或单位工程报废或毁损，减去残料价值和过失人或保险公司赔款后的净损失，报经批准后计入继续施工的工程成本；如为非常原因造成的报废或毁损，或在建工程项目全部报废或毁损，应将其净损失直接计入当期营业外支出。

建造固定资产领用工程物资、原材料或库存商品，应按其实际成本转入在建工程成本。自营方式建造固定资产应负担的职工薪酬，辅助生产部门为之提供的水、电、运输等劳务，以及其他必要支出等也应计入在建工程项目的成本。符合资本化条件，应计入所建造固定资产成本的借款费用按照《企业会计准则第17号——借款费用》的有关规定处理。

企业自营方式建造固定资产，发生的工程成本应通过“在建工程”科目核算，工程完工达到预定可使用状态时，从“在建工程”科目转入“固定资产”科目。

【例5-5】中国海洋××股份有限公司为增值税一般纳税人，增值税税率为13%，该公司于20×2年4月1日开始建造生产车间用房，工程于20×3年2月1日完工，经检验合格交付使用。其间发生下述经济业务，公司的账务处理如下：

（1）向银行借款600 000元用于建造该车间用房，银行贷款利率为6%，期限两年。

借：银行存款	600 000	
贷：长期借款——本金		600 000

（2）购入为工程准备的各种物资500 000元，支付的增值税额为65 000元，全部用于工程建设，款项全部以银行存款支付。

借：工程物资	500 000	
应交税费——应交增值税（进项税额）	65 000	
贷：银行存款		565 000

（3）工程一次性领用工程物资500 000元。

借：在建工程——车间用房	500 000	
贷：工程物资		500 000

（4）工程领用本企业生产的电机一台，生产成本3 000元，售价4 000元。

借：在建工程——车间用房	3 520	
贷：库存商品		3 000
应交税费——应交增值税（销项税额）		520

（5）工程应负担职工工资12 800元。

借：在建工程——车间用房	12 800	
贷：应付职工薪酬		12 800

（6）分配并结转辅助生产部门提供的水、电、运输劳务等费用53 000元。

借：在建工程——车间用房	53 000	
贷：生产成本		53 000

（7）工程应承担的借款利息为25 000元。

借：在建工程——车间用房　　25 000

　贷：长期借款——利息　　25 000

（8）车间用房工程经验收合格，交付使用。

借：固定资产——车间用房　　594 320

　贷：在建工程——车间用房　　594 320

2.出包方式建造固定资产

在出包方式下，企业通过招标方式将工程项目发包给建造承包商，由建造承包商（即施工企业）组织工程项目施工。企业要与建造承包商签订建造合同，企业是建造合同的甲方，负责筹集资金和组织管理工程建设，通常称为建设单位，建造承包商是建造合同的乙方，负责建筑安装工程施工任务。

企业以出包方式建造固定资产，其成本由建造该项固定资产达到预定可使用状态前所发生的必要支出构成，包括发生的建筑工程支出、安装工程支出、需分摊计入各固定资产价值的待摊支出。建筑工程支出、安装工程支出，如人工费、材料费、机械使用费等由建造承包商核算。对于发包企业而言，建筑工程支出、安装工程支出是构成在建工程成本的重要内容，发包企业按照合同规定的结算方式和工程进度定期与建造承包商办理工程价款结算，结算的工程价款计入在建工程成本。待摊支出是指在建设期间发生的，不能直接计入某项固定资产价值，而应由所建造固定资产共同负担的相关费用，包括为建造工程发生的管理费、可行性研究费、临时设施费、公证费、监理费、应负担的税金、符合资本化条件的借款费用、建设期间发生的工程物资盘亏、报废及毁损净损失、负荷联合试车费等。企业为建造固定资产通过出让方式取得土地使用权而支付的土地出让金不计入在建工程成本，应确认为无形资产（土地使用权）。

在出包方式下，"在建工程"科目主要是企业与建造承包商办理工程价款的结算科目，企业支付给建造承包商的工程价款，作为工程成本通过"在建工程"科目核算。企业应按合理估计的工程进度和合同规定结算的进度款，借记"在建工程——建筑工程（××工程）""在建工程——安装工程（××工程）"科目，贷记"银行存款""预付账款"等科目。工程完成时，按合同规定补付的工程款，借记"在建工程"科目，贷记"银行存款"等科目。企业将需安装设备运抵现场安装时，借记"在建工程——在安装设备（××设备）"科目，贷记"工程物资——××设备"科目；企业为建造固定资产发生的待摊支出，借记"在建工程——待摊支出"科目，贷记"银行存款""应付职工薪酬""长期借款"等科目。

在建工程达到预定可使用状态时，首先计算分配待摊支出，待摊支出的分配率可按下列公式计算：

$$\text{待摊支出分配率}=\frac{\text{累计发生的待摊支出}}{\text{建筑工程支出}+\text{安装工程支出}+\text{在安装设备支出}}\times 100\%$$

××工程应分配的待摊支出=（××工程的建筑工程支出+安装工程支出+在安装设备支出）×待摊支出分配率

其次，计算确定已完工的固定资产成本：

房屋、建筑物等固定资产成本=建筑工程支出+应分摊的待摊支出

$$\begin{array}{c}\text{需要安装}\\\text{设备的成本}\end{array}=\begin{array}{c}\text{设备}\\\text{成本}\end{array}+\begin{array}{c}\text{为设备安装发生的基础、}\\\text{支座等建筑工程支出}\end{array}+\begin{array}{c}\text{安装工程}\\\text{支出}\end{array}+\begin{array}{c}\text{应分摊的}\\\text{待摊支出}\end{array}$$

然后，进行相应的账务处理，借记“固定资产”科目，贷记“在建工程——建筑工程”“在建工程——安装工程”“在建工程——待摊支出”等科目。

（三）存在弃置义务的固定资产

对于特殊行业的特定固定资产，确定其初始成本时，还应考虑弃置费用。弃置费用通常是指根据国家法律和行政法规、国际公约等规定，企业承担的环境保护和生态恢复等义务所确定的支出，如核电站核设施等的弃置和恢复环境义务。

由于弃置费用是在相当长的时间以后才发生，而且金额比较大，对其处理需要考虑货币时间价值因素。企业应当根据《企业会计准则第13号——或有事项》，对弃置费用按照现值计算确定应计入固定资产成本的金额和相应的预计负债。在固定资产的使用寿命内按照预计负债的摊余成本和实际利率计算确定的利息费用应当在发生时计入财务费用。

一般企业的固定资产发生的报废清理费用不属于弃置费用，应当在发生时作为固定资产处置费用处理。

【例5-6】A企业经国家批准于20×3年12月31日建造完成核电站核反应堆并交付使用，预计使用寿命35年。根据有关法律规定，企业应在该项设施使用期满时对环境进行复原，预计将发生弃置费用1 800 000 000元。企业适用的折现率为8%。

核反应堆属于特殊行业的特定固定资产，确定其成本时应考虑弃置费用。账务处理为：

（1）20×3年12月31日

弃置费用的现值=1 800 000 000×（P/F，8%，35）

=1 800 000 000×0.0676=121 680 000（元）

应计入固定资产成本金额=121 680 000元

借：固定资产　　121 680 000

　贷：预计负债　　121 680 000

（2）20×3年12月31日应负担的利息费用=121 680 000×8%=9 734 400（元）

借：财务费用　　9 734 400

　贷：预计负债　　9 734 400

以后年度，企业应当按照实际利率法计算确定每年财务费用，账务处理略。

（四）其他方式取得的固定资产的成本

1.投资者投入固定资产的成本

投资者投入固定资产的成本，应当按照投资合同或协议约定的价值确定，若合同或协议约定价值不公允，则按照该项固定资产的公允价值作为入账价值。

2.通过非货币性资产交换、债务重组、企业合并等方式取得固定资产的成本

企业通过非货币性资产交换、债务重组、企业合并等方式取得的固定资产，其成本应当分别按照《企业会计准则第7号——非货币性资产交换》《企业会计准则第12号——债务重组》《企业会计准则第20号——企业合并》等的规定确定。

3.盘盈固定资产的成本

盘盈的固定资产，按同类或类似固定资产的市场价格，减去按该项资产的新旧程度估计的价值损耗后的余额作为入账价值。

三、固定资产的后续计量

固定资产的后续计量主要包括固定资产折旧的计提、减值损失的确定，以及后续支出的计量。其中，固定资产的减值应当按照《企业会计准则第8号——资产减值》处理。

（一）固定资产折旧

1.固定资产折旧的定义

固定资产折旧是指在固定资产的使用寿命内，按照确定的方法对应计折旧额进行的系统分摊。

应计折旧额，是指应当计提折旧的固定资产的原价扣除其预计净残值后的余额。已计提减值准备的固定资产，还应当扣除已计提的固定资产减值准备累计金额。

从本质上讲，折旧也是一种费用，只不过这一费用没有在计提期间付出实实在在的货币资金，但这种费用是前期已经发生的支出，而这种支出的收益在资产投入使用后的有效使用期内体现，无论是从权责发生制的原则，还是从收入与费用配比的原则讲，计提折旧都是必需的，换言之，不提折旧或不正确地计提折旧，都将对企业计算产品成本（或营业成本）、计算损益产生影响。

2.影响固定资产折旧的因素

主要有以下几方面：

（1）计提折旧的基数。计算固定资产折旧的基数一般为取得固定资产的原始成本，即固定资产的账面原值。

（2）预计净残值，指假定固定资产预计使用寿命已满并处于使用寿命终了时的预期状态，企业目前从该项资产处置中获得的扣除预计处置费用后的金额。

（3）固定资产减值准备，指已计提的固定资产减值准备累计金额。

（4）固定资产的使用寿命，指企业使用固定资产的预计期间，或者该固定资产所能生产产品或提供劳务的数量。

企业确定固定资产使用寿命时，应考虑以下因素：

①预计生产能力或实物产量。

②预计有形损耗，如设备使用中发生磨损、房屋建筑物受到自然侵蚀等。

③预计无形损耗，如因技术革新而使现有的资产技术水平相对陈旧，市场需求变化使其所生产产品过时等。

④法律或者类似规定对资产使用的限制。某些固定资产的使用寿命可能受法律或类似规定的约束。

3.固定资产折旧范围

除下列情况外，企业应对所有的固定资产计提折旧：

（1）已提足折旧仍在继续使用的固定资产；

（2）按规定单独作为固定资产入账的土地。

注意：

①已达到预定可使用状态的固定资产，如果尚未办理竣工决算的，应当按照估计价值入账，并计提折旧；待办理了竣工决算手续后，再按照实际成本调整原来的暂估价值，但不需要调整原已计提的折旧额。

②企业一般按月提取折旧，固定资产应自达到预定可使用状态时开始计提折旧，终止确认时或划分为持有待售非流动资产时停止计提折旧。为简化核算，当月增加的固定资产，当月不计提折旧，从下月起计提折旧；当月减少的固定资产，当月仍计提折旧，从下月起不计提折旧。

③固定资产提足折旧后，不论能否继续使用，均不再计提折旧，提前报废的固定资产也不再补提折旧。

4.固定资产折旧方法

企业应当根据与固定资产有关的经济利益的预期实现方式，合理选择折旧方法。可选用的折旧方法包括年限平均法、工作量法、双倍余额递减法、年数总和法等。固定资产的折旧方法一经确定，不得随意变更。

（1）年限平均法

年限平均法又称直线法，是指将固定资产的应计折旧额均衡地分摊到固定资产预计使用寿命内的一种方法。采用这种方法计算的每期折旧额均是相等的。计算公式如下：

①方法一：

年折旧率=（1-预计净残值率）÷预计使用年限×100%

其中：预计净残值率=预计净残值÷固定资产原值×100%

预计净残值=残值-清理费用

月折旧率=年折旧率÷12

年折旧额=固定资产原值×年折旧率

月折旧额=年折旧额÷12

或：月折旧额=固定资产原值×月折旧率

②方法二：

年折旧额=（固定资产原值-预计净残值）÷预计使用年限×100%

月折旧额=年折旧额÷12

【例5-7】中国海洋××股份有限公司某固定资产的原值为100 000元，预计使用5年，预计期满报废时的清理费为1 000元，残值变价收入为6 000元。

企业按年限平均法计提折旧，每年折旧额计算如下：

净残值=6 000-1 000 =5 000（元）

净残值率=5 000÷100 000×100%=5%

年折旧率=（1-5%）÷5 ×100%=19%

年折旧额=100 000×19%=19 000（元）

采用年限平均法计提固定资产折旧虽然比较简便，但也存在一些明显的局限性。首先，固定资产在不同使用年限提供的经济效益是不同的。一般来讲，固定资产在其使用前期，工作效率相对较高，所带来的经济利益较多；而在其使用后期，工作效率一般呈下降趋势，所带来的经济利益也逐年减少。年限平均法没有考虑以上情况，显然是不合理的。其次，固定资产在不同的使用年限发生的维修费用也不一样，且一般会随着其使用时间的延长而不断增加，年限平均法也没有考虑这一因素。

当固定资产各期负荷程度相同时，各期应分摊相同的折旧费，这时采用年限平均法计算折旧是合理的。但是，如果固定资产各期负荷程度不同，采用年限平均法计算折旧时，则不能反映固定资产的实际使用情况，提取的折旧数与固定资产的损耗程度也不相符。

（2）工作量法

工作量法，是根据固定资产在折旧年限内的每一会计期间实际工作量计算折旧的一种方法。计算公式如下：

每一工作量应计提折旧额=（固定资产原值-预计净残值）÷预计工作总量×100%

或：　　　　　　　　　　=固定资产原值×（1-预计净残值）÷预计工作总量×100%

某项固定资产月折旧额=该项固定资产当月工作量×每一工作量应计提折旧额

【例5-8】中国海洋××股份有限公司的一辆运货卡车原价为60 000元，预计总行驶里程为50万公里，预计报废时的净残值率为5%，本月行驶4 000公里，则本月该辆汽车的折旧额为：

每公里应提折旧额=60 000×（1-5%）÷500 000=0.114（元/公里）

本月应计提的折旧额=4 000×0.114=456（元）

（3）双倍余额递减法

双倍余额递减法，是指在不考虑固定资产预计净残值的情况下，根据每期期初固定资产原价减去累计折旧后的余额和双倍的直线法折旧率计算固定资产折旧的一种方法。计算公式如下：

年折旧率=2÷预计使用年限×100%

某年折旧额=该年初固定资产净值×年折旧率

月折旧额=该年折旧额÷12

在双倍余额递减法下，最后两年每年的折旧额为尚未计提的折旧额除以2。

【例5-9】中国海洋××股份有限公司某固定资产的原价为100 000元，预计使用5年，预计期满报废时的清理费为1 000元，残值变价收入为6 000元。

企业按双倍余额递减法计算折旧，每年折旧额计算如下：

年折旧率=2÷5×100%=40%

第一年折旧额=100 000×40%=40 000（元）

第二年折旧额=60 000×40%=24 000（元）

第三年折旧额=36 000×40%=14 400（元）

第四年、第五年每年的折旧额=（36 000-14 400-5 000）÷2=8 300（元）

或　　　　　　　　　　=［100 000-（40 000+24 000+14 400）-5 000］÷2=8 300（元）

（4）年数总和法

年数总和法又称合计年限法，是将固定资产的原值减去净残值后的净额乘以一个逐年递减的分数计算每年的折旧额，这个分数的分子代表固定资产尚可使用的年数，分母代表使用年数的逐年数字总和。计算公式如下：

某年折旧率=该年初该固定资产尚可使用年数÷各年初预计使用年限的年数总和

某年的年折旧额=（固定资产原值-预计净残值）×该年的年折旧率

月折旧率=年折旧率÷12

月折旧额=年折旧额÷12

或　　　=（固定资产原价-预计净残值）×月折旧率

【例5-10】中国海洋××股份有限公司某固定资产的原价为100 000元，预计使用5年，预计期满报废时的清理费为1 000元，残值变价收入为6 000元。

企业按年数总和法计算折旧，每年折旧额计算如下：

第1～5年每年年初固定资产的预计尚可使用年限分别为5、4、3、2、1年。

各年初固定资产的预计尚可使用年限总和=1+2+3+4+5=15（年）

故第1～5年的年折旧率分别为5/15、4/15、3/15、2/15、1/15。

固定资产原价−预计净残值=95 000元

所以：

第一年的折旧额=95 000×5/15=31 666.67（元）

第二年的折旧额=95 000×4/15=25 333.33（元）

第三年的折旧额=95 000×3/15=19 000（元）

第四年的折旧额=95 000×2/15=12 666.67（元）

第五年的折旧额=95 000×1/15=6 333.33（元）

双倍余额递减法和年数总和法统称为加速折旧法，其特点是在固定资产使用的早期多提折旧，后期少提折旧，其递减的速度逐年加快，从而相对加快折旧的速度，目的是使固定资产成本在估计使用寿命期内加快得到补偿。

5.固定资产折旧的账务处理

固定资产计提的折旧应通过“累计折旧”科目核算，并根据用途计入相关资产的成本或者当期损益。

借：制造费用（生产用固定资产的折旧）

　　管理费用（行政用固定资产的折旧）

　　销售费用（销售部门用固定资产的折旧）

　　在建工程（用于工程的固定资产的折旧）

　　研发支出（用于研发的固定资产的折旧）

　　其他业务成本（经营租出固定资产的折旧）

　贷：累计折旧

6.固定资产使用寿命、预计净残值和折旧方法的复核

由于固定资产的使用寿命长于一年，属于企业的非流动资产，企业至少应当于每年年度终了，对固定资产的使用寿命、预计净残值和折旧方法进行复核。

在固定资产使用过程中，其所处的经济环境、技术环境以及其他环境有可能对固定资产使用寿命和预计净残值产生较大影响。例如，固定资产使用强度比正常情况大大加强，致使固定资产实际使用寿命大大缩短，预计净残值减少；替代该项固定资产的新产品的出现致使其实际使用寿命缩短，预计净残值减少等。此时，如果不对预计固定资产使用寿命和预计净残值进行调整，必然不能准确反映其实际情况，据此提供的会计信息就很可能是不真实的，从而影响信息使用者做出恰当的经济决策。因此，为真实反映固定资产为企业提供经济利益的期间及每期实际的资产消耗，企业至少应当于每年年度终了，对固定资产使用寿命和预计净残值进行复核。如果固定资产使用寿命预计数与原先估计数有差异，应当调整固定资产使用寿命；如果固定资产预计净残值预计数与原先估计数有差异，应当调整预计净残值。

固定资产使用过程中，与固定资产有关的经济利益的预期实现方式有可能会发生重大改变。如果固定资产给企业带来经济利益的方式发生重大变化，企业也应相应改变固定资产折旧方法。例如，某企业以前年度采用年限平均法计提固定资产折旧，此次年度复核中

发现，与该固定资产相关的技术发生很大变化，年限平均法已很难反映该项固定资产给企业带来经济利益的方式，因此，决定变年限平均法为加速折旧法。此时，若不对原有的折旧方法进行调整，就无法准确反映该固定资产为企业提供经济利益的方式，据此提供的信息就是不真实的，进而影响到会计信息的使用者做出恰当的经济决策。因此，为避免这一情况的出现，企业至少应当于每年年度终了，对固定资产的折旧方法进行复核。

固定资产使用寿命、预计净残值和折旧方法的改变应作为会计估计变更处理。

（二）固定资产的后续支出

固定资产的后续支出是指固定资产使用过程中发生的更新改造支出、修理费用等。后续支出的处理原则为：符合固定资产确认条件的，应当计入固定资产成本，同时将被替换部分的账面价值扣除；不符合固定资产确认条件的，应当计入当期损益。

1.资本化的后续支出

固定资产发生的后续支出，如符合资本化的条件，企业一般应将该固定资产的原价、已计提的累计折旧和减值准备转销，将固定资产的账面价值转入在建工程，停止计提折旧。在固定资产大修或改扩建完工并达到预定可使用状态时，再从在建工程转为固定资产，并按重新确定的固定资产原价、使用寿命、预计净残值和折旧方法计提折旧。固定资产发生的可资本化的后续支出，通过“在建工程”科目核算。

【例5-11】中国海洋××股份有限公司改建机器设备一台，改建前的原值为100 000元，预计使用年限为10年，预计净残值为5 000元，已使用8年，采用年限平均法计提折旧；该项机器设备采用出包方式进行改建，用银行存款支付改建工程款30 000元，增值税3 900元；改建机器设备拆除部件的残值计价2 000元入库；工程完工后，延长使用年限2年，预计净残值提高到6 000元。

（1）将改建前的固定资产原值及累计折旧注销，将其净值转作在建工程。

原值=100 000元

累计折旧=（100 000-5 000）÷10×8=76 000（元）

改建时账面净值=100 000-76 000=24 000（元）

借：在建工程	24 000	
累计折旧	76 000	
贷：固定资产		100 000

（2）用银行存款支付改建工程款30 000元，增值税3 900元。

借：在建工程	30 000	
应交税费——应交增值税（进项税额）	3 900	
贷：银行存款		33 900

（3）拆除部件的残料：

借：原材料	2 000	
贷：在建工程		2 000

（4）改建工程完工：

借：固定资产	52 000	
贷：在建工程		52 000

（5）改建后第9～12年的各年折旧额计算：

改建后的年折旧额=（52 000−6 000）÷4=11 500（元）

企业发生的某些固定资产后续支出可能涉及替换原固定资产的某组成部分，当发生的后续支出符合固定资产确认条件时，应将其计入固定资产成本，同时将被替换部分的账面价值扣除。这样可以避免将替换部分的成本和被替换部分的成本同时计入固定资产成本，导致固定资产成本高计。企业对固定资产进行定期检查发生的大修理费用，有确凿证据表明符合固定资产确认条件的部分，可以计入固定资产成本，不符合固定资产确认条件的，应当费用化，计入当期损益。固定资产在定期大修理停用期间，照提折旧。

2.费用化的后续支出

一般情况下，固定资产投入使用之后，由于固定资产磨损、各组成部分耐用程度不同，可能导致固定资产的局部损坏，为了维护固定资产的正常运转和使用，充分发挥其使用效能，企业必须对固定资产进行必要的维护。固定资产的日常修理费用在发生时应直接计入当期损益。企业生产车间（部门）和行政管理部门等发生的固定资产修理费用等后续支出计入管理费用；企业设置专设销售机构的，其发生的与专设销售机构相关的固定资产修理费用等后续支出，计入销售费用。企业固定资产更新改造支出不满足固定资产的确认条件，在发生时也应直接计入当期损益。

【例 5-12】中国海洋××股份有限公司对其财务部门使用的一台机器设备进行日常维护，发生维护费用价税合计2 260元，以银行存款进行支付；不考虑其他相关税费。

本例中，对机器设备的维护，仅仅是为了维护固定资产的正常使用而发生的，不产生未来的经济利益，因此应在其发生时确认为费用。账务处理为：

借：管理费用	2 000	
应交税费——应交增值税（进项税额）	260	
贷：银行存款		2 260

四、固定资产的处置

固定资产处置包括固定资产的出售、报废、毁损、对外投资、非货币性资产交换、债务重组等。处置固定资产应通过“固定资产清理”科目核算。

借方　　　　固定资产清理　　　　贷方

借方	贷方
期初尚未转销的固定资产清理净损失	期初尚未转销的固定资产清理净收益
①转入清理的固定资产账面净值 ②清理过程中发生的清理费 ③转销发生的清理净收益	①出售收入和残料收入等 ②应由保险公司或责任人负担的赔偿 ③转销发生的清理净损失
期末尚未转销的固定资产清理净损失	期末尚未转销的固定资产清理净收益

1.固定资产的出售

（1）出售固定资产转入清理。企业因出售转出的固定资产，按该项固定资产的账面价值，借记“固定资产清理”科目，按已计提的累计折旧，借记“累计折旧”科目，按已计提的减值准备，借记“固定资产减值准备”科目，按其账面原价，贷记“固定资产”科目。

（2）发生的清理费用等。固定资产清理过程中应支付的相关税费及其他费用，借记

“固定资产清理”“应交税费——应交增值税（进项税额）”科目，贷记“银行存款”等科目。

（3）收回出售固定资产的价款和增值税额，借记“银行存款”科目，贷记“固定资产清理”“应交税费——应交增值税（销项税额）”科目。

（4）结转出售固定资产净损益。资产处置损益属于营业利润的组成部分。企业出售固定资产，视为日常经营活动，因此其净损益计入资产处置损益。企业出售固定资产的收入大于固定资产净值、清理费用之和的差额，借记“固定资产清理”科目，贷记“资产处置损益”科目；出售固定资产的收入小于固定资产净值、清理费用之和的差额，借记“资产处置损益”科目，贷记“固定资产清理”科目。

具体分录如下：

①注销固定资产原值、累计折旧、减值准备：

借：固定资产清理
　　累计折旧
　　固定资产减值准备
　贷：固定资产

②支付清理费用：

借：固定资产清理
　贷：库存现金
　　　银行存款
　　　原材料等

③取得残值收入：

借：银行存款/原材料
　贷：固定资产清理
　　　应交税费——应交增值税（销项税额）

④结转固定资产清理净损益：

借：固定资产清理
　贷：资产处置损益（净收益）

如为净损失，则做相反分录。

【例5-13】中国海洋××股份有限公司某项机器设备出售，原值为50 000元，累计折旧为30 000元，未计提固定资产减值准备，清理过程中用现金支付清理费用150元，取得出售价款22 000元，增值税额2 860元，存入银行。

①注销机器设备原值和累计折旧：

借：固定资产清理　　20 000
　　累计折旧　　30 000
　贷：固定资产　　50 000

②支付清理费用：

借：固定资产清理　　150
　贷：库存现金　　150

③收取价款和增值税款：

借：银行存款 24 860
　贷：固定资产清理 22 000
　　应交税费——应交增值税（销项税额） 2 860

④结转机器设备清理净损益：

机器设备清理净收益=22 000-20 000-150=1 850（元）

借：固定资产清理 1 850
　贷：资产处置损益 1 850

2.固定资产的报废

固定资产报废的原因一般有两类：一类是由于使用期限已满不再继续使用而形成的正常报废；另一类是由于折旧年限估计不准确或非正常原因造成的提前报废，如确定预计使用年限时未考虑无形损耗而在技术进步时必须淘汰的固定资产，以及由于管理不善或自然灾害造成的固定资产毁损等。

正常报废的固定资产已提足折旧，其账面价值应为预计净残值。但由于实际净残值与预计净残值可能有所不同，因而在清理过程中也可能发生净损益，这部分净损益也应计入营业外收入或营业外支出。

提前报废的固定资产未提足折旧，为了简化核算工作，未提足的折旧也不再补提，而是在计算清理净损益时一并考虑。毁损的固定资产根据其毁损原因，有可能收回一部分赔偿款，如自然灾害造成的毁损有可能取得保险公司的赔款，管理不善造成的毁损有可能取得有关责任者的赔款。企业取得的赔款也视为清理过程中的一项收入，借记“其他应收款”等科目，贷记“固定资产清理”“应交税费——应交增值税（销项税额）”科目，在计算清理净损益时应一并考虑。

【例5-14】中国海洋××股份有限公司某项固定资产的原值为30 000元，累计折旧为13 000元，因自然灾害造成毁损。清理过程中残料出售，收取价款1 500元，增值税195元；用银行存款支付清理费用500元，增值税30元；应收保险公司赔偿款14 000元。

（1）注销固定资产原值和累计折旧：

借：固定资产清理 17 000
　　累计折旧 13 000
　贷：固定资产 30 000

（2）支付清理费用：

借：固定资产清理 500
　　应交税费——应交增值税（进项税额） 30
　贷：银行存款 530

（3）收取残料价款：

借：银行存款 1 695
　贷：固定资产清理 1 500
　　应交税费——应交增值税（销项税额） 195

（4）结转应收保险公司赔偿款：

借：其他应收款 14 000
　贷：固定资产清理 14 000

（5）结转固定资产清理净损益：

固定资产清理净损失=（17 000+500）－（1 500+14 000）=2 000（元）

借：营业外支出　　2 000

　贷：固定资产清理　　2 000

注意：固定资产报废不属于日常经营活动，因此其净损益不计入“资产处置损益”，而是计入“营业外支出”或“营业外收入”。

五、固定资产清查的核算

（一）固定资产清查的账户设置

固定资产盘亏通过“待处理财产损溢——待处理固定资产损溢”账户核算；固定资产盘盈通过“以前年度损益调整”账户核算。

（二）固定资产清查及处理的账务处理

1.盘亏固定资产的处理

清查时：

借：待处理财产损溢——待处理固定资产损溢

　　累计折旧

　贷：固定资产

处理时：

（1）对于由保险公司、责任人赔偿部分，则记入“其他应收款”账户；

（2）对于无人赔偿部分，记入“营业外支出”账户。

会计分录为：

借：其他应收款/营业外支出

　贷：待处理财产损溢——待处理固定资产损溢

2.盘盈固定资产的处理

清查时：

借：固定资产

　贷：以前年度损益调整

处理时：

（1）对于有人索取部分，记入“其他应付款”账户；

（2）对于无人索取部分，调整“应交税费——应交所得税”“盈余公积”“利润分配——未分配利润”账户。会计分录为：

借：以前年度损益调整

　贷：其他应付款（有人索取）

　　应交税费——应交所得税（无人索取，25%）

　　盈余公积（盘盈固定资产税后净利润的10%）

　　利润分配——未分配利润（盘盈固定资产税后净利润的90%）

【例5-15】中国海洋××股份有限公司20×3年年末进行财产清查，发现短少计算机一台，原价8 600元，已计提折旧5 000元；发现多出一台机床，估计全新原价为4 000元，现为三成新。经查，计算机短少系职工王某偷盗回家，现责令其赔偿3 600元，并罚款

2 000元，款项均未收到；多出的机床无法查明原因。有关账务处理如下：

（1）清查时：

对于短少的计算机：

借：待处理财产损溢——待处理固定资产损溢 3 600
　　累计折旧 5 000
　贷：固定资产——计算机 8 600

对于盘盈的机床：

借：固定资产——机床 1 200
　贷：以前年度损益调整 1 200

（2）处理时：

对于王某的赔款：

借：其他应收款——王某 3 600
　贷：待处理财产损溢——待处理固定资产损溢 3 600

对于王某的罚款：

借：其他应收款——王某 2 000
　贷：营业外收入 2 000

对于无法查明原因盘盈的机床：

借：以前年度损益调整 1 200
　贷：应交税费——应交所得税 300
　　　盈余公积 90
　　　利润分配——未分配利润 810

六、固定资产减值

（一）固定资产减值的判断标准

存在下列迹象的，表明资产可能发生了减值：

（1）资产的市价当期大幅度下跌，其跌幅明显高于因时间的推移或者正常使用而预计的下跌。

（2）企业经营所处的经济、技术或者法律等环境以及资产所处的市场在当期或者将在近期发生重大变化，从而对企业产生不利影响。

（3）市场利率或者其他市场投资报酬率在当期已经提高，从而影响企业计算资产预计未来现金流量现值的折现率，导致资产可收回金额大幅度降低。

（4）有证据表明资产已经陈旧过时或者其实体已经损坏。

（5）资产已经或者将被闲置、终止使用或者计划提前处置。

（6）企业内部报告的证据表明资产的经济绩效已经低于或者将低于预期，如资产所创造的净现金流量或者实现的营业利润（或者亏损）远远低于（或者高于）预计金额等。

（7）其他表明资产可能已经发生减值的迹象。

资产存在减值迹象的，应当估计其可收回金额。

可收回金额应当根据资产的公允价值减去处置费用后的净额与资产预计未来现金流量的现值两者之间较高者确定。

处置费用包括与资产处置有关的法律费用、相关税费、搬运费以及为使资产达到可销售状态所发生的直接费用等。

资产的公允价值减去处置费用后的净额与资产预计未来现金流量的现值，只要有一项超过了资产的账面价值，就表明资产没有发生减值，不需再估计另一项金额。

（二）固定资产减值的会计处理

计提减值准备时：

借：资产减值损失——固定资产减值损失

　贷：固定资产减值准备

注意：

（1）已计提减值准备的固定资产，应当按照该固定资产的账面价值及尚可使用年限重新确定折旧率和折旧额；

（2）资产减值一经确定，在以后会计期间不得转回。

【例5-16】中国海洋××股份有限公司生产用固定资产20×2年12月投入使用，原值为16万元，预计残值收入为1.5万元，预计清理费0.5万元，预计使用年限5年，采用年数总和法计提折旧。

20×3年年末，由于该固定资产市价大跌，估计近期内不可能恢复，估计未来现金流量现值为3.5万元，估计此时的销售净额为3万元，估计净残值收入为0.5万元，估计尚可使用3年。

要求：

（1）计算20×2年、20×3年折旧额；

（2）计算20×3年应计提的减值准备额；

（3）做有关会计分录。

有关账务处理如下：

（1）由于该固定资产20×2年12月才投入使用，故从20×3年1月开始计提折旧。

20×3年的折旧额=［16-（1.5-0.5）］×5/15=5（万元）

借：制造费用　　50 000

　贷：累计折旧　　50 000

（2）20×3年年末，估计未来现金流量现值为3.5万元，估计此时资产的公允价值减去处置费用后的净额（此时即为销售净额）为3万元，所以此时的可收回金额为3.5万元（按估计的未来现金流量的现值和资产的公允价值减去处置费用后的净额较高者确定）。此时固定资产的账面余额为11万元（16-5），故应计提减值准备7.5万元（11-3.5）。

借：资产减值损失——固定资产减值损失　　75 000

　贷：固定资产减值准备　　75 000

（3）计算20×4年固定资产的折旧额：

20×4年的折旧率=4/15

20×4年的折旧额=（3.5-0.5）×4/15=0.8（万元）

借：制造费用　　8 000

　贷：累计折旧　　8 000

第二节　投资性房地产

一、投资性房地产的特征与范围

（一）投资性房地产的定义及特征

房地产是土地和房屋及其权属的总称。在我国，土地归国家或集体所有，企业只能取得土地使用权。因此，房地产中的土地是指土地使用权。房屋是指土地上的房屋等建筑物及构筑物。随着我国社会主义市场经济的发展和完善，房地产市场日益活跃，企业持有的房地产除了用作自身管理、生产经营活动场所和对外销售之外，出现了将房地产用于赚取租金或增值收益的活动，甚至成为了个别企业的主营业务。就某些企业而言，投资性房地产属于日常经营性活动，形成的租金收入或转让增值收益确认为企业的主营业务收入，但对于大部分企业而言，是与经营性活动相关的其他经营活动，形成的租金收入或转让增值收益构成企业的其他业务收入。投资性房地产的确认、计量和披露适用《企业会计准则第3号——投资性房地产》（以下简称投资性房地产准则）的规定，房地产租金收入的确认、计量和披露适用《企业会计准则第21号——租赁》的规定。

投资性房地产，是指为赚取租金或资本增值，或者两者兼有而持有的房地产。投资性房地产主要有以下特征：

1.投资性房地产是一种经营性活动

投资性房地产的主要形式是出租建筑物、出租土地使用权，这实质上属于一种让渡资产使用权行为。房地产租金就是让渡资产使用权取得的使用费收入，是企业为完成其经营目标所从事的经营性活动以及与之相关的其他活动形成的经济利益总流入。投资性房地产的另一种形式是持有并准备增值后转让的土地使用权，尽管其增值收益通常与市场供求、经济发展等因素相关，但目的是增值后转让以赚取增值收益，也是企业为完成其经营目标所从事的经营性活动以及与之相关的其他活动形成的经济利益总流入。

2.投资性房地产在用途、状态、目的等方面区别于作为生产经营场所的房地产和用于销售的房地产

企业持有的房地产除了用作自身管理、生产经营活动场所和对外销售之外，出现了将房地产用于赚取租金或增值收益的活动，甚至是个别企业的主营业务，这就需要将投资性房地产单独作为一项资产核算和反映，与自用的厂房、办公楼等房地产和作为存货（已建完工商品房）的房地产加以区别，从而更加清晰地反映企业所持有房地产的构成情况和盈利能力。企业在首次执行投资性房地产准则时，应当根据投资性房地产的定义对资产进行重新分类，凡是符合投资性房地产定义和确认条件的建筑物和土地使用权，应当归为投资性房地产。

（二）投资性房地产的范围

投资性房地产的范围包括：已出租的土地使用权、持有并准备增值后转让的土地使用权、已出租的建筑物。

1.已出租的土地使用权

已出租的土地使用权，是指企业通过出让或转让方式取得的、以经营租赁方式出租的土地使用权。企业取得的土地使用权通常包括在一级市场上以缴纳土地出让金的方式取得的土地使用权，也包括在二级市场上接受其他单位转让的土地使用权。例如，中国海洋××股份有限公司与乙公司签署了土地使用权租赁协议，中国海洋××股份有限公司以年租金720万元租赁使用乙公司拥有的40万平方米土地使用权。自租赁协议约定的租赁期开始日起，这项土地使用权就属于乙公司的投资性房地产。

对于以经营租赁方式租入土地使用权再转租给其他单位的，不能确认为投资性房地产。

【例5-17】中国海洋××股份有限公司与乙企业签订了一项经营租赁合同，乙企业将其拥有使用权的一块土地出租给中国海洋××股份有限公司，以赚取租金，为期10年。中国海洋××股份有限公司又将这块土地转租给丙企业，以赚取租金的差价，为期3年。假设不违反国家有关规定。

本例中，对于中国海洋××股份有限公司而言，这项土地使用权不能予以确认，也不属于其投资性房地产。对于乙企业而言，自租赁期开始起，这项土地使用权属于其投资性房地产。

2.持有并准备增值后转让的土地使用权

持有并准备增值后转让的土地使用权，是指企业取得的、准备增值后转让的土地使用权。这类土地使用权很可能给企业带来资本增值收益，符合投资性房地产的定义。例如，企业转产或厂址搬迁，部分土地使用权停止自用，管理层决定继续持有这部分土地使用权，待其增值后转让以赚取增值收益。

企业依法取得土地使用权后，应按照国有土地有偿使用合同或建设用地批准书规定的期限动工开发建设。根据《闲置土地处置办法》的规定，闲置土地是指国有建设用地使用权人超过国有建设用地使用权有偿使用合同或者划拨决定书约定、规定的动工开发日期满一年未动工开发的国有建设用地。

按照国家有关规定认定的闲置土地，不属于持有并准备增值后转让的土地使用权，也就不属于投资性房地产。

3.已出租的建筑物

已出租的建筑物是指企业拥有产权的、以经营租赁方式出租的建筑物，包括自行建造或开发活动完成后用于出租的建筑物。比如，中国海洋××股份有限公司将其拥有的某栋厂房整体出租给乙公司，租赁期2年。对于中国海洋××股份有限公司而言，一般自租赁期开始日起，这栋厂房就属于其投资性房地产。企业在判断和确认已出租的建筑物时，应当把握以下要点：

（1）用于出租的建筑物是指企业拥有产权的建筑物。企业以经营租赁方式租入再转租的建筑物不属于投资性房地产。例如，甲企业与乙企业签订了一项经营租赁合同，乙企业将其持有产权的一栋办公楼出租给甲企业，为期5年。甲企业一开始将该办公楼改装后用于自行经营餐馆。2年后，由于连续亏损，甲企业将餐馆转租给丙公司，以赚取租金差价。这种情况下，对于甲企业而言，该栋楼不属于其投资性房地产。对于乙企业而言，则属于其投资性房地产。

（2）已出租的建筑物是企业已经与其他方签订了租赁协议，约定以经营租赁方式出租的建筑物。一般应自租赁协议规定的租赁期开始日起，经营租出的建筑物才属于已出租的建筑物，通常情况下，对企业持有以备经营出租的空置建筑物，如董事会或类似机构做出书面决议，明确表明将其用于经营出租且持有意图短期内不再发生变化的，即使尚未签订租赁协议，也应视为投资性房地产。这里的“空置建筑物”，是指企业新购入、自行建造或开发完工但尚未使用的建筑物，以及不再用于日常生产经营活动且经整理后达到可经营出租状态的建筑物。例如，甲企业在当地房地产交易中心通过竞拍取得一块土地的使用权后，按照合同规定对这块土地进行了开发，并在这块土地上建造了一个商场，拟用于整体出租，但尚未开发完工。本例中，该尚未开发完工的商场不属于“空置建筑物”，不属于投资性房地产。

（3）企业将建筑物出租，按租赁协议向承租人提供的相关辅助服务在整个协议中不重大的，应当将该建筑物确认为投资性房地产。例如，企业将其办公楼出租，同时向承租人提供维护、保安等日常辅助服务，企业应当将其确认为投资性房地产。再如，甲企业购买一栋写字楼，共12层。其中1层经营出租给某家大型超市，2～5层经营出租给乙公司，6～12层经营出租给丙公司。甲企业同时为该写字楼提供保安、维修等日常辅助服务。本例中，甲企业将写字楼出租，同时提供的辅助服务不重大，对于甲企业而言，这栋写字楼属于甲企业的投资性房地产。

以下项目不属于投资性房地产：

（1）自用房地产。自用房地产是指为生产商品、提供劳务或者经营管理而持有的房地产。例如，企业生产经营用的厂房和办公楼属于固定资产；企业生产经营用的土地使用权属于无形资产。自用房地产的特征在于服务于企业自身的生产经营活动，其价值将随着房地产的使用而逐渐转移到企业的产品或服务中去，通过销售商品或提供服务为企业带来经济利益，在产生现金流量的过程中与企业持有的其他资产密切相关。例如，企业出租给本企业职工居住的宿舍，虽然也收取租金，但间接为企业自身的生产经营服务，因此具有自用房地产的性质。又如，企业拥有并自行经营的旅馆饭店。旅馆饭店的经营者在向顾客提供住宿服务的同时，还提供餐饮、娱乐等其他服务，其经营目的主要是通过向客户提供服务取得服务收入，因此，企业自行经营的旅馆饭店是企业的经营场所，应当属于自用房地产。

（2）作为存货的房地产。作为存货的房地产通常是指房地产开发企业在正常经营过程中销售的或为销售而正在开发的商品房和土地。这部分房地产属于房地产开发企业的存货，其生产、销售构成企业的主营业务活动，产生的现金流量也与企业的其他资产密切相关，因此，具有存货性质的房地产不属于投资性房地产。

从事房地产经营开发的企业依法取得的、用于开发后出售的土地使用权，属于房地产开发企业的存货，即使房地产开发企业决定待增值后再转让其开发的土地，也不得将其确认为投资性房地产。

在实务中，存在某项房地产部分自用或作为存货出售、部分用于赚取租金或资本增值的情形。如某项投资性房地产不同用途的部分能够单独计量和出售的，应当分别确认为固定资产、无形资产、存货和投资性房地产。例如，甲房地产开发商建造了一栋商住两用楼盘，一层出租给一家大型超市，已签订经营租赁合同；其余楼层均为普通住宅，正在公开销售中。这种情况下，如果一层商铺能够单独计量和出售，应当确认为甲房地产开发商的投资性房地产，其余楼层为甲房地产开发商的存货，即开发产品。

二、投资性房地产的确认和计量

投资性房地产只有在符合定义的前提下，同时满足下列条件的，才能予以确认：（1）与该投资性房地产有关的经济利益很可能流入企业；（2）该投资性房地产的成本能够可靠地计量。对已出租的土地使用权、已出租的建筑物，其作为投资性房地产的确认时点一般为租赁期开始日，即土地使用权、建筑物进入出租状态、开始赚取租金的日期。对持有并准备增值后转让的土地使用权，作为投资性房地产的确认时点为企业将自用土地使用权停止自用，准备增值后转让的日期。

投资性房地产的初始计量均采用成本计量，后续计量有成本计量、公允价值计量两种计量模式。通常，企业应采用成本模式对投资性房地产进行后续计量，在满足特定条件的情况下，即有确凿证据表明其所有投资性房地产的公允价值能够持续可靠取得的，才可采用公允价值模式进行后续计量，即投资性房地产准则适当引入公允价值模式，在满足特定条件情况下，可对投资性房地产采用公允价值模式进行后续计量，但同一企业只能采用一种模式对所有投资性房地产进行后续计量，不得同时采用两种计量模式进行后续计量。

（一）成本模式计量

成本计量模式下，投资性房地产的核算通常涉及取得、折旧计提、租金收取、修理维护、减值测试、处置、转换等业务。主要会计分录如下：

（1）取得时：

借：投资性房地产——成本

　贷：银行存款（外购）

　　　在建工程（自建，准备用于自用）

　　　开发产品（自建，准备用于出售）

（2）月末计提折旧时：

借：其他业务成本

　贷：投资性房地产累计折旧

（3）取得租金收入：

借：银行存款

　贷：其他业务收入等

（4）减值时（不能转回）：

借：资产减值损失

　贷：投资性房地产减值准备

（5）改扩建时（日常修理，计入其他业务成本；大修先转入在建状态，再资产化）：

①日常修理：

借：其他业务成本（日常修理费用）

　贷：银行存款

②大修时（先转入在建状态，再资产化）：

A.转入在建状态：

借：投资性房地产——厂房（在建）
　　投资性房地产累计折旧
　贷：投资性房地产——厂房

B.在建过程发生支出：

借：投资性房地产——厂房（在建）
　贷：银行存款等

C.竣工验收：

借：投资性房地产——厂房
　贷：投资性房地产——厂房（在建）

(6) 处置时：

①取得收入：

借：银行存款
　贷：其他业务收入
　　　应交税费——应交增值税（销项税额）

②结转成本：

借：其他业务成本
　　投资性房地产减值准备
　　投资性房地产累计折旧
　贷：投资性房地产——成本

(7) 转换时：

①投资性房地产转固定资产、无形资产、开发产品：

A.投资性房地产转固定资产、无形资产：

借：固定资产/无形资产
　　投资性房地产累计折旧
　　投资性房地产减值准备
　贷：投资性房地产——成本
　　　累计折旧/累计摊销
　　　固定资产减值准备/无形资产减值准备

B.投资性房地产转开发产品：

借：开发产品
　　投资性房地产累计折旧
　　投资性房地产减值准备
　贷：投资性房地产——成本

②固定资产、无形资产、开发产品转投资性房地产

A.固定资产、无形资产转投资性房地产

借：投资性房地产——成本
　　累计折旧/累计摊销
　　固定资产减值准备/无形资产减值准备
　贷：固定资产/无形资产

贷：投资性房地产累计折旧

投资性房地产减值准备

B.开发产品转投资性房地产

借：投资性房地产——成本

存货跌价准备

贷：开发产品

1.初始计量

（1）外购。采用成本模式计量时，外购的土地使用权和建筑物，按照取得时的实际成本进行初始计量，借记“投资性房地产”科目，贷记“银行存款”等科目。取得时的实际成本包括购买价款、相关税费和可直接归属于该资产的其他支出。企业购入的房地产，部分用于出租（或资本增值）、部分自用，用于出租（或资本增值）的部分应当予以单独确认，应按照不同部分的公允价值占公允价值总额的比例将成本在不同部分之间进行分配。

【例 5-18】20×3 年 3 月，中国海洋××股份有限公司计划购入一栋写字楼用于对外出租。3 月 15 日，中国海洋××股份有限公司与乙企业签订了经营租赁合同，约定自写字楼购买日起将这栋写字楼出租给乙企业，为期 5 年。4 月 5 日，中国海洋××股份有限公司实际购入写字楼，支付价款共计 1 200 万元。假设不考虑其他因素，中国海洋××股份有限公司采用成本模式进行计量。

取得时，中国海洋××股份有限公司的账务处理如下：

借：投资性房地产——写字楼　　12 000 000

贷：银行存款　　12 000 000

（2）自行建造。自行建造投资性房地产，其成本由建造该项资产达到预定可使用状态前发生的必要支出构成，包括土地开发费、建筑成本、安装成本、应予以资本化的借款费用、支付的其他费用和分摊的间接费用等。建造过程中发生的非正常性损失，直接计入当期损益，不计入建造成本。采用成本模式计量的，应按照确定的成本，借记“投资性房地产”科目，贷记“在建工程”或“开发产品”科目。

【例 5-19】20×2 年 1 月，中国海洋××股份有限公司从其他单位购入一块土地的使用权，并在这块土地上开始自行建造三栋厂房。20×3 年 10 月，中国海洋××股份有限公司预计厂房即将完工，与乙公司签订了经营租赁合同，将其中的一栋厂房租赁给乙公司使用。租赁合同约定，该厂房于完工（达到预定可使用状态）时开始起租。20×3 年 11 月 1 日，三栋厂房同时完工（达到预定可使用状态）。该块土地使用权的成本为 600 万元；三栋厂房的实际造价均为 1 000 万元，能够单独出售。假设中国海洋××股份有限公司采用成本计量模式。

中国海洋××股份有限公司的账务处理如下：

①一栋厂房由在建工程转为投资性房地产：

借：投资性房地产——厂房　　10 000 000

贷：在建工程　　10 000 000

②土地使用权中的对应三分之一部分同时转换为投资性房地产：

应转化金额=［600×（1 000÷3 000）］=200（万元）

借：投资性房地产——土地使用权　　2 000 000

贷：无形资产——土地使用权　　2 000 000

（3）非投资性房地产转换为投资性房地产。实质上是因房地产用途发生改变而对房地产进行的重新分类。转换日通常为租赁开始日。

2.后续支出

（1）资本化的后续支出（改扩建或大修）

与投资性房地产有关的后续支出，满足投资性房地产确认条件的，应当计入投资性房地产成本。例如，企业为了提高投资性房地产的使用效能，往往需要对投资性房地产进行改建、扩建而使其更加坚固耐用，或者通过装修而改善其室内装潢，改扩建或装修支出满足确认条件的，应当将其资本化。企业对某项投资性房地产进行改扩建等再开发，且将来仍作为投资性房地产的，在再开发期间应继续将其作为投资性房地产，再开发期间不计提折旧或摊销。

【例5-20】20×3年3月，中国海洋××股份有限公司与乙企业的一项厂房经营租赁合同即将到期。该厂房按照成本模式进行后续计量，原价为2 000万元，已计提折旧600万元。为提高厂房的租金收入，中国海洋××股份有限公司决定在租赁期满后对厂房进行改扩建，并与丙企业签订了经营租赁合同，约定在改扩建完工时将厂房出租给丙企业。3月15日，与乙企业的租赁合同到期，厂房随即进入改扩建工程。12月10日，厂房改扩建工程完工，共发生支出150万元，即日按照租赁合同出租给丙企业。假设中国海洋××股份有限公司采用成本计量模式。

本例中，改扩建支出属于资本化的后续支出，应当计入投资性房地产的成本。

中国海洋××股份有限公司的账务处理如下：

（1）20×3年3月15日，投资性房地产转入改扩建工程：

借：投资性房地产——厂房（在建）　　14 000 000
　　投资性房地产累计折旧　　6 000 000
　贷：投资性房地产——厂房　　20 000 000

（2）20×3年3月15日—12月10日，发生相关支出：

借：投资性房地产——厂房（在建）　　1 500 000
　贷：银行存款等　　1 500 000

（3）20×3年12月10日，改扩建工程完工：

借：投资性房地产——厂房　　15 500 000
　贷：投资性房地产——厂房（在建）　　15 500 000

（2）费用化的后续支出（日常小修）

与投资性房地产有关的后续支出，不满足投资性房地产确认条件的，应当在发生时计入当期损益，如企业对投资性房地产进行日常维护所发生的支出。企业在发生投资性房地产费用化的后续支出时，借记“其他业务成本”等科目，贷记“银行存款”等科目。

【例5-21】中国海洋××股份有限公司对其某项投资性房地产进行日常维修，发生维修支出1.5万元。

本例中，日常维修支出属于费用化的后续支出，应当计入当期损益。

中国海洋××股份有限公司的账务处理如下：

借：其他业务成本　　15 000
　贷：银行存款　　15 000

（3）折旧计提、租金收取、减值测试

采用成本模式进行后续计量的投资性房地产，应当按照《企业会计准则第4号——固定资产》或《企业会计准则第6号——无形资产》的有关规定，按期（月）计提折旧或摊销，借记“其他业务成本”等科目，贷记“投资性房地产累计折旧（摊销）”。取得的租金收入，借记“银行存款”等科目，贷记“其他业务收入”等科目。

投资性房地产存在减值迹象的，适用资产减值的有关规定，经减值测试后确定发生减值的，应当计提减值准备，借记“资产减值损失”科目，贷记“投资性房地产减值准备”科目。已经计提减值准备的投资性房地产，其减值损失在以后的会计期间不得转回。

【例5-22】中国海洋××股份有限公司的一栋办公楼出租给乙企业使用，已确认为投资性房地产，采用成本模式进行后续计量。假设这栋办公楼的成本为1 800万元，按照直线法计提折旧，使用寿命为20年，预计净残值为零。按照经营租赁合同，乙企业每月支付给中国海洋××股份有限公司租金8万元。当年12月，这栋办公楼发生减值迹象，经减值测试，其可收回金额为1 200万元，此时办公楼的账面价值为1 500万元，以前未计提减值准备。

中国海洋××股份有限公司的账务处理如下：

（1）计提折旧：

每月计提的折旧=1 800÷20÷12=7.5（万元）

借：其他业务成本　　75 000

　贷：投资性房地产累计折旧　　75 000

（2）确认租金：

借：银行存款（或其他应收款）　　80 000

　贷：其他业务收入　　80 000

（3）计提减值准备：

借：资产减值损失　　3 000 000

　贷：投资性房地产减值准备　　3 000 000

3.处置

当投资性房地产被处置，或者永久退出使用且预计不能从其处置中取得经济利益时，应当终止确认该项投资性房地产。企业可以通过对外出售或转让的方式处置投资性房地产取得收益。对于那些由于使用而不断磨损直到最终报废，或者由于遭受自然灾害等非正常损失发生毁损的投资性房地产应当及时进行清理。此外，企业因其他原因，如非货币性交易等而减少投资性房地产也属于投资性房地产的处置。企业出售、转让、报废投资性房地产或者发生投资性房地产毁损，应当将处置收入扣除其账面价值和相关税费后的金额计入当期损益。

处置采用成本模式进行后续计量的投资性房地产时，应当按实际收到的金额，借记“银行存款”等科目，贷记“其他业务收入”科目；按该项投资性房地产的账面价值，借记“其他业务成本”科目，按其账面余额，贷记“投资性房地产——成本”科目；按照已计提的折旧或摊销，借记“投资性房地产累计折旧（摊销）”科目；原已计提减值准备的，借记“投资性房地产减值准备”科目。

【例5-23】中国海洋××股份有限公司将其出租的一栋写字楼确认为投资性房地产，采用成本模式计量。租赁期届满后，中国海洋××股份有限公司将该栋写字楼出售给乙公司，合同价款为30 000万元，乙公司已用银行存款付清。出售时，该栋写字楼的成本为28 000万元，已计提折旧3 000万元。假设不考虑相关税费。

中国海洋××股份有限公司的账务处理如下：

(1) 确认收入：

借：银行存款	300 000 000	
贷：其他业务收入		300 000 000

(2) 结转成本：

借：其他业务成本	250 000 000	
投资性房地产累计折旧	30 000 000	
贷：投资性房地产——写字楼		280 000 000

4.转换

房地产的转换是因房地产用途发生改变而对房地产进行的重新分类。此处所说的转换是针对房地产用途发生改变而言的，而不是后续计量模式的转变。企业必须有确凿证据表明房地产用途发生改变，才能将投资性房地产转换为非投资性房地产或者将非投资性房地产转换为投资性房地产，例如自用的办公楼改为出租等。确凿证据包括两个方面：一是企业董事会或类似机构应当就改变房地产用途形成正式的书面决议；二是房地产因用途改变而发生实际状态上的改变，如从自用状态改为出租状态。

房地产转换形式主要包括：①投资性房地产转为固定资产、无形资产或开发产品；②固定资产、无形资产或开发产品改为出租。

转换日是指房地产的用途发生改变、状态相应发生改变的日期。转换日的确定标准主要包括：

①投资性房地产开始自用，转换日是指房地产达到自用状态，企业开始将房地产用于生产商品、提供劳务或者经营管理的日期。

②投资性房地产转换为存货，转换日为租赁期届满、企业董事会或权力机构做出书面决议明确表明将其重新开发用于对外销售的日期。

③作为存货的房地产改为出租，或者自用建筑物或土地使用权停止自用改为出租，转换日应当为租赁期开始日。租赁期开始日是指承租人有权行使其使用租赁资产权利的日期。

④自用土地使用权停止自用，改为用于资本增值，转换日是指企业停止将该项土地使用权用于生产商品、提供劳务或经营管理，且管理当局做出房地产转换决议的日期。

具体核算如下：

(1) 投资性房地产转换为非投资性房地产

①投资性房地产转为固定资产、无形资产。企业将投资性房地产转换为自用房地产，应当按该项投资性房地产在转换日的账面余额、累计折旧或摊销、减值准备等，分别转入“固定资产”“累计折旧”“固定资产减值准备”等科目；按投资性房地产的账面余额，借记“固定资产”“无形资产”科目，贷记“投资性房地产——成本”科目；按已计提的折旧或摊销，借记“投资性房地产累计折旧（摊销）”科目，贷记“累计折旧”或“累计摊

销”科目；原已计提减值准备的，借记“投资性房地产减值准备”科目，贷记“固定资产减值准备”或“无形资产减值准备”科目。

【例 5-24】20×3 年 8 月 1 日，中国海洋××股份有限公司将出租在外的厂房收回，开始用于本企业生产商品。该项房地产账面价值为 3 765 万元，其中，原价 5 000 万元，累计已提折旧 1 235 万元。假设中国海洋××股份有限公司采用成本计量模式。

中国海洋××股份有限公司的账务处理如下：

借：固定资产	50 000 000	
投资性房地产累计折旧	12 350 000	
贷：投资性房地产——成本		50 000 000
累计折旧		12 350 000

②投资性房地产转为存货。房地产开发企业将用于经营出租的房地产重新开发用于对外销售的，从投资性房地产转换为存货。这种情况下，转换日为租赁期届满、企业董事会或类似机构做出书面决议，明确表明将其重新开发用于对外销售的日期。

企业将投资性房地产转换为存货时，应当按照该项房地产在转换日的账面价值，借记“开发产品”科目，按照已计提的折旧或摊销，借记“投资性房地产累计折旧（摊销）”科目；原已计提减值准备的，借记“投资性房地产减值准备”科目，按其账面余额，贷记“投资性房地产——成本”科目。

【例 5-25】甲房地产开发企业将其开发的部分写字楼用于对外经营租赁。20×3 年 10 月 15 日，因租赁期满，甲企业将出租的写字楼收回，并做出书面决议，将该写字楼重新开发用于对外销售，即由投资性房地产转换为存货，当日该项房地产原值为 5 600 万元，累计折旧 2 600 万元。

甲企业的账务处理如下：

借：开发产品	30 000 000	
投资性房地产累计折旧	26 000 000	
贷：投资性房地产——成本		56 000 000

（2）非投资性房地产转换为投资性房地产

①作为存货的房地产转换为投资性房地产。作为存货的房地产转换为投资性房地产，通常指房地产开发企业将其持有的开发产品以经营租赁的方式出租，存货相应地转换为投资性房地产。这种情况下，转换日为房地产的租赁期开始日。租赁期开始日是指承租人有权行使其使用租赁资产权利的日期。一般而言，如果企业自行建造或开发完成但尚未使用的建筑物，且企业董事会或类似机构正式做出书面决议，明确表明其自行建造或开发产品用于经营出租、持有意图短期内不再发生变化的，应视为存货转为投资性房地产，转换日为企业董事会或类似机构做出书面决议的日期。

企业将作为存货的房地产转换为采用成本模式计量的投资性房地产，应当按该项存货在转换日的账面价值，借记“投资性房地产”科目，原已计提跌价准备的，借记“存货跌价准备”科目，按其账面余额，贷记“开发产品”等科目。

【例 5-26】甲企业是从事房地产开发业务的企业，20×3 年 3 月 10 日，甲企业与乙企业签订了租赁协议，将其开发的一栋写字楼出租给乙企业使用，租赁期开始日为 20×3 年 4 月 15 日。20×3 年 4 月 15 日，该写字楼的账面余额 45 000 万元，未计提存货跌价准备。假设甲企业采用成本模式对其投资性房地产进行后续计量。

甲企业的账务处理如下：

借：投资性房地产——写字楼　　450 000 000

　贷：开发产品　　450 000 000

②固定资产、无形资产转换为投资性房地产。企业将原本用于生产商品、提供劳务或者经营管理的自用房地产改用于出租，通常应于租赁期开始日，按照固定资产或无形资产的账面价值，将固定资产或无形资产相应地转换为投资性房地产。对不再用于日常生产经营活动且经整理后达到可经营出租状况的房地产，如企业董事会或类似机构正式做出书面决议，明确表明其自用房地产用于经营出租且持有意图短期内不再发生变化的，应视为自用房地产转换为投资性房地产，转换日为企业董事会或类似机构正式做出书面决议的日期。

企业将自用土地使用权或建筑物转换为以成本模式计量的投资性房地产时，应当按该项建筑物或土地使用权在转换日的原价、累计折旧、减值准备等，分别转入“投资性房地产——成本”“投资性房地产累计折旧”“投资性房地产减值准备”科目，按其账面余额，借记“投资性房地产——成本”科目，贷记“固定资产”或“无形资产”科目，按已计提的折旧或摊销，借记“累计摊销”或“累计折旧”科目，贷记“投资性房地产累计折旧（摊销）”科目；原已计提减值准备的，借记“固定资产减值准备”或“无形资产减值准备”科目，贷记“投资性房地产减值准备”科目。

【例 5-27】中国海洋××股份有限公司拥有一栋办公楼，用于本企业总部办公。20×3 年 3 月 10 日，中国海洋××股份有限公司与乙企业签订了经营租赁协议，将这栋办公楼整体出租给乙企业使用，租赁期开始日为 20×3 年 4 月 15 日，为期 5 年。20×3 年 4 月 15 日，这栋办公楼的账面余额 45 000 万元，已计提折旧 300 万元。假设中国海洋××股份有限公司采用成本计量模式。

中国海洋××股份有限公司的账务处理如下：

借：投资性房地产——写字楼　　450 000 000

　　累计折旧　　3 000 000

　贷：固定资产　　450 000 000

　　　投资性房地产累计折旧　　3 000 000

（二）公允价值模式计量

企业有确凿证据表明其投资性房地产的公允价值能够持续可靠取得的，可以对投资性房地产采用公允价值模式进行后续计量。企业选择公允价值模式，就应当对其所有投资性房地产采用公允价值模式进行后续计量，不得对一部分投资性房地产采用成本模式进行后续计量，对另一部分投资性房地产采用公允价值模式进行后续计量。

采用公允价值模式计量的投资性房地产，应当同时满足下列条件：①投资性房地产所在地有活跃的房地产交易市场。所在地，通常指投资性房地产所在城市。对于大中型城市，应当为投资性房地产所在城区。②企业能够从活跃的房地产交易市场上取得同类或类似房地产的市场价格及其他相关信息，从而对投资性房地产的公允价值做出合理估计。

投资性房地产的公允价值是指在公平交易中，熟悉情况的当事人之间自愿进行房地产交换的价格。确定投资性房地产的公允价值时，可以参照活跃市场上同类或类似房地产的现行市场价格（市场公开报价）；无法取得同类或类似房地产现行市场价格的，可以参照活跃市场上同类或类似房地产的最近交易价格，并考虑交易情况、交易日期、所在区域等因素，从而对投资性房地产的公允价值做出合理的估计；也可以基于预计未来获得的租金收益和相关现金流量予以计量。同类或类似的房地产，对建筑物而言，是指所处地理位置和地理环境相同或相近的建筑物；对土地使用权而言，是指同一位置区域、所处地理环境相同或近似、可使用状况相同或相近的土地。

采用公允价值模式计量时，企业应当在“投资性房地产”科目下设置“成本”和“公允价值变动”两个明细科目，按照外购的土地使用权和建筑物发生的实际成本，记入“投资性房地产——成本”科目。

投资性房地产采用公允价值模式计量时，通常涉及取得、公允价值确认、取得租金收入、改扩建、处置、转换等业务。主要会计分录如下：

（1）取得时（初始按成本计量）：

借：投资性房地产——成本

　贷：银行存款

　　在建工程

　　研发支出等

（2）资产负债表日公允价值变动时：

公允价值上升（如下降，做相反分录）：

借：投资性房地产——公允价值变动

　贷：公允价值变动损益

（3）取得租金收入时：

借：银行存款

　贷：其他业务收入

（4）改扩建时（日常小修，计入其他业务成本；大修先转入在建状态，再资产化）：

① 日常修理：

借：其他业务成本（小修费用）

　贷：银行存款

②大修（先转入在建状态，再资产化）：

A.转入在建状态：

借：投资性房地产——厂房（在建）（公允价值）

　贷：投资性房地产——成本

　　　　　　　　——公允价值变动

B.在建过程发生支出：

借：投资性房地产——厂房（在建）

　贷：银行存款等

C.竣工验收：

借：投资性房地产——成本

　贷：投资性房地产——厂房（在建）

（5）处置时：

①取得收入：

借：银行存款

　贷：其他业务收入

　　应交税费——应交增值税（销项税额）

②结转成本：

借：公允价值变动损益

　其他业务成本

　贷：投资性房地产——成本

　　　　　　　　——公允价值变动

（6）转换时：

①投资性房地产转固定资产、无形资产、开发产品：

借：固定资产/无形资产/开发产品（公允价值）

　贷：投资性房地产——成本

　　　　　　　　——公允价值变动

　　公允价值变动损益（借贷方差额部分，可能在借方）

②固定资产、无形资产、开发产品转投资性房地产：

借：投资性房地产——成本（公允价值）

　累计折旧/累计摊销

　固定资产减值准备/无形资产减值准备/存货跌价准备

　公允价值变动损益（借贷方差额部分，如在借方，计入公允价值变动损益）

　贷：固定资产/无形资产/开发产品

　　其他综合收益（借贷方差额部分，如在贷方，计入其他综合收益）

1.初始计量

公允价值计量模式下，投资性房地产的初始计量与成本模式下的初始计量完全一样。

2.后续计量

（1）资本化的后续支出（改扩建或大修）

公允价值计量模式下，与投资性房地产有关的后续支出，满足投资性房地产确认条件的，应按公允价值计入投资性房地产成本。

【例5-28】20×3年3月，中国海洋××股份有限公司与乙企业的一项厂房经营租赁合同即将到期。为了提高厂房的租金收入，中国海洋××股份有限公司决定在租赁期满后对厂房进行改扩建，并与丙企业签订了经营租赁合同，约定在改扩建完工时将厂房出租给丙企业。3月15日，与乙企业的租赁合同到期，厂房随即进入改扩建工程。11月10日，厂房改扩建工程完工，共发生支出150万元，即日按照租赁合同出租给丙企业。3月15日，厂房账面余额为1 200万元，其中成本1 000万元，累计公允价值变动200万元。假设中国海洋××股份有限公司采用公允价值计量模式。

中国海洋××股份有限公司的账务处理如下：

（1）20×3年3月15日，投资性房地产转入改扩建工程：

借：投资性房地——厂房（在建）	12 000 000	
贷：投资性房地产——成本		10 000 000

贷：投资性房地产——公允价值变动 2 000 000

（2）20×3年3月15日—11月10日发生改扩建支出：

借：投资性房地产——厂房（在建） 1 500 000

贷：银行存款 1 500 000

（3）20×3年11月10日，改扩建工程完工：

借：投资性房地产——成本 13 500 000

贷：投资性房地产——厂房（在建） 13 500 000

（2）费用化的后续支出

与成本计量模式下一致。

【例5-29】中国海洋××股份有限公司采用公允价值对其投资性房地产进行后续计量，3月对其某项投资性房地产进行日常维修，发生维修支出1.2万元。

本例中，日常维修支出属于费用化的后续支出，应当计入当期损益。

中国海洋××股份有限公司的账务处理如下：

借：其他业务成本 12 000

贷：银行存款 12 000

3.资产负债表日公允价值变动

投资性房地产采用公允价值模式进行后续计量的，不计提折旧或摊销，应当以资产负债表日的公允价值计量。资产负债表日，投资性房地产的公允价值高于其账面余额时，按其差额，借记“投资性房地产——公允价值变动”科目，贷记“公允价值变动损益”科目；公允价值低于其账面余额时，按其差额，做相反的账务处理。

【例5-30】甲企业为从事房地产经营开发的企业。20×3年8月，甲企业与乙公司签订租赁协议，约定将甲企业开发的一栋精装修的写字楼于开发完成的同时开始租赁给乙公司使用，租赁期为10年。当年10月1日，该写字楼开发完成并开始起租，写字楼的造价为9 000万元。20×3年12月31日，该写字楼的公允价值为9 200万元。假设甲企业采用公允价值计量模式。

甲企业的账务处理如下：

（1）20×3年10月1日，甲企业开发完成写字楼并出租：

借：投资性房地产——成本 90 000 000

贷：开发成本 90 000 000

（2）20×3年12月31日，按照公允价值为基础调整其账面价值，公允价值与原账面价值之间的差额200万元计入当期损益：

借：投资性房地产——公允价值变动 2 000 000

贷：公允价值变动损益 2 000 000

4.处置

处置采用公允价值模式计量的投资性房地产，应当按实际收到的金额，借记“银行存款”等科目，贷记“其他业务收入”科目；按该项投资性房地产的账面余额，借记“其他业务成本”科目，按其成本，贷记“投资性房地产——成本”科目，按其累计公允价值变动，贷记或借记“投资性房地产——公允价值变动”科目。同时结转投资性房地产累计公允价值变动。若存在原转换日计入其他综合收益的金额，也一并结转。

【例5-31】甲企业为一家房地产开发企业。20×3年3月10日，甲企业与乙企业签订了租赁协议，将其开发的一栋写字楼出租给乙企业使用，租赁开始日为20×3年4月15日，当日该写字楼的账面余额为45 000万元，公允价值为47 000万元。20×3年12月31日，该写字楼的公允价值为48 000万元。20×4年6月租赁期届满，甲企业收回该写字楼，并将其以55 000万元的价格出售，出售款项已收讫。甲企业采用公允价值模式计量。

甲企业的账务处理如下：

（1）20×3年4月15日，存货转换为投资性房地产：

借：投资性房地产——成本　　470 000 000

　贷：开发产品　　450 000 000

　　其他综合收益　　20 000 000

（2）20×3年12月31日，公允价值变动：

借：投资性房地产——公允价值变动　　10 000 000

　贷：公允价值变动损益　　10 000 000

（3）20×4年6月，出售投资性房地产：

①核算收入：

借：银行存款　　550 000 000

　贷：其他业务收入　　550 000 000

②结转成本：

借：其他业务成本　　450 000 000

　　公允价值变动损益　　10 000 000

　　其他综合收益　　20 000 000

　贷：投资性房地产——成本　　470 000 000

　　　　　　　——公允价值变动　　10 000 000

5.转换

（1）投资性房地产转换为非投资性房地产

①投资性房地产转换为固定资产或无形资产。企业将采用公允价值模式计量的投资性房地产转换为自用房地产时，应当以其转换当日的公允价值作为自用房地产的账面价值，公允价值与原账面价值的差额计入当期损益。

转换日，按该项投资性房地产的公允价值，借记“固定资产”或“无形资产”科目，按该项投资性房地产的成本，贷记“投资性房地产——成本”科目，按该项投资性房地产的累计公允价值变动，贷记或借记“投资性房地产——公允价值变动”科目，按其差额，贷记或借记“公允价值变动损益”科目。

【例5-32】20×3年10月15日，甲企业因租赁期满，将出租的写字楼收回，开始作为办公楼用于本企业的行政管理。20×3年10月15日，该写字楼的公允价值为4 800万元；该项房地产在转换前采用公允价值模式计量，原账面价值为4 750万元，其中，成本为4 500万元，公允价值变动为增值250万元。

甲企业的账务处理如下：

借：固定资产　　48 000 000

　贷：投资性房地产——成本　　45 000 000

贷：投资性房地产——公允价值变动　　2 500 000

公允价值变动损益　　500 000

②投资性房地产转换为存货。企业将采用公允价值模式计量的投资性房地产转换为存货时，应当以其转换当日的公允价值作为存货的账面价值，公允价值与原账面价值的差额计入当期损益。

转换日，按该项投资性房地产的公允价值，借记“开发产品”等科目，按该项投资性房地产的成本，贷记“投资性房地产——成本”科目；按该项投资性房地产的累计公允价值变动，贷记或借记“投资性房地产——公允价值变动”科目；按其差额，贷记或借记“公允价值变动损益”科目。

【例5-33】甲房地产开发企业将其开发的部分写字楼用于对外经营租赁。20×3年10月15日，因租赁期满，甲企业将出租的写字楼收回，并做出书面决议，将该写字楼重新开发用于对外销售，即由投资性房地产转换为存货，当日的公允价值为5 800万元。该项房地产在转换前采用公允价值模式计量，原账面价值为5 600万元，其中，成本为5 000万元，公允价值变动为增值600万元。

甲企业的账务处理如下：

借：开发产品　　58 000 000

贷：投资性房地产——成本　　50 000 000

——公允价值变动　　6 000 000

公允价值变动损益　　2 000 000

（2）非投资性房地产转换为投资性房地产

①作为存货的房地产转换为投资性房地产。企业将作为存货的房地产转换为采用公允价值模式计量的投资性房地产，应当按该项房地产在转换日的公允价值入账，借记“投资性房地产——成本”科目，原已计提跌价准备的，借记“存货跌价准备”科目；按其账面余额，贷记“开发产品”等科目。同时，转换日的公允价值小于账面价值的，按其差额，借记“公允价值变动损益”科目；转换日的公允价值大于账面价值的，按其差额，贷记“其他综合收益”科目。当该项投资性房地产处置时，因转换计入其他综合收益的部分应转入当期损益。

【例5-34】20×3年3月10日，甲房地产开发企业与乙企业签订了租赁协议，将其开发的一栋写字楼出租给乙企业。租赁期开始日为20×3年4月15日。20×3年4月15日，该写字楼的账面余额45 000万元，公允价值为47 000万元。20×3年12月31日，该项投资性房地产的公允价值为48 000万元。

甲企业的账务处理如下：

20×3年4月15日：

借：投资性房地产——成本　　470 000 000

贷：开发产品　　450 000 000

其他综合收益　　20 000 000

20×3年12月31日：

借：投资性房地产——公允价值变动　　10 000 000

贷：公允价值变动损益　　10 000 000

②固定资产、无形资产转换为投资性房地产。企业将固定资产、无形资产等自用房地产转换为采用公允价值模式计量的投资性房地产，应当按该项土地使用权或建筑物在转换日的公允价值，借记“投资性房地产——成本”科目，按已计提的累计摊销或累计折旧，借记“累计摊销”或“累计折旧”科目；原已计提减值准备的，借记“无形资产减值准备”“固定资产减值准备”科目；按其账面余额，贷记“固定资产”或“无形资产”科目。同时，转换日的公允价值小于账面价值的，按其差额，借记“公允价值变动损益”科目；转换日的公允价值大于账面价值的，按其差额，贷记“其他综合收益”科目。当该项投资性房地产处置时，因转换计入公允价值变动损益或其他综合收益的部分应转入当期损益。

【例5-35】20×3年6月，甲企业打算搬迁至新建办公楼，由于原办公楼处于商业繁华地段，甲企业准备将其出租，以赚取租金收入。20×3年10月，甲企业完成了搬迁工作，原办公楼停止自用并与乙企业签订了租赁协议，将其原办公楼租赁给乙企业使用，租赁开始日为20×3年10月30日，租赁期限为3年。20×3年10月30日，该办公楼原价为50 000万元，已提折旧14 250万元，公允价值为35 000万元。甲企业采用公允价值模式计量。

甲企业的账务处理如下：

借：投资性房地产——成本　　350 000 000
　　公允价值变动损益　　7 500 000
　　累计折旧　　142 500 000
　贷：固定资产　　500 000 000

（三）投资性房地产后续计量模式的变更

为保证会计信息的可比性，企业对投资性房地产的计量模式一经确定，不得随意变更。只有在房地产市场比较成熟、能够满足采用公允价值模式条件的情况下，才允许企业对投资性房地产从成本模式计量变更为公允价值模式计量。

成本模式转为公允价值模式的，应当作为会计政策变更处理，并按计量模式变更时公允价值与账面价值的差额，调整期初留存收益。已采用公允价值模式计量的投资性房地产，不得从公允价值模式转为成本模式。

【例5-36】20×3年，甲企业将一栋写字楼对外出租，采用成本模式进行后续计量。20×5年2月1日，假设甲企业持有的投资性房地产满足采用公允价值模式计量条件，甲企业决定采用公允价值模式对该写字楼进行后续计量。20×5年2月1日，该写字楼的原价为9 000万元，已计提折旧270万元，账面价值为8 730万元，公允价值为9 500万元。甲企业按净利润的10%计提盈余公积。

甲企业的账务处理如下：

借：投资性房地产——成本　　95 000 000（公允价值）
　　投资性房地产累计折旧　　2 700 000
　贷：投资性房地产——成本　　90 000 000（成本）
　　　盈余公积　　770 000（借贷方差额部分的10%）
　　　利润分配——未分配利润　　6 930 000（借贷方差额部分的90%）

本章小结

1. 固定资产是指为生产商品、提供劳务、出租或经营管理而持有的、使用寿命超过一个会计年度的有形资产。固定资产具有以下一些特征：为生产商品、提供劳务、出租或经营管理而持有；使用寿命超过一个会计年度；固定资产是有形资产。

2. 固定资产在同时满足以下两个条件时，才能加以确认：与该固定资产有关的经济利益很可能流入企业；该固定资产的成本能够可靠地计量。

3. “固定资产”账户核算企业所有固定资产的原始价值，反映固定资产原值的增减变动和结存情况。“累计折旧”账户核算企业固定资产的累计折旧额，反映折旧的提取、形成和转销情况。“在建工程”账户核算企业进行基建工程、安装工程、技术改造工程、大修理工程等发生的实际成本，包括需要安装设备的价值。“工程物资”账户核算企业为基建工程、更新改造工程和大修理工程准备的各种物资的实际成本，包括为工程准备的材料、尚未交付安装的需要安装设备的实际成本，以及预付大型设备款和基本建设期间根据项目概算购入为生产准备的工具及器具等的实际成本。

4. 固定资产的初始计量，指确定固定资产的取得成本。固定资产应当按照成本进行初始计量。成本包括企业为购建某项固定资产达到预定可使用状态前所发生的一切合理的、必要的支出。企业外购固定资产的成本，包括买价，相关税费，使固定资产达到预定可使用状态前所发生的可归属于该项资产的运输费、装卸费、安装费和专业人员服务费等。自行建造固定资产的成本，由建造该项资产达到预定可使用状态前所发生的必要支出构成，包括工程物资成本、人工成本、缴纳的相关税费、应予资本化的借款费用以及应分摊的间接费用等。

5. 固定资产折旧是指在固定资产的使用寿命内，按照确定的方法对应计折旧额进行的系统分摊。除下列情况外，企业应对所有的固定资产计提折旧：已提足折旧仍在继续使用的固定资产、按规定单独作为固定资产入账的土地。企业应当根据与固定资产有关的经济利益的预期实现方式，合理选择折旧方法。可选用的折旧方法包括年限平均法、工作量法、双倍余额递减法、年数总和法等。固定资产的折旧方法一经确定，不得随意变更。

6. 固定资产处置包括投资转出固定资产，捐赠转出固定资产，以非现金资产抵债转出固定资产，以非货币性交换转出固定资产，无偿调出固定资产，出售、报废、毁损减少的固定资产等几个方面。

7. 固定资产盘亏通过“待处理财产损溢——待处理固定资产损溢”账户核算；固定资产盘盈通过“以前年度损益调整”账户核算。

8. 投资性房地产，是指为赚取租金或资本增值，或者两者兼有而持有的房地产。投资性房地产主要有以下特征：投资性房地产是一种经营性活动，在用途、状态、目的等方面区别于作为生产经营场所的房地产和用于销售的房地产；投资性房地产有成本计量、公允价值计量两种后续计量模式。

9. 投资性房地产的范围包括：已出租的土地使用权、持有并准备增值后转让的土地使用权、已出租的建筑物。自用房地产、作为存货的房地产不属于投资性房地产。

10. 投资性房地产只有在符合定义的前提下，同时满足下列条件的，才能予以确认：（1）与该投资性房地产有关的经济利益很可能流入企业；（2）该投资性房地产的成本能够可靠地计量。

11. 在采用成本模式计量下，外购的土地使用权和建筑物，按照取得时的实际成本进行初始计量，借记“投资性房地产”科目，贷记“银行存款”等科目。取得时的实际成本包括购买价款、相关税费和可直接归属于该资产的其他支出。自行建造投资性房地产，其成本由建造该项资产达到预定可使用状态前发生的必要支出构成，包括土地开发费、建筑成本、安装成本、应予以资本化的借款费用、支付的其他费用和分摊的间接费用等。

12. 与投资性房地产有关的后续支出，满足投资性房地产确认条件的，应当计入投资性房地产成本。与投资性房地产有关的后续支出，不满足投资性房地产确认条件的，应当在发生时计入当期损益。

13. 投资性房地产的后续计量，通常应当采用成本模式，只有满足特定条件的情况下才可以采用公允价值模式。但是，同一企业只能采用一种模式对所有投资性房地产进行后续计量，不得同时采用两种计量模式。

14. 企业有确凿证据表明其投资性房地产的公允价值能够持续可靠取得的，可以对投资性房地产采用公允价值模式进行后续计量。企业选择公允价值模式，就应当对其所有投资性房地产采用公允价值模式进行后续计量，不得对一部分投资性房地产采用成本模式进行后续计量，对另一部分投资性房地产采用公允价值模式进行后续计量。

15. 为保证会计信息的可比性，企业对投资性房地产的计量模式一经确定，不得随意变更。只有在房地产市场比较成熟、能够满足采用公允价值模式条件的情况下，才允许企业对投资性房地产从成本模式计量变更为公允价值模式计量。

16. 房地产的转换，是因房地产用途发生改变而对房地产进行的重新分类，是针对房地产用途发生改变而言，而不是指后续计量模式的转变。当投资性房地产被处置，或者永久退出使用且预计不能从其处置中取得经济利益时，应当终止确认该项投资性房地产。

思政链接

万福生科在建工程之乱象

万福生科最先被发现造假行为是2012年半年报。2012年9月14日，涉嫌违反相关证券法律法规，万福生科收到湖南证监局“立案稽查通知书”。

2012年10月26日，万福生科发布《关于重要信息披露的补充和2012年中报更正的公告》，承认2012年中报存在虚假记载和重大遗漏，初步自查公司在2012年半年报中虚增营业收入187 590 816.61元、虚增营业成本145 558 495.31元、虚增利润40 231 595.41元。

2013年3月2日，万福生科披露《关于重大披露及股票复牌公告》，公司经过自查发现2008—2011年累计虚增收入7.4亿元左右、虚增营业利润1.8亿元左右、虚增净利润1.6亿元左右，其中2011年虚增营业收入2.8亿元、虚增营业利润6 541.36万元、虚增归属上市公司股东净利润5 912.69万元。

万福生科招股说明书及2011年年报显示，2008—2011年间，该公司净利润分别是2 565.82万元、3 956.39万元、5 555.4万元和6 026.86万元，4年内净利润总数为1.81亿元。然而，其中有1.6亿元净利润是虚构的，实际上4年合计净利润数只有2 000万元左右，近九成为“造假”所得。

2013年10月22日，万福生科收到中国证监会“行政处罚决定书”（〔2013〕47号）。中国证监会对公司涉嫌欺诈发行股票和信息披露违法行为进行了立案调查、审理，并对公司涉嫌欺诈发行股票行为和涉嫌违规披露、不披露重要信息行为移送司法机关处理，且说明相应违法事实中涉及的虚构销售收入、营业利润等财务数据以司法机关认定为准。

2014年12月26日，长沙中院对万福生科及相关被告单位和个人出具了“刑事判决书”（（2014）长中刑二初字第00050号）。经长沙中院审理查明，万福生科欺诈发行股票罪罪名成立：“万福生科大肆虚构了2008年至2011年6月期间的营业收入、营业成本和利润等财务数据，并据此在万福生科的发行、上市申报材料和《首次公开发行股票并在创业板上市招股说明书》中隐瞒重要财务事实和编造重大财务虚假内容，于2011年9月6日骗取了中国证监会的股票发行核准。”万福生科被判处罚金850万元，龚永福被判处有期徒刑三年六个月，并处罚金10万元。

此案中，万福生科采取了虚增收入、虚构客户、虚构假象、虚增资产、虚构银行对账单等多种造假手法。其中，由于万福生科的募集资金建设项目正在建设中，因此公司利用在建工程来达到虚增资产的效果。根据万福生科发布的《关于重要信息披露的补充和2012年中报更正的公告》，在建工程项目更正前为17 998万元，更正后为9 962万元，虚增8 036万元。“重大在建工程项目变动情况”中显示：供热车间改造工程调减3 999万元，污水处理工程调减4 037万元，两项工程共计调减8 036万元。此外，供热车间改造工程的完工进度由90%调整为50%，污水处理工程的完工进度由50%调整为2%。

资料来源 [1] 张楠. 上市公司会计舞弊案例研究——以万福生科为例 [J]. 中国管理信息化，2021（5）：12-13. [2] 陈容，柳秋红. 财务会计教学案例 [M]. 成都：西南财经大学出版社，2019.

思政启示：

对会计人员来说，参与或涉及固定资产、在建工程舞弊行为可能面临以下风险：一是法律风险。参与或涉及舞弊行为将承担刑事处罚、行政处罚和民事赔偿等法律责任。二是职业道德风险。会计人员的职业道德可能受到损害，企业和社会对其的信任度降低，会计职业声誉受损。三是职业生涯风险。参与或涉及舞弊行为将对会计人员的职业生涯产生负面影响，包括失去工作机会、职业前景受限等。四是职业处罚风险。会计人员可能因参与或涉及舞弊行为而受到职业处罚，如撤销执业资格、吊销会计师证书等。因此，会计人员应始终秉持诚信、专业和独立的原则，坚守职业道德，不参与和纵容任何形式的舞弊行为，保障财务报表的真实、准确和可靠。同时，应该加强对舞弊行为的防范意识，妥善履行职责，及时报告和揭露任何可疑的舞弊行为。

第五章　即测即评

业务练习题

1.丙公司为一家上市公司，其2019年到2023年与固定资产有关的业务资料如下：

（1）2019年12月12日，丙公司购进一台不需要安装的设备，取得的增值税专用发票上注明的设备价款为500万元，增值税为65万元，另发生运输费20万元，款项以银行存款支付；没有发生其他相关税费。该设备于当日投入使用，预计使用年限为10年，预计净残值为5万元，采用直线法计提折旧。

（2）2020年12月31日，丙公司对该设备进行检查时发现其已经发生减值，预计可收回金额为500万元；计提减值准备后，该设备原预计使用年限、预计净残值、折旧方法保持不变。

（3）2021年12月31日，丙公司因生产经营方向调整，决定采用出包方式对该设备进行改良，改良工程验收合格后支付工程价款。该设备于当日停止使用，开始进行改良。

（4）2022年3月12日，改良工程完工并验收合格，丙公司以银行存款支付工程总价款30万元。当日，改良后的设备投入使用，预计尚可使用年限为8年，采用直线法计提折旧，预计净残值为11万元。2022年12月31日，该设备未发生减值。

（5）2023年12月31日，该设备因遭受自然灾害发生严重毁损，丙公司决定进行处置，取得残料变价收入45万元、保险公司赔偿款28.5万元，发生清理费用5万元；款项均以银行存款收付，不考虑其他相关税费。

要求：

（1）编制2019年12月12日取得该设备的会计分录。

（2）计算2020年度该设备计提的折旧额。

（3）计算2020年12月31日该设备计提的固定资产减值准备，编制相应会计分录。

（4）计算2021年度该设备计提的折旧额。

（5）编制2021年12月31日该设备转入改良时的会计分录。

（6）编制2022年3月12日支付该设备改良价款、结转改良后设备成本的会计分录。

（7）计算2022年度该设备计提的折旧额。

（8）计算2023年12月31日处置该设备实现的净损益。

（9）编制2023年12月31日处置该设备的会计分录。

2.甲企业将一栋自用写字楼经营租赁给乙公司，租赁期为1年，年租金为300万元，租金于每年年末结清。租赁期开始日为20×3年1月1日。租赁期间，由甲企业提供该写字楼的日常维护。该写字楼的原造价为3 000万元，按直线法计提折旧，使用寿命为30年，预计净残值为零，已计提折旧1 000万元，账面价值为2 000万元。甲企业采用成本模式对投资性房地产进行后续计量。

20×3年12月31日，该办公楼发生减值迹象，经减值测试，其可收回金额为1 700万元；20×3年共发生日常维护费用40万元，均以银行存款支付。

20×4年1月1日，甲企业决定于当日开始对该写字楼进行再开发，开发完成后将继续用于经营租赁。

20×4年4月20日，甲企业与丙公司签订经营租赁合同，约定自20×4年7月1日起将写字楼出租给丙公司。租赁期为2年，年租金为500万元，租金每半年支付一次。

20×4年6月30日，该写字楼再开发完成，共发生支出200万元，均以银行存款支付。现预计该投资性房地产尚可使用年限为25年，预计净残值为零，折旧方法为直线法。

要求：

（1）编制20×3年1月1日甲企业出租写字楼的有关会计分录。

（2）编制20×3年12月31日该投资性房地产的有关会计分录。

（3）编制20×4年甲企业该投资性房地产再开发的有关会计分录。

（4）编制20×4年12月31日该投资性房地产的有关会计分录。

第六章　无形资产

学习目标

1. 掌握无形资产的确认条件；
2. 掌握研究与开发支出的确认条件；
3. 掌握无形资产初始计量的核算；
4. 掌握无形资产使用寿命的确定原则；
5. 掌握无形资产摊销原则；
6. 熟悉无形资产处置和报废。

育人目标

培养终身学习意识、创新驱动发展战略意识、探索创新精神，不断提升创新能力。

第一节　无形资产的确认和初始计量

一、无形资产的定义与特征

无形资产是指企业拥有或者控制的没有实物形态的可辨认非货币性资产。无形资产具有以下特征：

1. 由企业拥有或控制并能为其带来未来经济利益的资源

通常情况下，企业拥有或控制的无形资产应当拥有其所有权且能为企业带来未来经济利益。但在某些情况下，并不需要企业拥有其所有权，如果企业有权获得某项无形资产产生的经济利益，同时又能约束其他人获得这些经济利益，则说明企业控制了该无形资产，或者说控制了该无形资产产生的经济利益，具体表现为企业拥有该无形资产的法定所有权，或者使用权受法律的保护。比如，企业自行研制的技术通过申请，依法取得专利权后，在一定期限内拥有了该专利技术的法定所有权；又比如企业与其他企业签订合约转让商标权，由于合约的签订，使商标使用权转让方的相关权利受到法律的保护。

2. 无形资产不具有实物形态

无形资产通常表现为某种权利、某项技术或是某种获取超额利润的综合能力，不具有实物形态，看不见，摸不着，比如，土地使用权、非专利技术等。无形资产为企业带来经济利益的方式与固定资产不同，固定资产是通过实物价值的磨损和转移来为企业带来未来经济利益，而无形资产很大程度上是通过自身所具有的技术等优势为企业带来未来经济利益，不具有实物形态是无形资产区别于其他资产的特征之一。

3.无形资产具有可辨认性

要作为无形资产进行核算，该资产必须是能够区别于其他资产且可单独辨认的，如企业持有的专利权、非专利技术、商标权、土地使用权、特许权等。

从可辨认性角度考虑，商誉是与企业整体价值联系在一起的，无形资产的定义要求无形资产是可辨认的，以便与商誉清楚地区分开来。企业合并中取得的商誉代表了购买方为从不能单独辨认并独立确认的资产中获得预期未来经济利益而付出的代价。这些未来经济利益可能产生于取得的可辨认资产之间的协同作用，也可能产生于购买者在企业合并中准备支付的，但不符合在财务报表上确认条件的资产。从计量上来讲，商誉是企业合并成本大于合并中取得的各项可辨认资产、负债公允价值份额的差额，代表的是企业未来现金流量大于每一单项资产产生未来现金流量的合计金额，其存在无法与企业自身区分开来，由于不具有可辨认性，故虽然商誉也是没有实物形态的非货币性资产，但不构成无形资产。符合以下条件之一的，则认为其具有可辨认性：

（1）能够从企业中分离或者划分出来，并能单独用于出售或转让等，而不需要同时处置在同一获利活动中的其他资产，则说明无形资产可以辨认。某些情况下无形资产可能需要与有关的合同一起用于出售、转让等，这种情况下也视为可辨认无形资产。

（2）产生于合同性权利或其他法定权利，无论这些权利是否可以从企业或其他权利和义务中转移或者分离。如一方通过与另一方签订特许权合同而获得的特许使用权，通过法律程序申请获得的商标权、专利权等。

如企业有权获得一项无形资产产生的未来经济利益，并能约束其他方获取这些利益，则表明企业控制了该项无形资产。例如会产生经济利益的技术知识，若其受到版权、贸易协议约束（如果允许）等法定权利或雇员保密法定责任的保护，则说明该企业控制了相关利益。

客户关系、人力资源等，由于企业无法控制其带来的未来经济利益，不符合无形资产的定义，不应将其确认为无形资产。

内部产生的品牌、报刊名、刊头、客户名单和实质上类似项目的支出不能与整个业务开发成本区分开来，故这类项目也不应确认为无形资产。

4.无形资产属于非货币性资产

非货币性资产，是指企业持有的货币资金和将以固定或可确定的金额收取的资产以外的其他资产。无形资产由于没有发达的交易市场，一般不容易转化成现金，在持有过程中为企业带来未来经济利益的情况不确定，不属于以固定或可确定的金额收取的资产，属于非货币性资产。

二、无形资产的内容

无形资产通常包括专利权、非专利技术、商标权、著作权、特许权、土地使用权等。

（一）专利权

专利权，是指国家专利主管机关依法授予发明创造专利申请人，对其发明创造在法定期限内所享有的专有权利，包括发明专利权、实用新型专利权和外观设计专利权。

（二）非专利技术

非专利技术，也称专有技术，是指不为外界所知、在生产经营活动中已采用了的、不享有法律保护的、可以带来经济效益的各种技术和诀窍。非专利技术一般包括工业专有技术、商业贸易专有技术、管理专有技术等。非专利技术并不是专利法的保护对象，非专利技术用自我保密的方式来维持其独占性，具有经济性、机密性和动态性等特点。

（三）商标权

商标是用来辨认特定的商品或劳务的标记。商标权指专门在某类指定的商品或产品上使用特定的名称或图案的权利。

（四）著作权

著作权又称版权，指作者对其创作的文学、科学和艺术作品依法享有的某些特殊权利。著作权包括作品署名权、发表权、修改权和保护作品完整权，还包括复制权、发行权、出租权、展览权、表演权、放映权、广播权、信息网络传播权、摄制权、改编权、翻译权、汇编权以及应当由著作权人享有的其他权利。

（五）特许权

特许权，又称经营特许权、专营权，指企业在某一地区经营或销售某种特定商品的权利或是一家企业接受另一家企业使用其商标、商号、技术秘密等的权利。特许权通常有两种形式：一种是由政府机构授权，准许企业使用或在一定地区享有经营某种业务的特权；另一种指企业间依照签订的合同，有限期或无限期使用另一家企业的某些权利。

（六）土地使用权

土地使用权，指国家准许某企业在一定期间内对国有土地享有开发、利用、经营的权利。企业取得土地使用权的方式大致有行政划拨取得、外购取得（例如以缴纳土地出让金方式取得）及投资者投资取得几种。通常情况下，作为投资性房地产或者作为固定资产核算的土地，按照投资性房地产或者固定资产核算；以缴纳土地出让金等方式外购的土地使用权、投资者投入等方式取得的土地使用权作为无形资产核算。

三、无形资产的确认条件

无形资产应当在符合定义的前提下，同时满足以下两个确认条件时，才能予以确认。

1.与该资产有关的经济利益很可能流入企业

作为无形资产确认的项目，必须具备产生的经济利益很可能流入企业的条件。通常情况下，无形资产产生的未来经济利益可能包括在销售商品、提供劳务的收入中，或者企业使用该项无形资产而减少或节约的成本中，或体现在获得的其他利益中。例如，生产加工企业在生产工序中使用了某种知识产权，使其降低了未来生产成本，而不是增加未来收入。实务中，要确定无形资产创造的经济利益是否很可能流入企业，需要依据职业判断。在实施这种判断时，需要对无形资产在预计使用寿命内可能存在的各种经济因素做出合理估计，并且应当有明确的证据支持，比如，企业是否有足够的人力资源、高素质的管理队伍、相关的硬件设备、相关的原材料等来配合无形资产为企业创造经济利益。同时，更要关注外界因素的影响，如是否存在相关的新技术、新产品冲击与无形资产相关的技术或据其生产的产品的市场等。在实施判断时，企业的管理当局应对无形资产的预计使用寿命内存在的各种因素做出最稳健的估计。

2.该无形资产的成本能够可靠地计量

成本能够可靠地计量是资产确认的一项基本条件。对于无形资产来说，这个条件更为重要。比如，企业内部产生的品牌、报刊名等，因其成本无法可靠计量，不能作为无形资产确认。又比如，一些高新科技企业的科技人才，假定其与企业签订了服务合同，且合同规定其在一定期限内不能为其他企业提供服务。在这种情况下，虽然这些科技人才的知识在规定的期限内预期能够为企业创造经济利益，但由于这些技术人才的知识难以辨认，且形成这些知识所发生的支出难以计量，因而也不能作为企业的无形资产加以确认。

四、无形资产的初始计量

无形资产通常是按实际成本计量，即以取得无形资产并使之达到预定用途而发生的全部支出，作为无形资产的成本。对于不同来源取得的无形资产，其初始成本构成不尽相同。

（一）外购无形资产的成本

外购的无形资产，其成本包括购买价款、相关税费以及直接归属于使该项资产达到预定用途所发生的其他支出。其中，直接归属于使该项资产达到预定用途所发生的其他支出包括使无形资产达到预定用途所发生的专业服务费用、测试无形资产是否能够正常发挥作用的费用等。下列各项不包括在无形资产的初始成本中：

（1）为引入新产品进行宣传发生的广告费、管理费用及其他间接费用；

（2）无形资产已经达到预定用途以后发生的费用。例如，在形成预定经济规模之前发生的初始运作损失，以及在无形资产达到预定用途之前发生的其他经营活动的支出，如果该经营活动并不是无形资产达到预定用途必不可少的，则有关经营活动的损益应于发生时计入当期损益，而不构成无形资产的成本。

外购的无形资产，应按其取得成本进行初始计量。如果购入的无形资产超过正常信用条件延期支付价款，实质上具有融资性质的，应按所取得无形资产购买价款的现值计量其成本，现值与应付价款之间的差额作为未确认的融资费用，在付款期间内按照实际利率法确认为利息费用。

【例6-1】中国海洋××股份有限公司因生产经营需要，准备从B企业购进一项非专利技术，如果使用了该项非专利技术，中国海洋××股份有限公司预计其生产能力将提高30%，销售利润率将增长20%。为此，中国海洋××股份有限公司从B企业购入该项非专利技术。按照协议约定价款为100万元，另支付有关专业服务费用7万元，款项已全部通过银行转账支付；假定不考虑其他相关税费。

无形资产初始计量的成本=100+7=107（万元）

中国海洋××股份有限公司的账务处理如下：

借：无形资产——非专利技术　　1 070 000

　贷：银行存款　　1 070 000

【例6-2】20×3年1月8日，中国海洋××股份有限公司从乙公司购入一项商标权，协议采取分期付款方式支付，合同规定，该商标总计1 000万元，每年年末付款200万元，5年付清，假定银行同期存款利率为5%（年金现值系数为4.3295）。

无形资产初始计量的成本=200×4.3295=865.9（万元）

中国海洋××股份有限公司的账务处理如下：

（1）取得时：

借：无形资产——非专利技术　　8 659 000

　　未确认融资费用　　1 341 000

　贷：长期应付款　　10 000 000

（2）20×3年年末确认利息费用时（计算时保留两位小数）：

20×3年年末确认利息费用=865.9×5%=43.30（万元）

借：财务费用　　433 000

　贷：未确认融资费用　　433 000

20×4年年末确认利息费用=（865.9+43.30−200）×5%=35.46（万元）

借：财务费用　　354 600

　贷：未确认融资费用　　354 600

后续每年依此类推。

（3）20×3年年末付款时（后续4年每年年末做同样分录）：

借：长期应付款　　2 000 000

　贷：银行存款　　2 000 000

（二）投资者投入的无形资产成本

投资者投入无形资产的成本，应当按照投资合同或协议约定的价值确定无形资产的取得成本。如果投资合同或协议约定价值不公允的，应按无形资产的公允价值作为无形资产初始成本入账。

【例6-3】中国海洋××股份有限公司接受A公司以其所拥有的专利权作为出资，双方协议约定的价值为1 000万元，按照市场情况估计其公允价值为800万元，已办妥相关手续。该公司接受A公司投资后的注册资本为10 000万元，A公司投资持股比例为10%。

中国海洋××股份有限公司的账务处理如下：

借：无形资产　　8 000 000

　　资本公积　　2 000 000

　贷：股本　　10 000 000

（三）土地使用权的处理

企业取得的土地使用权，通常应当按照取得时所支付的价款及相关税费确认为无形资产。土地使用权用于自行开发建造厂房等地上建筑物时，土地使用权的账面价值不与地上建筑物合并计算其成本，而仍作为无形资产进行核算，土地使用权与地上建筑物分别进行摊销和提取折旧。但下列情况除外：

（1）房地产开发企业取得的土地使用权用于建造对外出售的房屋建筑物，相关的土地使用权应当计入所建造的房屋建筑物成本。

（2）企业外购的房屋建筑物，实际支付的价款中包括土地以及建筑物的价值，则应当对支付的价款按照合理的方法（例如，公允价值比例）在土地和地上建筑物之间进行分配；如果确实无法在地上建筑物与土地使用权之间进行合理分配的，应当全部作为固定资产，按照固定资产确认和计量的规定进行处理。

企业改变土地使用权的用途，停止自用土地使用权用于赚取租金或资本增值时，应将其账面价值转为投资性房地产。

【例6-4】20×3年1月1日，中国海洋××股份有限公司购入一块土地使用权，以银行存款转账支付价款7 000万元，并在该土地上自行建造生产车间等工程，发生材料支出9 500万元，工资费用3 500万元，以银行存款支付其他相关费用2 000万元。该工程已经完工并达到预定可使用状态。假定土地使用权的使用年限为70年，该厂房的使用年限为30年，两者都没有净残值，都采用直线法进行摊销和计提折旧。为简化核算，不考虑其他相关税费。

中国海洋××股份有限公司的账务处理如下：

（1）支付转让价款：

借：无形资产——土地使用权　　70 000 000

　贷：银行存款　　70 000 000

（2）在土地上自行建造厂房：

借：在建工程　　150 000 000

　贷：工程物资　　95 000 000

　　应付职工薪酬　　35 000 000

　　银行存款　　20 000 000

（3）厂房达到预定可使用状态：

借：固定资产　　150 000 000

　贷：在建工程　　150 000 000

（4）每年分期摊销土地使用权和对厂房计提折旧：

借：管理费用　　1 000 000

　制造费用　　5 000 000

　贷：累计摊销　　1 000 000

　　累计折旧　　5 000 000

非货币性资产交换、债务重组和政府补助取得的无形资产的成本，应当分别按照《企业会计准则第7号——非货币性资产交换》《企业会计准则第12号——债务重组》《企业会计准则第16号——政府补助》等的规定确定。

第二节　内部研究开发费用的确认和计量

一、研究与开发阶段的区分

对于企业自行研究开发的项目，应区分研究阶段与开发阶段两个部分分别进行核算。

（一）研究阶段

研究阶段，是指为获取新的技术和知识等进行的有计划的调查，包括：意在获取知识而进行的活动；研究成果或其他知识的应用研究、评价和最终选择；材料、设备、产品、工序、系统或服务替代品的研究；新的或经改进的材料、设备、产品、工序、系统或服务的可能替代品的配制、设计、评价和最终选择等。

研究阶段是探索性的，为进一步开发活动进行资料及相关方面的准备，已进行的研究活动将来是否会转入开发、开发后是否会形成无形资产等均具有较大的不确定性。因此，研究阶段的有关支出在发生时，应当予以费用化计入当期损益。

（二）开发阶段

开发阶段是指在进行商业性生产或使用前，将研究成果或其他知识应用于某项计划或设计，以生产出新的或具有实质性改进的材料、装置、产品等，包括：生产前或使用前的原型和模型的设计、建造和测试；含新技术的工具、夹具、模具和冲模的设计；不具有商业性生产经济规模的试生产设施的设计、建造和运营；新的或经改造的材料、设备、产品、工序、系统或服务所选定的替代品的设计、建造和测试等。

相对于研究阶段而言，开发阶段在很大程度上具备了形成一项新产品或新技术的基本条件。此时，如果企业能够证明满足无形资产的定义及相关确认条件，所发生的开发支出可资本化，确认为无形资产的成本。

二、开发阶段有关支出资本化的条件

在开发阶段，判断可以将有关支出资本化计入无形资产成本的条件包括：

（1）完成该无形资产以使其能够使用或出售在技术上具有可行性。企业在判断是否满足该条件时，应以目前阶段的成果为基础，并提供相关证据，证明在此基础上进一步进行开发所需的技术条件等已经具备，基本上不存在技术上的障碍或其他不确定性。

（2）具有完成该无形资产并使用或出售的意图。研发项目形成成果以后，是对外出售，还是自己使用并从使用中获得经济利益，应当以管理当局意图而定。因此，企业的管理当局应能够说明其持有拟开发无形资产的目的，并具有完成该项无形资产开发并使其能够使用或出售的可能性。

（3）能够证明无形资产产生经济利益的方式，包括能够证明运用该无形资产生产的产品存在市场或无形资产自身存在市场，无形资产将在内部使用的，应当证明其有用性。如果有关的无形资产在形成以后，主要是用于形成新产品或新工艺的，企业应对运用该无形资产生产的产品市场情况进行估计，应能够证明所生产的产品存在市场，并能够带来经济利益的流入；如果有关的无形资产开发以后主要是用于对外出售的，则企业应能够证明市场上存在对该类无形资产的需求，开发以后存在外在的市场可以出售并带来经济利益的流入；如果无形资产开发以后，不是用于生产产品，也不是用于对外出售，而是在企业内部使用的，则企业应能够证明在企业内部使用时对企业的有用性。

（4）有足够的技术、财务资源和其他资源支持，以完成该无形资产的开发，并有能力使用或出售该无形资产。这一条件主要包括：①为完成该项无形资产开发具有技术上的可靠性。开发的无形资产并使其形成成果在技术上的可靠性是继续开发活动的关键。因此，必须有确凿证据证明企业继续开发该项无形资产有足够的技术支持和技术能力。②财务资源和其他资源支持。财务和其他资源支持是能够完成该项无形资产开发的经济基础，因此，企业必须能够证明为完成该项无形资产的开发所需的财务和其他资源，是否能够足以支持完成该项无形资产的开发。③能够证明企业在开发过程中所需的技术、财务和其他资源，以及企业获得这些资源的相关计划等。如在企业自有资金不足以提供支持的情况下，是否存在外部其他方面的资金支持，如银行等金融机构愿意为该无形资产的开发提供所需资金等。

(5) 归属于该无形资产开发阶段的支出能够可靠地计量。企业对于开发活动发生的支出应单独核算，如发生的开发人员的工资、材料费等，在企业同时从事多项开发活动的情况下，所发生的支出同时用于支持多项开发活动的，应按照合理的标准在各项开发活动之间进行分配，无法合理分配的，应予费用化计入当期损益，不计入开发活动的成本。

三、内部开发无形资产的计量

内部研发活动形成的无形资产成本，由可直接归属于该资产的创造、生产并使该资产能够以管理层预定的方式运作的所有必要支出组成。可直接归属成本包括：开发该无形资产时耗费的材料、劳务成本、注册费、在开发该无形资产过程中使用的其他专利权和特许权的摊销、按照借款费用的处理原则可资本化的利息支出等。在开发无形资产过程中发生的除上述可直接归属于无形资产开发活动的其他销售费用、管理费用等间接费用、无形资产达到预定用途前发生的可辨认的无效和初始运作损失、为运行该无形资产发生的培训支出等不构成无形资产的开发成本。

值得说明的是，内部开发无形资产的成本仅包括在满足资本化条件的时点至无形资产达到预定用途前发生的支出总和，对于同一项无形资产在开发过程中达到资本化条件之前已经费用化计入当期损益的支出不再进行调整。

如果确实无法区分研究阶段的支出和开发阶段的支出，应将其所发生的研发支出全部费用化，计入当期损益。

四、内部研究开发费用的会计处理

企业进行研究与开发无形资产过程中发生的各项支出通过“研发支出”科目核算，该科目可按研究开发项目，分别“费用化支出”“资本化支出”进行明细核算。企业发生的各项研发支出先归集在“研发支出”科目中，期末，对于不符合资本化条件的研发支出，转入当期管理费用；符合资本化条件但尚未完成的开发费用，继续保留在“研发支出”科目中，待开发项目完成达到预定用途形成无形资产时，再将其发生的实际成本转入无形资产。

企业以其他方式取得的正在进行中的研究开发项目，应按确定的金额，借记“研发支出——资本化支出”科目，贷记“银行存款”等科目。以后发生的成本，比照上述原则进行处理。

【例6-5】20×3年1月1日，中国××海洋生物医药公司经董事会批准研发某项新生物医药产品，该公司董事会认为，研发该新生物医药产品具有可靠的技术和财务等资源的支持，并且一旦研发成功将降低该公司原产品的生产成本。该公司在研究开发过程中发生材料费8 000万元、人员工资1 800万元，并用银行存款支付其他费用2 200万元，总计12 000万元，其中，符合资本化条件的支出为9 000万元。20×3年12月31日，该新药的专利技术已经达到预定用途。

中国××海洋生物医药公司的账务处理如下：

(1) 发生研发支出：

借：研发支出——费用化支出　　　　30 000 000

借：研发支出——资本化支出　　90 000 000
　贷：原材料　　80 000 000
　　　应付职工薪酬　　18 000 000
　　　银行存款　　22 000 000

（2）20×3年12月31日，该专利技术已经达到预定用途：

借：管理费用　　30 000 000
　　无形资产　　90 000 000
　贷：研发支出——费用化支出　　30 000 000
　　　　　　　——资本化支出　　90 000 000

第三节　无形资产的后续计量

一、无形资产后续计量的原则

（一）估计无形资产的使用寿命

企业应当于取得无形资产时分析判断其使用寿命。无形资产的使用寿命如为有限的，应当估计该使用寿命的年限或者构成使用寿命的产量等类似计量单位数量；无法预见无形资产为企业带来未来经济利益期限的，应当视为使用寿命不确定的无形资产。

估计无形资产使用寿命应考虑的主要因素包括：

（1）运用该资产生产的产品通常的寿命周期，以及可获得的类似资产使用寿命的信息；

（2）技术、工艺等方面的现实情况及对未来发展的估计；

（3）以该资产在该行业运用的稳定性和生产的产品或服务的市场需求情况；

（4）现在或潜在的竞争者预期采取的行动；

（5）为维持该资产产生未来经济利益的能力所需要的维护支出，以及企业预计支付有关支出的能力；

（6）对该资产的控制期限的相关法律规定或类似限制，如特许使用期间、租赁期间等；

（7）与企业持有的其他资产使用寿命的关联性等。

例如，企业以支付土地出让金方式取得一块土地50年的使用权，如果企业准备持续持有，在50年期间内没有计划出售，则该项土地使用权预期为企业带来未来经济利益的期间为50年。

（二）无形资产使用寿命的确定

某些无形资产的取得源自合同性权利或其他法定权利，其使用寿命不应超过合同性权利或其他法定权利的期限。但如果企业使用资产预期期限短于合同性权利或其他法定权利规定期限的，则应当按照企业预期使用期限确定其使用寿命。例如，企业取得一项专利权，法律保护期限为10年，企业预计运用该专利生产的产品在未来8年内会为企业带来经济利益。那么，该项专利权的预计使用寿命为8年。

如果合同性权利或其他法定权利能够在到期时因续约等延续，则仅当有证据表明企业续约不需要付出重大成本时，续约期才能够包括在使用寿命的估计中。下列情况下，一般说明企业无须付出重大成本即可延续合同性权利或其他法定权利：有证据表明合同性权利或其他法定权利将被重新延续，如果在延续之前需要第三方同意，则还需有第三方将会同意的证据；有证据表明为获得重新延续所必需的所有条件将被满足，以及企业为延续持有无形资产付出的成本相对于预期从重新延续中流入企业的未来经济利益相比不具有重要性。如果企业为延续无形资产持有期间而付出的成本与预期从重新延续中流入企业的未来经济利益相比具有重要性，则从本质上来看是企业获得的一项新的无形资产。

没有明确的合同或法律规定无形资产的使用寿命的，企业应当综合各方面情况，例如企业经过努力，聘请相关专家进行论证、与同行业的情况进行比较以及参考企业的历史经验等，来确定无形资产为企业带来未来经济利益的期限。如果经过这些努力，仍确实无法合理确定无形资产为企业带来经济利益的期限的，才能将该无形资产作为使用寿命不确定的无形资产。例如，企业取得了一项在过去几年市场份额领先的畅销产品的商标。该商标按照法律规定还有5年的使用寿命，但是在保护期届满时，企业可每10年即以较低的手续费申请延期，同时有证据表明企业有能力申请延期。此外，有关的调查表明，根据产品生命周期、市场竞争等方面情况综合判断，该商标将在不确定的期间内为企业产生现金流量。综合各方面情况，该商标可视为使用寿命不确定的无形资产。

（三）无形资产使用寿命的复核

企业至少应当于每年年度终了，对无形资产的使用寿命及摊销方法进行复核，如果有证据表明无形资产的使用寿命及摊销方法不同于以前的估计，则对于使用寿命有限的无形资产，应改变其摊销年限及摊销方法并按照会计估计变更进行处理。例如，企业使用的某项非专利技术，原预计使用寿命为20年，使用至第8年年末，该企业计划再使用5年即不再使用，为此，企业应当在第8年年末，变更该项无形资产的使用寿命，并作为会计估计变更进行处理。又如，某项无形资产计提了减值准备，这可能表明企业原估计的摊销期限需要做出变更。

对于使用寿命不确定的无形资产，如果有证据表明其使用寿命是有限的，则应视为会计估计变更，应当估计其使用寿命并按照使用寿命有限的无形资产的处理原则进行处理。

二、使用寿命有限的无形资产

使用寿命有限的无形资产，应在其预计的使用寿命内采用系统合理的方法对其应摊销金额进行摊销。应摊销金额，是指无形资产的成本扣除残值后的金额。已计提减值准备的无形资产，还应扣除已计提的无形资产减值准备累计金额。

（一）摊销期和摊销方法

无形资产的摊销期自其可供使用（即其达到预定用途）时起至终止确认时止。当月增加的无形资产，当月开始摊销；当月减少的无形资产，当月不再摊销。

在无形资产的使用寿命内系统地分摊其应摊销金额，存在多种方法，如直线法、产量法等。企业选择的无形资产摊销方法，应当能够反映与该项无形资产有关的经济利益的预期实现方式，并一致地运用于不同会计期间。无法可靠确定其预期实现方式的，应当采用直线法进行摊销。

无形资产的摊销一般应计入当期损益，但如果某项无形资产是专门用于生产某种产品或者其他资产，其所包含的经济利益是通过转入到所生产的产品或其他资产中实现的，则无形资产的摊销费用应当计入相关资产的成本。例如，某项专门用于生产过程中的专利技术，其摊销费用应构成所生产产品成本的一部分，计入制造该产品的制造费用。

（二）残值的确定

除下列情况除外，无形资产的残值一般为零：

（1）有第三方承诺在无形资产使用寿命结束时购买该项无形资产；

（2）可以根据活跃市场得到无形资产预计残值信息，并且该市场在该项无形资产使用寿命结束时可能存在。

无形资产的残值，意味着在其经济寿命结束之前企业预计将会处置该无形资产，并且从该处置中取得利益。估计无形资产的残值应以资产处置时的可收回金额为基础，此时的可收回金额是指在预计出售日，出售一项使用寿命已满且处于类似使用状况下，同类无形资产预计的处置价格（扣除相关税费）。残值确定以后，在持有无形资产的期间，至少应于每年年末进行复核，预计其残值与原估计金额不同的，应按照会计估计变更进行处理。如果无形资产的残值重新估计以后高于其账面价值的，则无形资产不再摊销，直至残值降至低于账面价值时再恢复摊销。

例如，中国海洋××股份有限公司从外单位购入一项专利权，其成本为60万元，根据目前企业管理当局的意图，预计10年后转让给B企业。根据目前活跃市场上得到的信息，该专利权预计残值为5万元。公司采用产量法对该项无形资产进行摊销。到第7年期末，市场发生变化，经重新估计，该专利权预计残值为8万元，如果此时公司已摊销53万元，该专利权账面价值为7万元，低于重新估计的该专利权的残值，则不再对该专利权进行摊销，直至残值降至低于其账面价值时再恢复摊销。

（三）使用寿命有限的无形资产摊销的账务处理

使用寿命有限的无形资产应当在其使用寿命内，采用合理的摊销方法进行摊销。摊销时，应当考虑该项无形资产所服务的对象，并以此为基础将其摊销价值计入相关资产的成本或者当期损益。

【例6-6】20×3年1月1日，中国海洋××股份有限公司从外单位购得一项实用新型专利技术，价款150万元，款项已支付，估计该项实用新型专利技术的使用寿命为15年，该项实用新型专利技术用于产品生产；同时，购入一项商标权，价款500万元，款项已支付，估计该商标权的使用寿命为20年。假定这两项无形资产的净残值均为零，并按直线法摊销。

中国海洋××股份有限公司的账务处理如下：

（1）取得无形资产时：

借：无形资产——专利技术	1 500 000	
——商标权	5 000 000	
贷：银行存款		6 500 000

（2）按年摊销时：

借：制造费用——专利技术	100 000	
管理费用——商标权	250 000	
贷：累计摊销		350 000

三、使用寿命不确定的无形资产

根据可获得的相关信息判断，如果无法合理估计某项无形资产的使用寿命的，应作为使用寿命不确定的无形资产进行核算。对于使用寿命不确定的无形资产，在持有期间内不需要摊销，但应当在每个会计期间进行减值测试。其减值测试的方法按照资产减值的原则进行处理，如经减值测试表明已发生减值，则需要计提相应的减值准备，相关的账务处理为：借记“资产减值损失”科目，贷记“无形资产减值准备”科目。

【例 6-7】20×3年1月1日，中国海洋××股份有限公司购入一项市场领先的畅销产品的商标，成本为500万元，该商标按照法律规定还有8年的使用寿命，但是在保护期届满时，公司可每10年以较低的手续费申请延期，同时公司有充分的证据表明其有能力申请延期。此外，有关调查表明，根据产品生命周期、市场竞争等方面情况综合判断，该商标将在不确定的期间内为企业带来现金流量。根据上述情况，该商标可视为使用寿命不确定的无形资产，在持有期间内不需要进行摊销。

20×4年年底，公司对该商标按照资产减值的原则进行减值测试，经测试表明该商标已发生减值。20×4年年底，该商标的公允价值为300万元。

中国海洋××股份有限公司的账务处理如下：

（1）20×3年购入商标时：

借：无形资产——商标权	5 000 000	
贷：银行存款		5 000 000

（2）20×4年发生减值时：

借：资产减值损失	2 000 000	
贷：无形资产减值准备——商标权		2 000 000

第四节　无形资产的处置

无形资产的处置，主要是指无形资产出售、对外出租、对外捐赠，或者是无法为企业带来未来经济利益时，应予终止确认并转销。

一、无形资产的出售

企业出售某项无形资产，表明企业放弃无形资产的所有权，应将所取得的价款与该无形资产账面价值的差额作为资产处置利得或损失（营业外收入或营业外支出），与固定资产处置性质相同，计入当期损益。但是，值得注意的是，企业出售无形资产确认其利得的时点，应按照收入确认中的有关原则进行确定。

出售无形资产时，应按实际收到的金额，借记“银行存款”等科目，按已计提的累计摊销，借记“累计摊销”科目，原已计提减值准备的，借记“无形资产减值准备”科目，按应支付的相关税费，贷记“应交税费——应交增值税（销项税额）”等科目，按其账面余额，贷记“无形资产”科目，按其差额，借记或贷记“资产处置损益”科目。

【例 6-8】中国海洋××股份有限公司拥有的某项商标权的成本为3 000万元，已摊销金额为1 000万元，已计提的减值准备为500万元。该公司于当期出售该商标权的所有权，取得价款1 400万元，应缴纳的增值税等相关税费为84万元。

中国海洋××股份有限公司的账务处理为：

借：银行存款　　14 000 000
　　累计摊销　　10 000 000
　　无形资产减值准备　　5 000 000
　　资产处置损益　　1 840 000
　贷：无形资产　　30 000 000
　　　应交税费——应交增值税（销项税额）　　840 000

二、无形资产的出租

企业将所拥有的无形资产的使用权让渡给他人，并收取租金，属于与企业日常活动相关的其他经营活动取得的收入，在满足收入确认条件的情况下，应确认相关的收入及成本。让渡无形资产使用权而取得的租金收入，借记“银行存款”等科目，贷记“其他业务收入”等科目；摊销出租无形资产的成本并发生与转让有关的各种费用支出时，借记“其他业务成本”科目，贷记“累计摊销”等科目。

【例6-9】20×3年1月1日，中国海洋××股份有限公司将一项商标权的使用权转让给B企业，该商标权账面余额为3 000万元，摊销期限为30年，合同规定，B企业每销售一件使用该商标权的产品，必须付给中国海洋××股份有限公司6元商标权使用费。假定B企业当年销售该产品30万件，不考虑相关税费。

中国海洋××股份有限公司的账务处理如下：

（1）收取该商标权使用费时：

借：银行存款　　1 800 000
　贷：其他业务收入　　1 800 000

（2）按年对该商标权进行摊销：

借：其他业务成本　　1 000 000
　贷：累计摊销　　1 000 000

三、无形资产的报废

如果无形资产预期不能为企业带来未来经济利益，例如，该无形资产已被其他新技术所替代或超过法律保护期，不能再为企业带来经济利益的，则不再符合无形资产的定义，应将其报废并予以转销，其账面价值转作当期损益。转销时，应按已计提的累计摊销，借记“累计摊销”科目；按其账面余额，贷记“无形资产”科目；按其差额，借记“营业外支出”科目。已计提减值准备的，还应同时结转减值准备。

【例6-10】中国海洋××股份有限公司拥有某项非专利技术，根据市场调查，用其生产的产品已没有市场，决定予以转销。转销时，该项非专利技术的账面余额为2 000万元，摊销期限为20年，采用直线法进行摊销，已累计摊销了1 500万元，假定该项非专利技术的残值为零，已累计计提的减值准备为300万元，假定不考虑其他相关因素。

中国海洋××股份有限公司的账务处理如下：

借：累计摊销　　15 000 000
　　无形资产减值准备　　3 000 000
　　营业外支出——处置非流动资产损失　　2 000 000
　贷：无形资产——专利权　　20 000 000

本章小结

1.无形资产是指企业拥有或者控制的没有实物形态的可辨认非货币性资产。无形资产具有以下特征：是由企业拥有或者控制并能为其带来未来经济利益的资源；不具有实物形态，看不见，摸不着，且能够区别于其他资产，可单独辨认。

2.无形资产通常包括专利权、非专利技术、商标权、著作权、特许权、土地使用权等。

3.无形资产应当在符合定义的前提下，同时满足以下两个确认条件时，才能予以确认：产生的经济利益很可能流入企业；成本能够可靠地计量。

4.无形资产通常按实际成本计量，即以取得无形资产并使之达到预定用途而发生的全部支出，作为无形资产的成本。对于不同来源取得的无形资产，其初始成本构成不尽相同。外购的无形资产，其成本包括购买价款、相关税费以及直接归属于使该项资产达到预定用途所发生的其他支出。投资者投入无形资产的成本，应当按照投资合同或协议约定的价值确定无形资产的取得成本。如果投资合同或协议约定价值不公允的，应按无形资产的公允价值作为无形资产初始成本入账。企业取得的土地使用权，通常应当按照取得时所支付的价款及相关税费确认为无形资产。土地使用权用于自行开发建造厂房等地上建筑物时，土地使用权的账面价值不与地上建筑物合并计算其成本，而仍作为无形资产进行核算，土地使用权与地上建筑物分别进行摊销和提取折旧。非货币性资产交换、债务重组和政府补助取得无形资产的成本，应分别按照《企业会计准则第7号——非货币性资产交换》《企业会计准则第12号——债务重组》《企业会计准则第16号——政府补助》等的规定确定。

5.对于企业自行研究开发的项目，应当区分研究阶段与开发阶段两个部分分别进行核算。研究阶段的有关支出在发生时，应当予以费用化，直接计入当期损益。开发阶段在很大程度上具备了形成一项新产品或新技术的基本条件，如企业能够证明满足无形资产的定义及相关确认条件，所发生的开发支出可资本化，可确认为无形资产的成本。

6.在开发阶段，判断可以将有关支出资本化计入无形资产成本的条件包括：完成该无形资产以使其能够使用或出售在技术上具有可行性；具有完成该无形资产并使用或出售的意图；能够证明无形资产产生经济利益的方式，包括能够证明运用该无形资产生产的产品存在市场或无形资产自身存在市场，无形资产将在内部使用的，应当证明其有用性；有足够的技术、财务资源和其他资源支持，以完成该无形资产的开发，并有能力使用或出售该无形资产；归属于该无形资产开发阶段的支出能够可靠地计量。

7.企业进行研究与开发无形资产过程中发生的各项支出通过“研发支出”科目核算，该科目可按研究开发项目，分别“费用化支出”“资本化支出”进行明细核算。

8.企业应当于取得无形资产时分析判断其使用寿命。无形资产的使用寿命如为有限的，应当估计该使用寿命的年限或者构成使用寿命的产量等类似计量单位数量；无法预见无形资产为企业带来未来经济利益期限的，应当视为使用寿命不确定的无形资产。使用寿命有限的无形资产，应在其预计的使用寿命内采用系统合理的方法对应摊销金额进行摊销。应摊销金额，是指无形资产的成本扣除残值后的金额。已计提减值准备的无形资产，还应扣除已计提的无形资产减值准备累计金额。摊销时，应当考虑该项无形资产所服务的对象，并以此为基础将其摊销价值计入相关资产的成本或者当期损益。

9. 无形资产的处置，主要是指无形资产出售、对外出租、对外捐赠，或者是无法为企业带来未来经济利益时，应予终止确认并转销。

思政链接

海正药业研发案例

素有医药界“研发王”之称的海正药业近年来不断加大研发投入，2013—2017年间每年的研发投入分别是4.79亿元、5.58亿元、8.27亿元、7.75亿元和8.44亿元，五年总共投入研发资金近35亿元。对于这些研发支出，海正药业根据以下会计政策做了会计处理。

根据相关规定，海正药业把内部研究开发项目的支出划分为研究阶段支出和开发阶段支出，具体标准如下：

研究阶段：公司项目可行性调查、立项及前期研究开发作为研究阶段。研究阶段起点为项目组将项目立项资料提交公司内部研究院并审核通过，终点为经过前期研究开发项目可以进入临床试验或者进入申报期（已有国家药品标准的原料药和制剂）。内部研究开发项目研究阶段的支出，在发生时计入当期损益。

开发阶段：公司临床试验和样品生产申报的阶段作为开发阶段。开发阶段的起点为项目可以进入临床试验或者进入申报期（已有国家药品标准的原料药和制剂），终点为项目取得新药证书或生产批件。公司进入开发阶段的项目支出，先在“研发支出”科目分项目进行明细核算，满足资本化条件的，在项目取得新药证书或生产批件形成无形资产时转入“无形资产”科目分项目进行明细核算。

公司每个会计年度均要求内部研究整理各项目研发情况，对于内部研究开发项目研究阶段的支出，于发生时计入当期损益。内部研究开发项目开发阶段的支出在符合条件的情况下，归集于“研发支出——资本化支出”科目，符合条件是：①完成该无形资产以使其能够使用或出售在技术上具有可行性；②具有完成该无形资产并使用或出售的意图；③无形资产产生经济利益的方式，包括能够证明运用该无形资产生产的产品存在市场或无形资产自身存在市场，无形资产将在内部使用的，能证明其有用性；④有足够的技术、财务资源和其他资源支持，以完成该无形资产的开发，并有能力使用或出售该无形资产；⑤归属于该无形资产开发阶段的支出能够可靠地计量。

资料来源　[1] 海正药业官网。[2] 海正药业2013—2017年年度报告。

思政启示：

为适应会计数字化、智能化发展，会计人员应树立终身学习的意识，不断提升自己的专业技能和创新能力。为此，一是要不断学习和研究相关法规和准则。会计人员要不断学习和研究相关的法规、准则和标准，包括财务会计、成本会计、管理会计等方面的法规和准则，确保自己对会计规范和规定的理解和应用准确。二是要积极参加专业培训。了解最新的会计理论和实践，不断学习和更新自己的专业知识和技能。三是要参与行业专业组织。与同行业的会计人员进行互动和经验分享，提高自己的专业素养和交流能力。四是要多角度思考和学习。不仅要关注会计领域的知识，还要学习财务管理、税务规划、数字技术等其他相关领域知识，不断提升自己的专业技能和创新能力，不断拓宽自己的视野，以适应会计行业的发展和变化。

第六章 即测即评

业务练习题

1. 中国海洋××股份有限公司正在研究和开发一项新工艺，20×3年1至10月发生的各项研究、调查、试验等费用共计100万元，20×3年10—12月间，发生材料、人工等各项支出60万元，在20×3年9月末，该公司已经可以证实该项新工艺必然开发成功，并满足无形资产确认标准。20×4年1—6月又发生材料费用、直接参与开发人员的工资、场地设备等租金和注册费等支出240万元。20×4年6月末该项新工艺完成，达到了预定可使用状态。

要求：做出相关的会计处理。

2. 中国海洋××股份有限公司20×0年1月1日以银行存款300万元购入一项专利权。该项无形资产的预计使用年限为10年，20×3年年末预计该项无形资产的可收回金额为100万元，尚可使用年限为5年。另外，该公司20×0年1月内部研发成功并可供使用的非专利技术的账面价值为150万元，无法预见这一非专利技术为企业带来未来经济利益期限，20×3年年末预计其可收回金额为130万元，预计该非专利技术可以继续使用4年，该企业按直线法摊销无形资产。

要求：计算20×3年计提无形资产减值准备和20×3年的摊销金额，并编制会计分录。

3. 中国海洋××股份有限公司20×0年至20×3年无形资产有关业务的资料如下：

（1）20×0年12月1日，以银行存款300万元购入一项无形资产（不考虑相关税费）。该无形资产的预计使用年限为10年，采用直线法摊销该无形资产。

（2）20×2年12月31日，对该无形资产进行减值测试时，该无形资产的预计未来现金流量现值是190万元，公允价值减去处置费用后的金额为180万元。减值测试后该资产的使用年限不变。

（3）20×3年4月1日，将该无形资产对外出售，取得价款260万元并收存银行（不考虑相关税费）。

要求：

（1）编制购入该无形资产的会计分录；

（2）计算20×1年12月31日无形资产的摊销金额；

（3）编制20×1年12月31日摊销无形资产的会计分录；

（4）计算20×2年12月31日该无形资产的账面价值；

（5）计算该无形资产20×3年年底计提的减值准备金额并编制会计分录；

（6）计算该无形资产出售形成的净损益；

（7）编制该无形资产出售的会计分录。

4. 中国海洋××股份有限公司为上市公司，20×3年1月1日从乙公司购买一项商标权，由于公司资金周转困难，经双方协商，采用分期付款方式支付款项。合同规定，该项商标权的总价款为300万元，每年年末付款150万元，两年付清。假定银行同期贷款利率为6%，2年期年金现值系数为1.8334。该公司的未确认融资费用采用实际利率法进行摊销。

要求：

（1）计算无形资产的入账价值；

（2）编制中国海洋××股份有限公司上述业务的相关会计分录。

第七章　长期股权投资

学习目标

1. 掌握同一控制下企业合并形成的长期股权投资初始投资成本的确定方法；
2. 掌握非同一控制下企业合并形成的长期股权投资初始投资成本的确定方法；
3. 掌握以非企业合并方式取得长期股权投资初始成本的确定方法；
4. 掌握长期股权投资成本法核算；
5. 掌握长期股权投资权益法核算；
6. 掌握长期股权投资处置的核算等。

育人目标

了解不同企业股权投资实际账务处理方面的共性和差异，培养理性投资的意识和不断追求卓越的意识。

第一节　长期股权投资概述

一、长期股权投资的概念

长期股权投资指企业能够对被投资企业实施控制、共同控制或施加重大影响的权益性投资。除此以外的其他权益性投资应当按照《企业会计准则第22号——金融工具确认和计量》的规定进行会计核算。

二、长期股权投资的范围

（一）控制

控制，指企业拥有对被投资企业的权力，通过参与被投资企业的相关活动而享有可变回报，并且有能力运用该权力影响其回报金额。所谓相关活动，是指对被投资企业的回报产生重大影响的活动。被投资企业的相关活动应当根据具体情况进行判断，通常包括商品或劳务的销售和购买、金融资产的管理、资产的购买和处置、研究与开发活动以及融资活动等。实务中，对控制关系的判断应当遵循实质重于形式的原则，具体标准如下：

（1）持有被投资企业半数以上表决权。

（2）持有被投资方半数或以下的表决权，但通过与其他表决权持有人之间的协议能够控制半数以上表决权。

(3) 不满足上述 (1) 或 (2)，但综合考虑下列事实和情况后，判断企业持有的表决权足以使其有能力主导被投资企业相关活动的，视为对被投资企业拥有权力：

①持有的表决权份额相对于其他投资方持有的份额大，或其他投资方持有表决权份额较分散。

②持有被投资方的潜在表决权，如可转换公司债券、可执行认股权证等。

③拥有其他合同安排产生的权利。

④被投资企业以往的表决权行使情况等其他相关事实和情况。

某些情况下，企业可能难以判断其享有的权利是否足以使其拥有对被投资企业的权力。在这种情况下，应当考虑其具有实际能单方面主导被投资方企业相关活动的证据，从而判断其是否拥有对被投资企业的控制权。应考虑的因素包括但不限于下列事项：

①能否任命或批准被投资企业的关键管理人员。

②能否出于其自身利益决定或否决被投资企业的重大交易。

③能否掌控被投资企业董事会等类似权力机构成员的任命程序，或者从其他表决权持有人手中获得代理权。

④与被投资企业的关键管理人员或董事会等类似权力机构中的多数成员是否存在关联方关系。

投资企业对被投资企业能够实施控制的，被投资企业为其子公司。

(二) 共同控制

共同控制，是指按照相关约定对被投资企业所共有的控制，并且该被投资企业的相关活动必须经过分享控制权的各投资方一致同意后才能决策。实施共同控制的任何一个投资方都不能够单独控制被投资企业，对被投资企业具有共同控制的任何一个投资方均能够阻止其他投资方单独控制被投资企业。共同控制不同于控制，共同控制是由两个或两个以上的投资方实施，而控制由单一投资方实施。

投资企业与其他方对被投资企业实施共同控制的，被投资企业为其合营企业。

(三) 重大影响

重大影响，是指企业对被投资企业的财务和经营政策有参与决策的权力，但并不能够控制或者与其他方一起共同控制这些政策的制定。企业通常可以通过以下一种或几种情形来判断是否对被投资企业具有重大影响：

(1) 在被投资企业的董事会或类似权力机构中派有代表。

(2) 能够参与被投资企业的财务和经营决策的制定。

(3) 与被投资企业之间发生重要交易。

(4) 向被投资企业派出管理人员。

(5) 向被投资企业提供关键技术资料。

在确定能否对被投资企业施加重大影响时，应当考虑投资企业和其他投资方持有的被投资企业当期可转换公司债券、当期可执行认股权证等潜在表决权因素。

投资企业能够对被投资企业施加重大影响的，被投资企业为其联营企业。

第二节 长期股权投资的初始计量

一、长期股权投资初始计量原则

长期股权投资初始计量应按初始投资成本入账。长期股权投资可以通过企业合并形成，也可以通过企业合并以外的其他方式取得。在不同的取得方式下，初始投资成本的确定方法有所不同。企业应当分别按企业合并和企业合并以外两种情况确定长期股权投资初始投资成本。

二、企业合并形成的长期股权投资

对于形成控股合并的长期股权投资，应采用成本法核算，并应分别按同一控制下的控股合并、非同一控制下的控股合并两种情况，具体确定长期股权投资的初始投资成本。

（一）同一控制下的控股合并形成的长期股权投资

同一控制下的控股合并，是指参与合并的企业在合并前后均受同一方或相同的多方最终控制，且该控制并非暂时性的。例如，ABC公司为中国海洋××股份有限公司和乙公司的母公司，ABC公司将其持有乙公司70%的股权转让给中国海洋××股份有限公司。转让股权后，中国海洋××股份有限公司持有乙公司70%的股权，但中国海洋××股份有限公司和乙公司仍由ABC公司所控制。

同一控制下的控股合并中，合并双方的合并行为不完全是自愿进行和完成的，这种控股合并并不属于交易行为，只是参与合并各方资产和负债的重新组合，而且从能够对参与合并各方在合并前及合并后均实施最终控制的一方来看，最终控制方能够控制的资产在合并前后并没有发生变化，因此，合并方应以被合并方所有者权益的账面价值为基础，对长期股权投资进行初始计量。

合并方以支付现金、转让非现金资产或承担债务方式作为合并对价的，应当在合并日按照取得被合并方所有者权益在最终控制方合并财务报表中的账面价值的份额作为长期股权投资的初始投资成本。长期股权投资初始投资成本与支付的现金、转让的非现金资产以及所承担债务账面价值之间的差额，应当调整资本公积；资本公积（资本溢价或股本溢价）不足冲减的，调整留存收益。

合并方以发行权益性证券作为合并对价的，应当在合并日按照取得被合并方所有者权益账面价值的份额作为长期股权投资的初始投资成本。按照发行股份的面值总额作为股本，长期股权投资初始投资成本与所发行股份面值总额之间的差额，应当调整资本公积；资本公积（资本溢价或股本溢价）不足冲减的，调整留存收益。

合并方为进行企业合并发生的审计、法律服务、评估咨询等各项直接相关费用，应于发生时计入当期损益。

合并方为进行企业合并而发行债券或承担其他债务支付的手续费、佣金等，应当计入所发行债券及其他债务的初始成本；合并方为进行企业合并而发行权益性证券所发生的手续费、佣金等费用，应当抵减权益性证券的溢价发行收入，溢价收入不足冲减的，冲减留存收益。

同一控制下企业合并的会计分录如下：

取得时（同一控制下，差额计入资本公积）：

借：长期股权投资——成本（按在最终控制方净资产中享有份额确定）

　　应收股利（已经实现的股利）

　　管理费用（发生的审计、咨询等费用）

　　资本公积（可能在贷方）

　贷：银行存款/固定资产/无形资产/股本等

【例7-1】中国海洋××股份有限公司和乙公司同为A集团的子公司，20×3年6月1日，中国海洋××股份有限公司以银行存款720万元取得乙公司所有者权益的80%，同日乙公司所有者权益账面价值为1 000万元。

（1）中国海洋××股份有限公司支付银行存款720万元：

借：长期股权投资——成本　　8 000 000（10 000 000×80%）

　贷：银行存款　　7 200 000

　　　资本公积——资本溢价　　800 000

（2）若中国海洋××股份有限公司支付银行存款850万元：

借：长期股权投资——成本　　8 000 000

　　资本公积——资本溢价　　500 000

　贷：银行存款　　8 500 000

如资本公积不足冲减，冲减留存收益（盈余公积、未分配利润）。

【例7-2】中国海洋××股份有限公司和乙公司同为A集团的子公司，20×3年6月1日中国海洋××股份有限公司发行700万股普通股（每股面值1元）作为对价取得乙公司60%的股权，同日乙公司账面净资产总额为1 300万元。

借：长期股权投资　　7 800 000（13 000 000×60%）

　贷：股本　　7 000 000

　　　资本公积——股本溢价　　800 000

（二）非同一控制下控股合并形成的长期股权投资

非同一控制下的控股合并，是指参与合并的各方在合并前后不受同一方或相同的多方最终控制。

非同一控制下的控股合并，由于参与合并各方在合并前、后不属于同一方或相同的多方最终控制，是合并各方自愿进行的交易行为，作为一种公平的交易，应当以公允价值为基础进行计量。

非同一控制下的控股合并中，取得对其他参与合并企业控制权的一方为购买方，参与合并的其他企业为被购买方。

购买方以支付现金、转让非现金资产或承担债务方式等作为合并对价的，应在购买日按照现金、非现金货币性资产的公允价值作为初始投资成本计量确定合并成本，借记“长期股权投资——成本”科目，按付出的合并对价的账面价值，贷记或借记有关资产、负债科目，按发生的直接相关费用（如资产处置费用），贷记“银行存款”等科目，按其差额，贷记“主营业务收入”“资产处置损益”“投资收益”等科目或借记“管理费用”“资产处置损益”“主营业务成本”等科目。

购买方以发行权益性证券作为合并对价的，应在购买日按照发行的权益性证券的公允价值，借记“长期股权投资——成本”科目，按照发行的权益性证券的面值总额，贷记“股本”科目，按其差额，贷记“资本公积——资本溢价（或股本溢价）”科目。企业为企业合并发生的审计、法律服务、评估咨询等中介费用以及其他相关管理费用应当于发生时借记“管理费用”科目，贷记“银行存款”等科目。

非同一控制下企业合并的会计分录如下：

①以支付现金、转让非现金资产或承担债务等方式等作为合并对价，差额计入资产处置损益：

借：长期股权投资——成本（按企业合并成本）

　　应收股利（已经实现的股利）

　　管理费用（发生的审计、咨询等费用）

　　资产处置损益（借贷方差额，可能在贷方）

　贷：银行存款/固定资产/无形资产等

②以发行权益性证券作为合并对价，差额计入资本公积：

借：长期股权投资——成本（按企业合并成本）

　　应收股利（已经实现的股利）

　　管理费用（发生的审计、咨询等费用）

　　资本公积（借贷方差额，可能在贷方，发行权益性证券时的差额）

　贷：股本（面值×发行股数）

【例7-3】20×3年1月1日，中国海洋××股份有限公司以一台固定资产和银行存款200万元向乙公司投资（中国海洋××股份有限公司和乙公司不属于同一控制下的两个公司），占乙公司注册资本的60%，该固定资产的账面原价为8 000万元，已计提累计折旧500万元，已计提固定资产减值准备200万元，公允价值为7 600万元。不考虑其他相关税费。

中国海洋××股份有限公司的会计处理如下：

（1）结转固定资产账面价值时：

借：固定资产清理　　73 000 000（80 000 000−5 000 000−2 000 000）

　　累计折旧　　5 000 000

　　固定资产减值准备　　2 000 000

　贷：固定资产　　80 000 000

（2）以固定资产投资时：

借：长期股权投资——成本　　78 000 000（2 000 000+76 000 000）

　贷：固定资产清理　　73 000 000

　　　银行存款　　2 000 000

　　　资产处置损益　　3 000 000

【例7-4】20×3年5月1日，中国海洋××股份有限公司以一项专利权和银行存款200万元向丙公司投资（中国海洋××股份有限公司和丙公司不属于同一控制下的两个公司），占乙公司注册资本的70%，该专利权的账面原价为5 000万元，已计提累计摊销600万元，已计提无形资产减值准备200万元，公允价值为4 000万元。不考虑其他相关税费。中国海洋××股份有限公司的会计处理如下：

借：长期股权投资——成本　　42 000 000（2 000 000+40 000 000）
　　累计摊销　　6 000 000
　　无形资产减值准备　　2 000 000
　　资产处置损益　　2 000 000
　贷：无形资产　　50 000 000
　　　银行存款　　2 000 000

【例7-5】中国海洋××股份有限公司20×3年4月1日与乙公司原投资者A公司签订协议（中国海洋××股份有限公司和乙公司不属于同一控制下的两个公司），中国海洋××股份有限公司以存货和承担A公司的短期还贷款义务换取A公司持有的乙公司股权，20×3年7月1日合并日乙公司可辨认净资产公允价值为1 000万元，中国海洋××股份有限公司取得70%的份额。中国海洋××股份有限公司投出存货的公允价值为500万元，增值税65万元，账面成本400万元，承担归还贷款义务200万元。会计处理如下：

合并成本=500+65+200=765（万元）

借：长期股权投资——成本　　7 650 000（5 000 000+650 000+2 000 000）
　贷：短期借款　　2 000 000
　　　主营业务收入　　5 000 000
　　　应交税费——应交增值税（销项税额）　　650 000
借：主营业务成本　　4 000 000
　贷：库存商品　　4 000 000

【例7-6】中国海洋××股份有限公司于20×3年7月31日取得B公司70%的股权。为核实B公司的资产价值，中国海洋××股份有限公司聘请专业资产评估机构对B公司的资产进行评估，支付评估费用300万元（不考虑相关税费）。合并中，中国海洋××股份有限公司支付的有关资产在购买日的账面价值与公允价值见表7-1。

表7-1　**有关资产的账面价值和公允价值**

20×3年7月31日　　单位：万元

项目	账面价值	公允价值
土地使用权（自用）	6 000	9 600
专利技术	2 400	3 000
银行存款	2 400	2 400
合　计	10 800	15 000

假定合并前中国海洋××股份有限公司与B公司不存在任何关联方关系，中国海洋××股份有限公司用作合并对价的土地使用权和专利技术原价为9 600万元，至企业合并发生时已累计摊销1 200万元。

分析：本例中因中国海洋××股份有限公司与B公司在合并前不存在任何关联方关系，应作为非同一控制下的企业合并处理。

中国海洋××股份有限公司对于合并形成的对B公司的长期股权投资，应按确定的企业合并成本作为其初始投资成本。中国海洋××股份有限公司应进行如下账务处理：

借：长期股权投资　　153 000 000（150 000 000+3 000 000）
　　累计摊销　　12 000 000
　贷：无形资产　　96 000 000
　　　银行存款　　27 000 000
　　　资产处置损益　　42 000 000

注意：无论是同一控制下的企业合并还是非同一控制下的企业合并形成的长期股权投资，如实际支付价款或对价中包含已宣告但尚未发放的现金股利或利润，应作为应收项目处理。

三、以企业合并以外的方式取得的长期股权投资

除企业合并形成的长期股权投资以外，其他方式取得的长期股权投资，应当按照下列规定确定其初始投资成本（权益法）。取得时具体分录如下：

借：长期股权投资——成本（现金方式按实际价款，发行股票方式按公允价值）
　　应收股利　（包含已实现股利）
　　资本公积　（差额部分，手续费等也计入）
　贷：银行存款（现金方式）/股本（发行股票方式）

（1）以支付现金取得的长期股权投资，应当按照实际支付的购买价款作为初始投资成本。初始投资成本包括与取得长期股权投资直接相关的费用、税金及其他必要支出。企业取得长期股权投资，实际支付的价款或对价中包含的已宣告但尚未发放的现金股利或利润，应作为应收项目处理。

【例7-7】20×3年4月1日，中国海洋××股份有限公司从证券市场上购入了丁公司发行在外的1 000万股股票作为长期股权投资，每股8元（含已宣告但尚未发放的现金股利0.5元），实际支付价款8 000万元，另支付相关税费40万元。

中国海洋××股份有限公司的会计处理如下：

借：长期股权投资——成本　　75 400 000
　　应收股利　　5 000 000
　贷：银行存款　　80 400 000

（2）以发行权益性证券取得的长期股权投资，应当按照发行权益性证券的公允价值作为初始投资成本。为发行权益性证券支付的手续费、佣金等应自权益性证券的溢价发行收入中扣除，溢价收入不足的，应冲减盈余公积和未分配利润。

【例7-8】20×3年7月1日，中国海洋××股份有限公司发行股票100万股作为对价向A公司投资，每股面值为1元，实际发行价为每股3元。不考虑相关税费。

中国海洋××股份有限公司的会计处理如下：

借：长期股权投资——成本　　3 000 000
　贷：股本　　1 000 000
　　　资本公积——股本溢价　　2 000 000

（3）投资者投入的长期股权投资，应当按照投资合同或协议约定的价值作为初始投资成本，但合同或协议约定价值不公允的除外。

【例7-9】20×3年8月1日，中国海洋××股份有限公司接受B公司投资，B公司将持有

的对C公司的长期股权投资投入到中国海洋××股份有限公司。B公司持有的对C公司的长期股权投资的账面余额为800万元，未计提减值准备。中国海洋××股份有限公司和B公司投资合同约定的价值为1 000万元，中国海洋××股份有限公司的注册资本为5 000万元，B公司投资持股比例为20%。中国海洋××股份有限公司的会计处理如下：

借：长期股权投资——成本　10 000 000

　贷：实收资本　10 000 000

（4）通过非货币性资产交换取得的长期股权投资，其初始投资成本参照“非货币性资产交换”有关规定确定。

（5）通过债务重组取得的长期股权投资，其初始投资成本参照“债务重组”有关规定确定。

【例7-10】20×3年3月，中国海洋××股份有限公司通过增发9 000万股本公司普通股（每股面值1元）取得B公司20%的股权，按照增发前后的平均股价计算，该9 000万股股份的公允价值为15 600万元。为增发该部分股份，中国海洋××股份有限公司向证券承销机构等支付了600万元的佣金和手续费。假定中国海洋××股份有限公司取得该部分股权后，能够对B公司的生产经营决策施加重大影响。

中国海洋××股份有限公司应当以所发行股份的公允价值作为取得长期股权投资的成本，账务处理为：

借：长期股权投资——成本　156 000 000

　贷：股本　90 000 000

　　资本公积——股本溢价　66 000 000

发行权益性证券过程中支付的佣金和手续费，应冲减权益性证券的溢价发行收入，账务处理为：

借：资本公积——股本溢价　6 000 000

　贷：银行存款　6 000 000

以上两笔分录也可以合并如下：

借：长期股权投资——成本　156 000 000

　贷：股本　90 000 000

　　资本公积——股本溢价　60 000 000

　　银行存款　6 000 000

【例7-11】A公司设立时，其主要出资方之一中国海洋××股份有限公司以其持有的对B公司的长期股权投资作为出资投入A公司。投资各方在投资合同中约定，作为出资的该项长期股权投资作价6 000万元。该作价是按照B公司股票的市价经考虑相关调整因素后确定的。A公司注册资本为24 000万元。中国海洋××股份有限公司出资占A公司注册资本的20%。取得该项投资后，中国海洋××股份有限公司根据其持股比例，能够派人参与A公司的财务和生产经营决策。

A公司应进行的账务处理为：

借：长期股权投资——成本　60 000 000

　贷：实收资本　48 000 000

　　资本公积——资本溢价　12 000 000

第三节 长期股权投资的后续计量

一、长期股权投资的成本法

（一）成本法的定义及其适用范围

成本法，是指投资按成本计价的方法。成本法适用于企业持有的能够对被投资单位实施控制的长期股权投资，即对子公司的长期股权投资。

（二）成本法的核算

在成本法下，长期股权投资应当按照初始投资成本计量，一般不予变更。只有在追加或收回投资以及长期股权投资减值时，才调整长期股权投资的账面价值。被投资单位宣告分派现金股利或利润时，投资企业确认为当期投资收益，借记“应收股利”科目，贷记“投资收益”科目；收到现金股利时，应借记“银行存款”等科目，贷记“应收股利”科目。

【例 7-12】中国海洋××股份有限公司 20×3 年 1 月 1 日，以银行存款购入 C 公司 70% 的股份，并准备长期持有，采用成本法核算。C 公司于 20×3 年 5 月 6 日宣告分派现金股利 100 000 元。

中国海洋××股份有限公司的会计分录为：

借：应收股利　　　　70 000

　贷：投资收益　　　　70 000

二、长期股权投资的权益法

（一）权益法的定义及其适用范围

权益法，是指投资以初始投资成本计量后，在投资持有期间根据投资企业享有被投资单位所有者权益份额的变动对投资的账面价值进行调整的方法。

投资企业对被投资单位具有共同控制或重大影响的长期股权投资，应采用权益法进行核算。

（二）权益法核算

核算使用的明细科目如下：

长期股权投资——成本

　　　　　　——损益调整

　　　　　　——其他综合收益

　　　　　　——其他权益变动

1.成本

长期股权投资的初始投资成本大于投资时应享有被投资单位可辨认净资产公允价值份额的，不调整长期股权投资的初始投资成本；长期股权投资的初始投资成本小于投资时应享有被投资单位可辨认净资产公允价值份额的，应按其差额，借记“长期股权投资——成本”科目，贷记“营业外收入”科目。分录如下：

借：长期股权投资——成本（差额）

　　贷：营业外收入

【例7-13】中国海洋××股份有限公司以银行存款1 000万元取得B公司30%的股权，取得投资时被投资单位可辨认净资产的公允价值为3 000万元。

（1）如中国海洋××股份有限公司能够对B公司施加重大影响，则中国海洋××股份有限公司应进行的会计处理为：

借：长期股权投资——成本　　10 000 000

　　贷：银行存款　　10 000 000

注：商誉100万元（1 000-3 000×30%）体现在长期股权投资成本中。

（2）如投资时B公司可辨认净资产的公允价值为3 500万元，则中国海洋××股份有限公司享有的份额为1 050万元，应进行的处理为：

①按支付对价确定初始投资成本：

借：长期股权投资——成本　　10 000 000

　　贷：银行存款　　10 000 000

②调整初始投资成本：

借：长期股权投资——成本　　500 000（35 000 000×30%-10 000 000）

　　贷：营业外收入　　500 000

2.损益调整

（1）投资企业取得长期股权投资后，应当按照应享有或应分担的被投资单位实现的净损益的份额，确认投资损益并调整长期股权投资的账面价值。投资企业按照被投资单位宣告分派的利润或现金股利计算应分得的部分，相应减少长期股权投资的账面价值。

投资企业在确认应享有被投资单位实现的净损益的份额时，应当以取得投资时被投资单位各项可辨认资产等的公允价值为基础，对被投资单位的净利润进行调整后确认。

比如，以取得投资时被投资单位固定资产、无形资产的公允价值为基础计提的折旧额或摊销额，相对于被投资单位已计提的折旧额、摊销额之间存在差额的，应按其差额对被投资单位净损益进行调整，并按调整后的净损益和持股比例计算确认投资损益。在进行有关调整时，应当考虑具有重要性的项目。

【例7-14】某投资企业于20×3年1月1日取得对联营企业30%的股权，取得投资时被投资单位的固定资产公允价值为500万元，账面价值为300万元，固定资产的预计使用年限为10年，净残值为零，按照直线法计提折旧。被投资单位20×3年度利润表中净利润为300万元，其中被投资单位当期利润表中已按其账面价值计算扣除的固定资产折旧费用为30万元，按照取得投资时固定资产的公允价值计算确定的折旧费用为50万元，不考虑所得税影响。

按该固定资产的公允价值计算的净利润为280万元（300-20），投资企业按照持股比例计算确认的当期投资收益应为84万元（280×30%）。

值得注意的是，存在下列情况之一的，可以按照被投资单位的账面净损益与持股比例计算确认投资损益，但应当在附注中说明这一事实及其原因：

①无法可靠确定投资时被投资单位各项可辨认资产等的公允价值；

②投资时被投资单位可辨认资产等的公允价值与其账面价值之间的差额较小；

③其他原因导致无法对被投资单位净损益进行调整。

【例 7-15】中国海洋××股份有限公司于20×3年1月10日购入乙公司30%的股份，购买价款为3 300万元，并自取得投资之日起派人参与乙公司的生产经营决策。投资当日，乙公司可辨认净资产公允价值为9 000万元，除表7-2所列项目外，乙公司其他资产、负债的公允价值与账面价值相同。

表 7-2　乙公司相关资产、负债的公允价值与账面价值　金额单位：万元

项目	账面原价	已提折旧或摊销	公允价值	乙公司预计使用年限	中国海洋××股份有限公司取得投资后剩余使用年限
存货	750		1 050		
固定资产	1 800	360	2 400	20	16
无形资产	1 050	210	1 200	10	8
合计	3 600	570	4 650		

假定乙公司于20×3年实现净利润900万元，其中在中国海洋××股份有限公司取得投资时的账面存货有80%对外出售。中国海洋××股份有限公司与乙公司的会计年度及会计政策相同。固定资产、无形资产均按直线法提取折旧或摊销，预计净残值均为0。

中国海洋××股份有限公司在确定其应享有的投资收益时，应在乙公司实现净利润的基础上，根据取得投资时乙公司有关资产的账面价值与其公允价值差额的影响进行调整（假定不考虑所得税影响）：

存货公允价值与账面价值的差额应调减的利润=（1 050-750）×80%=240（万元）

固定资产公允价值与账面价值差额应调整增加的折旧额=2 400÷16-1 800÷20=60（万元）

无形资产公允价值与账面价值差额应调整增加的摊销额=1 200÷8-1 050÷10=45（万元）

调整后的净利润=900-240-60-45=555（万元）

中国海洋××股份有限公司应享有份额=555×30%=166.50（万元）

确认投资收益的账务处理为：

借：长期股权投资——损益调整　　1 665 000

　贷：投资收益　　1 665 000

（2）投资企业确认被投资单位发生的净亏损，应当以长期股权投资的账面价值以及其他实质上构成对被投资单位净投资的长期权益减记至零为限，投资企业负有承担额外损失义务的除外。

其他实质上构成对被投资单位净投资的长期权益，通常是指长期应收项目。比如，企业对被投资单位的长期债权，该债权没有明确的清收计划，且在可预见的未来期间不准备收回，实质上构成对被投资单位的净投资。

在确认应分担被投资单位发生的亏损时，应当按照以下顺序进行处理：

①冲减长期股权投资的账面价值。

②长期股权投资的账面价值不足以冲减的，应当以其他实质上构成对被投资单位净投资的长期权益账面价值为限继续确认投资损失，冲减长期应收项目等的账面价值。

③经过上述处理，按照投资合同或协议约定企业仍承担额外义务的，应按预计承担的义务确认预计负债，计入当期投资损失。

被投资单位以后期间实现盈利的，企业扣除未确认的亏损分担额后，应按与上述相反的顺序处理，减记已确认预计负债的账面余额，恢复其他实质上构成对被投资单位净投资的长期权益及长期股权投资的账面价值，同时确认投资收益。

【例7-16】甲企业持有乙企业40%的股权，20×2年12月31日，甲企业投资账面价值为4 000万元。乙企业20×3年亏损6 000万元。假定取得投资时，被投资单位各资产公允价值等于账面价值，双方采用的会计政策、会计期间相同。

则：甲企业20×3年应确认投资损失2 400万元，长期股权投资账面价值降至1 600万元。

如果乙企业当年度的亏损额为12 000万元，当年度甲企业应分担损失4 800万元，长期股权投资账面价值减至0。如果甲企业账上有应收乙企业的长期应收款1 600万元，则应进一步确认损失。分录如下：

借：投资收益　　48 000 000
　贷：长期股权投资——损益调整　　40 000 000
　　　长期应收款　　8 000 000

注意：除按上述顺序已确认的投资损失外，如仍有额外损失，应在账外备查登记。

3.其他综合收益

被投资单位其他综合收益发生变动的，投资方应当按照归属于本企业的部分，相应调整长期股权投资的账面价值，同时增加或减少其他综合收益，借记或贷记“长期股权投资——其他综合收益调整”科目，贷记或借记“其他综合收益”科目。

【例7-17】A公司对C公司的投资占其有表决权资本的比例为40%，C公司20×3年8月20日将自用房地产转换为采用公允价值模式计量的投资性房地产，该项房地产在转换日的公允价值大于其账面价值的差额为100万元。假定不考虑所得税费用的影响。

A公司的会计处理如下：

借：长期股权投资——其他综合收益调整　　400 000（1 000 000×40%）
　贷：其他综合收益　　400 000

4.其他权益变动

对于被投资单位除净损益、其他综合收益以及利润分配以外的所有者权益的其他变动，投资企业应按所持股权比例计算应享有的份额，调整长期股权投资账面价值，同时计入“资本公积——其他资本公积”，借记或贷记“长期股权投资——其他权益变动”科目，贷记或借记“资本公积——其他资本公积”科目。

【例7-18】20×1年3月20日，A、B、C公司分别以现金200万元、400万元和400万元出资设立D公司，分别持有D公司20%、40%、40%的股权。A公司对D公司具有重大影响，采用权益法对有关长期股权投资进行核算。D公司自设立日起至20×3年1月1日实现净损益1 000万元，除此以外，无其他影响净资产的事项。

20×3年1月1日，经A、B、C公司协商，B公司对D公司增资800万元，增资后D公司净资产为2 800万元，A、B、C公司分别持有D公司15%、50%、35%的股权。相关手续于当日完成。假定A公司与D公司适用的会计政策、会计期间相同，双方在当期及以前期间未发生其他内部交易。不考虑相关税费等其他因素影响。

20×3年1月1日，B公司增资前，D公司的净资产账面价值为2 000万元，A公司应享有D公司权益的份额为400万元（2 000×20%）。

（1）初始投资时：

借：长期股权投资——成本　　2 000 000

　贷：银行存款　　2 000 000

（2）对净损益进行调整：

借：长期股权投资——损益调整　　2 000 000

　贷：投资收益　　2 000 000（10 000 000×20%）

B公司单方面增资后，D公司的净资产增加800万元，A公司应享有D公司权益的份额为420万元（2 800×15%）。A公司享有的权益变动20万元（420−400）属于D公司除净损益、其他综合收益和利润分配以外所有者权益的其他变动。

借：长期股权投资——其他权益变动　　200 000

　贷：资本公积——其他资本公积　　200 000

权益法下“长期股权投资”明细科目核算主要内容见表7−3。

表7−3　　**权益法下“长期股权投资”明细科目核算主要内容**

成本	长期股权投资的初始投资成本大于投资时应享有被投资单位可辨认净资产公允价值份额的，属于内含商誉，不调整长期股权投资的初始投资成本；长期股权投资的初始投资成本小于投资时应享有被投资单位可辨认净资产公允价值份额的，应按其差额，借记“长期股权投资——成本”科目，贷记“营业外收入”科目
损益调整	投资企业取得长期股权投资后，应当按照应享有或应分担的被投资单位实现的净损益的份额，确认投资损益并调整长期股权投资的账面价值。投资企业按照被投资单位宣告分派的利润或现金股利计算应分得的部分，相应减少长期股权投资的账面价值
其他综合收益调整	在持股比例不变的情况下，被投资单位其他综合收益发生变动的，投资方应当按照归属于本企业的部分，相应调整长期股权投资的账面价值，同时增加或减少其他综合收益，借记或贷记“长期股权投资——其他综合收益调整”，贷记或借记“其他综合收益”科目
其他权益变动	在持股比例不变的情况下，对于被投资单位除净损益、其他综合收益以及利润分配以外的所有者权益的其他变动，投资企业应按所持股权比例计算应享有的份额，调整长期股权投资账面价值，同时计入“资本公积——其他资本公积”，借记或贷记“长期股权投资——其他权益变动”科目，贷记或借记“资本公积——其他资本公积”科目

三、长期股权投资的处置

企业将所持有的对被投资单位的股权全部或部分对外出售时，应结转与所售股权相对应的长期股权投资的账面价值，出售所得价款与处置长期股权投资账面价值之间的差额，应确认为处置损益。

采用权益法核算的长期股权投资，原计入“其他综合收益”（不能结转损益的除外）或“资本公积——其他资本公积”中的金额，如处置后因具有重大影响或共同控制仍然采用权益法核算的，在处置时亦应进行结转，将与所出售股权相对应的部分在处置时自“其他综合收益”或“资本公积——其他资本公积”转入当期损益。如处置后对有关投资终止采用权益法的，则原计入“其他综合收益”或“资本公积——其他资本公积”中的金额应全部结转。

出售长期股权投资时，应按实际收到的金额，借记“银行存款”等科目，原已计提减值准备的，借记“长期股权投资减值准备”科目，按其账面余额，贷记“长期股权投资——成本”科目，按尚未领取的现金股利或利润，贷记“应收股利”科目，按其差额，贷记或借记“投资收益”科目。出售采用权益法核算的长期股权投资时，还应按处置长期股权投资的投资成本比例结转原记入“资本公积——其他资本公积”科目的金额，借记或贷记“资本公积——其他资本公积”科目，贷记或借记“投资收益”科目。

【例7-19】中国海洋××股份有限公司原持有B企业40%的股权，20×3年12月20日，中国海洋××股份有限公司决定出售10%（其持股比例的25%），出售时中国海洋××股份有限公司账面上对B企业长期股权投资的构成为：成本1 800万元，损益调整480万元，其他权益变动300万元。出售取得价款705万元。

（1）中国海洋××股份有限公司确认处置损益的账务处理：

借：银行存款　　7 050 000

　贷：长期股权投资——成本　　4 500 000（18 000 000÷40%×10%）

　　　　　　　　——损益调整　　1 200 000

　　　　　　　　——其他权益变动　　750 000

　　　投资收益　　600 000

（2）除应将实际取得价款与出售长期股权投资的账面价值进行结转，确认出售损益以外，还应将原计入资本公积的部分按比例转入当期损益。

借：资本公积——其他资本公积　　750 000

　贷：投资收益　　750 000

【例7-20】中国海洋××股份有限公司20×1年3月1日—20×3年1月5日发生下列与长期股权投资有关的经济业务：

（1）中国海洋××股份有限公司20×1年3月1日从证券市场上购入乙公司发行在外30%的股份并准备长期持有，从而对乙公司能够施加重大影响，实际支付款项2 000万元（含已宣告但尚未发放的现金股利60万元），另支付相关税费10万元。20×1年3月1日，乙公司可辨认净资产公允价值为6 600万元。

（2）20×1年3月20日收到现金股利。

（3）20×1年12月31日乙公司其他债权投资的公允价值增加，使乙公司其他综合收益增加了200万元。

（4）20×1年乙公司实现净利润510万元，其中1月份和2月份共实现净利润100万元，假定乙公司除一台设备外，其他资产的公允价值与账面价值相等。该设备20×1年3月1日的账面价值为400万元，公允价值为520万元，采用年限平均法计提折旧，预计尚可使用年限为10年。

（5）20×2年3月10日，乙公司宣告分派现金股利100万元。

（6）20×2年3月25日，收到现金股利。

（7）20×2年乙公司实现净利润612万元。

（8）20×3年1月5日，中国海洋××股份有限公司将持有乙公司5%的股份对外转让，收到款项390万元存入银行。转让后持有乙公司25%的股份，对乙公司仍具有重大影响。

要求：

（1）编制上述有关业务的会计分录。

（2）计算20×3年1月5日出售部分股份后长期股权投资的账面价值。

（1）编制会计分录：

①取得时：

A.确认初始投资成本：

借：长期股权投资——成本　　19 500 000（20 000 000−600 000+100 000）

　　应收股利　　600 000

　贷：银行存款　　20 100 000

B.调整初始投资成本：

借：长期股权投资——成本　　300 000（66 000 000×30%−19 500 000）

　贷：营业外收入　　300 000

②收到现金股利：

借：银行存款　　600 000

　贷：应收股利　　600 000

③调整其他综合收益：

借：长期股权投资——其他综合收益调整　　600 000

　贷：其他综合收益　　600 000

④损益调整：

乙公司按公允价值调整后的净利润=410−（520−400）÷10÷12×10=400（万元）

中国海洋××股份有限公司应确认的投资收益=400×30%=120（万元）

借：长期股权投资——损益调整　　1 200 000（4 000 000×30%）

　贷：投资收益　　1 200 000

⑤宣告分配股利：

借：应收股利　　300 000（1 000 000×30%）

　贷：长期股权投资——损益调整　　300 000

⑥收到股利：

借：银行存款　　300 000

　贷：应收股利　　300 000

⑦确认投资收益：

乙公司按公允价值调整后的净利润=612−（520−400）÷10=600（万元）

借：长期股权投资——损益调整　　1 800 000（6 000 000×30%）

　贷：投资收益　　1 800 000

⑧确认账面余额：

长期股权投资的账面余额=1 950+30+60+120−30+180=2 310（万元）

借：银行存款　　　3 900 000

　贷：长期股权投资——成本 3 300 000（（19 500 000+300 000）÷30%×5%）

　　　　　　　　——损益调整

　　　　　　　　　　450 000（（1 200 000−300 000+1 800 000）÷30%×5%）

　　　　　　　　——其他综合收益调整

　　　　　　　　　　100 000（600 000÷30%×5%）

　　　投资收益　　　50 000

借：其他综合收益　　　100 000（600 000÷30%×5%）

　贷：投资收益　　　100 000

（2）长期股权投资的账面价值=2 310−385=1 925（万元）。

四、长期股权投资减值

长期股权投资的期末计价，应遵循可收回金额与账面价值孰低原则。投资账面价值高于可收回金额的，按其差额借记“资产减值损失”科目，贷记“长期股权投资减值准备”科目。

上述长期股权投资的减值准备一经计提，不得转回。

本章小结

1.长期股权投资初始计量应按初始投资成本入账。长期股权投资包括：（1）企业持有的能够对被投资单位实施控制的权益性投资，即对子公司投资；（2）企业持有的能够与其他合营方一同对被投资单位实施共同控制且对被投资单位净资产享有权利的权益性投资，即对合营企业投资；（3）企业持有的能够对被投资单位施加重大影响的权益性投资，即对联营企业投资。

2.同一控制下的企业合并，合并方以支付现金、转让非现金资产或承担债务方式作为合并对价的，应当在合并日按照取得被合并方所有者权益账面价值的份额作为长期股权投资的初始投资成本。长期股权投资初始投资成本与支付的现金、转让的非现金资产以及所承担债务账面价值之间的差额，应当调整资本公积；资本公积（资本溢价或股本溢价）不足冲减的，调整留存收益。

3.非同一控制下的企业合并，购买方在购买日应当区别不同情况确定合并成本，并将其作为长期股权投资的初始投资成本。无论是同一控制下的企业合并还是非同一控制下的企业合并形成的长期股权投资，实际支付的价款或对价中包含的已宣告但尚未发放的现金股利或利润，应作为应收项目处理。

4.以支付现金取得的长期股权投资，应当按照实际支付的购买价款作为初始投资成本。初始投资成本包括与取得长期股权投资直接相关的费用、税金及其他必要支出。企业取得长期股权投资，实际支付的价款或对价中包含的已宣告但尚未发放的现金股利或利润，应作为应收项目处理。以发行权益性证券取得的长期股权投资，应当按照发行权益性证券的公允价值作为初始投资成本。为发行权益性证券支付的手续费、佣金等应自权益性证券的溢价发行收入中扣除，溢价收入不足的，应冲减盈余公积和未分配利润。投资者投入的长期股权投资，应当按照投资合同或协议约定的价值作为初始投资成本，但合同或协议约定价值不公允的除外。通过非货币性资产交换取得的长期股权投资，其初始投资成本应当参照《企业会计准则第7号——非货币性资产交换》的有关规定处理。通过债务重组取得的长期股权投资，其初始投资成本参照《企业会计准则第12号——债务重组》的有关规定确定。

5.成本法，是指投资按成本计价的方法。成本法适用于企业持有的能够对被投资单位实施控制的长期股权投资，即对子公司的长期股权投资。在成本法下，长期股权投资应当按照初始投资成本计量，一般不予变更。只有在追加或收回投资以及长期股权投资减值时，才调整长期股权投资的账面价值。被投资单位宣告分派现金股利或利润时，投资企业确认为当期投资收益。

6.权益法，是指投资以初始投资成本计量后，在投资持有期间根据投资企业享有被投资单位所有者权益份额的变动对投资的账面价值进行调整的方法。投资企业对被投资单位具有共同控制或重大影响的长期股权投资，应当采用权益法核算。权益法下，长期股权投资的初始投资成本大于投资时应享有被投资单位可辨认净资产公允价值份额的，不调整长期股权投资的初始投资成本；长期股权投资的初始投资成本小于投资时应享有被投资单位可辨认净资产公允价值份额的，应按其差额，调整长期股权投资的初始投资成本。投资企业取得长期股权投资后，应当按照应享有或应分担的被投资单位实现的净损益的份额，确认投资损益并调整长期股权投资的账面价值。投资企业按照被投资单位宣告分派的利润或现金股利计算应分得的部分，相应减少长期股权投资的账面价值。投资企业确认被投资单位发生的净亏损，应当以长期股权投资的账面价值以及其他实质上构成对被投资单位净投资的长期权益减记至零为限，投资企业负有承担额外损失义务的除外。被投资单位其他综合收益发生变动的，投资方应当按照归属于本企业的部分，相应调整长期股权投资的账面价值，同时增加或减少其他综合收益。对于被投资单位除净损益、其他综合收益以及利润分配以外的所有者权益的其他变动，投资企业应按所持股权比例计算应享有的份额，调整长期股权投资账面价值，同时计入“资本公积——其他资本公积”。

7.企业将所持有的对被投资单位的股权全部或部分对外出售时，应相应结转与所售股权相对应的长期股权投资的账面价值，出售所得价款与处置长期股权投资账面价值之间的差额，应确认为处置损益。采用权益法核算的长期股权投资，原计入“其他综合收益”（不能结转损益的除外）或“资本公积——其他资本公积”中的金额，如处置后因具有重大影响或共同控制仍采用权益法核算的，在处置时亦应进行结转，将与所出售股权相对应的部分在处置时自“其他综合收益”或“资本公积——其他资本公积”转入当期损益。如处置后对有关投资终止采用权益法的，则原计入“其他综合收益”（不能结转损益的除外）或“资本公积——其他资本公积”中的金额应全部结转。

8.长期股权投资的期末计价，应遵循可收回金额与账面价值孰低原则。投资账面价值高于可收回金额的，按其差额借记“资产减值损失”科目，贷记“长期股权投资减值准备”科目。长期股权投资的减值准备一经计提，不得转回。

思政链接

雅戈尔的金融投资业务

金融投资业务是雅戈尔的一个重要发展业务，为雅戈尔集团的发展提供了巨大的助推力。雅戈尔自1993年开始进行金融投资，先后涉足了银行、证券等不同的金融领域，在股票市场上持有广博股份、宜科科技、中信证券、宁波银行以及海通证券等多家上市公司的股票。1998年雅戈尔在上海证券交易所的成功上市，更是激起了雅戈尔对金融投资业务的极大兴趣，随后逐年增加对金融业务的投资。2006年股权分置改革完成后，雅戈尔前期持有的多家上市公司股票价值巨大增值，其金融投资业务的绩效初步显现。2007年，雅戈尔进一步加大了对金融资产的投入。2008年，由于受金融危机的影响，雅戈尔先后计提了巨额的可供出售金融资产减值损失13.17亿元，占当年资产减值损失总额的93.53%。为了使其金融投资业务更加专业化，雅戈尔成立了一家专业的投资管理公司——上海凯石投资管理有限公司，并聘请了专业的投资人士来管理公司，这为雅戈尔金融投资领域的发展打下了坚实的基础。2009—2017年雅戈尔均投入了大量资金进行金融投资。

2008年金融危机出现，导致雅戈尔品牌服装、房地产行业等经营性收益出现亏损，公司持有的海通证券和金马股份的股价持续下跌，公司计提资产减值损失1 316 976 145.24元。为了扭亏为盈，雅戈尔大量减持股票金融资产，出售可供出售金融资产，从而将以前年度计入资本公积（后来改为其他综合收益）的公允价值变动转入投资收益，确认2 109 347 680.90元收益，实现了整个公司的净盈利。2017年受房地产行业周期性的影响，营业收入较上年同期下降33.94%，同时公司持有中信股份（00267）145 451.30万股，公允价值人民币13 714 533 260.38元，累计计入其他综合收益的公允价值变动金额人民币−3 308 369 263.89元，对持有的中信股份计提资产减值准备3 308 369 263.89元，出现亏损。为了扭亏为盈，出售了其持有的浦发银行、金正大、广博股份、联创电子等部分可供出售金融资产，确认投资收益1 120 102 117.57元。

资料来源 ［1］雅戈尔2007—2017年年度报告。［2］陈小林．雅戈尔利用金融资产进行盈余管理的案例研究［D］．广州：华南理工大学，2015.

思政启示：

投资有风险，投资须谨慎。利用金融资产重分类操纵利润会误导投资者和利益相关者，导致财务报表的失真，扭曲企业的经营业绩，降低企业的信誉和声誉，损害企业的形象，影响投资者和合作伙伴对企业的信任度，对社会具有极大的危害，且企业可能需要承担刑事处罚和民事赔偿等法律责任，接受财务监管部门的罚款、责令改正、吊销执照等行政处罚，企业和会计人员还可能面临警告、停职、撤销执业资格等处分。故企业和会计人员均应严格遵守会计准则和规定，诚实、准确地披露财务信息，避免利用重分类操纵利润。同时，要树立正确的理财观，培养起理性理财的意识。遵循良好的企业治理原则，防范盲目投资给国家、企业和个人带来的风险。

第七章 即测即评

业务练习题

1.中国海洋××股份有限公司20×1年1月2日以银行存款2 700万元对乙公司投资，占乙公司注册资本的20%。乙公司的其他股份分别由A、B、C、D、E企业平均持有。20×1年1月2日乙公司可辨认净资产公允价值为14 500万元。中国海洋××股份有限公司按权益法核算对乙公司的投资。20×1年乙公司实现净利润800万元，20×2年4月乙公司宣告分配20×1年现金股利300万元，20×2年乙公司发生净亏损100万元。20×3年1月1日，乙公司的股东A企业收购了除中国海洋××股份有限公司以外的其他投资者B、C、D、E企业对乙公司的投资股份，同时以1 800万元收购了中国海洋××股份有限公司对乙公司投资的50%。自此，A企业持有乙公司90%的股份，并控制乙公司。中国海洋××股份有限公司持有乙公司10%的股份，失去影响力，并改按成本法核算。20×3年乙公司实现净利润500万元。20×3年3月1日，乙公司宣告分配20×2年度现金股利450万元。20×4年4月，乙公司宣告分派20×3年度现金股利200万元。假定不考虑各种税费。

要求：编制中国海洋××股份有限公司的全部会计分录。

2.20×3年1月1日，中国海洋××股份有限公司以其库存商品对乙企业投资，投出商品的成本为180万元，公允价值和计税价格均为200万元，增值税税率为13%（不考虑其他税费）。中国海洋××股份有限公司对乙企业的投资占乙企业注册资本的20%，中国海洋××股份有限公司采用权益法核算该项长期股权投资。20×3年1月1日，乙企业所有者权益总额为1 000万元（假定为公允价值）。乙企业20×3年实现净利润600万元。20×4年乙企业发生亏损2 200万元。假定中国海洋××股份有限公司账上有应收乙企业长期应收款80万元。20×5年乙企业实现净利润1 000万元。

要求：根据上述资料，编制中国海洋××股份有限公司对乙企业投资及确认投资收益的会计分录。

第八章　负　债

学习目标

1. 理解负债的概念和特征；
2. 了解负债的分类；
3. 掌握短期借款、应付账款、应付票据、预收账款、应付职工薪酬和应交税费的核算内容及其相应的账务处理；
4. 掌握长期借款、应付债券和长期应付款的核算及其相应的账务处理。

育人目标

培养按期履约意识、感恩意识和依法及时纳税意识，增强民族自豪感。

负债是指过去的交易、事项形成的现时义务，履行该义务预期会导致经济利益流出企业。负债具有以下几个方面的特征：(1) 负债的本质是一种现时经济义务。(2) 负债对债务人的资产具有要求权。(3) 负债必须是能够用货币确切计量或合理预计的金额。(4) 负债的偿还方式有：以资产偿还；以提供劳务偿还；或者两者兼而有之。将一项义务确认为负债，需要符合负债的定义，并同时满足以下两个条件：(1) 与该义务有关的经济利益很可能流出企业；(2) 未来流出的经济利益能够可靠地计量。负债按其流动性分为流动负债和非流动负债。

第一节　流动负债

一、流动负债概述

(一) 流动负债的概念和内容

流动负债是指企业在一年或超过一年的一个营业周期内，需要以流动资产或增加其他负债来抵偿的债务，主要包括短期借款、交易性金融负债、应付票据、应付账款、预收账款、应付职工薪酬、应交税费、应付利息、应付股利、其他应付款等。

(二) 流动负债的分类

流动负债一般有以下三种分类：

1.按应付金额是否确定分类

（1）应付金额确定的流动负债。这类流动负债一般在确认一项义务的同时，根据合同、契约或法律的规定具有确切的金额、债权人和付款日，并且到期必须偿还。如短期借款、应付账款、应付票据等。

（2）应付金额需视经营情况而定的流动负债。这类流动负债的金额必须等到会计期末，根据企业的经营情况才能计算确定，在该经营期末结束前，负债金额不能确切计量。如应交所得税、应付利润，必须到一定的会计期末，计算出经营损益后才能确定应交的所得税、应分配给投资各方的利润。

（3）应付金额需要估计的流动负债。这类流动负债的金额、偿还日期或债权人在资产负债表编制日仍难以确定，其金额需要根据以往的经验或依据有关资料加以合理预计，如产品质量保证、没有取得结算凭证的应付账款等。

2.按形成原因分类

（1）资金筹集过程中形成的流动负债。如从银行或其他金融机构借入的短期借款等。

（2）结算过程中形成的流动负债，主要指企业在与外部有关单位进行结算时所产生的债务，如应付账款、应付票据等。

（3）经营过程中形成的流动负债，主要指在权责发生制下调整费用形成的流动负债。如应付利息、应交税费、应付职工薪酬等。

（4）利润分配过程中形成的流动负债，主要指由利润分配而产生的流动负债，如应付股利、应付利润等。

3.按偿付手段分类

（1）货币性流动负债，指需要以货币资金来偿还的流动负债，如短期借款、应付票据、应付职工薪酬、应付股利、应交税费等。

（2）非货币性流动负债，指不需要用货币资金来偿还的流动负债，如预收账款。

（三）流动负债的计价

我国《企业会计准则》规定："各种流动负债应当按实际发生数额记账。负债已经发生而数额需要预计确定的，应当合理预计，待实际数额确定后，进行调整。"

二、短期借款

（一）短期借款的概念

短期借款是指企业向银行或其他金融机构等借入的期限在一年以下（含一年）的各种借款。短期借款的主要用途是满足企业生产经营周转需要，如购买材料、偿付债务等。企业借入的短期借款无论用于哪个方面，都必须按期归还本金并支付利息。

（二）短期借款的账务处理

短期借款的会计处理涉及取得借款、借款利息核算、借款归还等三个方面的内容。

对于企业发生的短期借款，应设置"短期借款"科目核算。该账户贷方登记借入的借款本金，借方登记归还的借款本金，期末余额在贷方，表示尚未归还的短期借款。该账户一般按债权人（银行、其他金融机构等）设置明细账，并按借款种类进行明细分类核算。

企业借入各种短期借款时，借记"银行存款"科目，贷记"短期借款"科目。归还借款时，借记"短期借款"科目，贷记"银行存款"科目。

短期借款的利息，应作为财务费用，计入当期损益。在会计核算上可以分以下情况进行处理：

（1）如果短期借款的利息是按期（通常为一季度）支付的，或者利息是在借款到期时连同本金一起归还，并且数额较大的，为了正确计算各期的盈亏，可以采用预提的方法，按月预提计入财务费用。预提时，按应计入财务费用的借款利息，借记“财务费用”科目，贷记“应付利息”科目；实际支付利息的月份，按照已经预提的利息金额，借记“应付利息”科目，按实际支付的利息金额与预提数之间的差额，借记“财务费用”科目，按实际支付的利息金额，贷记“银行存款”科目。

（2）如果短期借款的利息是按月支付的，或者利息是在借款到期时连同本金一起归还但是数额不大的，可以不采用预提的方法，而在实际支付或收到银行的计息通知时，直接计入当期损益，借记“财务费用”科目，贷记“银行存款”科目。

预提短期借款利息时通过“应付利息”科目核算。

【例 8-1】中国海洋××股份有限公司 20×3 年 10 月 16 日接到银行通知，取得短期借款 100 000 元，年利率 12%，三个月后还本付息。

（1）取得短期借款时：

借：银行存款　　100 000

　贷：短期借款　　100 000

（2）10 月 31 日预提借款利息时：

借：财务费用　　500（100 000×12%÷12÷2）

　贷：应付利息　　500

（3）11 月 30 日、12 月 31 日预提借款利息时：

借：财务费用　　1 000（100 000×12%÷12）

　贷：应付利息　　1 000

（4）20×4 年 1 月 16 日还本付息时：

借：应付利息　　2 500

　　财务费用　　500

　　短期借款　　100 000

贷：银行存款　　103 000

三、应付票据

应付票据是企业在购买商品、材料等物资过程中，由于采用商业汇票结算方式而形成的一种负债。

注意：在我国会计实务中，应付票据仅指应付商业汇票。商业汇票按承兑人不同，分为商业承兑汇票和银行承兑汇票两种。应付票据按是否带息分为带息应付票据和不带息应付票据两种。

企业应设置“应付票据”科目进行核算。该科目的贷方登记开出并承兑的商业汇票的面值及带息票据计提的利息，借方登记支付票据的金额，余额在贷方，表示企业尚未到期的应付票据款。该科目一般按票据种类进行明细分类核算。另外，为了加强对应付票据的核算和管理，企业应设置“应付票据备查簿”，详细登记每一种票据的种类、号数、出票日期、到期日、票面金额、合同交易号、收款单位名称、收款人姓名等资料。应付票据到期付清后，应在备查簿内逐笔注销。

（一）应付票据的内容及一般账务处理

由于应付票据的期限较短，不超过六个月，会计核算上一般均按开出并承兑的应付票据的面值入账。

（1）开出承兑商业汇票时，借记“材料采购”“原材料”“应交税费——应交增值税（进项税额）”等科目，贷记“应付票据”科目；

（2）支付银行承兑汇票手续费时，借记“财务费用”科目，贷记“银行存款”等科目；

（3）汇票到期接银行通知付款时，借记“应付票据”科目，贷记“银行存款”科目。

（二）应付票据利息的处理

带息应付票据应按期预提应付利息，借记“财务费用”科目，贷记“应付票据——利息”科目。票据到期支付本息时，按应付票据的账面金额借记“应付票据”科目，尚未计提的利息部分直接计入当期财务费用，借记“财务费用”科目，按实际支付的金额贷记“银行存款”科目。

企业可决定何时预提应计利息，但一般在半年末和年度终了时应予以计提。

【例 8-2】中国海洋××股份有限公司20×3年9月1日购入材料一批，该批材料价款为200 000元，增值税进项税额为26 000元，公司开出并承兑期限五个月、年利率8%的商业汇票一张。该批材料未验收入库。公司于20×3年12月31日计提该商业汇票利息（保留两位小数）。

（1）20×3年9月1日购入材料，签发汇票时：

借：材料采购　　200 000

　　应交税费——应交增值税（进项税额）　　26 000

　贷：应付票据——面值　　226 000

（2）20×3年12月31日计算利息时：

4个月的应计利息=226 000×8%÷12×4=6 026.67（元）

借：财务费用　　6 026.67

　贷：应付票据——利息　　6 026.67

（3）20×4年1月31日到期支付本息时：

借：应付票据——面值　　226 000

　　　　　　——利息　　6 026.67

　　财务费用　　1 506.67

　贷：银行存款　　233 533.34

【例 8-3】中国海洋××股份有限公司为增值税一般纳税人，采购原材料采用商业汇票方式结算货款，根据有关发票账单，购入材料的实际成本为15万元，增值税专用发票上注明的增值税为1.95万元。材料已经验收入库。公司开出三个月承兑的不带息商业汇票，并用银行存款支付运杂费500元。假如该公司采用实际成本进行材料的日常核算，根据上述资料，公司应做如下会计分录：

购入时：

借：原材料　　150 500

　　应交税费——应交增值税（进项税额）　　19 500

　贷：应付票据　　169 500

　　　银行存款　　500

三个月后支付票款时：

借：应付票据　　169 500

　贷：银行存款　　169 500

（三）逾期应付票据的核算

商业承兑汇票到期，如企业无力支付到期票款，则将“应付票据”账户的账面余额（包括带息票据已计利息）转入“应付账款”账户。带息票据自此不再计提利息。

借：应付票据

　贷：应付账款

【例 8-4】承【例 8-3】，假如汇票到期，该企业无法偿还这笔款项，则：

借：应付票据　　169 500

　贷：应付账款　　169 500

银行承兑汇票到期，如果企业无力支付到期票款，承兑银行垫支后对付款人的应付票据金额做逾期贷款处理，并按每天0.05%计收罚息。公司将应付票据款转为短期借款时：

借：应付票据

　贷：短期借款

四、应付及预收款项

（一）应付账款

应付账款指因购买材料、商品或接受劳务供应等而发生的债务。这是买卖双方由于取得物资与支付货款在时间上不一致而产生的负债。应付账款与应付票据不同，两者虽然都是由于交易行为而引起的负债，都属于流动负债性质，但应付账款是尚未结清的债务，而应付票据是延期付款的证明，有承兑付款的票据为依据。

企业的应付赔偿金、应付租金、存入保证金等，都不属于应付账款的范围，属于其他应付款。

（1）应付账款入账时间的确定，一般应以与所购买物资所有权有关的风险和报酬已经转移或劳务已经接受为标志，但在实际工作中，一般区别下列情况处理：

①在物资和发票账单同时到达的情况下，应付账款一般待物资验收入库后，才按发票账单登记入账，主要是为了确认所购物资的质量、数量和品种是否与合同订明的条件相符，以免因先入账而在验收入库时发现购入物资错、漏、破损等问题再行调账。在会计期末仍未完成验收的，则应先按合理估计金额将物资和应付债务入账，事后发现问题再行更正。

②在物资和发票账单未同时到达的情况下，由于应付账款需根据发票账单登记入账，有时货物已到，发票账单要间隔较长时间才能到达，由于这笔负债已经成立，应作为一项负债反映。为在资产负债表上客观反映企业所拥有的资产和承担的债务，在实际工作中采用在月末将所购物资和应付债务估计入账，待下月初再用红字予以冲回的办法。因购买商

品等而产生的应付账款，应设置“应付账款”科目进行核算，用以反映这部分负债的价值。

（2）应付账款入账金额的确定。应付账款一般按应付金额入账，而不按到期应付金额的现值入账。如果购入的资产在形成一笔应付账款时是带有现金折扣的，应付账款入账金额的确定按发票上记载的应付金额的总值（即不扣除折扣）记账。在这种方法下，应按发票上记载的全部应付金额，借记有关科目，贷记“应付账款”科目；获得的现金折扣冲减财务费用。

【例8-5】中国海洋××股份有限公司20×3年9月15日购得某种规格圆钢100吨，价款300 000元，增值税额39 000元，货款10月5日付清。材料核算采用实际成本法，供货方实行送货制。有关的账务处理如下：

（1）货物验收入库时：

借：原材料　　300 000

　　应交税费——应交增值税（进项税额）　　39 000

　贷：应付账款　　339 000

（2）付清款项时：

借：应付账款　　339 000

　贷：银行存款　　339 000

【例8-6】中国海洋××股份有限公司20×3年8月25日购得某种规格圆钢100吨，货款未付，材料已入库，8月31日采购发票未到，估计350 000元。9月3日，采购发票已到，价款300 000元，增值税额39 000元。材料核算采用实际成本法。有关账务处理如下：

（1）8月31日对材料暂估入账：

借：原材料　　350 000

　贷：应付账款——暂估应付款　　350 000

（2）9月1日冲销上述暂估应付款：

借：原材料　　350 000（红字）

　贷：应付账款——暂估应付款　　350 000（红字）

（3）9月3日发票账单到达时：

借：原材料　　300 000

　　应交税费——应交增值税（进项税额）　　39 000

　贷：应付账款　　339 000

（二）预收账款

预收账款是买卖双方协议商定，由购货方预先支付一部分货款给供应方而发生的一项负债。预收账款的核算应视企业的具体情况而定。如果预收账款比较多的，可以设置“预收账款”科目；预收账款不多的，也可以不设置“预收账款”科目，收到预收账款时，直接记入“应收账款”科目的贷方。但在编制资产负债表时，需要根据“应收账款”的明细账户分析填列。单独设置“预收账款”科目核算的，其“预收账款”科目的贷方，反映预收的货款和补付的货款；借方反映应收的货款和退回多收的货款；期末贷方余额，反映尚未结清的预收款项，借方余额反映应收的款项。

【例8-7】中国海洋××股份有限公司与长江公司签订了一项购销合同，由中国海洋××

股份有限公司为长江公司生产一批产品，含税货款总额113万元，增值税税率13%，预计6个月完成。按合同规定，长江公司预先支付货款的60%，剩下的40%待完工交货时再支付。

根据上述经济业务，中国海洋××股份有限公司做如下账务处理：

（1）收到60%预付款时：

借：银行存款　　678 000

　贷：预收账款　　678 000

（2）6个月后交付产品时：

借：预收账款　　1 130 000

　贷：主营业务收入　　1 000 000

　　应交税费——应交增值税（销项税额）　　130 000

（3）收到剩余40%货款时：

借：银行存款　　452 000

　贷：预收账款　　452 000

五、应付职工薪酬

职工薪酬是指企业为获得职工提供的服务而给予职工的各种形式的报酬或补偿。职工主要是指与企业签订劳动合同的所有人员，含全职、兼职和临时职工，也包括未与企业订立劳动合同但由企业正式任命的企业治理层和管理层人员，如董事会成员、监事会成员等，尽管有些董事会、监事会成员不是本企业员工，未与企业订立劳动合同，但对其发放的津贴、补贴等仍属于职工薪酬。此外，在企业的计划和控制下，虽未与企业订立劳动合同或未由其正式任命，但为其提供与职工类似服务的人员，如通过中介机构签订用工合同，为企业提供与本企业职工类似服务的人员的报酬也属于职工薪酬的范畴。

（一）职工薪酬的内容

职工薪酬核算企业因职工提供服务而支付的或放弃的对价，企业需要全面综合考虑职工薪酬的内容，以确保其准确性。职工薪酬主要包括以下内容：

1.短期薪酬

（1）职工工资、奖金、津贴和补贴：指构成工资总额的计时工资、计件工资、支付给职工的超额劳动报酬和增收节支的劳动报酬、为了补偿职工特殊或额外的劳动消耗和因其他特殊原因支付给职工的津贴，以及为了保证职工工资水平不受物价影响支付给职工的物价补贴等。

（2）职工福利费：主要指职工因公负伤赴外地就医路费、职工生活困难补助、按照国家规定开支的其他职工福利支出等。

（3）医疗保险费、养老保险费、失业保险费、工伤保险费和生育保险费等社会保险费：指企业按照国务院、各地方政府规定的基准和比例计算，向社会保险经办机构缴纳的医疗保险。企业按照《企业年金办法》《企业年金基金管理办法》等规定的基准和比例计算，向企业年金管理人缴纳的补充养老保险，以及企业以购买商业保险形式提供给职工的各种保险待遇，属于企业提供的职工薪酬，应当按照职工薪酬的原则进行确认、计量和披露。

（4）住房公积金：指企业按照国家《住房公积金管理条例》规定的基准和比例计算，向住房公积金管理机构缴存的住房公积金。

（5）工会经费和职工教育经费：指企业为了改善职工文化生活，为职工学习先进技术、提高文化水平和业务素质，用于开展工会活动和职工教育及职业技能培训，根据国家规定的基准和比例，从成本费用中提取的金额。

（6）非货币性福利：指企业以自己的产品或外购商品发放给职工作为福利，或让职工无偿使用企业拥有的资产或租赁资产供职工无偿使用，比如提供给企业高级管理人员使用的住房、汽车等；免费为职工提供诸如医疗保健的服务或向职工提供企业支付了一定补贴的商品或服务等，如以低于成本的价格向职工出售住房。

2.辞退福利

辞退福利指企业在职工劳动合同到期之前解除与职工的劳动关系，或为鼓励职工自愿接受裁减而给予职工的经济补偿。

3.离职后福利

离职后福利指企业为获得职工提供的服务而在职工退休或与企业解除劳动关系后，提供的各种形式的报酬和福利。

4.其他长期职工福利

其他长期职工福利指除短期薪酬、离职后福利、辞退福利之外所有的职工薪酬，包括长期带薪缺勤、长期残疾福利、长期利润分享计划等。

从薪酬的涵盖时间和支付形式来看，职工薪酬包括企业在职工在职期间和离职后给予的所有货币性薪酬和非货币性福利；从薪酬的支付对象来看，职工薪酬包括提供给职工本人及其配偶、子女或其他被赡养人的福利，比如支付给因公伤亡职工的配偶、子女或其他被赡养人的抚恤金。

（二）职工薪酬的确认和计量原则

企业应当在职工为其提供服务的会计期间，将应付的职工薪酬确认为负债，并根据职工提供服务的受益对象，分别不同情况计入相应成本费用中（因解除与职工的劳动关系给予的补偿除外，即辞退福利不按受益对象划分，辞退福利都计入管理费用）：

（1）应由生产产品、提供劳务负担的生产人员和直接提供劳务人员发生的职工薪酬，计入生产成本或劳务成本，但非正常消耗的直接生产人员和直接提供劳务人员的职工薪酬，应当在发生时确认为当期损益。

（2）应由在建工程、无形资产负担的职工薪酬，计入建造固定资产或无形资产成本。自行建造固定资产和自行研究开发无形资产过程中发生的职工薪酬，能否计入固定资产或无形资产成本，取决于相关资产的成本确定原则。比如，企业在研究阶段发生的职工薪酬不能计入自行开发无形资产的成本，在开发阶段发生的职工薪酬，符合无形资产资本化条件的，应当计入自行开发无形资产的成本。

（3）上述（1）（2）两项之外的其他职工薪酬，计入当期损益。除直接生产人员、直接提供劳务人员、符合准则规定条件的建造固定资产人员、开发无形资产人员以外的职工，包括公司总部管理人员、董事会成员、监事会成员等人员相关的职工薪酬，因难以确定直接对应的受益对象，均应当在发生时计入当期损益。

（三）应付职工薪酬的核算

设置“应付职工薪酬”科目，核算应付职工薪酬的提取、结算、使用等情况。该科目贷方登记已分配计入有关成本费用项目的职工薪酬的数额，借方登记实际发放职工薪酬的数额，期末贷方余额反映企业应付未付的职工薪酬。“应付职工薪酬”科目分别按“工资”“职工福利”“社会保险费”“住房公积金”“工会经费”“职工教育经费”“非货币性福利”“辞退福利”“股份支付”等项目设置明细账，进行明细核算。外商投资企业按规定从净利润中提取的职工奖励及福利基金，也在本科目核算。

1.企业发生应付职工薪酬的主要账务处理

（1）生产部门人员的职工薪酬。

借：生产成本/制造费用/劳务成本

　贷：应付职工薪酬

（2）应由在建工程、研发支出负担的职工薪酬。

借：在建工程

　　研发支出

　贷：应付职工薪酬

（3）管理部门人员、销售人员的职工薪酬。

借：管理费用

　　销售费用

　贷：应付职工薪酬

【例8-8】20×3年6月，中国海洋××股份有限公司当月应发工资2 000万元，其中：生产部门直接生产人员工资1 000万元；生产部门管理人员工资200万元；公司管理部门人员工资360万元；公司专设产品销售机构人员工资100万元；建造厂房人员工资220万元；内部开发存货管理系统人员工资120万元。

根据所在地政府规定，公司分别按照职工工资总额的10%、12%、2%和10.5%计提医疗保险费、养老保险费、失业保险费和住房公积金，缴纳给当地社会保险经办机构和住房公积金管理机构。应承担的职工福利费义务金额为职工工资总额的2%，公司分别按照职工工资总额的2%和1.5%计提工会经费和职工教育经费。假定公司存货管理系统已处于开发阶段，并符合《企业会计准则第6号——无形资产》资本化为无形资产的条件。

该公司在分配工资、职工福利费、各种社会保险费、住房公积金、工会经费和职工教育经费等职工薪酬时，账务处理如下：

按工资总额计提的各项费用比例合计=10%+12%+2%+10.5%+2%+2%+1.5%

=40%

应计入生产成本的职工薪酬金额=1 000+1 000×40%=1 400（万元）

应计入制造费用的职工薪酬金额=200+200×40%=280（万元）

应计入管理费用的职工薪酬金额=360+360×40%=504（万元）

应计入销售费用的职工薪酬金额=100+100×40%=140（万元）

应计入在建工程成本的职工薪酬金额=220+220×40%=308（万元）

应计入无形资产成本的职工薪酬金额=120+120×40%=168（万元）

借：生产成本　　14 000 000
　　制造费用　　2 800 000
　　管理费用　　5 040 000
　　销售费用　　1 400 000
　　在建工程　　3 080 000
　　研发支出——资本化支出　　1 680 000
　贷：应付职工薪酬——工资　　20 000 000
　　　　　　　　——职工福利　　400 000
　　　　　　　　——社会保险费　　4 800 000
　　　　　　　　——住房公积金　　2 100 000
　　　　　　　　——工会经费　　400 000
　　　　　　　　——职工教育经费　　300 000

在确定应付职工薪酬和应当计入成本费用的职工薪酬金额时，企业应当区分两种情况：

第一种情况是对于国务院有关部门、省、自治区、直辖市人民政府或经批准的企业年金计划规定了计提基础和计提比例的职工薪酬项目，企业应当按照规定的计提标准，计量企业承担的职工薪酬义务和计入成本费用的职工薪酬。其中：

①“五险一金”。对于医疗保险费、养老保险费、失业保险费、工伤保险费、生育保险费和住房公积金，企业应当按照国务院、所在地政府或企业年金计划规定的标准计量应付职工薪酬义务和应相应计入成本费用的薪酬金额。

②工会经费和职工教育经费。企业应当按照国家相关规定，分别按照职工工资总额的2%和1.5%计提工会经费和职工教育经费；从业人员技术要求高、培训任务重、经济效益好的企业，可根据国家相关规定，按照职工工资总额的2.5%计提职工教育经费。

第二种情况是对于国家（包括省、市、自治区政府）相关法律法规没有明确规定计提基础和计提比例的职工福利费，企业应当根据历史经验数据和自身实际情况，预计应付职工薪酬金额和应计入成本费用的薪酬金额；每个资产负债表日，企业应当对实际发生的福利费金额和预计金额进行调整。

（4）企业以自产产品或外购商品发放给职工作为福利的。

企业以其生产的产品作为非货币性福利提供给职工的，应当按照该产品的公允价值和相关税费，计量应计入成本费用的职工薪酬金额。相关收入及其成本的确认、计量和相关税费的处理，与正常商品销售相同。以外购商品作为非货币性福利提供给职工的，应当按照该商品的公允价值和相关税费，计量应计入成本费用的职工薪酬金额。

需要注意的是，在以自产产品或外购商品发放给职工作为福利的情况下，企业在进行账务处理时，应当先通过“应付职工薪酬”科目归集当期应计入成本费用的非货币性薪酬金额，以完整准确地确定企业的人工成本金额。分录如下：

借：管理费用/生产成本/制造费用等
　贷：应付职工薪酬——非货币性福利

【例8-9】乙公司为一家生产彩电的企业，共有职工100名，20×3年2月，公司以其生产的成本为5 000元的液晶彩电和外购的每台不含税价格为500元的电暖气作为春节福利发放给职工。该型号液晶彩电的售价为每台7 000元，乙公司适用的增值税税率为13%；乙公司购买电暖气开具了增值税专用发票，增值税税率为13%。假定100名职工中85名为直接参加生产的职工，15名为总部管理人员。

分析：企业以自己生产的产品作为福利发放给职工，应计入成本费用的职工薪酬金额以公允价值计量，计入主营业务收入，产品按照成本结转，但要根据相关税收规定，视同销售计算增值税销项税额。相关账务处理如下：

（1）乙公司以自产的液晶彩电发放福利时：

借：生产成本　672 350（7 000×1.13×85）

　　管理费用　118 650（7 000×1.13×15）

　贷：应付职工薪酬——非货币性福利　791 000

（2）乙公司以外购的电暖气发放福利时：

借：生产成本　48 025（500×1.13×85）

　　管理费用　8 475（500×1.13×15）

　贷：应付职工薪酬——非货币性福利　56 500

（3）购买电暖气时：

借：应付职工薪酬——非货币性福利　56 500

　贷：银行存款　56 500

（4）结转彩电收入和成本时：

借：应付职工薪酬——非货币性福利　791 000

　贷：主营业务收入　700 000

　　　应交税费——应交增值税（销项税额）　91 000

借：主营业务成本　500 000

　贷：库存商品　500 000

（5）无偿向职工提供住房、汽车等固定资产使用的。

企业将拥有的房屋、汽车等资产无偿提供给职工使用的，应当根据受益对象，将住房、汽车每期应计提的折旧计入相关资产成本或费用，同时确认应付职工薪酬。分录如下：

①确认应付职工薪酬：

借：管理费用/生产成本/制造费用

　贷：应付职工薪酬——非货币性福利

②计提折旧：

借：应付职工薪酬——非货币性福利

　贷：累计折旧

【例8-10】中国海洋××股份有限公司将自有住房无偿提供给职工居住，当月生产工人无偿居住住房的折旧费22 000元，行政管理人员14 000元，在建工程人员6 000元，研究开发人员8 000元。有关分录如下：

借：生产成本　22 000

　　管理费用　14 000

　　在建工程　6 000

借：研发支出　　8 000

　贷：应付职工薪酬——非货币性福利　　50 000

同时：

借：应付职工薪酬——非货币性福利　　50 000

　贷：累计折旧　　50 000

（6）租赁住房等资产供职工无偿使用的。

租赁住房等资产供职工无偿使用的，应当根据受益对象，将每期应付的租金计入相关资产成本或费用，并确认应付职工薪酬。难以认定受益对象的，直接计入当期损益，并确认应付职工薪酬。

①按每期应支付的租金确定应付职工薪酬：

借：管理费用/生产成本/制造费用

　贷：应付职工薪酬——非货币性福利

②确定每期的租金费用：

借：应付职工薪酬——非货币性福利

　贷：其他应付款

③支付每期的租金费用：

借：其他应付款

　贷：银行存款

【例8-11】中国海洋××股份有限公司为副总裁以上高级管理人员每人租赁一套住房。该公司共有副总裁以上高级管理人员5名，公司为其每人租赁一套面积为100平方米带有家具和电器的公寓，月租金为每套4 000元。该公司每月应做如下账务处理：

（1）按每期应支付的租金确定应付职工薪酬：

借：管理费用　　20 000

　贷：应付职工薪酬——非货币性福利　　20 000

（2）确定每期的租金费用：

借：应付职工薪酬——非货币性福利　　20 000

　贷：其他应付款　　20 000

（3）支付每期的租金费用：

借：其他应付款　　20 000

　贷：银行存款　　20 000

（7）因解除与职工的劳动关系给予的补偿。

因解除与职工的劳动关系给予的补偿不按受益对象进行分配，不区分人员类别，而是全部计入管理费用。会计分录为：

借：管理费用

　贷：应付职工薪酬——辞退福利

（8）企业以现金与职工结算的股份支付。

在等待期内每个资产负债表日，按当期应确认的成本费用金额计入相关费用。

借：管理费用/生产成本/制造费用等

　贷：应付职工薪酬——股份支付

在可行权日之后，以现金结算的股份支付当期公允价值的变动金额，借记或贷记“公允价值变动损益”科目，贷记或借记“应付职工薪酬”科目。

(9) 企业（外商）按规定从净利润中提取的职工奖励及福利基金。

借：利润分配——提取的职工奖励及福利基金

贷：应付职工薪酬

2.企业发放职工薪酬的主要账务处理

(1) 向职工支付工资、奖金、津贴、福利费等，从应付职工薪酬中扣还的各种款项（代垫的家属药费、个人所得税等）等。

借：应付职工薪酬（应发工资总额）

贷：银行存款/库存现金（实发工资总额）

其他应收款（企业预先替职工垫付款项）

其他应付款（企业代扣的各种应付款项）

应交税费——应交个人所得税（企业代扣职工应交个人所得税）

【例8-12】中国海洋××股份有限公司应付职工工资480 000元，通过银行实发工资430 000元，发放工资时扣还代垫的职工家属药费26 000元、房租18 000元，代扣个人所得税6 000元。账务处理如下：

借：应付职工薪酬——工资	480 000	
贷：银行存款		430 000
其他应收款		44 000
应交税费——应交个人所得税		6 000

(2) 支付工会经费和职工教育经费用于工会活动和职工培训。

借：应付职工薪酬

贷：银行存款等科目

(3) 按照国家有关规定缴纳社会保险费和住房公积金。

借：应付职工薪酬

贷：银行存款等科目

(4) 企业以其自产产品发放给职工的。

借：应付职工薪酬

贷：主营业务收入等科目

同时，还应结转产成品的成本。涉及增值税销项税额的，还应进行相应的处理。

【例8-13】承【例8-9】，实际发放液晶彩电作为福利时，账务处理如下：

借：应付职工薪酬——非货币性福利	791 000	
贷：主营业务收入		700 000
应交税费——应交增值税（销项税额）		91 000
借：主营业务成本	500 000	
贷：库存商品		500 000

(5) 支付租赁住房等资产供职工无偿使用所发生的租金。

借：应付职工薪酬

贷：银行存款等科目

【例 8-14】承【例 8-11】，公司为高级管理人员支付租房租金时：

借：应付职工薪酬——非货币性福利 20 000

　贷：银行存款等 20 000

（6）企业以现金与职工结算的股份支付，在行权日。

借：应付职工薪酬

　贷：银行存款

　　库存现金等科目

（7）企业因解除与职工的劳动关系给予职工的补偿。

借：应付职工薪酬

　贷：银行存款

　　库存现金等科目

（四）辞退福利的确认和计量

1.辞退福利的含义

辞退福利包括两方面的内容：一是在职工劳动合同尚未到期前，不论职工本人是否愿意（没有选择权），企业决定解除与职工的劳动关系而给予的补偿。二是在职工劳动合同尚未到期前，为鼓励职工自愿接受裁减而给予的补偿，职工有权利选择继续在职或接受补偿离职。辞退福利通常采取解除劳动关系时一次性支付补偿的方式，也有通过提高退休后养老金或其他离职后福利的标准，或者在职工不再为企业带来经济利益后，将职工工资部分支付到辞退后未来某一期间。

2.辞退福利的确认

辞退福利同时满足下列条件的，应当确认因解除与职工的劳动关系给予补偿而产生的预计负债，同时计入当期管理费用：

（1）企业已经制订正式的解除劳动关系计划或提出自愿裁减建议，并即将实施。

（2）该计划或建议是不可撤销的，即企业不能单方面撤回解除劳动关系计划或裁减建议。

3.辞退福利的计量

企业应当根据职工薪酬和或有事项准则的规定，严格按照辞退计划条款的规定，合理预计并确认辞退福利产生的负债。辞退福利的计量因辞退计划中职工有无选择权而有所不同：

（1）对于职工没有选择权的辞退计划，应当根据计划条款规定拟解除劳动关系的职工数量、每一职位的辞退补偿等计提应付职工薪酬（预计负债）。

（2）对于自愿接受裁减建议，因接受裁减的职工数量不确定，企业应当参照或有事项的规定，预计将会接受裁减建议的职工数量，根据预计的职工数量和每一职位的辞退补偿等计提应付职工薪酬（预计负债）。

（3）实质性辞退工作在一年内实施完毕，但补偿款项超过一年支付的辞退计划，企业应当选择恰当的折现率，以折现后的金额计量应计入当期管理费用的辞退福利金额，该项金额与实际应支付的辞退福利之间的差额，作为未确认融资费用，在以后各期实际支付辞退福利款项时，计入财务费用。账务处理上，确认因辞退福利产生的预计负债时，借记“管理费用”“未确认融资费用”科目，贷记“应付职工薪酬——辞退福利”科目；各期支付辞退福利款项时，借记“应付职工薪酬——辞退福利”科目，贷记“银行存款”科目；同时，借记“财务费用”科目，贷记“未确认融资费用”科目。应付辞退福利款金额与其折现后金额相差不大的，也可不折现。

【例8-15】某公司为一家家用电器制造企业，20×3年9月，为了能够在下一年度顺利实施转产，公司管理层制订了一项辞退计划。计划规定，从20×4年1月1日起，该公司将以职工自愿方式，辞退其平面直角系列彩电生产车间的职工。辞退计划的详细内容，包括拟辞退的职工所在部门、数量、各级别职工能够获得的补偿以及计划大体实施的时间等均已与职工沟通，并达成一致意见，辞退计划已于当年12月10日经董事会正式批准，辞退计划将于下一个年度内实施完毕。该项辞退计划的详细内容见表8-1。

表8-1　**某公司20×4年辞退计划一览表**　金额单位：万元

所属部门	职位	辞退数量	工龄（年）	每人补偿
彩电车间	车间主任副主任	10	1～10	10
			10～20	20
			20～30	30
	高级技工	50	1～10	8
			10～20	18
			20～30	28
	一般技工	100	1～10	5
			10～20	15
			20～30	25
小计		160		

按照或有事项有关计算最佳估计数的方法，预计接受辞退的职工数量可以根据最可能发生的数量确定，也可以采用按照各种发生数量及其发生概率计算确定。

①按最可能发生的数量确定。20×3年12月31日，公司预计各级别职工中愿意接受辞退的最佳估计人数（最可能发生数）及其应支付的补偿金额见表8-2。

根据表8-2，愿意接受辞退职工的最可能数量为123名，预计补偿总额为1 400万元，则公司在20×3年（辞退计划20×3年12月10日由董事会批准）应做如下分录：

借：管理费用　　14 000 000

　贷：应付职工薪酬——辞退福利　　14 000 000

②按照各种发生数量及其发生概率计算确定。以本例中彩电车间主任和副主任级别、工龄在1～10年的职工为例，假定接受辞退的职工各种数量及发生概率见表8-3。

由表8-3结果可知，彩电车间主任和副主任级别、工龄在1～10年的职工接受辞退计划的最佳估计数为5.67名，则就该职级、该工龄段应确认的辞退福利金额应为56.7万元（5.67×10），会计分录如下：

借：管理费用　　567 000

　贷：应付职工薪酬——辞退福利　　567 000

表 8-2　**各级别职工中愿意接受辞退的最佳估计人数和补偿金额**　金额单位：万元

所属部门	职位	辞退数量	工龄（年）	接受数量	每人补偿额	补偿金额
彩电车间	车间主任副主任	10	1～10	5	10	50
			10～20	2	20	40
			20～30	1	30	30
	高级技工	50	1～10	20	8	160
			10～20	10	18	180
			20～30	5	28	140
	一般技工	100	1～10	50	5	250
			10～20	20	15	300
			20～30	10	25	250
小计		160		123		1 400

表 8-3　**接受辞退的职工人数及发生概率**

接受辞退的职工人数	发生概率	最佳估计数
0	0	0
1	3%	0.03
2	5%	0.1
3	5%	0.15
4	20%	0.8
5	15%	0.75
6	25%	1.5
7	8%	0.56
9	12%	1.08
10	7%	0.7
合　计		5.67

六、应交税费

企业在一定时期内取得的营业收入、实现的利润或发生的特定经营行为，要按照规定向国家缴纳各种税费，这些应交税费应按照权责发生制的原则确认，在尚未缴纳之前暂时保留在企业，形成一项负债。

企业根据税法规定应缴纳的各种税费包括：增值税、消费税、所得税、资源税、土地增值税、环境保护税、城市维护建设税、房产税、城镇土地使用税、车船税、教育费附加、矿产资源补偿费、印花税、耕地占用税等。

企业应通过“应交税费”科目，总括地反映各种税费的缴纳情况，并按税种设置明细科目。该科目的贷方登记应缴纳的各种税费等，借方登记已缴纳的各种税费。期末余额一般在贷方，反映企业尚未缴纳的各种税费，期末余额如果在借方，反映企业多交或尚未抵扣的税费。

企业代扣代交的个人所得税等，也通过本科目核算。

不需要预计应交数的税金，如印花税、耕地占用税、车辆购置税等，不需通过“应交税费”科目核算，而在实际缴纳时直接计入有关成本费用。

（一）应交增值税

增值税是就货物或应税劳务的增值部分征收的一种税。按照纳税人的经营规模及会计核算的健全程度，增值税纳税人分为一般纳税人和小规模纳税人。一般纳税人应纳增值税额，根据当期销项税额减去当期进项税额计算确定；小规模纳税人应纳增值税额，按照销售额和规定的征收率计算确定。下面介绍增值税一般纳税人的会计处理。

1.扣税和记账依据

按照《中华人民共和国增值税暂行条例》（以下简称《增值税暂行条例》）的规定，企业购入货物或接受应税劳务支付的增值税（即进项税额），可以从销售货物或提供劳务时按规定收取的增值税（即销项税额）中抵扣。按照规定，企业购入货物或接受劳务必须具备以下凭证，其进项税额才能予以扣除：

①增值税专用发票。一般纳税企业销售货物或者提供应税劳务均应开具增值税专用发票，增值税专用发票记载了销售货物的售价、税率以及税额等，购货方以增值税专用发票上记载的购入货物已支付的税额，作为扣税和记账的依据。

②完税凭证。企业进口货物必须缴纳增值税，其缴纳的增值税在完税凭证上注明，进口货物缴纳的增值税根据从海关取得的完税凭证上注明的增值税额，作为扣税和记账依据。

③收购凭证。购进免税农产品或收购废旧物资，按照经税务机关批准的收购凭证上注明的价款或收购金额的一定比率计算进项税额，并以此作为扣税和记账的依据。

④运费结算单据。一般纳税企业所支付的运输费用，以及销售货物所支付运输费用（代垫运费除外），根据经批准使用的运费结算单据所列运费金额和规定的扣除率（如6%）计算进项税额，并以此作为扣税和记账的依据。但随同运费支付的装卸费、保险费等其他杂费不得计算扣除进项税额。

企业购入货物或者接受应税劳务，没有按照规定取得并保存增值税扣税凭证，或者增值税扣税凭证上未按照规定注明增值税额及其他有关事项的，其进项税额不能从销项税额中抵扣。会计核算中，如果企业不能取得有关的扣税证明，则购进货物或接受应税劳务支付的增值税额不能作为进项税额扣税，其已支付的增值税只能计入购入货物或接受劳务的成本。

值得注意的是，按照修订后的《增值税暂行条例》，企业购入的机器设备等生产经营用固定资产所支付的增值税在符合税收法规定情况下，也应从销项税额中扣除，不再计入固定资产成本。按照税收法规规定，购入的用于集体福利或个人消费等目的的固定资产而支付的增值税，不能从销项税额中扣除，仍应计入固定资产成本。

2.会计科目的设置

为了核算企业应交增值税的发生、抵扣、缴纳、退税及转出等情况，增值税一般纳税人应在“应交税费”科目下设置“应交增值税”“未交增值税”“预交增值税”“待抵扣进项税额”“待认证进项税额”“待转销项税额”“增值税留抵税额”“转让金融商品应交增值税”“简易计税”“代扣代交增值税”等明细科目。

①“应交增值税”明细科目，核算一般纳税人进项税额、销项税额抵减、已交税金、转出未交增值税、减免税款、出口抵减内销产品应纳税额、销项税额、出口退税、进项税额转出、转出多交增值税等情况。该明细账借方一般设置“进项税额”“已交税金”“转出未交增值税”“减免税款”“出口抵减内销产品应纳税额”等专栏；贷方一般设置“销项税额”“进项税额转出”“出口退税”“转出多交增值税”等专栏，并按规定进行核算。

②“未交增值税”明细科目，核算一般纳税人月度终了从“应交增值税”或“预交增值税”明细科目转入当月应交未交、多交或预交的增值税税额，以及当月缴纳以前期间未交的增值税税额。

③“预交增值税”明细科目，核算一般纳税人转让不动产、提供不动产经营租赁服务、提供建筑服务、采用预收款方式销售自行开发的房地产项目等，以及其他按现行增值税制度规定应预交的增值税税额。

④“待抵扣进项税额”明细科目，核算一般纳税人已取得增值税扣税凭证并经税务机关认证，按照现行增值税制度规定准予以后期间从销项税额中抵扣的进项税额。

⑤“待认证进项税额”明细科目，核算一般纳税人由于未经税务机关认证而不得从当期销项税额中抵扣的进项税额，包括：已取得增值税扣税凭证、按照现行增值税制度规定准予从销项税额中抵扣，但尚未经税务机关认证的进项税额；已申请稽核但尚未取得稽核相符结果的海关缴款书进项税额。

⑥“待转销项税额”明细科目，核算一般纳税人销售货物、加工修理修配劳务、服务、无形资产或不动产，已确认相关收入（或利得）但尚未发生增值税纳税义务而需于以后期间确认为销项税额的增值税税额。

⑦“转让金融商品应交增值税”明细科目，核算增值税纳税人转让金融商品发生的增值税税额。

⑧“简易计税”明细科目，核算一般纳税人发生的教育辅助服务等采用简易计税方法发生的增值税计提、扣减、预缴、缴纳等业务。

⑨“代扣代交增值税”明细科目，核算纳税人购进在境内未设经营机构的境外单位或个人在境内的应税行为代扣代缴的增值税。

3.一般纳税企业一般购销业务的会计处理

从税务角度看：一是可以使用增值税专用发票，企业销售货物或提供劳务可以开具增值税专用发票（或完税凭证、购进免税农产品凭证、收购废旧物资凭证、外购物资支付的运输费用的结算单据，下同）；二是购入货物取得的增值税专用发票上注明的增值税额可以用销项税额抵扣；三是如果企业销售货物或者提供劳务采用销售额和销项税额合并定价方法的，按公式“销售额=含税销售额÷（1+增值税税率）”还原为不含税销售额，并按不含税销售额计算销项税额。

根据上述特点，一般纳税企业在账务处理上的主要特点有：一是在购进阶段，会计处理时实行价与税的分离，价与税分离的依据为增值税专用发票上注明的价款与增值税，属于价款部分，计入购入货物的成本；属于增值税额部分，计入进项税额。二是在销售阶段，销售价格中不再含税，如果定价时含税，应还原为不含税价格作为销售收入，向购买方收取的增值税作为销项税额。

【例8-16】中国海洋××股份有限公司为一般纳税企业，某月购入一批生产用原材料，增值税专用发票上注明价款300 000元和增值税额39 000元。材料已到达并验收入库，货款尚未支付。该企业当期销售产品一批，不含增值税售价为650 000元，适用的增值税税率为13%，货款尚未收到。则会计分录为：

（1）购进货物时：

借：原材料	300 000	
应交税费——应交增值税（进项税额）	39 000	
贷：应付账款		339 000

（2）销售商品时：

借：应收账款	734 500	
贷：主营业务收入		650 000
应交税费——应交增值税（销项税额）		84 500

4.一般纳税企业购入免税产品的会计处理

按照《增值税暂行条例》的规定，对农业生产者销售的自产农业产品、古旧图书等部分项目免征增值税。企业销售免征增值税项目的货物，不能开具增值税专用发票，只能开具普通发票。企业购进免税产品，一般情况下不能扣税，但按税法规定，对于购入的免税农业产品、收购废旧物资等可以按买价（或收购金额）的一定比率计算进项税额，并准予从销项税额中抵扣。这里购入免税农业产品的买价是指企业购进免税农产品支付给农业生产者的价款。在会计核算时，一是按购进免税农业产品有关凭证上确定的金额（买价）或者按收购金额，扣除9%的进项税额作为购进农业产品（或收购废旧物资）的成本；二是扣除的部分作为进项税额，待以后用销项税额抵扣。

【例8-17】某企业为增值税一般纳税人，本期收购农产品，实际支付价款200万元，收购的农产品已验收入库，款项已经支付。企业应做如下账务处理（该企业采用计划成本法进行日常材料核算。原材料入库分录略）：

可抵扣进项税额=200×9%=18（万元）

借：材料采购	1 820 000	
应交税费——应交增值税（进项税额）	180 000	
贷：银行存款		2 000 000

5.视同销售的会计处理

按照《中华人民共和国增值税暂行条例实施细则》（以下简称《增值税暂行条例实施细则》）的规定，视同销售包括：将货物交付其他单位或者个人代销；销售代销货物；设有两个以上机构并实行统一核算的纳税人，将货物从一个机构移送其他机构用于销售，但相关机构设在同一县（市）的除外；将自产或者委托加工的货物用于非增值税应税项目；将自产、委托加工的货物用于集体福利或者个人消费；将自产、委托加工或者购进的货物作为投资，提供给其他单位或者个体工商户；将自产、委托加工或者购进的货物分配给股东或者投资者；将自产、委托加工或者购进的货物无偿赠送其他单位或者个人。对于视同销售货物，企业需计算缴纳增值税。无论会计上是否做销售处理，只要税法规定需要缴纳增值税的，应当计算缴纳增值税销项税额，并记入“应交税费——应交增值税”科目中的“销项税额”专栏。

税法规定以原材料对外投资应视同销售处理，并以协议价为依据计算应交增值税（销项税额），原进项税额不做进项税额转出处理。

【例 8-18】中国海洋××股份有限公司为增值税一般纳税人，本期以自产产品对乙公司投资，双方协议按产品的售价作价。该批产品的成本为200万元，假设售价和计税价格均为220万元。该产品适用的增值税税率为13%。假如该笔交易符合非货币性资产交换准则规定的按公允价值计量的条件，乙公司收到投入的产品作为原材料使用。根据上述经济业务，中国海洋××股份有限公司和乙公司（假如双方原材料均采用实际成本进行核算）应分别做如下账务处理：

中国海洋××股份有限公司：

对外投资转出计算的销项税额=220×13%=28.6（万元）

借：长期股权投资　　2 486 000

　贷：主营业务收入　　2 200 000

　　　应交税费——应交增值税（销项税额）　　286 000

借：主营业务成本　　2 000 000

　贷：库存商品　　2 000 000

乙公司：

收到投资时，视同购进处理：

借：原材料　　2 200 000

　　应交税费——应交增值税（进项税额）　　286 000

　贷：实收资本　　2 486 000

【例 8-19】甲公司将本公司生产的产品用于自行建造职工俱乐部。该批产品的成本为200 000元，计税价格为300 000元，增值税税率为13%。甲公司的有关会计分录如下：

甲公司在建工程领用自产产品的销项税额=300 000×13%=39 000（元）

借：在建工程　　239 000

　贷：库存商品　　200 000

　　　应交税费——应交增值税（销项税额）　　39 000

6.不予抵扣项目的会计处理

按照《增值税暂行条例》及《增值税暂行条例实施细则》的规定：

①企业购进用于集体福利或个人消费的固定资产、用于非应税项目的购进货物或者应税劳务、购入的货物直接用于免税项目，或者直接用于集体福利和个人消费的等按规定属于购入货物时即能认定其进项税额不能抵扣的，进行会计处理时，其增值税专用发票上注明的增值税额，计入购入货物及接受劳务的成本。

②如购入货物时不能直接认定其进项税额能否抵扣的，增值税专用发票上注明的增值税额，按照增值税会计处理方法先记入“应交税费——应交增值税（进项税额）”科目，当货物改变用途时，再做进项税额转出处理。通过“应交税费——应交增值税（进项税额

转出）”科目转入有关的“在建工程”“应付职工薪酬——职工福利”“待处理财产损溢”等科目。

③遭到非常损失的存货（如在产品、库存商品、原材料等），原增值税进项税额做进项税额转出处理。

【例 8-20】中国海洋××股份有限公司为增值税一般纳税人，本期购入一批材料，增值税专用发票上注明的材料价款120万元、增值税额15.6万元。材料已入库，货款已经支付（假如该公司材料采用实际成本进行核算）。材料入库后，公司将该批材料全部用于办公楼工程建设项目。根据该项经济业务，公司可做如下账务处理：

（1）材料入库时：

借：原材料　　1 200 000

　　应交税费——应交增值税（进项税额）　　156 000

　贷：银行存款　　1 356 000

（2）工程领用材料时：

借：在建工程　　1 356 000

　贷：原材料　　1 200 000

　　　应交税费——应交增值税（进项税额转出）　　156 000

7.转出多交增值税和未交增值税的会计处理

月份终了，企业计算出当月应交未交的增值税，借记“应交税费——应交增值税（转出未交增值税）”科目，贷记“应交税费——未交增值税”科目；当月多交的增值税，借记“应交税费——未交增值税”科目，贷记“应交税费——应交增值税（转出多交增值税）”科目。

企业缴纳当月增值税时：

借：应交税费——应交增值税（已交税金）

　贷：银行存款

企业缴纳以前月份应交未交增值税时：

借：应交税费——未交增值税

　贷：银行存款

【例 8-21】中国海洋××股份有限公司20×3年5月份购进材料等发生的进项税额为39 000元，销售产品等发生的销项税额为52 000元，缴纳当月增值税额10 000元。该企业6月份缴纳5月份欠交的增值税额3 000元。

（1）5月份缴纳当月增值税时：

借：应交税费——应交增值税（已交税金）　　10 000

　贷：银行存款　　10 000

（2）结转5月份未交增值税3 000元（52 000-39 000-10 000）：

借：应交税费——应交增值税（转出未交增值税）　　3 000

　贷：应交税费——未交增值税　　3 000

（3）6月份缴纳上月欠交增值税额时：

借：应交税费——未交增值税　　3 000

　贷：银行存款　　3 000

8.小规模纳税企业的会计处理

小规模纳税企业的特点有：一是小规模纳税企业销售货物或者提供应税劳务，一般情况下只能开具普通发票，不能开具增值税专用发票；二是小规模纳税企业销售货物或提供应税劳务，实行简易办法计算应纳税额，按照销售额的一定比例计算（征收率一般为3%,）；三是小规模纳税企业的销售额不包括其应纳税额。采用销售额和应纳税额合并定价方法的，按照公式"销售额=含税销售额÷（1+征收率）"还原为不含税销售额计算。

从会计核算角度看，小规模纳税企业购入货物无论是否取得增值税专用发票，其支付的增值税额均不计入进项税额，不得由销项税额抵扣，应计入购入货物的成本。相应地，其他企业从小规模纳税企业购入货物或接受劳务支付的增值税额，如果不能取得增值税专用发票，也不能作为进项税额抵扣，而应计入购入货物或应税劳务的成本。小规模纳税企业的销售收入按不含税价格计算，设置三栏式明细账对"应交税费——应交增值税"进行核算。

【例8-22】某企业核定为小规模纳税人，本期购入原材料，按照增值税专用发票上记载的原材料价款为100万元，支付的增值税额为13万元，企业开出承兑的商业汇票，材料尚未到达。该企业本期销售产品的价格总额为80.8万元（含税，2023年减按1%征收），假定符合收入确认条件，货款尚未收到。根据上述经济业务，该企业应做如下账务处理：

购进货物时：

借：材料采购　　1 130 000

　贷：应付票据　　1 130 000

销售货物时：

不含税价格=80.8÷（1+1%）=80（万元）

应交增值税=80×1%=0.8（万元）

借：应收账款　　808 000

　贷：主营业务收入　　800 000

　　　应交税费——应交增值税（销项税额）　　8 000

（二）应交消费税

为了正确引导消费方向，国家在普遍征收增值税的基础上，选择部分消费品，再征收一道消费税。消费税是指对生产、委托加工和进口应税消费品的单位和个人所征收的一种税。应税消费品包括：烟、酒、高档化妆品、贵重首饰和珠宝玉石、鞭炮焰火、高尔夫球及球具、高档手表、游艇、木制一次性筷子、实木地板、成品油、摩托车、小汽车、电池、涂料等。消费税的计算公式如下：

应交消费税=销售额×税率

或　　=销售数量×单位税额

1.会计科目设置

企业按规定应交的消费税，在"应交税费"科目下设置"应交消费税"明细科目核算。"应交消费税"明细科目的借方发生额，反映实际缴纳的消费税和待扣的消费税；贷方发生额，反映按规定应缴纳的消费税；期末贷方余额，反映尚未缴纳的消费税；期末借方余额，反映多交或待扣的消费税。

2.产品销售的会计处理

企业将生产的产品直接对外销售的，对外销售产品应缴纳的消费税，通过“税金及附加”科目核算；企业按规定计算出应交的消费税，借记“税金及附加”科目，贷记“应交税费——应交消费税”科目。

【例8-23】中国海洋××股份有限公司为增值税一般纳税人（采用计划成本核算原材料），本期销售其生产的应纳消费税产品的售价为24万元（不含应向购买者收取的增值税额），产品成本为15万元。该产品适用的增值税税率为13%、消费税税率为10%。产品已经发出，符合收入确认条件，款项尚未收到。根据这项经济业务，公司可做如下账务处理：

应向购买者收取的增值税额=240 000×13%=31 200（元）

应交的消费税=240 000×10%=24 000（元）

借：应收账款	271 200	
贷：主营业务收入		240 000
应交税费——应交增值税（销项税额）		31 200
借：税金及附加	24 000	
贷：应交税费——应交消费税		24 000
借：主营业务成本	150 000	
贷：库存商品		150 000

3.税法上视同销售的会计处理

企业将生产的应税消费品换取生产资料、消费资料、抵偿债务、对外投资，或用于在建工程、非生产机构、馈赠、赞助等方面，税法上视同销售，应计算应交的消费税，计入相关成本费用。

【例8-24】中国海洋××股份有限公司为增值税一般纳税人，适用的增值税税率为13%，其生产的产品同时需要缴纳消费税，税率为10%。企业将该消费品用于在建工程，其实际成本为64 000元，公允价值（计税价格）为70 000元。财务处理如下：

借：在建工程	80 100	
贷：库存商品		64 000（成本）
应交税费——应交增值税（销项税额）		9 100（计税价格×13%）
——应交消费税		7 000

【例8-25】中国海洋××股份有限公司领用一批自产的应税消费品作为福利发放给职工，该批产品的实际成本为30 000元，公允价值（计税价格）为45 000元。企业为增值税一般纳税人，增值税税率13%，消费税税率为10%。财务处理如下：

应记入“应付职工薪酬——非货币性福利”科目的金额=45 000+45 000×13%+45 000×10%

=55 350（元）

借：管理费用	55 350	
贷：应付职工薪酬——非货币性福利		55 350

同时，

借：应付职工薪酬——非货币性福利	55 350	
贷：主营业务收入		45 000

贷：应交税费——应交增值税（销项税额）　　5 850
　　　　　——应交消费税　　4 500

借：主营业务成本　　30 000
　贷：库存商品　　30 000

4.委托加工应税消费品的会计处理

按照税法规定，企业委托加工的应税消费品，由受托方在向委托方交货时，代扣代缴税款（除受托加工或翻新改制金银首饰按规定由受托方缴纳消费税外）。

（1）若委托加工的应税消费品收回后直接用于销售，在销售时不再缴纳消费税，因此，应将受托方代扣代缴的消费税计入委托加工应税消费品的成本。

（2）若委托加工的应税消费品收回后用于连续生产应税消费品，由受托方代扣代缴的消费税记入“应交税费——应交消费税”科目借方，留待抵扣最终消费品销售时应缴纳的消费税。

委托加工或翻新改制金银首饰按规定由受托方缴纳消费税。企业应于向委托方交货时，按规定缴纳的消费税，借记“税金及附加”科目，贷记“应交税费——应交消费税”科目。

【例8-26】中国海洋××股份有限公司委托外单位加工材料（非金银首饰），原材料价款20万元，加工费用5万元，由受托方代收代缴的消费税0.5万元（不考虑增值税），材料已经加工完毕验收入库，加工费用尚未支付。假定该公司材料采用实际成本核算。

（1）如果委托方收回加工后的材料用于继续生产应税消费品，委托方的会计处理如下：

借：委托加工物资　　200 000
　贷：原材料　　200 000

借：委托加工物资　　50 000
　　应交税费——应交消费税　　5 000
　贷：应付账款　　55 000

借：原材料　　250 000
　贷：委托加工物资　　250 000

（2）如果委托方收回加工后的材料直接用于销售，委托方的账务处理如下：

借：委托加工物资　　200 000
　贷：原材料　　200 000

借：委托加工物资　　55 000
　贷：应付账款　　55 000

借：原材料　　255 000
　贷：委托加工物资　　255 000

5.进出口产品的会计处理

需要缴纳消费税的进口消费品，其缴纳的消费税应计入该进口消费品的成本，借记“固定资产”“材料采购”等科目，贷记“银行存款”等科目。

免征消费税的出口应税消费品分别不同情况进行账务处理：属于生产企业直接出口应税消费品或通过外贸企业出口应税消费品，按规定直接予以免税的，可以不计算应交消费税；属于委托外贸企业代理出口应税消费品的生产企业，应在计算消费税时，按应交消费税额，借记“应收账款”科目，贷记“应交税费——应交消费税”科目。应税消费品出口收到外贸企业退回的税金时，借记“银行存款”科目，贷记“应收账款”科目。发生退关、退货而补交已退的消费税时，做相反的会计分录。

（三）其他应交税费

1.应交资源税

资源税是对在中华人民共和国领域和中华人民共和国管辖的其他海域开发应税资源的单位和个人征收的一种税。资源税税目包括能源矿产、金属矿产、非金属矿产、水气矿产和盐。资源税按照《资源税税目税率表》实行从价计征或者从量计征。实行从价计征的，应纳税额按照应税资源产品的销售额乘以具体适用税率计算。实行从量计征的，应纳税额按照应税产品的销售数量乘以具体适用税率计算。纳税人开采或者生产不同税目应税产品的，应当分别核算不同税目应税产品的销售额或者销售数量；未分别核算或者不能准确提供不同税目应税产品的销售额或者销售数量的，从高适用税率。

（1）科目设置

企业按规定应交的资源税，在“应交税费”科目下设置“应交资源税”明细科目核算。“应交资源税”明细科目的借方发生额，反映企业已交的或按规定允许抵扣的资源税；贷方发生额，反映应交的资源税；期末借方余额反映多交或尚未抵扣的资源税；期末贷方余额，反映尚未缴纳的资源税。

（2）对外销售物资应交资源税

在会计核算时，企业按规定计算出销售应税产品应缴纳的资源税：

借：税金及附加

　贷：应交税费——应交资源税

（3）自产自用的物资应交的资源税

企业计算出自产自用的应税产品应缴纳的资源税：

借：生产成本/制造费用

　贷：应交税费——应交资源税

【例8-27】某企业将自产的煤炭1 000吨用于产品生产，每吨应交资源税5元。根据该项经济业务，企业应做账务处理如下：

自产自用煤炭应交的资源税=1 000×5=5 000（元）

借：生产成本	5 000	
贷：应交税费——应交资源税		5 000

2.土地增值税

国家从1994年起开征了土地增值税，转让国有土地使用权、地上建筑物及其附着物并取得收入的单位和个人，均应缴纳土地增值税。土地增值税按照转让房地产所取得的增值额和规定的税率计算征收。这里的增值额是指转让房地产所取得的收入减除规定扣除项目金额后的余额。企业转让房地产所取得的收入，包括货币收入、实物收入和其他收入。计算土地增值额的主要扣除项目有：

（1）取得土地使用权所支付的金额；

（2）开发土地的成本、费用；

(3) 新建房及配套设施的成本、费用，或者旧房及建筑物的评估价格；

(4) 与转让房地产有关的税金；

(5) 财政部规定的其他扣除项目。

在会计处理时，企业缴纳的土地增值税通过“应交税费——应交土地增值税”科目核算。具体会计分录如下：

(1) 主营房地产业务或兼营房地产业务的企业，计算应由当期营业收入负担的土地增值税时：

借：税金及附加（主营房地产企业）

其他业务成本（兼营房地产企业）

贷：应交税费——应交土地增值税

(2) 转让的国有土地使用权与其地上建筑物及其附着物一并在“固定资产”或“在建工程”科目核算的，转让时应缴纳的土地增值税：

借：固定资产清理/在建工程

贷：应交税费——应交土地增值税

(3) 企业在项目全部竣工结算前转让房地产取得的收入，按税法规定预交的土地增值税：

借：应交税费——应交土地增值税

贷：银行存款

待该项房地产销售收入实现时，再按上述销售业务的会计处理方法进行处理。该项目全部竣工、办理结算后进行清算，收到退回多交的土地增值税，借记“银行存款”等科目，贷记“应交税费——应交土地增值税”科目，补交的土地增值税做相反的会计分录。

3.房产税、城镇土地使用税、车船税和印花税

房产税、城镇土地使用税、车船税、印花税合称“四小税”。

(1) 房产税是国家对在城市、县城、建制镇和工矿区征收的由产权所有人缴纳的一种税。房产税依照房产原值一次减除10%至30%后的余额计算缴纳。没有房产原值作为依据的，由房产所在地税务机关参考同类房产核定；房产出租的，以房产租金收入为房产税的计税依据。

(2) 城镇土地使用税是国家为了合理利用城镇土地，调节土地级差收入，提高土地使用效益，加强土地管理而开征的一种税，以纳税人实际占用的土地面积为计税依据，依照规定税额计算征收。

(3) 车船税由拥有并且使用车船的单位和个人缴纳。车船税按照应税车辆所对应的适用税额计算缴纳。

企业按规定计算应交的房产税、城镇土地使用税、车船税时：

借：税金及附加

贷：应交税费——应交房产税

——应交城镇土地使用税

——应交车船税

上交房产税、城镇土地使用税、车船税时，借记“应交税费——应交房产税（或城镇土地使用税、车船税）”科目，贷记“银行存款”科目。

（4）在中华人民共和国境内书立应税凭证、进行证券交易的单位和个人，为印花税的纳税人，应当依照《中华人民共和国印花税法》的规定缴纳印花税。

印花税税目包括合同（指书面合同）、产权转移书据、营业账簿、证券交易等四大税目。合同包括：借款合同、融资租赁合同、买卖合同、承揽合同、建设工程合同、运输合同、技术合同、租赁合同、保管合同、仓储合同、财产保险合同。产权转移书据包括：土地使用权出让书据，土地使用权、房屋等建筑物和构筑物所有权转让书据（不包括土地承包经营权和土地经营权转移），股权转让书据（不包括应缴纳证券交易印花税的），商标专用权、著作权、专利权、专有技术使用权转让书据。

由于企业需要预先购买印花税票，待发生应税行为时，再根据凭证的性质和规定的比例税率或者按件计算应纳税额，将已购买的印花税票粘贴在应纳税凭证上，并在每枚税票的骑缝处盖戳注销或者划销，办理完税手续。企业缴纳的印花税，不会发生应付未付税款的情况，不需要预计应纳税金额，同时也不存在与税务机关结算或清算的问题，因此，不需要通过"应交税费"科目核算，只需在购买印花税票时，直接借记"税金及附加"科目，贷记"银行存款"科目。

4.应交城市维护建设税（"税上税"）

为加强城市维护建设，扩大和稳定城市维护建设资金的来源，国家开征了城市维护建设税。在会计核算时，企业按规定计算出的城市维护建设税，借记"税金及附加""其他业务成本"等科目，贷记"应交税费——应交城市维护建设税"科目；实际上交时，借记"应交税费——应交城市维护建设税"科目，贷记"银行存款"科目。

5.企业所得税

企业的生产、经营所得和其他所得，依照《中华人民共和国企业所得税法实施条例》的规定需要缴纳所得税。企业所得税通常是按年计算、分期预交。从2008年1月1日起，我国企业所得税税率由33%下调为25%。符合条件的小型微利企业，减按20%的税率征收企业所得税。国家需要重点扶持的高新技术企业，减按15%的税率征收企业所得税。

企业应缴纳的所得税，在"应交税费"科目下设置"应交所得税"明细科目核算；当期应计入损益的所得税，作为一项费用，在净收益前扣除。企业按照一定方法计算、计入损益的所得税，借记"所得税费用"等科目，贷记"应交税费——应交所得税"科目；结转时，借记"本年利润"科目，贷记"所得税费用"科目；实际缴纳时，借记"应交税费——应交所得税"科目，贷记"银行存款"科目。

6.耕地占用税

耕地占用税是国家为了利用土地资源，加强土地管理，保护农用耕地而征收的一种税，以实际占用的耕地面积计税，按照规定税额一次征收。耕地占用税不需通过"应交税费"科目核算，在企业按规定计算缴纳耕地占用税时，直接借记"在建工程"科目，贷记"银行存款"科目。

七、应付利息

应付利息，是指企业按照合同约定应支付的短期借款、长期借款、应付债券等形成的利息。

资产负债表日，应按摊余成本和实际利率计算利息费用，借记"利息支出""在建工程”“财务费用”“研发支出”等科目，按合同利率计算确定的应付未付利息，贷记“应付利息”科目，按借贷双方之间的差额，借记或贷记“长期借款——利息调整”等科目。

合同利率与实际利率差异较小的，也可以采用合同利率计算确定利息费用。实际支付利息时，借记“应付利息”科目，贷记“银行存款”等科目。

“应付利息”科目期末贷方余额，反映企业应付未付的利息。

八、应付股利

应付股利是指企业经股东大会或类似机构审议批准分配的现金股利或利润。企业股东大会或类似机构审议批准的利润分配方案、宣告分派的现金股利或利润，在实际支付前，形成企业的负债。宣告分配现金股利或利润时，借记“利润分配”科目，贷记“应付股利”科目；实际支付现金股利或利润时，借记“应付股利”科目，贷记“银行存款”等科目。

企业董事会或类似机构通过的利润分配方案中拟分配的现金股利或利润，不应确认负债，但应在附注中披露。

九、其他应付款

其他应付款是指企业除应付票据、应付账款、预收账款、应付职工薪酬、应付利息、应付股利、应交税费等以外的其他各项应付、暂收的款项。如应付短期租赁和低价值租赁资产的租金；职工未按期领取的工资；存入的保证金（如出租包装物押金等）；暂收应付的所属单位、个人的款项（如应付职工养老保险金等）。

企业发生其他各种应付、暂收款项时，借记“管理费用”等科目，贷记“其他应付款”科目；支付其他各种应付、暂收款项时，借记“其他应付款”科目，贷记“银行存款”等科目。

第二节　非流动负债

一、长期借款

长期借款是指企业从银行或其他金融机构借入的期限在1年以上（不含1年）的各项借款。

（1）企业借入长期借款，应按实际收到的现金净额，借记“银行存款”科目，贷记“长期借款——本金”科目，按其差额，借记“长期借款——利息调整”科目。

（2）资产负债表日，应按摊余成本和实际利率计算确定长期借款的利息费用，借记“在建工程”“制造费用”“财务费用”“研发支出”等科目，按合同约定的名义利率计算确定的应付利息金额，贷记“长期借款——应计利息”科目或“应付利息”科目，按其差额，贷记“长期借款——利息调整”科目。

实际利率与合同约定的名义利率差异很小时，也可以采用合同约定的名义利率计算确定利息费用。

(3) 归还长期借款本金时，借记“长期借款——本金”科目，贷记“银行存款”科目。同时，按应转销的利息调整、应计利息金额，借记或贷记“在建工程”“制造费用”“财务费用”“研发支出”等科目，贷记或借记“长期借款——利息调整”“长期借款——应计利息”等科目。

【例8-28】中国海洋××股份有限公司为建造一幢厂房，20×2年1月1日借入期限为两年的长期专门借款1 000 000元，款项已存入银行。借款利率为9%，每年付息一次，期满后一次还清本金。20×2年初，以银行存款支付工程价款共计600 000元，20×3年初又以银行存款支付工程费用400 000元。该厂房于20×3年8月底完工，达到预定可使用状态。假定不考虑闲置专门借款资金存款的利息收入或者投资收益。根据上述业务编制有关会计分录如下：

(1) 20×2年1月1日，取得借款时：

借：银行存款　　1 000 000

　贷：长期借款　　1 000 000

(2) 20×2年初，支付工程款时：

借：在建工程　　600 000

　贷：银行存款　　600 000

(3) 20×2年12月31日，计算20×2年应计入工程成本的利息时：

借款利息=1 000 000×9%=90 000（元）

借：在建工程　　90 000

　贷：应付利息　　90 000

(4) 20×2年12月31日支付借款利息时：

借：应付利息　　90 000

　贷：银行存款　　90 000

(5) 20×3年初支付工程款时：

借：在建工程　　400 000

　贷：银行存款　　400 000

(6) 20×3年8月底，确定当年8个月的利息时：

应计入工程成本的利息=1 000 000×9%÷12×8=60 000（元）

借：在建工程　　60 000

　贷：应付利息　　60 000

(7) 20×3年8月底，竣工验收时：

借：固定资产　　1 150 000

　贷：在建工程　　1 150 000

(8) 20×3年12月31日，计算当年9—12月利息：

应计入财务费用的利息=1 000 000×9%÷12×4=30 000（元）

借：财务费用　　30 000

　贷：应付利息　　30 000

(9) 20×3年12月31日支付全年利息时：

借：应付利息　　90 000

贷：银行存款　　90 000

（10）20×4年1月1日到期还本时：

借：长期借款　　1 000 000

　贷：银行存款　　1 000 000

二、应付债券

（一）一般公司债券

企业发行的一般公司债券，无论是按面值发行，还是溢价发行或折价发行，均按债券面值记入“应付债券”科目的“面值”明细科目，实际收到的款项与面值的差额，记入“利息调整”明细科目。企业发行债券时，按实际收到的款项，借记“银行存款”“库存现金”等科目，按债券票面价值，贷记“应付债券——面值”科目，按实际收到的款项与票面价值之间的差额，贷记或借记“应付债券——利息调整”科目。

利息调整应在债券存续期间内采用实际利率法进行摊销。实际利率法，是指按照应付债券的实际利率计算其摊余成本及各期利息费用的方法；实际利率，是指将应付债券在债券存续期间的未来现金流量折现为该债券当前账面价值所使用的利率。

【例8-29】20×3年12月31日，中国海洋××股份有限公司经批准发行5年期一次还本、分期付息的公司债券10 000 000元，债券利息在每年12月31日支付，票面利率为年利率6%。假定债券发行时的市场利率为5%。已知（P/F，5%，5）=0.7835，（P/A，5%，5）=4.3925。

中国海洋××股份有限公司该批债券实际发行价格为：

10 000 000×0.7835+10 000 000×6%×4.3295=10 432 700（元）

中国海洋××股份有限公司根据上述资料，采用实际利率法计算确定的各期利息费用见表8-4。

表8-4　　**利息费用一览表**　　单位：元

付息日期	支付利息	利息费用	摊销的利息调整	应付债券摊余成本
20×3年12月31日				10 432 700
20×4年12月31日	600 000	521 635	78 365	10 354 335
20×5年12月31日	600 000	517 716.75	82 283.25	10 272 051.75
20×6年12月31日	600 000	513 602.59	86 397.41	10 185 654.34
20×7年12月31日	600 000	509 282.72	90 717.28	10 094 937.06
20×8年12月31日	600 000	505 062.94*	94 937.06	10 000 000

注：*尾数调整。

根据表8-4的资料，中国海洋××股份有限公司的账务处理如下：

（1）20×3年12月31日发行债券时：

借：银行存款　　10 432 700

　贷：应付债券——面值　　10 000 000

　　　　　　——利息调整　　432 700

（2）20×4年12月31日计算利息费用时：

借：财务费用等　　521 635（10 432 700×5%）

　　应付债券——利息调整　　78 365（600 000-521 635）

　贷：应付利息　　600 000

借：应付利息　　600 000

　贷：银行存款　　600 000

20×5年利息费用=（10 354 335+517 716.75-600 000）×5%=513 602.59（元）

借：财务费用等　　513 602.59

　　应付债券——利息调整　　86 397.41

　贷：应付利息　　600 000

借：应付利息　　600 000

　贷：银行存款　　600 000

20×6年、20×7年确认利息费用的会计处理同20×4、20×5年，金额详见表8-4。

（3）20×8年12月31日归还债券本金及最后一期利息费用时：

借：财务费用等　　505 062.94（倒挤）

　　应付债券——面值　　10 000 000

　　　　　　——利息调整　　94 937.06

　贷：银行存款　　10 600 000

（二）可转换公司债券

企业发行的可转换公司债券，应当在初始确认时将其包含的负债成分和权益成分进行分拆，将负债成分确认为应付债券，将权益成分确认为其他权益工具。在进行分拆时，应当先对负债成分的未来现金流量进行折现确定负债成分的初始确认金额，再按发行价格总额扣除负债成分初始确认金额后的金额确定权益成分的初始确认金额。发行可转换公司债券发生的交易费用，应当在负债成分和权益成分之间按照各自的相对公允价值进行分摊。

企业发行的可转换公司债券，应按实际收到的金额，借记“银行存款”等科目，按该项可转换公司债券包含的负债成分的面值，贷记“应付债券——可转换公司债券（面值）”科目，按权益成分的公允价值，贷记“其他权益工具”科目，按其差额，借记或贷记“应付债券——可转换公司债券（利息调整）”科目。

对于可转换公司债券的负债成分，在转换为股份前，其会计处理与一般公司债券相同，即按照实际利率和摊余成本确认利息费用，按照面值和票面利率确认应付债券，差额作为利息调整进行摊销。可转换公司债券持有者在债券存续期间内行使转换权利，将可转换公司债券转换为股份时，对于债券面额不足转换1股股份的部分，企业应当以现金偿还。

【例8-30】中国海洋××股份有限公司经批准于20×2年1月1日按面值发行5年期一次还本分期付息的可转换公司债券200 000 000元，款项已收存银行，债券票面年利率为6%。债券发行1年后可转换为普通股股票，初始转股价为每股10元，股票面值为每股1元。假定按转换日的账面价值转股，20×3年1月1日债券持有人将持有的可转换公司债券全部转换为普通股股票，中国海洋××股份有限公司发行可转换公司债券时二级市场上与之类似的没有附带转换权的债券市场利率为9%。已知（P/F，9%，5）=0.6499，

（P/A，9%，5）=3.8897。中国海洋××股份有限公司的账务处理如下：

（1）20×2年1月1日发行可转换公司债券：

①计算可转换公司债券负债成分的公允价值为：

200 000 000×0.6499+200 000 000×6%×3.8897=176 656 400（元）

②计算可转换公司债券权益成分的公允价值为：

200 000 000−176 656 400=23 343 600（元）

借：银行存款	200 000 000	
应付债券——可转换公司债券（利息调整）	23 343 600	
贷：应付债券——可转换公司债券（面值）		200 000 000
其他权益工具		23 343 600

（2）20×2年12月31日确认利息费用时：

借：财务费用等	15 899 076	
贷：应付债券——可转换公司债券（应计利息）		12 000 000
——可转换公司债券（利息调整）		3 899 076

其中：财务费用=176 656 400×9%=15 899 076（元）

应计利息=200 000 000×6%=12 000 000（元）

利息调整=15 899 076−12 000 000=3 899 076（元）

（3）20×3年1月1日债券持有人行使转换权时（利息12 000 000元尚未支付）：

可转换的股份数=（176 656 400+15 899 076）÷10=19 255 547.6（股）

可转化的股本=19 255 547×1=19 255 547（元）

不足1股的部分支付现金0.6元，应冲减其他权益工具投资为分录（1）中确认的23 343 600元。

应冲减的利息调整=23 343 600−3 899 076=19 444 524（元）

借贷方差额部分196 643 528.4元记入"资本公积——股本溢价"科目。

分录如下：

借：应付债券——可转换公司债券（面值）	200 000 000	
——可转换公司债券（应计利息）	12 000 000	
其他权益工具	23 343 600	
贷：股本		19 255 547
应付债券——可转换公司债券（利息调整）		19 444 524
资本公积——股本溢价		196 643 528.4
库存现金		0.6

企业发行附有赎回选择权的可转换公司债券，其在赎回日可能支付的利息补偿金，即债券约定赎回期届满日应当支付的利息减去应付债券票面利息的差额，应当在债券发行日至债券约定赎回届满日期间计提应付利息，计提的应付利息分别计入相关资产成本或财务费用。

三、长期应付款

长期应付款，是指企业除长期借款和应付债券以外的其他各种长期应付款项，包括应付融资租入固定资产的租赁费、以分期付款方式购入固定资产发生的应付款项、采用补偿贸易方式引进国外设备发生的应付款项等。

企业采用融资租赁方式租入的固定资产，应按最低租赁付款额，确认长期应付款。

企业延期付款购买资产，如果延期支付的购买价款超过正常信用条件，实质上具有融资性质的，所购资产的成本应当以延期支付购买价款的现值为基础确定。实际支付的价款与购买价款现值之间的差额，应当在信用期间内采用实际利率法进行摊销，计入相关资产成本或当期损益。

企业采用补偿贸易方式引进国外设备时，应按设备、工具、零配件等的价款以及国外运杂费的外币金额和规定的汇率折合为人民币确认长期应付款。

【例 8-31】20×3 年 1 月 1 日，中国海洋××股份有限公司与乙公司签订一项购货合同，中国海洋××股份有限公司从乙公司购入一台需要安装的特大型设备。合同约定，中国海洋××股份有限公司采用分期付款方式支付价款。该设备价款共计 1 000 万元（不考虑增值税），在 20×3 年至 20×7 年的 5 年内每年年末各支付 200 万元，付款日期分别为每年的 12 月 31 日。20×3 年 1 月 1 日，设备如期运抵中国海洋××股份有限公司并开始安装。20×3 年 12 月 31 日，设备达到预定可使用状态，共发生安装费 400 000 元，已用银行存款付讫。不考虑相关税费的影响。假定年折现率为 5%，(P/A，5%，5) =4.3925。

（1）20×3 年 1 月 1 日购入时：

购买价款的现值=200×（P/A，5%，5）=200×4.3925=878.5（万元）

借：在建工程——××设备　　8 785 000

　　未确认融资费用　　1 215 000

　贷：长期应付款——乙公司　　10 000 000

确定信用期间未确认融资费用的分摊额，见表 8-5（保留两位小数）。

表 8-5　**未确认融资费用分配表**　单位：万元

日期	分期付款额	确认的融资费用	应付本金减少额	应付本金余额
①	②	③=期初⑤×5%	④=②-③	期末⑤=期初⑤-④
20×3 年 1 月 1 日	—	—	—	878.5
20×3 年 12 月 31 日	200	43.93	156.07	722.43
20×4 年 12 月 31 日	200	36.12	163.88	558.55
20×5 年 12 月 31 日	200	27.93	172.07	386.48
20×6 年 12 月 31 日	200	19.32	180.68	205.8
20×7 年 12 月 31 日	200	5.8*	205.8	0
合计	1 000	121.5	878.5	0

注：*尾数调整：5.8=205.8-200

或 5.8=121.5 -43.93-36.12-27.93-19.32

（2）20×3 年 12 月 31 日：

20×3 年 1 月 1 日至 20×3 年 12 月 31 日为设备的安装期间，未确认融资费用的分摊额符合资本化条件，计入在建工程成本。中国海洋××股份有限公司的账务处理如下：

①确认当年利息费用：

借：在建工程——××设备　　439 300

　贷：未确认融资费用　　439 300

②支付设备款200万元：

借：长期应付款——乙公司　　2 000 000

　贷：银行存款　　2 000 000

③支付安装费用40万元：

借：在建工程——××设备　　400 000

　贷：银行存款等　　400 000

④设备竣工验收：

借：固定资产——××设备　　9 624 300（8 785 000+439 300+400 000）

　贷：在建工程——××设备　　9 624 300

（3）20×4年12月31日：

20×4年1月1日起，设备完工，未确认融资费用的分摊额不能再计入在建工程，开始计入财务费用：

①确认当年利息费用：

借：财务费用　　361 200

　贷：未确认融资费用　　361 200

②支付设备款200万元：

借：长期应付款——乙公司　　2 000 000

　贷：银行存款　　2 000 000

（4）20×5年12月31日：

①确认当年利息费用：

借：财务费用　　279 300

　贷：未确认融资费用　　279 300

②支付设备款200万元：

借：长期应付款——乙公司　　2 000 000

　贷：银行存款　　2 000 000

（5）20×6年12月31日：

①确认当年利息费用：

借：财务费用　　193 200

　贷：未确认融资费用　　193 200

②支付设备款200万元：

借：长期应付——乙公司　　2 000 000

　贷：银行存款　　2 000 000

（6）20×7年12月31日：

①确认当年利息费用：

借：财务费用　　58 000

贷：未确认融资费用　　58 000

②支付设备款200万元：

借：长期应付款——乙公司　　2 000 000

贷：银行存款　　2 000 000

本章小结

1.负债是指过去的交易、事项形成的现时义务，履行该义务预期会导致经济利益流出企业。负债具有以下几个方面的特征：(1) 负债的本质是一种现时经济义务。(2) 负债对债务人的资产具有要求权。(3) 负债必须能用货币确切计量或金额可合理预计。(4) 负债的偿还的方式有：以资产偿还、以提供劳务偿还，或两者兼而有之。

2.将一项义务确认为负债，需要符合负债的定义，并同时满足以下两个条件：(1) 与该义务有关的经济利益很可能流出企业；(2) 未来流出的经济利益能够可靠地计量。负债按其流动性分为流动负债和非流动负债。

3.流动负债是指预计在一年或大于一年的一个正常营业周期中偿还的负债。流动负债主要包括短期借款、交易性金融负债、应付票据、应付账款、预收账款、应付职工薪酬、应交税费、应付利息、应付股利、其他应付款等。

4.短期借款是指企业向银行或其他金融机构等借入的期限在一年以下（含一年）的各种借款。企业借入各种短期借款时，借记“银行存款”科目，贷记“短期借款”科目。归还借款时，借记“短期借款”科目，贷记“银行存款”科目。短期借款的利息，应作为财务费用，计入当期损益。

5.应付票据是企业在购买商品、材料等物资的交易过程中由于采用商业汇票结算方式而形成的一种负债。开出、承兑商业汇票时，借记“材料采购”“原材料”“应交税费”“应付账款”等科目，贷记“应付票据”科目；支付银行承兑汇票手续费时，借记“财务费用”科目，贷记“银行存款”等科目；汇票到期接到银行通知付款时，借记“应付票据”科目，贷记“银行存款”科目。带息应付票据应按期预提应付利息，借记“财务费用”科目，贷记“应付票据”科目。票据到期支付本息时，按应付票据的账面金额借记“应付票据”科目，尚未计提的利息部分直接计入当期财务费用，借记“财务费用”科目，按实际支付的金额贷记“银行存款”科目。

6.应付账款指因购买材料、商品或接受劳务供应等而发生的债务。应付账款一般按应付金额入账，而不按到期应付金额的现值入账。如果购入的资产在形成一笔应付账款时带有现金折扣，应付账款入账金额的确定按发票上记载的应付金额的总值（即不扣除折扣）记账。在这种方法下，应按发票上记载的全部应付金额，借记有关科目，贷记“应付账款”科目；获得的现金折扣冲减财务费用。

7.职工薪酬是指企业为获得职工提供的服务或解除劳动关系而给予的各种形式的报酬或补偿，主要包括短期薪酬、离职后福利、辞退福利、其他长期职工福利等。其中，短期薪酬又包括职工工资、奖金、津贴和补贴，职工福利费，医疗保险费、养老保险费、失业保险费、工伤保险费和生育保险费等社会保险费，住房公积金，工会经费和职工教育经费，非货币性福利等。

8.企业根据税法规定应交的各种税费包括：增值税、消费税、所得税、资源税、土地增值税、环境保护税、城市维护建设税、房产税、城镇土地使用税、车船税、教育费附加、矿产资源补偿费、印花税、耕地占用税等。企业应通过“应交税费”科目，总括地反映各种税费的缴纳情况，并按税种设置明细科目。该科目的贷方登记应缴纳的各种税费等，借方登记已缴纳的各种税费，期末余额一般在贷方，反映企业尚未缴纳的各种税费，期末余额如果在借方，反映企业多交或尚未抵扣的税费。企业代扣代缴的个人所得税等，也通过本科目核算。不需要预计应交数的税金，如印花税、耕地占用税、车辆购置税不需通过该科目核算，而在实际缴纳时直接计入有关成本费用。

9. 长期借款，是指企业从银行或其他金融机构借入的期限在一年以上（不含一年）的各项借款。

10. 企业发行的一般公司债券，按债券面值记入“应付债券”科目的“面值”明细科目，实际收到的款项与面值的差额，记入“利息调整”明细科目。企业发行债券时，按实际收到的款项，借记“银行存款”“库存现金”等科目，按债券票面价值，贷记“应付债券——面值”科目，按实际收到的款项与票面价值之间的差额，贷记或借记“应付债券——利息调整”科目。

思政链接

金税四期下企业面临的风险

一、收入方面的风险

如企业采取直接收款的销售方式，企业应该在收取货款或者取得销售货款凭据的当天产生增值税纳税义务。因货物尚未发出，那么企业不确认会计的收入，就会发生会计收入同增值税收入长期不匹配的情况。而金税四期系统很可能通过大数据比对发现这种情况，评估企业的动机和风险。金税四期不仅仅通过申报的数据来核实是否异常，还会通过企业银行账户，企业相关人员的银行账户，上下游企业相关账本数据，同行业收入、成本、利润情况等来稽查核对。

二、成本费用方面的风险

比如说，有的公司没有车，却存在大量的加油费；差旅费、会议费、咨询费等异常；买发票；多结转成本，后期红冲或补发票；计提了费用却迟迟没有发票……这些都是严查的重点。

三、发票管理方面的风险

第一，在发票取得的过程中，部分企业为了能够增加增值税抵扣金额，盲目增加成本项目，擅自改变业务内容，以获得更多的增值税专用发票，将面临虚开发票的风险。

第二，对增值税专用发票的认证不够及时，存在发票滞留的情形，有涉嫌隐瞒销售收入的风险。

第三，金税四期税务监管系统能够通过发票的上游链条，联查到销售方企业的财务数据、纳税情况，进而通过大数据技术分析，将发票金额与成本费用金额进行对比，从而发现虚开发票、重复入账等异常数据。

四、社会保险方面的风险

第一，有的企业长期按最低标准缴纳社保，被发现后需要补缴加罚款，并且社保的追征期没有限制，罚款加上无追征期补缴会给企业带来很大的负担。

第二，长期按照最低标准申报，再通过账外发工资的形式降低社保缴纳基数，会导致账外发的工资不能在企业所得税中扣除，增加企业纳税成本，倒逼企业隐瞒收入，引发更大的税务法律风险。

第三，企业社保不实缴会导致企业所得税工资总额、个人所得税工资总额、社保缴费基数三者差距巨大，在个人所得税申报电子化、自然人电子税务局数据全面化的信息时代，金税数据进行企业和个人的数据比对，一旦企业的社会保险缴纳出现问题，系统就会根据可疑数据，确定筛查对象。

第四，在社会保险方面常见的税务风险有：企业的用工模式界限模糊；企业并未为员工及时办理保险登记、保险变更和注销；试用期内不给员工缴纳社保；企业社会保险的工资薪金基数不准确等。

随着金税四期的快速推进，以及随着税务大数据的不断深入和渗透，监管只会越来越严，社保的规范化是必然的趋势，推动企业主动合理规范社保缴纳问题。

五、利润方面的风险

第一，资产负债表与利润表勾稽关系有出入；

第二，利润表的利润总额与企业所得税申报表中的利润总额有出入；

第三，企业常年亏损，却屹立不倒；

第四，比同行业利润低。

六、库存方面的风险

金税四期上线后，企业库存会进一步透明化，企业进多少货，出多少货，还剩多少货，可能比你还清楚，如果库存账实不一致，企业务必引起重视，及时查找原因。

因此，要做好存货管理，统计好进销存，定期盘点库存，做好账实差异分析表，尽量避免库存账实不一致。

七、税费缴纳方面的风险

第一，增值税收入长期大于企业所得税收入；

第二，税负率异常，如果企业平均税负率上下浮动超过20%，税务机关就会对其进行重点调查；

第三，企业大部分员工个税长期在个税起征点以下；

第四，员工个税申报表中的工资与企业申报的工资不一致；

第五，实收资本增加，印花税未缴纳；

第六，盈余公积转增资本，个人股东却未缴个税等。

无论是企业代扣代缴公司高管、投资人的个人所得税，还是自然人对外转让房产、销售商品、提供劳务后自行申报缴纳的个人所得税，都应当及时、足额申报。过去一些“避税”的手段，现在均存在风险。例如：公司规模很大，月工资都不超过5 000元；公私户转账频繁；让员工拿发票来抵工资等，长此以往，企业的费用、账目、票据就会异常，进入税务机关的视野之中。

资料来源 伟金共享会计师. 金税四期下的税收筹划与风险规避［EB/OL］.［2023-01-17］. https：//www.sohu.com/a/631438424_120473467.

思政启示：

金税四期上线后，系统对企业财务数据的监控更加便捷和高效，财务合规和税务合规将是企业未来的唯一出路。所有企业均需尽快排查公司存在的潜在风险，查看有无两套账、收入隐瞒、虚开发票、成本虚提、税款少报等违法违规行为，尽快进行财务合规改造，规范做账和依法纳税。会计人员则要始终把握真实性这一财务的灵魂，始终保持个人诚信和职业操守，始终坚守职业道德的底线，确保在真实业务的基础上做账，如实反映业务的来龙去脉，如实反映业务的商业本质，防止因无中生有的账务处理和税务处理给国家、企业和个人带来的巨大风险。

第八章　即测即评

业务练习题

1.根据下列短期借款业务编制会计分录：

（1）某企业4月1日，取得临时借款50 000元，年利率9%，半年后一次归还本息。要求：编制取得借款、到期归还本息的会计分录。

（2）某企业8月1日从银行取得80 000元短期借款，借款期为6个月，到期还本付息。借款年利率为6%。要求：编制取得借款、年末计息、到期归还本息的会计分录。

2.根据下列业务编制会计分录：

（1）某企业6月1日收到材料一批，专用发货票上注明价款60 000元、增值税7 800元，对方代垫运杂费500元。材料已验收入库，计划成本为61 200元。按事先签订的赊购合同规定，货款从下月开始分三次支付。6月30日，支付货款22 600元和对方代垫的运杂费500元。

（2）某企业20×3年10月1日购入价值为60 000元的商品，同时出具了一张期限为4个月的带息商业票据，年利率为8%，增值税税率13%。编制该企业签发票据、年末计息、到期承兑的会计分录。

（4）某企业拖欠材料款70 000元至今未付，现开出商业承兑汇票一张（面值70 000元，期限6个月）用来抵付欠款。

3.中国海洋××股份有限公司为一般纳税企业，适用的增值税税率为13%。该企业发行债券及购建设备的有关资料如下：

（1）20×3年1月1日，经批准发行3年期面值为5 000 000元的债券。该债券每年年末计提并支付利息、到期一次还本，票面年利率为3%，发行价格为4 861 265元，发行债券筹集的资金已收到。利息调整采用实际利率法摊销，经计算的实际利率为4%。

（2）20×3年1月10日，该公司利用发行债券筹集的资金购置了一台需要安装的设备，增值税专用发票上注明的设备价款为3 500 000元、增值税额为455 000元，价款及增值税已用银行存款支付。购买该设备支付的运杂费为105 000元。

（3）该设备安装期间领用生产用材料一批，成本为300 000元，该原材料的增值税额为39 000元；应付安装人员工资150 000元；用银行存款支付的其他直接费用201 774.7元。20×3年6月30日，该设备安装完成并交付使用。该设备预计使用年限为5年，预计净残值为50 000元，采用双倍余额递减法计提折旧。

（4）20×5年4月30日，因调整经营方向，将该设备出售，收到价款2 200 000元，并存入银行。另外，用银行存款支付清理费用40 000元。假定不考虑与该设备出售有关的税费。

（5）假定设备安装完成并交付使用前的债券利息符合资本化条件，全额予以资本化，且不考虑发行债券筹集资金存入银行产生的利息收入。

要求：

（1）编制发行债券时的会计分录；

（2）编制20×3年12月31日、20×4年12月31日有关应付债券的会计分录；

（3）编制该固定资产安装以及交付使用的有关会计分录；

（4）计算固定资产计提折旧的总额；

（5）编制该固定资产处置的有关会计分录；

（6）编制债券到期偿付本金和利息的有关会计分录。

第九章　所有者权益

学习目标

1. 掌握实收资本的核算；
2. 掌握资本公积的来源及核算；
3. 掌握留存收益的核算。

育人目标

树立勤俭节约意识、依法纳税意识，养成良好消费习惯和储蓄习惯。

第一节　概　述

一、所有者权益的构成及性质

所有者权益是指企业资产扣除负债后由所有者享有的剩余权益。公司的所有者权益又称为股东权益。所有者权益的来源包括所有者投入的资产、直接计入所有者权益的利得和损失、留存收益等。所有者权益是企业的“永久性”权益，在企业存续期内企业没有归还的义务。所有者权益可分为实收资本（或股本）、资本公积、其他权益工具、其他综合收益、盈余公积、未分配利润等。

二、所有者权益与负债的区别

1. 性质不同

负债是对债权人负担的经济责任，企业与债权人之间的关系是债权债务关系；而所有者权益则是企业对投资者负担的经济责任，企业与投资者之间的关系是产权归属关系。

2. 偿还期限不同

负债必须在确定的时期内或特定日期偿还；所有者权益无须偿还，可长期、持续使用于企业。

3. 享有权利不同

债权人与企业之间只有债权债务关系，无权参与企业经营管理；而企业投资者则有法定的管理企业或委托他人管理企业的权利。

4.责任与风险不同

负债必须按事先约定偿还本息，债权人承担风险较小；而所有者权益直接受到企业经营盈亏的影响。无论何种企业组织形式，企业发生亏损总是减少所有者权益。因而，投入资本是一种典型的风险资本，所有者权益是一种剩余权益。

第二节 实收资本（或股本）与其他权益工具

一、实收资本（或股本）

（一）实收资本（或股本）概述

实收资本（或股本）是指所有者在企业注册资本范围内实际投入的资本。注册资本，是指企业在设立时向市场监督管理部门登记的资本总额，也就是全部出资者设定的出资额之和。企业对资本的筹集，应该按照法律、法规、合同和章程的规定及时进行。如果是一次筹集的，实收资本应等于注册资本；如果是分期筹集的，在所有者最后一次缴入资本以后，实收资本应等于注册资本。注册资本是企业的法定资本，是企业承担民事责任的财力保证。

在不同类型的企业中，实收资本的表现形式有所不同。在股份有限公司，实收资本表现为实际发行股票的面值，也称为股本；在其他企业，实收资本表现为所有者在注册资本范围内的实际出资额，也称为实收资本。实收资本按照所有者的性质不同，可分为国家投入资本、法人投入资本、个人投入资本、外方投入资本。

（二）实收资本（或股本）的一般账务处理

一般企业应设置“实收资本”科目，股份有限公司应设置“股本”科目，对投资者投入资本的增减变动情况进行核算。“实收资本”科目的贷方登记实收资本的增加数额，借方登记实收资本的减少数额，期末贷方余额反映企业实收资本期末实有数额。

1.接受货币投资

非股份有限公司接受货币投资时，按实际收到的货币资金，借记“银行存款”科目，贷记“实收资本”科目；股份有限公司接受货币投资时，按实际收到的货币资金，借记“银行存款”科目，按股票面值乘上发行股票数计算出来的金额，贷记“股本”科目，差额部分记入“资本公积——股本溢价”科目。

【例9-1】甲、乙、丙共同投资设立A有限责任公司，注册资本为2 000 000元，甲、乙、丙持股比例分别为60%、25%、15%。按照章程规定，甲、乙、丙投入公司的货币资产分别为1 200 000元、500 000元、300 000元。A公司已如期收到各投资者一次缴足的款项。根据上述资料，A公司应编制会计分录如下：

借：银行存款	2 000 000	
贷：实收资本——甲		1 200 000
——乙		500 000
——丙		300 000

【例9-2】B股份有限公司发行普通股10 000 000股，每股面值1元，每股发行价格5

元。假定股票发行成功，股款50 000 000元已全部收到，不考虑发行过程中的税费等因素。根据上述资料，B公司应编制会计分录如下：

应记入“资本公积”科目的金额=50 000 000−10 000 000×1=40 000 000（元）

借：银行存款　　50 000 000

　贷：股本　　10 000 000

　　　资本公积——股本溢价　　40 000 000

2.接受非现金资产投资

按照《中华人民共和国公司法》（以下简称《公司法》）的规定，有限责任公司的股东可以用货币出资，也可以用实物、知识产权、土地使用权等可以用货币估价并可以依法转让的非货币财产作价出资；但是，法律、行政法规规定不得作为出资的财产除外。对作为出资的非货币财产应当评估作价，但不得高估或者低估作价。法律、行政法规对评估作价有规定的，从其规定。全体股东的货币出资金额不得低于有限责任公司注册资本的30%。

（1）接受固定资产投资

企业接受投资者作价投入的房屋、建筑物、机器设备等固定资产，应按投资合同或协议约定价值确定固定资产价值（投资合同或协议约定价值不公允的，以公允价值计价）和在注册资本中应享有的份额。

【例9-3】甲有限责任公司于设立时收到乙公司作为资本投入的不需要安装的机器设备一台，合同约定该机器设备的价值为2 000 000元，增值税进项税额为260 000元（假设允许抵扣）。合同约定的固定资产价值与公允价值相符，与在注册资本中享有的份额一致，不考虑其他因素，甲有限责任公司进行会计处理时，应编制会计分录如下：

借：固定资产　　2 000 000

　　应交税费——应交增值税（进项税额）　　260 000

　贷：实收资本　　2 260 000

（2）接受材料物资投资

企业接受投资者作价投入的材料物资，应按投资合同或协议约定价值确定材料物资价值（投资合同或协议约定价值不公允的，以公允价值计价）和在注册资本中应享有的份额。

【例9-4】乙有限责任公司于设立时收到B公司作为资本投入的原材料一批，该批原材料投资合同或协议约定价值（不含可抵扣的增值税进项税额部分）为100 000元，增值税进项税额为13 000元。B公司已开具了增值税专用发票。假设合同约定的价值与公允价值相符，该进项税额允许抵扣，与在注册资本中享有的份额一致，不考虑其他因素，乙有限责任公司在进行会计处理时，应编制会计分录如下：

借：原材料　　100 000

　　应交税费——应交增值税（进项税额）　　13 000

　贷：实收资本——B公司　　113 000

（3）接受无形资产投资

当企业接受无形资产投资时，其投资额为无形资产含增值税的评估价值，应借记“无形资产”“应交税费——应交增值税（进项税额）”科目，贷记“实收资本”科目。

【例9-5】某股份有限公司接受其他法人投入的设备评估确认为2 000 000元，原材料评估确认为200 000元，土地使用权评估确认为800 000元，公司发行每股面值5元的普通股股票500 000股作为交换。应编制会计分录如下：

借：固定资产　2 000 000

　　原材料　200 000

　　无形资产——土地使用权　800 000

　贷：股本——普通股　2 500 000

　　　资本公积——股本溢价　500 000

(4) 接受股权投资

当企业接受股权投资时，其投资额为股权的评估价值。企业接受股权投资时，应借记“长期股权投资”“交易性金融资产”“其他权益工具投资”等科目，贷记“实收资本”“股本”等科目。

(三) 实收资本（或股本）的增减变动

一般情况下，企业的实收资本应相对固定不变，但在某些特定情况下，实收资本也可能发生增减变化。《公司法》规定，有限责任公司增加注册资本时，股东认缴新增资本的出资，依照本法设立有限责任公司缴纳出资的有关规定执行。股份有限公司为增加注册资本发行新股时，股东认购新股，依照本法设立股份有限公司缴纳股款的有关规定执行。公司增加或者减少注册资本，应当依法向公司登记机关办理变更登记。

1.实收资本（或股本）的增加

实收资本（或股本）的增加有三个途径：接受投资者追加投资、资本公积转增资本、盈余公积转增资本，且需按原投资者的持股比例增加各股东的股权。

【例9-6】甲、乙、丙三人共同投资设立A有限责任公司，原注册资本为4 000 000元，甲、乙、丙分别出资500 000元、2 000 000元和1 500 000元。为扩大经营规模，经批准，A公司注册资本扩大为5 000 000元，甲、乙、丙按照原出资比例分别追加投资125 000元、500 000元、375 000元。A公司如期收到甲、乙、丙追加的货币投资。A公司应编制会计分录如下：

借：银行存款　1 000 000

　贷：实收资本——甲　125 000

　　　　　　　——乙　500 000

　　　　　　　——丙　375 000

【例9-7】依【例9-6】，经批准A有限责任公司按原出资比例将原计入资本公积的资本溢价1 000 000元转增实收资本，并向原登记机关办理了变更登记手续。A公司应编制会计分录如下：

借：资本公积——股本溢价　1 000 000

　贷：实收资本——甲　125 000

　　　　　　　——乙　500 000

　　　　　　　——丙　375 000

【例9-8】依【例9-6】，经批准A有限责任公司按原出资比例将盈余公积中的任意盈余公积500 000元转增实收资本，并办理了有关变更登记。A公司应编制会计分录如下：

借：盈余公积——任意盈余公积 500 000

　贷：实收资本——甲 62 500

　　　　　　——乙 250 000

　　　　　　——丙 187 500

2.实收资本（或股本）的减少

企业按法定程序报经批准减少注册资本的，按减少的注册资本金额减少实收资本。股份有限公司采用收购本公司股票方式减资的，按收购价格，借记“库存股”科目，贷记“银行存款”科目；按股票面值和注销股数计算的股票面值总额，借记“股本”科目，按注销库存股的账面余额，贷记“库存股”科目，按其差额借记“资本公积——股本溢价”科目。股本溢价不足冲减的，应借记“盈余公积”“利润分配——未分配利润”科目。如果购回股票支付的价款低于面值总额的，应按股票面值总额，借记“股本”科目，按所注销的库存股账面余额，贷记“库存股”科目，按其差额贷记“资本公积——股本溢价”科目。

【例9-9】A公司20×3年12月31日的股数为100 000 000股，每股面值为1元，资本公积（股本溢价）30 000 000元，盈余公积40 000 000元。经股东大会批准，A公司以现金回购本公司股票20 000 000股并注销。

（1）假定A公司按每股2元的价格回购股票，不考虑其他因素，A公司的会计处理如下：

①回购本公司股票时：

借：库存股 40 000 000

　贷：银行存款 40 000 000

库存股成本=20 000 000×2=40 000 000（元）

②注销本公司股票时：

借：股本 20 000 000

　　资本公积——股本溢价 20 000 000

　贷：库存股 40 000 000

应冲减的资本公积=20 000 000×2−20 000 000×1=20 000 000（元）

（2）假定A公司按每股3元回购股票，其他条件不变，A公司的会计处理如下：

①回购本公司股票时：

借：库存股 60 000 000

　贷：银行存款 60 000 000

库存股成本=20 000 000×3=60 000 000（元）

②注销本公司股票时：

借：股本 20 000 000

　　资本公积——股本溢价 30 000 000

　　盈余公积 10 000 000

　贷：库存股 60 000 000

应冲减的资本公积=20 000 000×3−20 000 000×1=40 000 000（元）

应冲减资本公积40 000 000元，企业“资本公积——股本溢价”金额仅为30 000 000

元，所以只能冲减资本公积30 000 000元，剩余的10 000 000元应冲减盈余公积。

（3）假定A公司按每股0.9元回购股票，其他条件不变，A公司的会计处理如下：

①回购本公司股票时：

借：库存股　　18 000 000

　贷：银行存款　　18 000 000

库存股成本=20 000 000×0.9=18 000 000（元）

②注销本公司股票时：

借：股本　　20 000 000

　贷：库存股　　18 000 000

　　　资本公积——股本溢价　　2 000 000

应增加的资本公积=20 000 000×1−20 000 000×0.9=2 000 000（元）

由于折价回购，股本与库存股成本的差额2 000 000元应作为增加资本公积处理。

二、其他权益工具

（一）其他权益工具概述

其他权益工具，指企业发行的除普通股以外的归类为权益工具的各种金融工具，主要包括归类为权益工具的优先股、永续债、认股权、可转换公司债券等金融工具。

（二）其他权益工具核算

下面以发行优先股为例，对其他权益工具核算进行介绍。

股份有限公司发行优先股，应设置“其他权益工具——优先股”科目进行核算。该科目贷方登记发行优先股收到的价款，借方登记可转换优先股转换为普通股的账面价值，贷方余额反映发行在外的优先股账面价值。公司在优先股发行之前或发行过程中，可能会发生的手续费和佣金等各项发行费支出，应冲减优先股的账面价值。

公司发行优先股时，按收到的价款，借记“银行存款”等科目，贷记“其他权益工具——优先股”科目。可转换优先股转换为普通股时，按可转换优先股的账面价值，借记“其他权益工具——优先股”科目，按普通股的面值，贷记“股本”科目，按其差额，贷记“资本公积——股本溢价”科目。

【例9-10】某公司20×3年1月1日，发行归类为权益工具的可转换优先股100 000股，扣除相关交易费用后实收价款150 000元。20×4年1月1日，全部转换为普通股股票40 000股，每股面值1元。假设不考虑其他相关因素，相关会计分录如下：

（1）20×3年1月1日发行时：

借：银行存款　　150 000

　贷：其他权益工具——优先股　　150 000

（2）20×4年1月1日转换为普通股时：

借：其他权益工具——优先股　　150 000

　贷：股本　　40 000

　　　资本公积——股本溢价　　110 000

第三节　资本公积与其他综合收益

一、资本公积

（一）资本公积概述

资本公积，指所有者投入的尚未确认为实收资本（或股本）的其他资本，主要包括资本或股本溢价、发行可转换债券、认股权证以及实行股权激励等形成的归属于所有者的资本。资本公积与投入资本一起，构成企业经营资本的基础。

（二）资本溢价（或股本溢价）的核算

1.资本溢价

在企业重组并有新的投资者加入时，为了维护原有投资者的权益，新加入的投资者的出资额并不一定全部作为实收资本处理。因为在企业正常经营过程中投入的资金虽然与企业创立时投入的资金在数量上一致，但其获利能力却不一致。企业创立时，投资风险高，在这个过程中资本利润率很低。而企业进行正常生产经营后，在正常情况下，资本利润率要高于企业初创阶段。因此，相同数量的投资，由于出资时间不同，其对企业的影响程度不同，由此而带给投资者的权利也不同，往往早期出资带给投资者的权利要大于后期，所以，新加入的投资者要付出大于原有投资者的出资额，才能取得与投资者相同的投资比例。同时，企业经营过程中实现利润的一部分留在企业，形成留存收益，留存收益也属于投资者权益，但未转入实收资本。因此，新加入的投资者如与原投资者共享这部分留存收益，也要求其付出大于原有投资者的出资额，才能取得与原有投资者相同的投资比例。投资者投入的资本中按其在注册资本中享有份额部分，记入“实收资本”科目，超过份额的部分应记入“资本公积”科目。

【例9-11】A有限责任公司由两位投资者各出资100 000元设立。一年后，为扩大经营规模，经批准，A有限责任公司注册资本增加到300 000元，并引入第三位投资者加入。按照投资协议，新投资者应出资110 000元，享有该公司三分之一的股权。A有限责任公司已收到该货币投资。假定不考虑其他因素，A有限责任公司的会计分录如下：

借：银行存款	110 000	
贷：实收资本		100 000
资本公积——资本溢价		10 000

2.股本溢价

股份有限公司是以发行股票的方式筹集股本的，股票是企业签发的证明股东按其所持股份享有权利和承担义务的书面证明。由于股东按其所持企业股份享有权利和承担义务，为了反映和便于计算各股东所持股份占企业全部股本的比例，企业的股本总额应按股票的面值与股份总数的乘积计算。国家规定，实收股本总额应与注册资本相等。因此，为提供企业股本总额及其构成及注册资本等信息，在采用与股票面值相同的价格发行股票的情况下，企业发行股票取得的收入，应全部记入“股本”科目；在采用溢价发行股票的情况下，企业发行股票取得的收入，相当于股票面值的部分记入“股本”科目，超出股票面值的溢价收入记入“资本公积”科目。委托证券商代理发行股票而支付的手续费、佣金等，应从溢价发行收入中扣除，企业应按扣除手续费、佣金后的数额记入“资本公积”科目。

【例9-12】B股份有限公司首次公开发行普通股50 000 000股，每股面值1元，每股发行价格为4元。B公司以银行存款支付发行手续费、咨询费等费用共计6 000 000元。假定发行收入已全部收到，发行费用已全部支付，不考虑其他因素，B公司的会计处理如下：

（1）收到发行收入时：

借：银行存款	200 000 000	
贷：股本		50 000 000
资本公积——股本溢价		150 000 000

应增加的资本公积=50 000 000×（4-1）=150 000 000（元）

（2）支付发行费用时：

借：资本公积——股本溢价	6 000 000	
贷：银行存款		6 000 000

或合并为如下分录：

借：银行存款	194 000 000	
贷：股本		50 000 000
资本公积——股本溢价		144 000 000

本例中，B股份有限公司的股本溢价150 000 000元大于交易费用6 000 000元，因此，交易费用可从股本溢价中扣除，作为冲减资本公积处理。

（三）其他资本公积的核算

其他资本公积，是指除资本溢价（或股本溢价）项目以外所形成的资本公积，其中主要包括直接计入所有者权益的利得和损失。

企业对某被投资单位的长期股权投资采用权益法核算的，在持股比例不变的情况下，对于被投资单位除净损益、其他综合收益以及利润分配以外的所有者权益的其他变动，如果是利得，则应按持股比例计算其应享有被投资企业所有者权益的增加数额；如果是损失，则做相反的分录。在处理长期股权投资时，应转销与该笔投资相关的其他资本公积。

【例9-13】C有限责任公司于20×3年1月1日购入F公司股票500 000股，作为长期期权投资，持股比例为30%，采用权益法核算。20×3年12月31日，F公司其他资本公积增加了1 000 000元。假定F公司的其他所有者权益和C公司的持股比例都没有发生变化，F公司资产的账面价值与公允价值一致，不考虑其他因素。C有限责任公司20×3年12月31日的会计分录如下：

借：长期股权投资——其他权益变动	300 000	
贷：资本公积——其他资本公积		300 000

C有限责任公司增加的资本公积=1 000 000×30%=300 000（元）

本例中，C有限责任公司对F公司的长期股权投资采用权益法核算，持股比例未发生变化，F公司发生了除净损益、其他综合收益以及利润分配以外的所有者权益的其他变动，C有限责任公司应按其持股比例计算应享有的F公司权益的数额300 000元，作为增加其他资本公积处理。

（四）资本公积转增资本的核算

经股东大会或类似机构决议，用资本公积转增资本时，应冲减资本公积，同时按照转增前的实收资本（或股权）的结构或比例，将转增的金额记入“实收资本”（或“股本”）科目下各所有者的明细分类账。

【例9-14】甲、乙、丙三人共同投资设立A有限责任公司，原注册资本为4 000 000元，甲、乙、丙分别出资500 000元、2 000 000元和1 500 000元。因扩大经营规模需要，经批准，A公司按原出资比例将资本公积1 000 000元转增资本。会计分录如下：

借：资本公积　1 000 000

　贷：实收资本——甲　125 000

　　　　　　——乙　500 000

　　　　　　——丙　375 000

二、其他综合收益

（一）其他综合收益概述

其他综合收益，指在企业经营活动中形成的未计入当期损益但归所有者所共有的利得或损失，主要包括其他债权投资和其他权益工具投资公允价值变动、权益法下被投资单位其他综合收益调整、债权投资重分类为其他债权投资公允价值变动、非投资性房地产转换为投资性房地产转换日公允价值高于账面价值差额等形成的利得或损失。当处置特定资产时，其他综合收益应一并处置。

（二）其他综合收益的核算

其他综合收益的核算详见其他债权投资、其他权益工具投资、长期股权投资、债权投资、投资性房地产相关部分。

（1）资产负债表日，其他债权投资、其他权益工具投资公允价值上升时：

借：其他债权投资——公允价值变动/其他权益工具投资——公允价值变动

　贷：其他综合收益——金融资产公允价值变动

公允价值下降，则做上述相反分录。

（2）长期股权投资采用权益法核算时，如被投资企业其他综合收益发生变动，投资企业按比例调高或调低长期股权投资成本和其他综合收益。按比例调高时：

借：长期股权投资——其他损益调整

　贷：其他综合收益

按比例调低时，则做上述相反分录。

（3）债权投资转换为其他债券投资时，转换日公允价值与账面价值的差额，计入其他综合收益。如果公允价值高于账面价值：

借：其他债权投资——成本（转换日公允价值）

　贷：债权投资——成本（账面价值）

　　　其他综合收益——公允价值变动损益

如公允价值低于账面价值：

借：其他债权投资——成本（转换日公允价值）

　　其他综合收益——公允价值变动损益

贷：债权投资——成本（账面价值）

（4）非投资性房地产转换为投资性房地产，后续计量采用公允价值计量模式，转换日公允价值大于账面价值的差额，记入“其他综合收益”科目：

借：投资性房地产——成本（转换日公允价值）

　累计折旧/累计摊销/存货跌价准备等

　贷：固定资产/无形资产/开发产品

　　其他综合收益（如为借方差异，计入公允价值变动损益）

【例9-15】某公司20×3年7月1日将自用房地产转换为投资性房地产，并以公允价值计量，房地产账面原值100万元，已计提折旧20万元，转换日公允价值为150万元。12月31日，上述房地产的公允价值为170万元。假定不考虑其他相关税费。有关会计分录如下：

（1）7月1日，自用房地产转换为投资性房地产时：

借：投资性房地产——成本	1 500 000	
累计折旧	200 000	
贷：固定资产		1 000 000
其他综合收益		700 000

（2）12月31日，公允价值变动时：

借：投资性房地产——公允价值变动	200 000	
贷：公允价值变动损益		200 000

第四节 留存收益

留存收益是指归所有者所共有的、由利润转化而形成的所有者权益，主要包括盈余公积和未分配利润。

一、盈余公积

盈余公积是指企业按照有关规定从净利润中提取的积累资金。公司制企业的盈余公积包括法定盈余公积和任意盈余公积。法定盈余公积是指企业按照规定的比例从净利润中提取的盈余公积。任意盈余公积是指企业按照股东会或股东大会决议提取的盈余公积。

（一）盈余公积的有关规定

1.企业净利润的分配顺序

根据《公司法》等有关法规的规定，企业当年实现的净利润。一般应当按照如下顺序进行分配：

（1）提取法定盈余公积。公司制企业的法定公积金按照税后利润10%的比例提取（非公司制企业也可按照超过10%的比例提取），在计算提取法定盈余公积的基数时，不应包括企业年初未分配利润。公司法定公积金累计额达到公司注册资本的50%以上时，可以不再提取法定公积金。公司的法定公积金不足以弥补以前年度亏损的，在提取法定公积金之前，应当先用当年利润弥补亏损。

（2）提取任意盈余公积。公司从税后利润中提取法定盈余公积金后，经股东会或者股东大会决议，还可以从税后利润中提取任意盈余公积。非公司制企业经类似权力机构批准也可提取任意盈余公积。

（3）向投资者分配利润或股利。公司弥补亏损和提取公积金后所余税后利润，有限责任公司股东按照实缴的出资比例分取红利，但全体股东约定不按照出资比例分取红利的除外；股份有限公司按照股东持有的股份比例分配，但股份有限公司章程规定不按持股比例分配的除外。

2.企业提取盈余公积的用途

企业提取盈余公积主要可用于以下几个方面：

（1）弥补亏损。企业发生亏损时，应由企业自行弥补。弥补亏损的渠道主要有三条：一是用以后年度税前利润弥补。按照现行制度规定，企业发生亏损时，可以用以后5年内实现的税前利润弥补，即税前利润弥补亏损的期间为5年。二是用以后年度税后利润弥补。企业发生的亏损经过5年期间仍未弥补足额的，尚未弥补的亏损应该用所得税后的利润弥补。三是以盈余公积弥补亏损。企业以提取的盈余公积弥补亏损时，应当由公司董事会提议，并经股东大会批准。

（2）转增资本。企业将盈余公积转增资本时，必须经股东大会决议批准。在实际将盈余公积转增资本时，要按股东原有持股比例结转。按照《公司法》的规定，法定公积金（资本公积和盈余公积）转为资本时，所留存的该项公积金不得少于转增前公司注册资本的25%。

企业提取的盈余公积，无论是用于弥补亏损，还是用于转增资本，只不过是在企业所有者权益内部结构上所做的调整，比如企业以盈余公积弥补亏损时，实际是减少盈余公积留存的数额，以此抵补未弥补亏损的数额，并不会引起企业所有者权益总额的变动；企业以盈余公积转增资本时，只是减少盈余公积结存的数额，同时增加企业实收资本或股本的数额，也不会引起所有者权益总额的变动。

（3）扩大企业生产经营。盈余公积的用途并不是指其实际占用形态，提取盈余公积也并不是单独将这部分资金从企业资金周转过程中抽出。企业盈余公积的结存数实际只表现为企业所有者权益的组成部分，表明企业生产经营资金的一个来源而已。其形成的资金可能表现为一定的货币资金，也可能表现为一定的实物资产，如存货和固定资产等，随同企业通过其他来源所形成的资金一起进行循环周转，参与企业的生产经营。

（二）盈余公积的核算

为了反映盈余公积的形成及使用情况，企业应设置“利润分配”“盈余公积”科目，并设置“法定盈余公积”“任意盈余公积”等明细科目对其进行明细核算。

1.提取盈余公积

【例9-16】E股份有限公司本年实现净利润5 000 000元，年初未分配利润为0。经股东大会批准，E股份有限公司按当年净利润的10%提取法定盈余公积。假定不考虑其他因素，E股份有限公司的会计分录如下：

本年提取盈余公积金额=5 000 000×10%=500 000（元）

借：利润分配——提取法定盈余公积　　500 000

　贷：盈余公积——法定盈余公积　　500 000

2.盈余公积补亏

【例9-17】经股东大会批准，F股份有限公司用以前年度提取的盈余公积弥补当年亏损，当年弥补亏损的数额为600 000元。假定不考虑其他因素，F股份有限公司的会计分录如下：

借：盈余公积　　600 000

　贷：利润分配——盈余公积补亏　　600 000

3.盈余公积转增资本

【例9-18】因扩大生产经营规模需要，经股东大会批准，G股份有限公司将盈余公积400 000元转增股本。假定不考虑其他因素，G股份有限公司的会计分录如下：

借：盈余公积　　400 000

　贷：股本　　400 000

4.用盈余公积发放现金股利或利润

【例9-19】H股份有限公司20×2年12月31日普通股为50 000 000股，每股面值1元，可供投资者分配的利润为5 000 000元，盈余公积20 000 000元。20×3年3月20日，股东大会批准了20×2年12月31日为登记日，按每股0.2元发放现金股利。H股份有限公司共需要分派10 000 000元现金股利，其中动用可供投资者分配的利润5 000 000元、盈余公积5 000 000元。假定不考虑其他因素，H股份有限公司会计分录如下：

（1）宣告分派股利时：

借：利润分配——应付现金股利　　5 000 000

　　盈余公积　　5 000 000

　贷：应付股利　　10 000 000

（2）支付股利时：

借：应付股利　　10 000 000

　贷：银行存款　　10 000 000

本例中，H股份有限公司经股东大会批准，以未分配利润和盈余公积发放现金股利，属于以未分配利润发放现金股利的部分5 000 000元应记入“利润分配——应付现金股利”科目，属于以盈余公积发放现金股利的部分5 000 000元应记入“盈余公积”科目。

二、未分配利润

未分配利润，是指企业实现的利润中留于以后年度分配或待分配的部分。企业应设置“利润分配”科目对未分配利润进行总括核算，并分别设置“提取法定盈余公积”“提取任意盈余公积”“应付现金股利或利润”“盈余公积补亏”“未分配利润”等明细科目对其进行明细核算。

【例9-20】D股份有限公司年初未分配利润为0，本年实现净利润2 000 000元，本年提取法定盈余公积200 000元，宣告发放现金股利800 000元。假定不考虑其他因素，D股份有限公司会计处理如下：

（1）年末结转本年利润：

借：本年利润　　2 000 000

　贷：利润分配——未分配利润　　2 000 000

如企业当年发生亏损，则应借记“利润分配——未分配利润”科目，贷记“本年利润”科目。

(2) 提取法定盈余公积、宣告发放现金股利：

借：利润分配——提取法定盈余公积　200 000
　　　　　　——应付现金股利　800 000
　贷：盈余公积　200 000
　　　应付股利　800 000

同时，

借：利润分配——未分配利润　1 000 000
　贷：利润分配——提取法定盈余公积　200 000
　　　　　　　——应付现金股利　800 000

结转后，如果“利润分配——未分配利润”账户的余额在贷方，为企业累计未分配的利润；如余额在借方，则表示累计未弥补的亏损。本例中，“利润分配——未分配利润”明细账户的余额在贷方，贷方余额1 000 000元（本年利润2 000 000-提取法定盈余公积200 000-支付现金股利800 000），即为D股份有限公司本年年末的累计未分配利润。

本章小结

1.所有者权益是指企业资产扣除负债后由所有者享有的剩余权益。公司的所有者权益又称为股东权益。所有者权益可分为实收资本（或股本）、其他权益工具、资本公积、其他综合收益、盈余公积、未分配利润等。

2.所有者权益与负债的区别：性质不同、偿还期限不同、享有权利不同、责任与风险不同。

3.实收资本（或股本）是指所有者在企业注册资本范围内实际投入的资本。注册资本，是指企业在设立时向市场监督管理部门登记的资本总额，也就是全部出资者设定的出资额之和。股份有限公司设置“股本”科目，除股份有限公司外，其他企业应设置“实收资本”科目，核算投资者投入资本的增减变动情况。该科目的贷方登记实收资本（或股本）的增加数额，借方登记实收资本（或股本）的减少数额，期末贷方余额反映企业期末实收资本（或股本）实有数额。

4.实收资本（或股本）的增加有三个途径：接受投资者追加投资、资本公积转增资本、盈余公积转增资本。如果是有限责任公司或股份有限公司，需按原投资者的持股比例增加各股东的股权。股份有限公司采用收购本公司股票方式减资的，按股票面值和注销股数计算的股票面值总额，借记“股本”科目，按注销库存股的账面余额，贷记“库存股”科目，按其差额借记“资本公积——股本溢价”科目。股本溢价不足冲减的，应借记“盈余公积”“利润分配——未分配利润”科目。如果购回股票支付的价款低于面值总额的，应按股票面值总额借记“股本”科目，按所注销的库存股账面余额，贷记“库存股”科目，按其差额贷记“资本公积——股本溢价”科目。

5.其他权益工具，指企业发行的除普通股以外的归类为权益工具的各种金融工具，主要包括归类为权益工具的优先股、永续债、认股权、可转换公司债券等金融工具。

6.资本公积，指所有者投入的尚未确认为实收资本（或股本）的其他资本，主要包括资本或股本溢价、发行可转换债券、认股权证以及实行股权激励等形成的归属于所有者的资本。

7.其他综合收益，指在企业经营活动中形成的未计入当期损益但归所有者所共有的利得或损失，主要包括其他债权投资和其他权益工具投资公允价值变动、权益法下被投资单位其他综合收益调整、债权投资重分类为其他债权投资公允价值变动、非投资性房地产转换为投资性房地产转换日公允价值高于账面价值差额等形成的利得或损失。当处置特定资产时，其他综合收益应一并处置。

8.留存收益是指企业从历年实现利润中提取或形成的留存于企业内部的积累，来源于企业的生产经营活动所实现的利润。留存收益包括盈余公积和未分配利润。盈余公积是指企业按照有关规定从净利润中提取的积累资金。公司制企业的盈余公积包括法定盈余公积和任意盈余公积。

9.企业当年实现的净利润。一般应当按照如下顺序进行分配：提取法定盈余公积、提取任意盈余公积、向投资者分配利润或股利。

10.企业提取盈余公积主要可用弥补亏损、转增资本、扩大企业生产经营。

11.未分配利润是指企业实现的净利润经过弥补亏损、提取盈余公积和向投资者分配利润后留存在企业的、历年结存的利润。企业应设置“利润分配”科目对利润分配情况进行总括核算，并设置“提取法定盈余公积”“提取任意盈余公积”“应付现金股利或利润”“盈余公积补亏”“未分配利润”等明细科目对其进行明细核算。

思政链接

苏宁易购利润来自何方

苏宁金服因拟引进战略投资者，委托北京天健兴业资产评估有限公司以2018年9月30日为评估基准日，对苏宁金服的股东全部权益价值进行评估。2018年12月8日北京天健兴业资产评估有限公司出具了天兴评报字（2018）第1429号资产评估报告，得出评估结论，用市场法评估苏宁金服的股东全部权益价值评估值为4 512 745.66万元，较账面股东全部权益账面值（归属于母公司所有者权益）1 379 915.5万元，增值3 132 830.16万元，增值率为227.03%。

苏宁金服参考上述第三方资产评估机构评估结果，并综合考虑市场可比交易估值水平，苏宁金服拟以投资前估值460亿元进行本轮增资，如按照苏宁金服2018年1—9月数据进行年化营业收入预估，上述估值对应投资前P/S（市销率）约15.94倍、投资后P/S（市销率）约19.40倍，所有本轮投资者按同样估值参与增资。2018年12月28日，苏宁金服以及原股东和本轮投资者共同签署了增资协议和股东协议。

经各方同意，基于增资协议中的各项条款，本轮投资者全额认购苏宁金服新增的人民币24 220.52万元注册资本，从而取得苏宁金服17.857%的股权。同时各方经协商同意，本次增资前苏宁金服的投资前估值为4 600 000万元；紧随本次增资完成之后，苏宁金服的投资后估值为5 600 000万元。基于前述估值，本轮投资者为认购本次增资应向苏宁金服支付1 000 000万元认购价款，金额计入苏宁金服的注册资本和资本公积。

本次交易完成后，苏宁金控（直接和间接）持有苏宁金服45.888%股权，苏宁易购持有苏宁金服41.154%股权，从而为苏宁金服搭建起更为灵活的资本运作平台。同时苏宁金服将不再纳入公司的合并报表范围，而是成为公司具有重要影响的参股公司，公司将按照权益法核算。经公司财务部门初步测算，假设以2018年9月30日作为交割日，则预计本次交易将增加公司投资收益约161.33亿元，财务影响的具体情况将以最终实际交割日苏宁金服股权的公允价值进行计算，并以公司经审计的财务报告为准。

资料来源 ［1］北京天健兴业资产评估有限公司．苏宁易购：苏宁金融服务〈上海〉有限公司拟引进战略投资者所涉及的股东全部权益项目资产评估报告［EB/OL］．［2018-12-29］.https：//q.stock.sohu.com/cn，gg，002024，3310498207.shtml.［2］苏宁易购集团股份有限公司董事会．苏宁易购：关于控股子公司引入战略投资者暨关联交易进展的公告［EB/OL］．［2019-09-23］.http：//money.finance.sina.com.cn/corp/view/vCB_AllBulletinDetail.php? stockid=002024&id=5657880.

思政启示：

虚增利润会带来以下危害：第一，财务信息失真。采用虚增利润的手段后，企业的财务报表不能真实地反映企业的业绩，扭曲了财务信息，误导了投资者和利益相关者对企业的判断和决策。第二，投资者利益受损。虚增利润可能会导致投资者错误地判断企业的盈利能力和价值，进而对企业的投资决策产生误导，使投资者的利益受损。第三，企业信誉受损。虚增利润可能会降低企业的信誉和声誉，损害企业的形象，影响投资者和合作伙伴对企业的信任度。因此，会计人员应该遵守会计准则和规定，诚实、准确地披露财务信息，避免虚增利润行为。同时，应树立勤俭节约意识，养成良好的消费习惯和储蓄习惯，实现个人和企业资金的正常增长。

第九章　即测即评

业务练习题

中国海洋××股份有限公司20×1年至20×3年度有关业务资料如下：

（1）20×1年1月1日，中国海洋××股份有限公司股东权益总额为46 500万元（其中，股本总额为10 000万股，每股面值为1元，资本公积为30 000万元，盈余公积为6 000万元，未分配利润为500万元）。20×1年度实现净利润400万元，股本与资本公积项目未发生变化。

20×2年3月1日，中国海洋××股份有限公司董事会提出如下预案：

①按20×1年度实现净利润的10%提取法定盈余公积。

②以20×1年12月31日的股本总额为基数，以资本公积（股本溢价）转增股本，每10股转增4股，计4 000万股。20×2年5月5日，中国海洋××股份有限公司召开股东大会，审议批准了董事会提出的预案，同时决定分派现金股利300万元。20×2年6月10日，中国海洋××股份有限公司办妥了上述资本公积转增股本的有关手续。

（2）20×2年度，中国海洋××股份有限公司发生净亏损3 142万元。

（3）20×4年5月9日，中国海洋××股份有限公司股东大会决定以法定盈余公积弥补账面累计未弥补亏损200万元。

要求：

（1）编制公司20×2年3月提取法定盈余公积的会计分录。

（2）编制公司20×2年5月宣告分派现金股利的会计分录。

（3）编制公司20×2年6月资本公积转增股本的会计分录。

（4）编制公司20×2年度结转当年净亏损的会计分录。

（5）编制公司20×4年5月以法定盈余公积弥补亏损的会计分录。

第十章　收入、费用和利润

学习目标

1. 掌握收入确认和计量的基本方法；
2. 掌握某一时段内履行的履约义务相关收入的确认与计量；
3. 掌握某一时点履行的履约义务相关收入的确认与计量；
4. 熟悉合同资产、合同负债和合同成本的定义；
5. 熟悉销售折扣、销售折让、销售退回和特定交易的会计处理。

育人目标

树立开源节流意识，坚定不移走国家“富强、民主、文明、和谐”和社会“自由、平等、公正、法治”的新时代中国特色社会主义道路。

第一节　收　入

一、收入的定义及其分类

收入是指企业在日常活动中形成的、会导致所有者权益增加的、与所有者投入资本无关的经济利益的总流入。其中，日常活动，是指企业为完成其经营目标所从事的经常性活动以及与之相关的活动。例如，工业企业制造并销售产品、商品流通企业销售商品、咨询公司提供咨询服务、软件公司为客户开发软件、安装公司提供安装服务、建筑企业提供建造服务等，均属于企业的日常活动。

收入可以有不同的分类。按企业从事日常活动的性质，可将收入分为转让商品收入、提供服务收入等。其中，转让商品收入是指企业通过销售商品实现的收入，如工业企业制造并销售产品、商业企业销售商品等实现的收入。提供服务收入是指企业通过提供服务实现的收入，如咨询公司提供咨询服务、软件开发企业为客户开发软件、安装公司提供安装服务等实现的收入。

按企业从事日常活动在企业中的重要性，可将收入分为主营业务收入、其他业务收入等。其中，主营业务收入是指企业为完成其经营目标从事的经常性活动实现的收入，如工业企业制造并销售产品、商业企业销售商品、保险公司签发保单、咨询公司提供咨询服务、软件开发企业为客户开发软件、安装公司提供安装服务、商业银行对外贷款、租赁公司出租资产等实现的收入。这些活动形成的经济利益的总流入构成收入，属于企业的主营业务收入，通过“主营业务收入”科目进行核算。其他业务收入是指与企业为完成其经营目标所从事的经常性活动相关的活动实现的收入。例如，工业企业对外出售不需用的原材料、对外转让无形资产使用权等。这些活动形成的经济利益的总流入也构成收入，属于企业的其他业务收入，通过“其他业务收入”科目核算。

二、收入的确认和计量

收入确认和计量大致分为五步：第一步，识别与客户订立的合同；第二步，识别合同中的单项履约义务；第三步，确定交易价格；第四步，将交易价格分摊至各单项履约义务；第五步，履行各单项履约义务时确认收入。其中，第一步、第二步和第五步主要与收入的确认有关，第三步和第四步主要与收入的计量有关。

（一）识别与客户订立的合同

合同，是指双方或多方之间订立有法律约束力的明确彼此权利义务的协议，包括书面形式、口头形式以及其他可验证的形式（如隐含于商业惯例或企业以往的习惯做法中等）。

1.收入确认的原则

企业应当在履行了合同中的履约义务，即在客户取得相关商品控制权时确认收入。取得相关商品控制权，是指能够主导该商品的使用并从中获得几乎全部的经济利益，也包括有能力阻止其他方主导该商品的使用并从中获得经济利益。企业在判断商品的控制权是否发生转移时，应当从客户的角度进行分析，即客户是否取得了相关商品的控制权以及何时取得该控制权。取得商品控制权同时包括下列三项要素：

（1）能力。企业只有在客户拥有现时权利，能够主导该商品的使用并从中获得几乎全部经济利益时，才能确认收入。如果客户只能在未来的某一期间主导该商品的使用并从中获益，则表明其尚未取得该商品的控制权。例如，企业与客户签订合同为其生产产品，虽然合同约定该客户最终将能够主导该产品的使用，并获得几乎全部的经济利益，但只有在客户真正获得这些权利时（根据合同约定，可能是在生产过程中或更晚的时点），企业才能确认收入，在此之前，企业不应当确认收入。

（2）主导该商品的使用。客户有能力主导该商品的使用，是指客户在其活动中有权使用该商品，或者能够允许或阻止其他方使用该商品。

（3）能够获得几乎全部的经济利益。客户必须拥有获得商品几乎全部经济利益的能力，才能被视为获得了对该商品的控制。商品的经济利益，是指该商品的潜在现金流量，既包括现金流入的增加，也包括现金流出的减少。客户可以通过使用、消耗、出售、处置、交换、抵押、持有等多种方式直接或间接地获得商品的经济利益。

2.收入确认的前提条件

企业在履行了合同中的履约义务，即客户取得了相关商品的控制权时确认收入是收入确认的一般原则。只有当企业与客户之间的合同同时满足下列条件时，企业才能在客户取得相关商品控制权时确认收入：

（1）合同各方已批准该合同并承诺将履行各自义务；

（2）该合同明确了合同各方与所转让商品相关的权利和义务；

（3）该合同有明确的与所转让商品相关的支付条款；

(4) 该合同具有商业实质，即履行该合同将改变企业未来现金流量的风险、时间分布或金额；

(5) 企业因向客户转让商品而有权取得的对价很可能收回。

在评估企业与客户之间的合同是否同时满足上列条件时，应当着重关注对以下三个方面的判断：

一是合同约定的权利和义务是否具有法律约束力，需要根据企业所处的法律环境和实务操作进行判断，包括合同订立的方式和流程、具有法律约束力的权利和义务的时间等。合同各方均有权单方面终止完全未执行的合同，且无须对合同其他方做出补偿的，该合同应当被视为不存在。其中，完全未执行的合同，是指企业尚未向客户转让任何合同中承诺的商品，也尚未收取且尚未有权收取已承诺商品的任何对价的合同。

二是合同是否具有商业实质，应当根据履行该合同是否会在风险、时间分布、金额任何一个方面或多个方面对企业未来现金流量带来显著改变进行判断，或者根据履行该合同对企业未来现金流量现值的改变是否重大进行判断。

三是企业因向客户转让商品而有权取得的对价是否很可能收回，判断时仅应考虑客户到期时支付对价的能力和意图，即客户的信用风险。企业预期很可能无法收回全部合同对价时，应当判断是客户的信用风险所致还是企业向客户提供了价格折让所致。

在合同开始日即能够同时满足以上条件的合同，企业在后续期间无须对其进行重新评估，除非有迹象表明相关事实和情况发生了重大变化；在合同开始日尚不能同时满足以上条件的合同，企业应当对其进行持续评估，并在能够同时满足以上条件后，在客户取得相关商品控制权时确认收入。合同开始日通常是指合同开始赋予合同各方具有法律约束力的权利和义务的日期，即合同生效日。对于不能同时满足以上5个条件的合同，企业只有在不再负有向客户转让商品的剩余义务，且已向客户收取的对价无须退回时，才能将已收取的对价确认为收入；否则，应当将已收取的对价作为负债进行会计处理。

3.合同合并

有的资产建造虽然形式上签订了多项合同，但各项资产在设计、技术、功能、最终用途上是密不可分的，实质上是一项合同，在会计上应当作为一个核算对象。企业与同一客户（或该客户的关联方）同时订立或在相近时间内先后订立的两份或多份合同，在满足下列条件之一时，应当合并为一份合同进行会计处理：

(1) 该两份或多份合同基于同一商业目的而订立并构成一揽子交易。

(2) 该两份或多份合同中的一份合同的对价金额取决于其他合同的定价或履行情况。

(3) 该两份或多份合同中所承诺的商品（或每份合同中所承诺的部分商品）构成单项履约义务。

4.合同变更

合同变更，是指经合同各方批准对原合同范围或价格做出的变更。企业应当区分下列三种情形，对合同变更分别进行会计处理：

(1) 合同变更部分作为单独合同进行会计处理（新增部分可明确区分，且反映了单独售价）。合同变更增加了可明确区分的商品及合同价款，且新增合同价款反映了新增商品单独售价的，应当将该合同变更部分作为一份单独的合同进行会计处理。其中，单独售价是指企业向客户单独销售商品的价格。

（2）合同变更作为原合同终止及新合同订立进行会计处理（新增部分可明确区分，不能反映单独售价）。合同变更不属于上述（1）的情形，且在合同变更日已转让的商品或已提供的服务与未转让的商品或未提供的服务之间可明确区分的，应当视为原合同终止，同时，将原合同未履约部分与合同变更部分合并为新合同进行会计处理。新合同的交易价格应当为原合同交易价格中尚未确认为收入的部分与合同变更中客户已承诺的对价金额之和。

（3）合同变更部分作为原合同的组成部分进行会计处理（新增部分不可明确区分，不能反映单独售价）。合同变更不属于上述（1）的情形，且在合同变更日已转让的商品或已提供的服务与未转让的商品或未提供的服务之间不可明确区分的，应当将该合同变更部分作为原合同的组成部分进行会计处理，由此产生的对已确认收入的影响，应当在合同变更日调整当期收入。

【例10-1】甲税务咨询公司签署一项合同，以20 000元价格对乙公司一项并购业务进行税务咨询；需要两名税务师耗费约100小时以完成该项目，每小时费率为200元。在发生了30工作小时后，中国海洋××股份有限公司与乙公司同意该项目的工时额外增加50小时，每小时费率为100元。假设100元并不能代表当前的单独售价，且额外的50小时与已提供的原服务不可明确区分。该咨询公司应如何对合同修改进行会计处理？

【分析】未履约部分不可明确区分，售价不能代表单独售价，故应将该合同变更作为原合同的组成部分进行会计处理，由此产生的对已确认收入的影响，应当在合同变更日调整当期收入，采用累计追补调整法。

（二）识别合同中的单项履约义务

履约义务，是指合同中企业向客户转让可明确区分商品的承诺。履约义务既包括合同中明确的承诺，也包括由于企业已公开宣布的政策、特定声明或以往的习惯做法等导致合同订立时客户合理预期企业将履行的承诺。企业为履行合同而应开展的初始活动，通常不构成履约义务，除非该活动向客户转让了承诺的商品。

合同开始日，企业应当对合同进行评估，识别该合同所包含的各单项履约义务。企业应当将下列向客户转让商品的承诺作为单项履约义务：

1.企业向客户转让可明确区分商品（或商品组合）的承诺

可明确区分商品，是指企业向客户承诺的商品同时满足下列条件：

（1）客户能够从该商品本身或从该商品与其他易于获得资源一起使用中受益，即该商品本身能够明确区分。例如，企业通常会将该商品单独销售给客户，则表明该商品能够明确区分。在评估某项商品是否能够明确区分时，应当基于该商品自身的特征，而与客户可能使用该商品的方式无关。

（2）企业向客户转让该商品的承诺与合同中其他承诺可单独区分，即转让该商品的承诺在合同中是可以明确区分的。在确定了商品能够明确区分后，还应当在合同层面继续评估转让该商品的承诺与合同中的其他承诺之间是否可以明确区分。下列情形通常表明企业向客户转让该商品的承诺与合同中的其他承诺不可明确区分：

①企业需提供重大的服务以将该商品与合同中承诺的其他商品整合成合同约定的组合产出转让给客户。

②该商品将对合同中承诺的其他商品予以重大修改或定制。

③该商品与合同中承诺的其他商品具有高度关联性。

企业向客户转让商品时，如果合同约定企业需要将商品运送至客户指定的地点，则发生的运输活动是否构成单项履约义务，需要根据相关商品的控制权转移时点进行判断。通常情况下，控制权转移给客户之前发生的运输活动是企业为了履行合同而从事的必要活动，相关成本应当作为合同履约成本，不构成单项履约义务；相反，控制权转移给客户之后发生的运输活动则可能表明企业向客户提供了一项运输服务，企业应当考虑该项服务是否构成单项履约义务。

2.企业向客户转让一系列实质相同且转让模式相同的、可明确区分商品的承诺

转让模式相同，是指每一项可明确区分商品均满足在某一时段内履行履约义务的条件，且采用相同方法确定其履约进度。企业应当将实质相同且转让模式相同的一系列商品作为单项履约义务，即使这些商品本身可以明确区分。企业在判断所转让的一系列商品是否实质上相同时，应考虑合同中承诺的性质：如企业承诺的是提供确定数量的商品，需要考虑这些商品本身是否实质相同；如企业承诺的是在某一期间内随时向客户提供某项服务，则需要考虑企业在该期间内各个时间段的服务承诺是否相同，而不是具体的服务行为是否相同。

（三）确定交易价格

交易价格，是指企业因向客户转让商品而预期有权收取的对价金额。企业代第三方收取的款项以及企业预期将退还给客户的款项，应当作为负债进行会计处理，不计入交易价格。合同标价并不一定代表交易价格，企业应当根据合同条款，并结合其以往的习惯做法确定交易价格。在确定交易价格时，企业应当考虑可变对价、合同中存在的重大融资成分、非现金对价、应付客户对价等因素的影响，并应当假定将按照现有合同的约定向客户转移商品，且该合同不会被取消、续约或变更。

1.可变对价

企业与客户在合同中约定的对价金额可能会因折扣、价格折让、返利、退款、奖励积分、激励措施、业绩奖金、索赔等因素而发生变化。此外，根据某些或有事项的发生或不发生而收取不同对价金额的合同，也属于可变对价的情形。

【例10-2】中国海洋××股份有限公司与客户签订了一项资产建造合同，客户已承诺的合同对价为600万元。合同同时规定，如果中国海洋××股份有限公司未能在合同指定的日期完工，则每延期完工一天，已承诺的合同对价将减少2万元；但若中国海洋××股份有限公司能提前完工，则每提前完工一天，已承诺的合同对价将增加2万元。此外，资产建造完工后，将由第三方对资产实施检查并基于合同界定的标准给予评级。如果资产达到特定评级，中国海洋××股份有限公司将有权获得奖励30万元。

本例中，对中国海洋××股份有限公司来说，合同中包含了两项可变对价：一项是已承诺合同对价600万元加上或减去每天2万元的提前完工奖励或延期完工罚金；另一项是根据资产是否能达到特定评级而给予的金额为30万元或者0的奖励。企业在判断合同中是否存在可变对价时，不仅应当考虑合同条款的约定，还应当考虑下列情况对合同对价金额的影响：一是根据企业已公开宣布的政策、特定声明或者以往的习惯做法等，客户能够合理预期企业将会接受低于合同约定的对价金额，即企业会以折扣、返利等形式提供价格折让；二是其他相关事实和情况表明，企业在与客户签订合同时即打算向客户提供价格折

让。合同中存在可变对价的，企业应当按照期望值或最可能发生金额确定计入交易价格的可变对价最佳估计数。

（1）根据最可能发生金额确定。最可能发生金额是一系列可能发生的对价金额中最可能发生的单一金额，即合同最可能产生的单一结果。当合同仅有两个可能结果时，通常按照最可能发生金额估计可变对价金额。例如，【例10-1】中因达到特定评级而给予的奖励性付款应按照最可能发生金额进行估计。

【例10-3】企业签署了一项合同，根据合同若企业完成了某项业绩目标即可获得100万元的奖金，未完成则没有奖金；企业估计完成该项业绩目标的可能性为80%，完不成的可能性为20%。

本例中，交易价格并未受到可变对价的限制，由于只存在两种可能性，且企业预期收到奖金的可能性为高度可能，故企业可采用“最可能发生金额”来反映对价金额，将100万元的奖金纳入交易价格。

（2）根据期望值确定。期望值是按照各种可能发生的对价金额及相关概率计算确定的金额。如果企业拥有大量具有类似特征的合同，并估计可能产生多个结果时，通常按照期望值估计可变对价金额。

【例10-4】Y公司与甲分包商于20×3年1月1日签订了电路板生产合同，生产数量为50 000个，完工日为20×3年6月30日，合同价格为2 000 000元。若生产在20×3年6月30日前完工，每提前一天，承诺的对价将增加10 000元。提前的可能性见表10-1。请问如何计算交易价格？

表10-1 **Y公司提前完工的可能性情况** 金额单位：元

可能的结果	金额	概率	期望值
按时	—	15%	—
提前4天	40 000	10%	4 000
提前6天	60 000	30%	18 000
提前8天	80 000	30%	24 000
提前10天	100 000	15%	15 000
合计	—	—	61 000

本例中，企业估计可能产生多个结果，通常按照期望值估计可变对价金额。根据表10-1中计算结果可知：

可变对价金额=61 000元

交易价格=2 000 000+61 000=2 061 000（元）

企业按照期望值或最可能发生金额确定可变对价金额之后，计入交易价格的可变对价金额还应该满足限制条件，即包含可变对价的交易价格，应当不超过在相关不确定性消除时累计已确认收入极可能不会发生重大转回的金额，以避免因某些不确定性因素的发生导致之前已经确认的收入发生转回。

其中，“极可能”是指发生的可能性远高于“很可能”的下限，即发生的可能性大于50%但小于或等于95%，但不要求达到“基本确定”（发生的可能性大于95%）。企业在评估累计已确认收入是否极可能不会发生重大转回时，应当同时考虑收入转回的可能性及其比重（指可能发生的收入转回金额相对于包括固定对价和可变对价在内的合同总对价的比重）。每一资产负债表日，企业应当重新估计应计入交易价格的可变对价金额。

2.合同中存在的重大融资成分

合同中存在重大融资成分的，企业应当按照假定客户在取得商品控制权时即以现金支付的应付金额确定交易价格。该交易价格与合同对价之间的差额，应当在合同期间内采用实际利率法摊销。合同开始日，企业预计客户取得商品控制权与客户支付价款间隔不超过一年的，可以不考虑合同中存在的重大融资成分。

【例10-5】中国海洋××股份有限公司向客户销售某产品，销售价格为121万元，该价款必须在交货后的24个月内支付。客户在合同开始时即获得了该产品的控制权。合同允许客户在90天内无条件退回产品。该产品是一个新产品，且中国海洋××股份有限公司没有任何相关的产品退货历史证据或任何其他可获得的市场证据。该产品的现金售价为100万元，它代表了在合同开始时点，按相同条款和条件出售相同产品，并于交货时支付货款的价格。该产品的成本为80万元。请问中国海洋××股份有限公司应当在何时确认收入，应确认收入的金额是多少？

本例中，包含了退货权和延期付款，应在客户取得控制权时按现销价格100万元确认收入。会计分录如下：

借：长期应收款　　1 210 000（合同价款）

　贷：主营业务收入　　1 000 000（现销价格）

　　未确认融资收益　　210 000

【例10-6】乙公司与某客户签订了一项出售存货的合同。对该存货的控制权将于两年后转移给客户。合同包括两种可供选择的付款方式：一是在两年后当客户获得对存货的控制权时支付5 000万元；二是在合同签订时支付4 000万元。客户选择了在合同签订时支付4 000万元的方式购买该存货。假设当前市场利率为8%，该存货在转让时点的成本为3 500万元。假设不考虑其他因素，乙公司应当在何时确认收入，应确认收入的金额是多少？

本例中，包含了预付款，乙公司收取合同价款时，应按现销价格确认合同负债，将差额部分确认为未确认融资费用，在两年后控制权转移时再按照当时的现销价格5 000万元确认收入，会计分录如下：

（1）收取合同价款时：

借：银行存款　　40 000 000（合同价款）

　　未确认融资费用　　10 000 000

　贷：合同负债　　50 000 000（现销价格）

（2）两年后控制权转移时：

借：合同负债　　50 000 000

　贷：主营业务收入　　50 000 000

3.非现金对价

非现金对价包括客户以存货、固定资产、无形资产、股权、客户提供的广告服务等方式支付的对价。客户支付非现金对价的，企业应当按照非现金对价的公允价值确定交易价格。非现金对价的公允价值不能合理估计的，企业应当参照其承诺向客户转让商品的单独售价间接确定交易价格。非现金对价的公允价值计量日为合同开始日。非现金对价的公允价值可能会因对价的形式而发生变动（例如，企业有权向客户收取的对价是股票，股票本身的价格会发生变动），也可能会因对价形式以外的原因而发生变动（例如，企业有权收取的非现金对价公允价值因企业的履约情况而发生变动）。合同开始日后，非现金对价的公允价值因对价形式以外的原因而发生变动的，应当作为可变对价进行会计处理；合同开始日后，非现金对价的公允价值因对价形式而发生变动的，该变动金额不应计入交易价格。

【例10-7】中国海洋××股份有限公司与乙公司签订合同，为乙公司建造一项大型设备。合同约定，乙公司向中国海洋××股份有限公司支付1 000万元现金，以及一批材料。该批材料公允价值为500万元，中国海洋××股份有限公司无须为该批材料额外支付价款，且必须将该批材料用于该设备的建造。设备于3个月内建造完成并移交乙公司，乙公司在该时点获得了设备的控制权。中国海洋××股份有限公司应当如何确定该设备的收入金额？

本例中，乙公司支付了现金对价1 000万元，并支付了非现金对价，材料的公允价值为500万元，故中国海洋××股份有限公司应在设备建造完成并移交给乙公司、控制权转移时确定收入1 500万元。

合同收入=1 000+500=1 500（万元）

4.应付客户对价

企业应付客户对价的，应当将该应付对价冲减交易价格，并在确认相关收入与支付（或承诺支付）客户对价二者孰晚的时点冲减当期收入，但应付客户对价是为了向客户取得其他可明确区分商品的除外。应付客户对价主要包括货位费（交易价格减少）、合作广告安排（需要分析）、价格保护（交易价格减少）、优惠券和折扣（交易价格减少）、“收费服务”安排（交易价格减少）等情况。

【例10-8】中国海洋××股份有限公司与某零售商签订了一项合同，向一家全球大型连锁零售店客户销售商品，合同期限为1年。该零售商承诺，在合同期限内以约定价格购买至少价值1 500万元的产品。合同同时约定，中国海洋××股份有限公司需在合同开始时向该零售商支付150万元的不可退回款项。该款项旨在就零售商需更改货架以使其适合放置中国海洋××股份有限公司产品而做出补偿。第一个月该企业销售货物开具发票的金额为200万元。中国海洋××股份有限公司第一个月应如何确认收入？

本例中，中国海洋××股份有限公司支付的150万元并未取得明确区分的商品或服务，因此属于交易价格的抵减。该费用占合同金额比例为10%（150÷1 500×100%），故中国海洋××股份有限公司在确认商品销售收入的同时，应按比例抵减销售收入10%。当月实现销售200万元时，中国海洋××股份有限公司在确认收入时要扣减给予对方的对价20万元，确认销售收入180万元。

（四）将交易价格分摊至各单项履约义务

合同中包含两项或多项履约义务的，企业应当在合同开始日，按照各单项履约义务所承诺商品的单独售价的相对比例，将交易价格分摊至各单项履约义务，并按照分摊至各单项履约义务的交易价格计量收入。企业不得因合同开始日之后单独售价的变动而重新分摊交易价格。

1.确定单独售价

企业在类似环境下向类似客户单独销售商品的价格，应作为确定该商品单独售价的最佳证据。单独售价无法直接观察的，企业应当综合考虑其能够合理取得的全部相关信息，包括市场情况（如商品的市场供求状况、竞争、限制和趋势等）、企业特定因素（如企业的定价策略和实务操作安排等）以及与客户有关的信息（如客户类型、所在地区和分销渠道）等，采用市场调整法、成本加成法、余值法等方法合理估计单独售价。在估计单独售价时，企业应当最大限度地采用可观察的输入值，并对类似的情况采用一致的估计方法。

（1）市场调整法，是指企业根据某商品或类似商品的市场售价，结合本企业的成本和毛利等进行适当调整后，确定其单独售价的方法。

（2）成本加成法，是指企业根据某商品的预计成本加上合理毛利后的价格，确定其单独售价的方法。

（3）余值法，是指企业根据合同交易价格减去合同中其他商品可观察的单独售价后的余值，确定某商品单独售价的方法。企业在商品近期售价波动幅度巨大，或者因未定价且未曾单独销售而使售价无法可靠确定时，可采用余值法估计其单独售价。

【例10-9】20×3年3月1日，中国海洋××股份有限公司与客户签订合同，向其销售A、B产品，A产品单独售价4 000元，B产品单独售价6 000元，合同价款为15 000元。合同约定，A产品于合同开始日交付，B产品在两个月后交付，只有当两项商品全部交付之后，中国海洋××股份有限公司才有权收取15 000元的合同对价。假定A商品和B商品分别构成单项履约义务，其控制权在交付时转移给客户。上述价格均不包括增值税，且假定不考虑相关税费。

本例中，A产品单独售价为4 000元，B产品单独售价为6 000元，单独售价总额共计10 000元，A、B产品单独售价的比例分别为40%和60%，故A、B产品应分别分摊合同总价款15 000元的40%和60%，A产品应分摊合同价款6 000元（40%×15 000），B产品应分摊合同价款9 000元（60%×15 000）。中国海洋××股份有限公司的账务处理如下：

（1）交付A商品时：

借：合同资产	6 000	
贷：主营业务收入		6 000

（2）交付B商品时：

借：应收账款	15 000	
贷：合同资产		6 000
主营业务收入		9 000

2.分摊合同折扣

合同折扣，是指合同中各单项履约义务所承诺商品的单独售价之和高于合同交易价格的金额。合同折扣的分摊，需要区分以下三种情况：

（1）通常情况下，企业应当在各单项履约义务之间按比例分摊合同折扣。

【例10-10】A公司与客户签订了一项合同，以100 000元的价格向客户销售甲、乙、丙三种产品。其中，甲产品是A公司定期单独对外销售的产品，单独售价可直接观察；乙产品和丙产品的单独售价则不可直接观察，A公司采用市场调整法估计乙产品的单独售价，采用成本加成法估计丙产品的单独售价。A公司对单独售价的估计见表10-2。

表 10-2 单独售价估计表 单位：元

合同产品	单独售价	方法
甲产品	66 000	直接观察法
乙产品	18 000	市场调整法
丙产品	36 000	成本加成法
合计	120 000	—

从表10-2可知，甲、乙、丙三种产品单独售价之和超过了合同对价，因此，A公司实际上是因为客户一揽子购买商品而给予了客户折扣。A公司认为，没有可观察的证据表明该项折扣是针对一项或多项特定产品的，因此，将该项折扣在甲、乙、丙三种产品之间按单独售价的相对比例进行分摊。甲、乙、丙三种产品合同折扣的分摊见表10-3。

表 10-3 合同折扣分摊表 单位：元

合同产品	按比例分摊	交易价格
甲产品	66 000÷120 000×100 000	55 000
乙产品	18 000÷120 000×100 000	15 000
丙产品	36 000÷120 000×100 000	30 000
合计	—	100 000

（2）有确凿证据表明合同折扣仅与合同中一项或多项（而非全部）履约义务相关的，企业应当将该合同折扣分摊至相关一项或多项履约义务。

【例10-11】中国海洋××股份有限公司与客户签订了一项合同，以250 000元的价格向客户销售A、B、C三种产品，三种产品都是中国海洋××股份有限公司定期单独对外销售的产品，单独售价均可直接观察。中国海洋××股份有限公司确定的合同产品单独售价见表10-4。

表 10-4 单独售价估计表 单位：元

合同产品	单独售价	方法
A产品	80 000	直接观察法
B产品	88 000	直接观察法
C产品	132 000	直接观察法
合计	300 000	—

中国海洋××股份有限公司在日常销售中，以80 000元的价格销售A产品，并定期以170 000元的价格将B产品和C产品组合在一起销售。由于中国海洋××股份有限公司将B产品和C产品组合在一起进行销售的价格170 000元与B产品和C产品单独售价之和220 000元的差额为50 000元，与合同的整体折扣一致，而A产品日常销售价格与其单独售价一致，证明合同折扣只是针对B产品和C产品的。因此，中国海洋××股份有限公司在分摊合同折扣时，应将合同折扣按单独售价的相对比例分摊给B产品和C产品。B产品和C产品

合同折扣的分摊见表10-5。

表10-5　　合同折扣分摊表　　单位：元

合同产品	按比例分摊	交易价格
B产品	88 000÷（88 000+132 000）×170 000	68 000
C产品	132 000÷（88 000+132 000）×170 000	102 000
合计	—	170 000

（3）合同折扣仅与合同中一项或多项（而非全部）履约义务相关，且企业采用余值法估计单独售价的，应当首先在该一项或多项（而非全部）履约义务之间分摊合同折扣，然后采用余值法估计单独售价。

【例10-12】沿用【例10-11】的资料，现假定中国海洋××股份有限公司以280 000元的价格向客户销售A、B、C、D四种产品。其中，D产品因其近期售价波动幅度巨大而无法可靠确定单独售价，中国海洋××股份有限公司采用余值法估计其单独售价，其他资料不变。中国海洋××股份有限公司对D产品单独售价的估计，见表10-6。

表10-6　　单独售价估计表　　单位：元

合同产品	单独售价	方法
A产品	80 000	直接观察法
B产品	68 000	直接观察法（已扣除折扣）
C产品	102 000	直接观察法（已扣除折扣）
D产品	30 000	余值法
合计	280 000	—

本例中，D产品单独售价=280 000−80 000−68 000−102 000=30 000（元）。

3.分摊可变对价

对于可变对价及可变对价的后续变动额，企业应当按照与分摊合同折扣相同的方法，将其分摊至与之相关的一项或多项履约义务，或者分摊至构成单项履约义务的一系列可明确区分商品中的一项或多项商品。对于已履行的履约义务，其分摊的可变对价后续变动额应当调整变动当期的收入。

【例10-13】20×2年7月1日，中国海洋××股份有限公司承诺向客户转让两种可明确区分的产品。X产品在合同开始时转让给客户，而Y产品则于20×3年3月31日转让给客户。客户承诺支付的对价中包含固定对价1 000万元和估计值为200万元的可变对价，企业将可变对价估计值纳入交易价格（符合条件）。20×2年11月30日，双方对合同范围进行了修订：20×3年6月30日前中国海洋××股份有限公司将Z产品（连同尚未交付的Y产品）转让给客户，合同价格增加了300万元（固定对价），该增加额并不反映Z产品的单独售价。在合同修订后，交付Y产品和Z产品之前，企业将其关于预计有权获得的可变对价的估计值修正为240万元。企业认为，该可变对价估计值的变动可纳入交易价格（不确定性消除时累计已确认收入金额可能不会发生重大转回）。三种产品X、Y、Z的单独售价相同；三种产品均可明确区分。请问：应如何分摊合同固定对价和可变对价？

本例中，X和Y两种产品的单独售价相同，且可变对价不符合只分摊给某一履约义务的标准，因此，交易价格1 200万元应平均分摊至X产品和Y产品的履约义务。X产品在合同开始时转让给客户，公司应于20×2年7月1日确认收入600万元（（1 000+200）÷2）。

20×2年11月30日，修订后的合同交易价格为900万元（600+300），应分摊至Y产品和Z产品，各自分摊450万元。增加的40万元的可变对价首先需在X产品与Y产品间进行第一次分摊，X产品、Y产品各自分摊20万元；然后将分摊至Y产品的20万元在Y产品、Z产品间进行第二次分摊，Y产品、Z产品各自分摊10万元。

20×3年3月31日，Y产品转让给客户时，中国海洋××股份有限公司确认Y产品的销售收入460万元（450+10）；20×3年6月30日，Z产品转让给客户时，中国海洋××股份有限公司确认Z产品的销售收入收入460万元（450+10）。

4.分摊合同变更之后发生的可变对价后续变动

合同变更后发生可变对价后续变动的，企业应区分下列三种情形分别进行会计处理：

（1）在合同变更属于将合同变更部分作为一份单独合同进行会计处理的情况下，企业应当判断可变对价后续变动与哪一项合同相关，并按照分摊可变对价的要求进行会计处理。

（2）在合同变更属于将原合同视为终止并将原合同未履约部分与合同变更部分合并为新合同进行会计处理的情况下，如果可变对价后续变动与合同变更前已承诺可变对价相关的，企业应当首先将该可变对价后续变动额以原合同开始日确定的基础进行分摊，然后将分摊至合同变更日尚未履行履约义务的该可变对价后续变动额以新合同开始日确定的基础进行二次分摊（见例10-13）。

（3）合同变更之后发生除上述（1）、（2）情形以外的可变对价后续变动的，企业应当将该可变对价后续变动额分摊至合同变更日尚未履行的履约义务。

【例10-14】20×3年8月20日，中国海洋××股份有限公司与乙公司签订合同，向其销售E产品和F产品。合同约定，E产品于20×3年10月31日前交付乙公司，F产品于20×4年1月31日前交付乙公司；合同约定的对价包括50 000元的固定对价和估计金额为6 000元的可变对价，将该可变对价计入交易价格，可以满足将可变对价计入交易价格的限制条件。E产品的单独售价为36 000元，F产品的单独售价为24 000元，二者合计大于合同对价，说明中国海洋××股份有限公司因为客户一揽子购买商品而给予了客户折扣。中国海洋××股份有限公司认为，没有可观察的证据表明可变对价和合同折扣是专门针对E产品或者F产品的，因此，将可变对价和合同折扣在E、F两种产品之间按单独售价的比例进行分摊。合同开始日，中国海洋××股份有限公司对可变对价和合同折扣的分摊见表10-7。

表10-7 **可变对价与合同折扣分摊表** 单位：元

合同产品	按比例分摊	交易价格
E产品	36 000÷（36 000+24 000）×56 000	33 600
F产品	24 000÷（36 000+24 000）×56 000	22 400
合计	—	56 000

20×3年10月31日，中国海洋××股份有限公司将E产品交付乙公司后，确认销售收入33 600元。

20×3年12月25日，中国海洋××股份有限公司与乙公司对合同进行了变更，中国海洋××股份有限公司向乙公司额外销售一批G产品，G产品于20×4年5月31日前交付乙公司。G产品的单独售价为16 000元，双方确定的合同价格为10 000元。由于G产品的合同价格不能反映G产品的单独售价，并且在合同变更日已转让的E产品与未转让的F产品之间可明确区分，因此，中国海洋××股份有限公司将合同变更作为原合同终止，同时将原合同未履行部分与合同变更部分合并为新合同进行会计处理。在新合同下，合同交易价格为32 400元（22 400+10 000）。中国海洋××股份有限公司将新合同的交易价格在F产品和G产品之间的分摊见表10-8。

表10-8 **交易价格分摊表** 单位：元

合同产品	按比例分摊	交易价格
F产品	24 000÷（24 000+16 000）×32 400	19 440
G产品	16 000÷（24 000+16 000）×32 400	12 960
合计	—	32 400

20×3年12月31日，中国海洋××股份有限公司对可变对价金额进行了重新估计，可变对价金额由原先估计的6 000元变更为8 000元，该可变对价的后续变动与合同变更前已承诺的可变对价相关，并且可以满足将可变对价计入交易价格的限制条件。中国海洋××股份有限公司应当首先将该可变对价后续变动额2 000元在原合同的E产品和F产品之间进行分摊，然后将分摊至合同变更日尚未履行履约义务的F产品的可变对价后续变动额在新合同的F产品和G产品之间进行二次分摊。中国海洋××股份有限公司将可变对价后续变动额在E产品和F产品之间的分摊，见表10-9。

表10-9 **可变对价后续变动额分摊表** 单位：元

合同产品	按比例分摊	交易价格
E产品	36 000÷（36 000+24 000）×2 000	1 200
F产品	24 000÷（36 000+24 000）×2 000	800
合计	—	2 000

由于可变对价发生后续变动时，E产品已经销售并已确认了收入，因此，应将分摊至E产品的可变对价后续变动额1 200元全部确认为变动当期的收入。同时，应将分摊至F产品的可变对价后续变动额800元，在F产品和G产品之间进行二次分摊，具体分配见表10-10。

假定可变对价在此后期间没有再次发生变动，则F产品于20×4年1月31日交付给乙公司后，中国海洋××股份有限公司应确认销售收入19 920元；G产品于20×4年5月31日交付乙公司后，中国海洋××股份有限公司应确认销售收入13 280元。

表 10-10　　可变对价后续变动额分摊表　　单位：元

合同产品	按比例分摊	可变对价变动额	交易价格
F产品	24 000÷（24 000+16 000）×800	480	19 440+480=19 920
G产品	16 000÷（24 000+16 000）×800	320	12 960+320=13 280
合计	—	800	32 400+800=33 200

（五）履行各单项履约义务时确认收入

企业应当在履行了合同中的履约义务，即客户取得相关商品控制权时确认收入。企业应当根据实际情况，首先判断履约义务是在某一时段内履行，还是在某一时点履行。对于在某一时段内履行的履约义务，企业应当选取恰当的方法来确定履约进度；对于在某一时点履行的履约义务，企业应当综合分析控制权转移的迹象，判断其转移时点。

1.在某一时段内履行的履约义务

企业应当首先判断履约义务是否满足在某一时段内履行履约义务的条件，如果不能满足，则属于在某一时点履行的履约义务。满足下列条件之一的，属于在某一时段内履行的履约义务：

（1）客户在企业履约的同时即取得并消耗企业履约所带来的经济利益。如果企业在履约过程中是持续地向客户转移该服务控制权的，则表明客户在企业履约的同时即取得并消耗企业履约所带来的经济利益，该履约义务属于在某一时段内履行的履约义务。企业在进行判断时，可以假定在企业履约过程中更换为其他企业继续履行剩余履约义务，如果该继续履行合同的企业实质上无须重新执行企业累计至今已经完成的工作，则表明客户在企业履约的同时即取得并消耗了企业履约所带来的经济利益。例如，中国海洋××股份有限公司承诺将客户的一批货物由A地运至B地，途经C地时，中国海洋××股份有限公司将该批货物交由乙公司继续运往B地。由于乙公司无须重新执行A地到C地的运输服务，因此，表明客户在企业履约的同时即取得并消耗了企业履约所带来的经济利益，该运输服务属于在某一时段内履行的履约义务。

（2）客户能够控制企业履约过程中在建的商品。企业在履约过程中在建的商品包括在产品、在建工程、尚未完成的研发项目、正在进行的服务等。如果在企业创建这些商品的过程中客户就能够控制这些在建商品，则表明该履约义务属于在某一时段内履行的履约义务。例如，建造承包商应客户要求为其扩建厂房，在扩建过程中，客户有权根据需要变更扩建方案并重新协商合同价款，客户每月按扩建进度向建造承包商支付工程款，如果客户终止合同，则已部分完成扩建的厂房归客户所有。由于客户能够控制企业履约过程中在建的商品，因此，该厂房扩建工程属于在某一时段内履行的履约义务。

（3）企业履约过程中所产出的商品具有不可替代用途，且该企业在整个合同期间内有权就累计至今已完成的履约部分收取款项。商品具有不可替代用途，是指因合同限制或实际可行性限制，企业不能轻易地将商品用于其他用途；有权就累计至今已完成的履约部分收取款项，是指在由于客户或其他方原因终止合同的情况下，企业有权就累计至今已完成的履约部分收取能够补偿其已发生成本和合理利润的款项，并且该权利具有法律约束力。例如，甲企业为一客户专门设计并制造一台大型专用设备，如果客户终止合同，甲企业需要支付重大的改制成本，才能将其出售给其他客户，因此，该专用设备具有不可替代用途。如果合同约定，在客户单方面终止合同的情况下，客户须按设备完工进度支付已完工部分的合同价款，该价款能够补偿甲企业已发生成本和合理利润，则该项设备制造属于在某一时段内履行的履约义务；如果合同约定，在客户单方面终止合同的情况下，客户只需按合同价款的20%支付违约金，则该项设备制造属于在某一时点履行的履约义务。

2.在某一时点履行的履约义务

当一项履约义务不能满足在某一时段内履行履约义务的条件时，即不属于在某一时段内履行的履约义务，应属于在某一时点履行的履约义务。对于在某一时点履行的履约义务，企业应当综合分析控制权转移的迹象，判断其转移时点。企业应当在客户取得相关商品控制权时点确认收入。

三、合同资产和合同负债

企业在向客户转让商品之前，如果客户已经支付了合同对价或企业已经取得了无条件收取合同对价的权利，则企业应当在客户实际支付款项与到期应支付款项孰早时点，将该已收或应收的款项列示为合同负债。合同负债，是指企业已收或应收客户对价而应向客户转让商品的义务。例如，企业与客户签订不可撤销的合同，向客户销售其生产的A产品，合同开始日，企业收到客户支付的合同价款10 000元，A产品将在2个月之后交付给客户，这种情况下，企业应当将该收取的10 000元作为合同负债进行处理。

相反，在客户实际支付合同对价或在该对价到期应付之前，企业如果已经向客户转让了商品，则应当将因已转让商品而有权收取对价的权利列示为合同资产，但不包括应收款项。合同资产，是指企业已向客户转让商品而有权收取对价的权利，且该权利取决于时间流逝以外的其他因素。二者的区别在于，应收款项代表的是无条件收取合同对价的权利，即企业仅仅随着时间的流逝即可收款，而合同资产并不是一项无条件收款权，该权利除了时间流逝之外，还取决于其他条件（例如，履行合同中的其他履约义务）才能收取相应的合同对价。因此，与合同资产和应收款项相关的风险是不同的，应收款项仅承担信用风险，而合同资产除信用风险之外，还可能承担其他风险，如履约风险等。合同资产减值的计量、列报和披露应当按照相关金融工具准则的要求进行会计处理。

【例10-15】A公司与客户签订合同，向其销售甲、乙两项商品，甲的单独售价为5 000元，乙的单独售价为25 000元，合同价款为28 000元。合同约定，甲商品于合同开始日交付，乙商品在一个月之后交付，只有当两项商品全部交付后，A公司才有权收取28 000元的合同对价。假定甲商品和乙商品分别构成单项履约义务，在交付时，客户取得其控制权。上述价格均不包含增值税，且假定不考虑相关税费影响。

分摊至甲商品的合同价款=5 000÷（5 000+25 000）×28 000=4 666.67（元）

分摊至乙商品的合同价款=28 000−4 666.67=23 333.33（元）

A公司的账务处理如下：

（1）交付甲商品时，A公司尚不满足收入确认条件，应将甲商品的合同价款确认为合同资产：

借：合同资产	4 666.67	
贷：主营业务收入		4 666.67

（2）交付乙商品时，A公司已满足收入确认条件，此时应将取得的合同对价确认为销售收入：

借：应收账款　　28 000

　贷：合同资产　　4 666.67

　　主营业务收入　　23 333.33

合同资产和合同负债应当在资产负债表中单独列示，并按流动性分别列示为“合同资产”或“其他非流动资产”以及“合同负债”或“其他非流动负债”。同一合同下的合同资产和合同负债应当以净额列示，不同合同下的合同资产和合同负债不能相互抵销。

四、合同成本

（一）合同履约成本

企业为履行合同会发生各种成本，如果这些成本不属于存货、固定资产、无形资产等资产的取得成本且同时满足下列三个条件，应当作为合同履约成本确认为一项资产：

（1）该成本与一份当前或预期取得的合同直接相关，包括直接人工、直接材料、制造费用（或类似费用）、明确由客户承担的成本以及仅因该合同而发生的其他成本。

（2）该成本增加了企业未来用于履行履约义务的资源。

（3）该成本预期能够收回。

企业应当在下列支出发生时，将其计入当期损益：

（1）管理费用，除非这些费用明确由客户承担。

（2）非正常消耗的直接材料、直接人工和制造费用（或类似费用），这些支出为履行合同发生，但未反映在合同价格中。

（3）与履约义务中已履行（包括已全部履行或部分履行）部分相关的支出，即该支出与企业过去的履约活动相关。

（4）无法在尚未履行的与已履行的履约义务之间区分的相关支出。

（二）合同取得成本

企业为取得合同发生的增量成本预期能够收回的，应当作为合同取得成本确认为一项资产；但是，该资产摊销期限不超过一年的，可在发生时计入当期损益。增量成本，是指企业不取得合同就不会发生的成本（如销售佣金等）。企业为取得合同发生的、除预期能够收回的增量成本之外的其他支出（如无论是否取得合同均会发生的差旅费、投标费等），应当在发生时计入当期损益，但是，明确由客户承担的除外。

（三）与合同成本有关的资产的摊销与减值

与合同成本有关的资产，指按合同履约成本确认的资产和按合同取得成本确认的资产。

与合同成本有关的资产，应当采用与该资产相关的商品收入确认相同的基础（即按照履约进度或者履约时点）进行摊销，计入当期损益。

与合同成本有关的资产，其账面价值高于下列两项的差额的，超出部分应当计提减值准备，并确认为资产减值损失：

（1）企业因转让与该资产相关的商品预期能够取得的剩余对价；

（2）为转让该相关商品估计将要发生的成本。

以前期间减值的因素之后如果发生变化，使得上列两项的差额高于该资产账面价值的，应当转回原已计提的资产减值准备，并计入当期损益，但转回后的资产账面价值不应超过假定不计提减值准备情况下该资产在转回日的账面价值。在确定与合同成本有关的资产的减值损失时，企业应当首先对与合同有关的存货、固定资产、无形资产等资产确定减值损失；然后，按照上述与合同成本有关的资产减值要求确定与合同成本有关的资产的减值损失。

五、销售业务的一般会计处理

收入确认与计量的五步法模型是为了满足企业在各种合同安排下，特别是在某些包含多重交易、可变对价等复杂合同安排下，对相关收入进行确认和计量的需要而设定的。在会计实务中，企业转让商品的合同在相当多的情况下属于履约义务单一、交易价格固定的简单合同。对于简单合同，企业在应用五步法模型时，可以简化或者省略其中的某些步骤，如在区分属于在某一时段内履行的履约义务还是在某一时点履行的履约义务的前提下，重点关注企业是否已经履行了履约义务即客户是否已经取得了相关商品的控制权、企业因向客户转让商品而有权取得的对价是否很可能收回等。

（一）在某一时段内履行履约义务的收入确认

对于在某一时段内履行的履约义务，企业应当在该段时间内按照履约进度确认收入，但是，履约进度不能合理确定的除外。资产负债表日，企业应当按照合同收入总额乘以履约进度再扣除以前会计期间累计确认的合同收入后的金额，确认当期收入；同时，按照履行合同估计发生的总成本乘以履约进度再扣除以前会计期间累计确认的合同成本后的金额，结转当期成本。用公式表示如下：

本期确认的收入=合同总收入×本期末止履约进度-以前期间已确认的收入

本期确认的成本=合同总成本×本期末止履约进度-以前期间已确认的成本

企业应当考虑商品的性质，采用产出法或投入法确定恰当的履约进度。

1.产出法

产出法是根据已转移给客户的商品对于客户的价值确定履约进度的方法，如按照实际测量的完工进度、已实现的结果、已达到的里程碑、已完成的时间进度、已生产或已交付的产品单位等产出指标确定履约进度。产出法是根据能够代表向客户转移商品控制权的产出指标直接计算履约进度的，因此，通常能够客观地反映履约进度。如果产出法下有关产出指标的信息无法直接观察获得，企业为获得这些信息需要花费很高的成本，则需要采用投入法来确定履约进度。

【例10-16】中国海洋××股份有限公司与客户签订合同，为客户提供100套门窗，合同价格为80万元（不考虑增值税）。截至20×3年12月31日，中国海洋××股份有限公司共发出了60套门窗，剩余部分在20×4年3月1日之前完成。该合同仅包含一项履约义务，且该履约义务满足在某一时段内履行的条件。假设不考虑其他情况。

本例中，中国海洋××股份有限公司提供的销售门窗服务属于在某一时段内履行的履约义务，中国海洋××股份有限公司按照已完成的工作量确定履约进度。因此，截至20×3年12月31日，该合同的履约进度为60%（60÷100×100%），中国海洋××股份有限公司应确认的收入为48万元（80×60%）。

2.投入法

投入法是根据企业为履行履约义务的投入确定履约进度的方法，如按照投入的材料数量、花费的人工工时或机器工时、发生的成本、时间进度等投入指标确定履约进度。当企业从事的工作或发生的投入是在整个履约期间内平均发生时，企业也可以按照直线法确认收入。在会计实务中，经常使用的方法是按照累计实际发生的成本占预计总成本的比例确定履约进度（成本法）。投入法所需要的投入指标比较易于获得，但在有些情况下，投入指标与企业向客户转移商品的控制权之间未必存在直接的对应关系。因此，企业在采用投入法确定履约进度时，应当扣除那些虽然已经发生但并未导致向客户转移商品的投入。每一资产负债表日，企业应当对履约进度进行重新估计，以确保履约进度能够反映履约情况的变化。对于每一项履约义务，企业只能采用一种方法来确定其履约进度，并加以一贯运用。对于类似情况下的同类履约义务，企业应当采用相同的方法确定履约进度。

对于在某一时段内履行的履约义务，只有当其履约进度能够合理确定时，才应当按照履约进度确认收入。当履约进度不能合理确定时，企业已经发生的成本预计能够得到补偿的，应当按照已经发生的成本金额确认收入，直到履约进度能够合理确定为止。

【例10-17】20×3年10月，甲公司与客户签订合同，为客户装修一栋办公楼并安装一部电梯，合同总金额为100万元。甲公司预计的合同总成本为80万元，其中包括电梯的采购成本30万元。

20×3年12月，甲公司将电梯运达施工现场并经过客户验收，客户已取得对电梯的控制权，但是根据装修进度，预计到20×4年2月才会安装该电梯。截至20×3年12月，甲公司累计发生成本40万元，其中包括支付给电梯供应商的采购成本30万元，电梯采购成本相对于预计总成本而言是重大的。

假定该装修服务（包括安装电梯）构成单项履约义务，并属于在某一时段内履行的履约义务，甲公司是主要责任人，但不参与电梯的设计和制造；甲公司采用成本法确定履约进度。上述金额均不含增值税。

本例中，截至20×3年12月，甲公司发生成本40万元（包括电梯采购成本30万元），甲公司认为按照发生的总成本计算履约进度会高估其实际履约的程度，因此，在确定履约进度时，将电梯的采购成本排除在已发生成本和预计总成本之外，同时按照该电梯采购成本的金额确认相应收入。

因此，20×3年12月，该合同的履约进度为20%（（40−30）÷（80−30）×100%），甲公司应确认的收入金额为44万元（（100−30）×20%+30），成本金额为40万元（（80−30）×20%+30）。

（二）在某一时点履行履约义务的收入确认

对于在某一时点履行的履约义务，企业应当在客户取得相关商品控制权的时点确认收入。在判断客户是否已取得商品控制权时，企业应当考虑下列迹象：

（1）企业就该商品享有现时收款权利，即客户就该商品负有现时付款义务。

（2）企业已将该商品的法定所有权转移给客户，即客户已拥有该商品的法定所有权。

（3）企业已将该商品实物转移给客户，即客户已实物占有该商品。

（4）企业已将该商品所有权上的主要风险和报酬转移给客户，即客户已取得该商品所有权上的主要风险和报酬。

（5）客户已接受该商品。

（6）其他表明客户已取得商品控制权的迹象。

需要注意的是，以上判断客户是否已取得商品控制权所应当考虑的迹象中，没有哪一项是决定性的，企业应当根据合同条款和交易实质进行综合分析，以判断客户是否以及何时取得商品的控制权，据以确定收入确认的时点。当客户取得相关商品控制权时，企业应当按已收或预期有权收取的合同价款确认销售收入，或在资产负债表日，按已销商品的账面价值结转销售成本。如果销售的商品已经发出，但客户尚未取得相关商品的控制权或者尚未满足收入确认的条件，则发出的商品应通过“发出商品”科目进行核算，企业不应确认销售收入。资产负债表日，“发出商品”科目的余额，应在资产负债表的“存货”项目中反映。

【例10-18】20×3年1月20日，中国海洋××股份有限公司与乙公司签订合同，向乙公司销售一批A产品。A产品的生产成本为120 000元，合同约定的销售价格为150 000元，增值税销项税额为19 500元，中国海洋××股份有限公司开出发票并按合同约定的品种和质量发出A产品，乙公司收到A产品并验收入库。根据合同约定，乙公司须于30天内付款。

在这项交易中，中国海洋××股份有限公司已按照合同约定的品种和质量发出商品，中国海洋××股份有限公司也已将该批商品验收入库，表明中国海洋××股份有限公司已经履行了合同中的履约义务，乙公司也已经取得了该批商品的控制权；同时，中国海洋××股份有限公司判断，因向乙公司转让A产品而有权取得的对价很可能收回。因此，中国海洋××股份有限公司应于乙公司取得该批商品的控制权时确认收入并结转成本。会计分录如下：

借：应收账款——乙公司	169 500	
贷：主营业务收入		150 000
应交税费——应交增值税（销项税额）		19 500
借：主营业务成本	120 000	
贷：库存商品		120 000

【例10-19】按【例10-18】的资料，现假定中国海洋××股份有限公司在向乙公司销售A产品时，已知悉乙公司资金周转发生困难，近期内难以收回货款，但为了减少存货积压以及考虑到与乙公司长期的业务往来关系，仍将A产品发运给乙公司并开出发票账单。乙公司于20×3年12月1日给中国海洋××股份有限公司开出、承兑一张面值169 500元、为期6个月的不带息商业汇票。20×4年6月1日，中国海洋××股份有限公司收回票款。

本例与【例10-18】唯一不同的是，中国海洋××股份有限公司在向乙公司销售A产品时已知悉乙公司资金周转发生困难，近期内几乎不可能收回货款，而能否收回货款以及何时收回货款，尚存在重大不确定因素，即不能满足“企业因向客户转让商品而有权取得的对价很可能收回”的条件。因此，中国海洋××股份有限公司在发出商品时不能确认销售收入，而应待将来满足上列条件后再确认销售收入。中国海洋××股份有限公司的有关会计处理如下：

（1）20×3年1月20日，发出商品时：

借：发出商品	120 000	

贷：库存商品　120 000

借：应收账款——乙公司（应收销项税额）　19 500

贷：应交税费——应交增值税（销项税额）　19 500

（2）20×3年12月1日，收到乙公司开来的不带息商业汇票，中国海洋××股份有限公司判断已经满足“企业因向客户转让商品而有权取得的对价很可能收回”的条件，因而据以确认销售收入和结转销售成本。会计分录如下：

借：应收票据　169 500

贷：主营业务收入　150 000

应收账款——乙公司（应收销项税额）　19 500

借：主营业务成本　120 000

贷：发出商品　120 000

（3）20×4年6月1日，收回票款时：

借：银行存款　169 500

贷：应收票据　169 500

【例10-20】20×3年6月1日，中国海洋××股份有限公司与丙公司签订了一项合同，以30 000元的价格（不含增值税）向丙公司出售A、B两种产品。A、B两种产品的生产成本分别为13 500元、9 000元；单独售价（不含增值税）分别为18 000元、12 000元。合同约定，A产品于6月1日交付丙公司，B产品于7月1日交付丙公司，只有当A、B两种产品全部交付丙公司后，中国海洋××股份有限公司才有权收取30 000元的合同对价。中国海洋××股份有限公司按合同约定的日期先后发出A产品和B产品，丙公司收到上列产品并验收入库。

该项交易中，中国海洋××股份有限公司于6月1日将A产品交付丙公司后，其收取对价的权利还要取决于时间流逝之外的其他因素——必须向丙公司交付B产品，因此，该项收款权利是有条件的，从而形成一项合同资产。中国海洋××股份有限公司的有关会计处理如下：

（1）20×3年6月1日，向丙公司交付A产品时：

借：合同资产——丙公司　20 340

贷：主营业务收入　18 000

应交税费——应交增值税（销项税额）　2 340

借：主营业务成本　13 500

贷：库存商品　13 500

（2）20×3年7月1日，向丙公司交付B产品时：

借：应收账款——丙公司　33 900

贷：主营业务收入　12 000

应交税费——应交增值税（销项税额）　1 560

合同资产——丙公司　20 340

借：主营业务成本　9 000

贷：库存商品　9 000

六、销售折扣、折让与退回的会计处理

企业在销售商品时，有时还会附有一些销售折扣条件，也会因售出的商品质量不符合要求等原因而在价格上给予客户一定的折让或为客户办理退货。当企业发生销售折扣、销售折让以及销售退回时，将会对销售收入、销售成本、有关费用产生一定的影响。

（一）销售折扣

销售折扣，是指企业在销售商品时为鼓励客户多购商品或尽早付款而给予的价款折扣，包括商业折扣和现金折扣。商业折扣，是指企业为促进商品销售而在商品标价上给予客户的价格扣除。商业折扣的目的是鼓励客户多购商品，通常根据客户不同的购货数量而给予不同的折扣比率。商品标价扣除商业折扣后的金额，为双方的实际交易价格，即发票价格。由于会计记录是以实际交易价格为基础的，商业折扣是在交易成立之前予以扣除的折扣，是购销双方确定交易价格的一种方式，因此，并不影响销售的会计处理。

【例 10-21】中国海洋××股份有限公司 A 商品的标价为每件 100 元。乙公司一次购买 A 商品 1 000 件，根据规定的折扣条件，可得到 10% 的商业折扣，增值税税率为 13%。中国海洋××股份有限公司应于乙公司取得该批商品的控制权时，做如下会计处理：

借：应收账款——乙公司	101 700	
贷：主营业务收入		90 000
应交税费——应交增值税（销项税额）		11 700

（二）销售折让

销售折让，是指企业因售出商品的质量不合格等原因而给予客户的价格减让。销售折让可能发生在企业确认收入之前，也可能发生在企业确认收入之后。如果销售折让发生在企业确认收入之前，企业应直接从原定的销售价格中扣除给予客户的销售折让作为实际销售价格，并据以确认收入；如果销售折让发生在企业确认收入之后，企业应按实际给予客户的销售折让，冲减当期销售收入。销售折让属于资产负债表日后事项的，应当按照资产负债表日后事项的相关规定进行会计处理。

【例 10-22】中国海洋××股份有限公司向乙公司销售一批商品，开出的增值税专用发票上注明的销售价款为 800 000 元，增值税额为 104 000 元。乙公司在验收过程中发现商品质量不合格，要求在价格上给予 5% 的折让。假定中国海洋××股份有限公司已确认销售收入，款项尚未收到，发生的销售折让允许扣减当期增值税额。中国海洋××股份有限公司的账务处理如下：

（1）销售实现时：

借：应收账款	904 000	
贷：主营业务收入		800 000
应交税费——应交增值税（销项税额）		104 000

（2）发生销售折让时：

借：主营业务收入	40 000	
应交税费——应交增值税（销项税额）	5 200	
贷：应收账款		45 200

（3）实际收到款项时：

借：银行存款　858 800

　贷：应收账款　858 800

（三）销售退回

销售退回，是指企业售出的商品由于质量、品种不符合要求等原因而发生的退货。对于销售退回，企业应分别不同情况进行会计处理：

（1）对于未确认收入的售出商品发生销售退回的，企业应按已记入“发出商品”科目的商品成本金额，借记“库存商品”科目，贷记“发出商品”科目。

（2）对于已确认收入的售出商品发生退回的，企业应在发生时冲减当期销售商品收入，同时冲减当期销售商品成本。如该项销售退回已发生现金折扣的，应同时调整相关财务费用的金额；如该项销售退回允许扣减增值税额的，应同时调整“应交税费——应交增值税（销项税额）”科目的相应金额。

（3）已确认收入的售出商品发生的销售退回属于资产负债表日后事项的，应当按照有关资产负债表日后事项的相关规定进行会计处理。

【例 10-23】中国海洋××股份有限公司对外销售商品一批，售价 50 000 元，成本 40 000 元，增值税税率为 13%。当天对方收到商品，发现质量不符合要求，要求退货。中国海洋××股份有限公司对销售尚未做收入处理。

（1）销售当天：

借：发出商品　40 000

　贷：库存商品　40 000

同时：

借：应收账款　6 500

　贷：应交税费——应交增值税（销项税额）　6 500

（2）收到退货当天：

借：库存商品　40 000

　贷：发出商品　40 000

同时：

借：应交税费——应交增值税（销项税额）　6 500

　贷：应收账款　6 500

【例 10-24】中国海洋××股份有限公司在 20×3 年 12 月 18 日向乙公司销售一批商品，开出的增值税专用发票上注明的销售价款为 100 000 元，增值税额为 13 000 元。该批商品成本为 52 000 元。为及早收回货款，中国海洋××股份有限公司和乙公司约定的现金折扣条件为：2/10，1/20，n/30。乙公司在 20×3 年 12 月 27 日支付货款。20×4 年 4 月 5 日，该批商品因质量问题被乙公司退回，中国海洋××股份有限公司当日支付有关款项。假定计算现金折扣时不考虑增值税，销售退回不属于资产负债表日后事项。中国海洋××股份有限公司的账务处理如下：

（1）20×3 年 12 月 18 日销售实现时，按销售总价确认收入时：

借：应收账款　113 000

　贷：主营业务收入　100 000

　　　应交税费——应交增值税（销项税额）　13 000

借：主营业务成本　　52 000
　贷：库存商品　　52 000

（2）20×3年12月27日收到货款时，按销售总价100 000元的2%享受现金折扣2 000元（100 000×2%），实际收款111 000元（113 000−2 000）：

借：银行存款　　111 000
　财务费用　　2 000
　贷：应收账款　　113 000

（3）20×4年4月5日发生销售退回时：

借：主营业务收入　　100 000
　应交税费——应交增值税（销项税额）　　13 000
　贷：银行存款　　111 000
　　财务费用　　2 000
借：库存商品　　52 000
　贷：主营业务成本　　52 000

七、特定交易的会计处理

企业交易的方式是多种多样的，在将收入确认和计量的五步法模型运用于特定交易的会计处理时，应结合各种交易的特点，并注重交易的实质。

（一）合同中存在重大融资成分的销售

在企业将商品的控制权转移给客户的时间与客户实际付款的时间不一致的情况下（如企业以赊销的方式销售商品，或者要求客户支付预付款等），如果合同各方以在合同中（或者以隐含的方式）约定的付款时间为客户或企业就该交易提供了重大融资利益，则合同中存在重大融资成分。合同中存在重大融资成分的，企业应当按照现销价格确定交易价格。现销价格，是指假定客户在取得商品控制权时即以现金支付的应付金额。合同对价与现销价格之间的差额，应当在合同期间内采用实际利率法摊销。

实际利率，是指将合同对价折现为现销价格所使用的利率。实际利率一经确定，不得因后续市场利率或客户信用风险等情况的变化而变更。

企业在评估合同中是否存在融资成分以及该融资成分对于该合同而言是否重大时，应当考虑的因素包括：（1）合同对价与现销价格之间的差额；（2）客户从取得商品控制权至支付价款的间隔时间和市场的现行利率两个因素的共同影响。具体来说，如果合同对价与现销价格之间存在差额，而该差额又是由于客户从取得商品控制权至支付价款的间隔时间和市场现行利率两个因素共同影响的结果，则表明合同中存在融资成分。至于该融资成分是否属于重大，企业应当在单个合同层面而不是在合同组合层面予以评估。合同开始日，企业预计客户取得商品控制权与客户支付价款的时间间隔不超过一年的，可以不考虑合同中存在的重大融资成分。

【例10-25】20×3年1月1日，中国海洋××股份有限公司采用分期收款方式向乙公司销售一套大型设备，合同约定的销售价格为2 000万元，分五次于每年12月31日等额收取400万元。该大型设备成本为1 560万元。在现销方式下，该大型设备的销售价格为1 600万元。假定中国海洋××股份有限公司发出商品时开出增值税专用发票，注明的增值税额为260万元，并于当天收到增值税额260万元。中国海洋××股份有限公司的有关会计处理如下：

（1）确定实际利率：

根据上述资料，中国海洋××股份有限公司应当确认的销售商品收入金额为1 600万元。根据下列公式：

未来五年收款额的现值=现销方式下应收款项金额，可以得出：

400×（P/A，r，5）=1 600（万元）

可在多次测试的基础上，用插值法计算折现率。

当r=7%时，400×4.1002=1 640.08（万元）＞1 600万元。

当r=8%时，400×3.9927=1 597.08（万元）＜1 600万元。

因此，7%＜r＜8%。用插值法计算如下：

现值　　利率

1 640.08　7%

1 600　　r

1 597.08　8%

$$\frac{1\,640.08-1\,600}{1\,640.08-1\,597.08}=\frac{7\%-r}{7\%-8\%}$$

r=7.93%

（2）编制融资收益分配表：

每期计入财务费用的金额见表10-11（保留两位小数）。

表10-11　　财务费用和已收本金计算表　　单位：万元

年份（t）	未收本金 $A_t=A_{t-1}-D_{t-1}$	财务费用 B=A×7.93%	收现总额 C	已收本金 D=C−B
20×3年1月1日	1 600			
20×3年12月31日	1 600	126.88	400	273.12
20×4年12月31日	1 326.88	105.22	400	294.78
20×5年12月31日	1 032.10	81.85	400	318.15
20×6年12月31日	713.95	56.62	400	343.38
20×7年12月31日	370.57	29.43*	400	370.57
合计	—	400	2 000	1 600

注：*尾数调整。

根据表10-11的计算结果，中国海洋××股份有限公司各期的会计分录如下：

（1）20×3年1月1日销售实现时：

借：长期应收款　　20 000 000

　　银行存款　　2 600 000

　贷：主营业务收入　　16 000 000

贷：应交税费——应交增值税（销项税额）　　2 600 000

未实现融资收益　　4 000 000

借：主营业务成本　　15 600 000

贷：库存商品　　15 600 000

（2）20×3年12月31日收取货款时：

借：银行存款　　4 000 000

贷：长期应收款　　4 000 000

借：未实现融资收益　　1 268 800

贷：财务费用　　1 268 800

（3）20×4年12月31日收取货款时：

借：银行存款　　4 000 000

贷：长期应收款　　4 000 000

借：未实现融资收益　　1 052 200

贷：财务费用　　1 052 200

（4）20×5年12月31日收取货款时：

借：银行存款　　4 000 000

贷：长期应收款　　4 000 000

借：未实现融资收益　　818 500

贷：财务费用　　818 500

（5）20×6年12月31日收取货款时：

借：银行存款　　4 000 000

贷：长期应收款　　4 000 000

借：未实现融资收益　　566 200

贷：财务费用　　566 200

（6）20×7年12月31日收取货款时：

借：银行存款　　4 000 000

贷：长期应收款　　4 000 000

借：未实现融资收益　　294 300

贷：财务费用　　294 300

（二）附有退货条款的商品销售

对于附有销售退回条款的商品销售，企业应当在客户取得相关商品控制权时，按照因向客户销售商品而预期有权收取的对价金额（即不包含预期因销售退回将退还的金额）确认收入，按照预期因销售退回将退还的金额确认预计负债；同时，按照预期将退回商品转让时的账面价值，扣除收回该商品预计发生的成本（包括退回商品的价值减损）后的余额，确认为一项资产（应收退货成本），按照所转让商品转让时的账面价值，扣除上述资产成本的净额结转成本。每一资产负债表日，企业应当重新估计未来销售退回情况，如有变化，应当作为会计估计变更进行会计处理。

企业应将不会退货的已销商品确认为主营业务收入，借记“银行存款”“应收账款”等科目，贷记“主营业务收入”科目；同时结转主营业务成本，借记“主营业务成本”科目，贷记“库存商品”科目。根据可能退货的已销商品账面价值，扣除收回该商品预计发生的成本（包括退回商品的价值减损）后的余额，借记“应收退货成本”科目；根据可能退货的已销商品账面价值，贷记“库存商品”等科目；根据两者的差额，借记“主营业务成本”等科目。如果企业已经收取可能退货商品的价款，应确认为预计负债，借记“银行存款”等科目，贷记“预计负债”科目。如果企业已经开具增值税专用发票，则应确认应交增值税，借记“银行存款”“应收账款”等科目，贷记“应交税费——应交增值税（销项税额）”科目。企业如果无法合理确定退货的可能性，则应全部确认为应收退货成本，于退货期满时确认营业收入。

【例10-26】中国海洋××股份有限公司是一家远洋捕捞设备销售公司。20×3年1月1日，中国海洋××股份有限公司向乙公司销售5 000件远洋捕捞设备，单位销售价格为500元，单位成本为400元，开出的增值税专用发票上注明的销售价款为2 500 000元，增值税额为325 000元。协议约定，乙公司应于2月1日之前支付货款，在6月30日之前有权退还远洋捕捞设备。远洋捕捞设备已经发出，款项尚未收到。假定中国海洋××股份有限公司根据过去的经验，估计该批远洋捕捞设备退货率约为20%；远洋捕捞设备发出时纳税义务已经发生；发生销售退回时有关的增值税额允许冲减。中国海洋××股份有限公司的账务处理如下：

（1）1月1日发出远洋捕捞设备时：

可能退货部分不符合收入确认条件，不应确认收入。

确认主营业务收入=2 500 000×80%=2 000 000（元）

确认预计负债=2 500 000×20%=500 000（元）

借：应收账款	2 825 000	
贷：主营业务收入		2 000 000
预计负债		500 000
应交税费——应交增值税（销项税额）		325 000
借：主营业务成本	1 600 000	
应收退货成本	400 000	
贷：库存商品		2 000 000

（2）2月1日前收到货款时：

借：银行存款	2 825 000	
贷：应收账款		2 825 000

（3）6月30日发生销售退回，假设实际退货量为1 000件，款项已经支付：

借：预计负债	500 000	
应交税费——应交增值税（销项税额）	65 000	
贷：银行存款		565 000
借：库存商品	400 000	
贷：应收退货成本		400 000

（4）如果实际退货量为800件时：

借：预计负债	500 000	
应交税费——应交增值税（销项税额）	52 000	

贷：银行存款		452 000
主营业务收入		100 000
借：库存商品	320 000	
主营业务成本	80 000	
贷：应收退货成本		400 000

（5）如果实际退货量为1 200件时：

借：预计负债	500 000	
应交税费——应交增值税（销项税额）	78 000	
主营业务收入	100 000	
贷：银行存款		678 000
借：库存商品	480 000	
贷：应收退货成本		400 000
主营业务成本		80 000

（三）附有质量保证条款的销售

对于附有质量保证条款的销售，企业应当评估该质量保证是否在向客户保证所销售商品符合既定标准之外提供了一项单独的服务。企业提供额外服务的，应当作为单项履约义务，按照收入确认的相关要求进行会计处理；否则，质量保证责任应当按照或有事项的相关要求进行会计处理。

在评估质量保证是否在向客户保证所销售商品符合既定标准之外提供了一项单独的服务时，企业应当考虑的主要因素包括：（1）该质量保证是否为法定要求。法定要求通常是为了使客户避免购买瑕疵或缺陷商品的风险而采取的保护措施，旨在保证客户购买的商品符合既定标准，并非为客户提供一项单独的质量保证服务。（2）质量保证期限。质量保证期限越长，越有可能是单项履约义务。（3）企业承诺履行义务的性质。如果企业必须履行某些特定的义务以保证所转让的商品符合既定标准（如承担客户退回瑕疵商品的运费），则这些特定的义务一般不构成单项履约义务。客户能够选择单独购买质量保证的，该质量保证构成单项履约义务。

【例10–27】中国海洋××股份有限公司与乙公司签订合同，将其生产的一套设备销售给乙公司，合同售价为285 000元，增值税为37 050元。乙公司收到设备并验收无误后，支付了全部合同价款。中国海洋××股份有限公司负责提供为期一年的产品质量保证服务，承诺设备在质量保证期间内若出现质量问题或与之相关的其他属于正常范围的问题，将提供免费的维修或调换服务。同时，中国海洋××股份有限公司还承诺免费为客户提供为期三天的设备操作培训。

上例中，中国海洋××股份有限公司提供的产品质量保证服务，是为了向客户保证所销售商品符合既定标准，不构成单项履约义务，应当按照或有事项的相关要求进行会计处理；中国海洋××股份有限公司免费为客户提供的设备操作培训服务，属于在向客户保证所销售商品符合既定标准之外提供的额外服务，并且该服务与销售的设备可明确区分，应作为单项履约义务。因此，该销售合同存在两项履约义务：销售设备和提供设备操作培训服务。假定合同售价反映了设备的单独售价，设备操作培训服务的单独售价为15 000元；税法规定，该项交易按照销售产品计算缴纳增值税，培训服务不单独纳税。

（1）销售生产设备时：

$$生产设备的交易价格=\frac{285\,000}{285\,000+15\,000}\times 285\,000=270\,750\text{（元）}$$

$$设备操作培训服务的交易价格=\frac{15\,000}{285\,000+15\,000}\times 285\,000=14\,250\text{（元）}$$

借：银行存款	322 050	
贷：主营业务收入		270 750
合同负债		14 250
应交税费——交增值税（销项税额）		37 050

（2）提供设备操作培训服务时：

借：合同负债	14 250	
贷：主营业务收入		14 250

（四）主要责任人和代理人

企业应当根据其在向客户转让商品前是否拥有对该商品的控制权，来判断其从事交易时的身份是主要责任人还是代理人。企业在向客户转让商品前能够控制该商品的，该企业为主要责任人，应当按照已收或应收对价总额确认收入；否则，该企业为代理人，应当按照预期有权收取的佣金或手续费的金额确认收入，该金额应当按照已收或应收对价总额扣除应支付给其他相关方的价款后的净额，或者按照既定的佣金金额或比例等确定。

企业向客户转让商品前能够控制该商品的情形包括：

（1）企业自第三方取得商品或其他资产控制权后，再转让给客户。

（2）企业能够主导第三方代表本企业向客户提供服务。

（3）企业自第三方取得商品控制权后，通过提供重大的服务将该商品与其他商品整合成某组合产出转让给客户。在具体判断向客户转让商品前是否拥有对该商品的控制权时，企业不应仅局限于合同的法律形式，而应当综合考虑所有相关事实和情况，这些事实和情况包括：

①企业承担向客户转让商品的主要责任。

②企业在转让商品之前或之后承担了该商品的存货风险。

③企业有权自主决定所交易商品的价格。

④其他相关事实和情况。

需要强调的是，上述“相关事实和情况”只是在企业难以评估将特定商品转让给客户之前是否能够控制这些商品的情况下，帮助企业进行相关判断，并不构成一项单独或额外的评估。企业应当根据相关商品的性质、合同条款的约定以及其他具体情况，对在向客户转让商品前是否拥有对该商品的控制权进行综合判断。

（五）委托代销

委托代销是指委托方根据合同，委托受托方代销商品的一种销售方式。在委托代销方式下，委托方可以通过下列迹象判断一项合同安排是否在实质上属于委托代销安排：

（1）在特定事件发生之前（例如，受托方向其客户出售商品之前），委托方拥有对商品的控制权；

（2）委托方能够要求将委托代销的商品退回或者将其销售给其他方（如其他经销商）；

（3）尽管受托方可能被要求向委托方支付一定金额的押金，但是受托方并没有承担对受托代销商品无条件付款的义务。

受托方则应当根据在向客户转让商品前是否拥有对该商品的控制权，来判断其向客户转让商品时的身份是主要责任人还是代理人，从而确定其应当按照已收或应收客户对价总额确认收入，还是应当按照预期有权收取的代销手续费金额确认收入。

委托代销具体又可分为视同买断方式和支付手续费方式两种。

1.视同买断方式

视同买断方式代销商品，是指委托方和受托方签订合同或协议，委托方按合同或协议收取委托代销商品的货款，实际售价由受托方自定，实际售价与合同或协议价之间的差额归受托方所有。如果委托方和受托方之间的协议明确标明，受托方在取得代销商品后，无论是否能够卖出、是否获利，均与委托方无关，那么，委托方和受托方之间的代销商品交易，与委托方直接销售商品给受托方没有实质区别，在符合销售商品收入确认条件时，委托方应确认相关销售商品收入。如果委托方和受托方之间的协议明确标明，将来受托方没有将商品售出时可以将商品退回给委托方，或受托方因代销商品出现亏损时可以要求委托方补偿，那么，委托方在交付商品时不确认收入，受托方也不做购进商品处理，受托方将商品销售后，按实际售价确认销售收入，并向委托方开具代销清单，委托方收到代销清单时，再确认本企业的销售收入。

【例10-28】中国海洋××股份有限公司委托乙公司销售商品100件，协议价为200元/件，成本为120元/件。代销协议约定，乙企业在取得代销商品后，无论是否能够卖出、是否获利，均与中国海洋××股份有限公司无关。这批商品已经发出，货款尚未收到，中国海洋××股份有限公司开出的增值税专用发票上注明的增值税额为2 600元。

根据本例的资料，中国海洋××股份有限公司采用视同买断方式委托乙公司代销商品。因此，中国海洋××股份有限公司在发出商品时的账务处理如下：

借：应收账款	22 600	
贷：主营业务收入		20 000
应交税费——应交增值税（销项税额）		2 600
借：主营业务成本	12 000	
贷：库存商品		12 000

【例10-29】A公司委托B公司销售甲商品100件，协议价为每件100元，该商品成本为每件60元，增值税税率为13%。A公司收到B公司开来的代销清单时开具增值税专用发票，发票上注明：售价10 000元，增值税1 300元。B企业实际销售时开具的增值税专用发票上注明：售价12 000元，增值税1 560元。根据代销协议，B公司可以将没有代销出去的商品退回给A公司。会计分录如下：

A公司：

（1）A公司将商品交付B公司代销时：

借：委托代销商品/发出商品	6 000	
贷：库存商品		6 000

（2）A公司收到代销清单时：

借：应收账款——B公司	11 300	
贷：主营业务收入		10 000

贷：应交税费——应交增值税（销项税额） 1 300

借：主营业务成本 6 000

贷：委托代销商品 6 000

（3）A公司实际收到汇款时：

借：银行存款 11 300

贷：应收账款——B公司 11 300

B公司：

（1）收到A公司代销商品时：

借：受托代销商品 10 000

贷：代销商品款 10 000

（2）B公司实际销售时：

借：银行存款 13 560

贷：主营业务收入 12 000

应交税费——应交增值税（销项税额） 1 560

借：主营业务成本 10 000

贷：受托代销商品 10 000

借：代销商品款 10 000

应交税费——应交增值税（进项税额） 1 300

贷：应付账款——A公司 11 300

（3）按合同协议将款项付给A公司时：

借：应付账款——A公司 11 300

贷：银行存款 11 300

2.收取手续费方式

收取手续费方式即受托方根据所代销的商品数量向委托方收取手续费的销售方式。对于受托方来说，收取的手续费实际上是一种劳务收入。在这种方式下，委托方发出商品时，商品所有权上的主要风险和报酬并未转移给受托方，因此，委托方在发出商品时通常不应确认销售商品收入，而应在收到受托方开出的代销清单时确认销售商品收入；受托方应在商品销售后，按合同或协议约定的方法计算确定的手续费确认收入。

【例10-30】中国海洋××股份有限公司委托丙公司销售商品200件，商品已经发出，每件成本为60元。合同约定丙公司应按每件100元对外销售，中国海洋××股份有限公司按售价的10%向丙公司支付手续费。丙公司对外实际销售100件，开出的增值税专用发票上注明的销售价款为10 000元，增值税额为1 300元，款项已经收到。中国海洋××股份有限公司收到丙公司开具的代销清单时，向丙公司开具一张相同金额的增值税专用发票。假定中国海洋××股份有限公司发出商品时纳税义务尚未发生，不考虑其他因素。

中国海洋××股份有限公司的账务处理如下：

（1）发出商品时：

借：委托代销商品 12 000

贷：库存商品 12 000

（2）收到代销清单时：

借：应收账款　　11 300

　贷：主营业务收入　　10 000

　　　应交税费——应交增值税（销项税额）　　1 300

借：主营业务成本　　6 000

　贷：委托代销商品　　6 000

借：销售费用　　1 000

　贷：应收账款　　1 000

（3）收到丙公司支付的货款时：

借：银行存款　　10 300

　贷：应收账款　　10 300

丙公司的账务处理如下：

（1）收到商品时：

借：受托代销商品　　20 000

　贷：受托代销商品款　　20 000

（2）对外销售时：

借：银行存款　　11 300

　贷：应付账款　　10 000

　　　应交税费——应交增值税（销项税额）　　1 300

（3）收到增值税专用发票时：

借：应交税费——应交增值税（进项税额）　　1 300

　贷：应付账款　　1 300

借：受托代销商品款　　10 000

　贷：受托代销商品　　10 000

（4）支付货款并计算代销手续费时：

借：应付账款　　11 300

　贷：银行存款　　10 300

　　　主营业务收入　　1 000

（六）附有客户额外购买选择权的销售

某些情况下，企业在销售商品的同时，会向客户授予选择权，允许客户据此免费或者以折扣价格购买额外的商品。企业授予客户的额外购买选择权有多种形式，如销售激励措施、客户奖励积分、续约选择权、针对未来购买商品的折扣券等。对于附有客户额外购买选择权的销售，企业应当评估该选择权是否向客户提供了一项重大权利。如果客户只有在订立了一项合同的前提下才能取得额外购买选择权，并且客户行使该选择权购买额外商品时，能够享受到超过该地区或该市场中其他同类客户所能够享有的折扣，则通常认为该选择权向客户提供了一项重大权利。企业提供重大权利的，应当作为单项履约义务，按照各单项履约义务所承诺商品的单独售价的相对比例，将交易价格分摊至该履约义务，在客户未来行使购买选择权取得相关商品控制权时，或者该选择权失效时，按照分摊至该单项履约义务的交易价格确认相应的收入。客户额外购买选择权的单独售价无法直接观察的，企业应当综合考虑客户行使和不行使该选择权所能获得的折扣的差异、客户行使该选择权的可能性等全部相关信息后，予以合理估计。客户虽然有额外购买商品选择权，但客户行使该选择权购买商品时的价格反映了这些商品单独售价的，不应被视为企业向该客户提供了一项重大权利。

【例10-31】甲公司是一家24小时便利店，自20×3年1月1日起实行了一项积分奖励计划。根据该计划，客户在甲公司每消费10元即可获得1积分，每个积分在次月开始在购物时即可抵扣1元，积分1年内有效，到期未兑换则作废。截至20×3年12月31日，客户共消费100 000元，可获得10 000积分。在客户获取积分时甲公司预估积分的兑换率为90%，根据企业预估的兑换率，甲公司预估该积分选择权的公允价值为9 000元。

分摊至商品的交易价格（保留两位小数）：

$$\frac{100\,000}{100\,000+9\,000}\times 100\,000 = 91\,743.12\text{（元）}$$

分摊至积分的交易价格：

$$\frac{100\,000}{100\,000+9\,000}\times 9\,000 = 8\,256.88\text{（元）}$$

（1）客户消费商品时：

借：银行存款 100 000

　贷：主营业务收入 91 743.12

　　合同负债 8 256.88

（2）截至20×3年12月31日客户累计兑换其中的8 000积分，积分应确认的收入为：

$$\frac{8\,000}{9\,000}\times 8\,256.88 = 7\,339.45\text{（元）}$$

借：合同负债 7 339.45

　贷：主营业务收入 7 339.45

（3）20×4年2月1日积分失效时确认剩余积分收入：

借：合同负债 917.43

　贷：主营业务收入 917.43

（七）向客户授予知识产权许可

授予知识产权许可，是指企业授予客户对企业拥有的知识产权享有相应权利。常见的知识产权包括软件和技术、影视和音乐等的版权、特许经营权以及专利权、商标权和其他版权等。企业向客户授予知识产权许可的，应当评估该知识产权许可是否构成单项履约义务，构成单项履约义务的，应当进一步确定其是在某一时段内履行还是在某一时点履行。企业向客户授予知识产权许可，在同时满足下列条件时，应当作为在某一时段内履行的履约义务确认相关收入；否则，应当作为在某一时点履行的履约义务确认相关收入：

（1）合同要求或客户能够合理预期企业将从事对该项知识产权有重大影响的活动；

（2）该活动对客户将产生有利或不利影响；

（3）该活动不会导致向客户转让某项商品。

企业向客户授予知识产权许可，并约定按客户实际销售或使用情况收取特许权使用费的，应当在下列两项孰晚的时点确认收入：

（1）客户后续销售或使用行为实际发生；

（2）企业履行相关履约义务。

【例10-32】甲公司是一家著名的足球俱乐部。甲公司授权乙公司在其设计生产的服装、帽子、水杯以及毛巾等产品上使用甲公司球队的名称和图标，授权期间为2年。合同约定，甲公司收取的合同对价由两部分组成：一是200万元固定金额的使用费；二是按照乙公司销售上述商品所取得销售额的10%计算的提成。乙公司预期甲公司会继续参加当地顶级联赛，并取得优异的成绩。

本例中，该合同仅包括一项履约义务，即授予使用权许可，甲公司继续参加比赛并取得优异成绩等活动是该许可的组成部分，而并未向客户转让任何可明确区分的商品或服务。由于乙公司能够合理预期甲公司将继续参加比赛，甲公司的成绩将会对其品牌（包括名称和图标等）的价值产生重大影响，而该品牌价值可能会进一步影响乙公司产品的销量，甲公司从事的上述活动并未向乙公司转让任何可明确区分的商品，因此，甲公司授予的该使用权许可属于在某一时段内履行的履约义务。甲公司收取的200万元固定金额的使用费应当在2年内平均确认收入，按照乙公司销售相关商品所取得销售额的10%计算的提成，应当在乙公司的销售实际完成时确认收入。

（1）甲公司收取的200万元固定金额的使用费应当在2年内平均确认收入。

收取固定对价时：

借：银行存款　　2 000 000

　贷：合同负债　　2 000 000

每年确定收入时：

借：合同负债　　1 000 000

　贷：其他业务收入　　1 000 000

（2）按照乙公司销售相关商品所取得销售额的10%计算的提成，在乙公司的销售实际完成时确认收入。

（八）售后回购

售后回购，是指销售商品的同时，销售方同意日后再将同样或类似的商品购回的销售方式。在这种方式下，销售方应根据合同或协议条款判断企业是否已将商品所有权上的主要风险和报酬转移给购货方，以确定是否确认销售商品收入。在大多数情况下，回购价格固定或等于原售价加合理回报，售后回购交易属于融资交易，商品所有权上的主要风险和报酬没有转移，收到的款项应确认为负债；回购价格大于原售价的差额，企业应在回购期间按期计提利息，计入财务费用。

【例10-33】20×3年5月1日，中国海洋××股份有限公司向乙公司销售一批商品，开出的增值税专用发票上注明的销售价款为100万元，增值税额为13万元。该批商品成本为80万元；商品已经发出，款项已经收到。协议约定，中国海洋××股份有限公司应于9月30日将所售商品购回，回购价为110万元（不含增值税额）。中国海洋××股份有限公司的账务处理如下：

（1）5月1日发出商品时：

借：银行存款　　1 130 000

　贷：其他应付款　　1 000 000

　　　应交税费——应交增值税（销项税额）　　130 000

借：发出商品　　800 000

贷：库存商品 800 000

（2）回购价大于原售价的差额，应在回购期间按期计提利息费用，计入当期财务费用。由于回购期间为5个月，货币时间价值影响不大，采用直线法计提利息费用，每月计提利息费用为2万元（10÷5）。

借：财务费用 20 000

贷：其他应付款 20 000

（3）9月30日回购商品时，收到的增值税专用发票上注明的商品价格为110万元，增值税额为14.3万元。假定商品已验收入库，款项已经支付。

借：财务费用 20 000

贷：其他应付款 20 000

借：库存商品 800 000

贷：发出商品 800 000

借：其他应付款 1 100 000

应交税费——应交增值税（进项税额） 143 000

贷：银行存款 1 243 000

（九）预收款销售

企业因销售商品而向客户预收的款项，赋予了客户一项在未来从企业取得相关商品的权利，并使企业承担了向客户转让该商品的义务。因此，企业在预收款项时，应当首先将其确认为合同负债，待未来履行了相关履约义务，即向客户转让了相关商品后，再将该负债转为收入。但预收款项中的增值税部分，因不符合合同负债的定义，不应确认为合同负债。

【例10-34】中国海洋××股份有限公司与乙公司签订协议，采用预收款方式向乙公司销售一批商品。该批商品实际成本为700 000元。协议约定，该批商品销售价格为1 000 000元，增值税额为130 000元；乙公司应在协议签订时预付60%的货款（按销售价格计算），剩余货款于两个月后支付。中国海洋××股份有限公司的账务处理如下：

（1）收到60%货款时：

借：银行存款 600 000

贷：合同负债 600 000

（2）收到剩余货款及增值税额并确认收入时：

借：合同负债 600 000

银行存款 530 000

贷：主营业务收入 1 000 000

应交税费——应交增值税（销项税额） 130 000

借：主营业务成本 700 000

贷：库存商品 700 000

（十）无须退回的初始费

企业在合同开始（或接近合同开始）日向客户收取的无须退回的初始费（如俱乐部的入会费等）应当计入交易价格。企业应当评估该初始费是否与向客户转让已承诺的商品相关。该初始费与向客户转让已承诺的商品相关，并且该商品构成单项履约义务的，企业应当在转让该商品时，按照分摊至该商品的交易价格确认收入；该初始费与向客户转让已承诺的商品相关，但该商品不构成单项履约义务的，企业应当在包含该商品的单项履约义务履行时，按照分摊至该单项履约义务的交易价格确认收入；该初始费与向客户转让已承诺的商品不相关的，应当作为未来将转让商品的预收款，在未来转让该商品时确认为收入。

企业收取了无须退回的初始费且为履行合同应开展初始活动，但这些活动本身并没有向客户转让已承诺的商品的，该初始费与未来将转让的已承诺商品相关，应当在未来转让该商品时确认为收入，企业在确定履约进度时不应考虑这些初始活动；企业为该初始活动发生的支出应当作为合同成本，确认为一项资产或计入当期损益。

【例 10-35】甲公司经营一家会员制的健身俱乐部。20×3 年 1 月 1 日，甲公司与 100 名客户签订了为期 2 年的合同，年费为 2 500 元，为客户提供健身服务。合同约定，A 公司向每位客户收取 100 元的入会费，用于补偿为客户注册登记、准备会籍资料等初始活动的成本花费。收取的入会费和年费均无须返还。甲公司以银行存款支付初始活动成本 11 200 元；20×3 年度，以银行存款支付提供健身服务成本 175 000 元。假定不考虑相关税费。

甲公司开展的初始活动属于行政管理性质的准备工作，并没有向客户转让已承诺的商品，因而不构成单项履约义务；收取的入会费应当作为健身服务的预收款，与收取的年费一起在 2 年内分摊，确认为收入。

（1）20×3 年 1 月 1 日，收取入会费和年费：

收取的入会费和年费合计=2 500×2×100+100×100=510 000（元）

借：银行存款　　510 000

　贷：合同负债　　510 000

（2）支付初始活动成本：

借：合同履约成本——服务成本　　11 200

　贷：银行存款　　11 200

（3）支付 20×3 年度健身服务成本。

借：合同履约成本——服务成本　　175 000

　贷：银行存款　　175 000

（4）20×3 年 12 月 31 日，确认收入并结转成本：

应确认合同收入=510 000÷2=255 000（元）

应确认合同成本=175 000+11 200÷2= 180 600（元）

借：合同负债　　255 000

　贷：主营业务收入　　255 000

借：主营业务成本　　180 600

　贷：合同履约成本——服务成本　　180 600

第二节 费 用

一、费用的确认

费用是指企业在日常活动中发生的、会导致所有者权益减少的、与向所有者分配利润无关的经济利益的总流出。

费用有广义和狭义之分。广义的费用泛指企业各种日常活动发生的所有耗费。狭义的费用仅指与本期营业收入相配比的那部分耗费。费用应按照权责发生制和配比原则确认，凡应属于本期发生的费用，不论其款项是否支付，均确认为本期费用；反之，不属于本期发生的费用，即使其款项已在本期支付，也不确认为本期费用。

在确认费用时，首先，应当划分生产费用与非生产费用的界限。生产费用是指与企业日常生产经营活动有关的费用，如生产产品所发生的原材料费用、人工费用等；非生产费用是指不应由生产费用负担的费用，如用于购建固定资产所发生的费用，不属于生产费用。其次，应当分清生产费用与产品成本的界限。生产费用与一定的时期相联系，而与生产的产品无关；产品成本与一定品种和数量的产品相联系，而不论发生在哪一期。最后，应当分清生产费用与期间费用的界限。生产费用应当计入产品成本；而期间费用直接计入当期损益。

在确认费用时，对于确认为期间费用的费用，必须进一步划分为管理费用、销售费用和财务费用。对于确认为生产费用的费用，必须根据该费用发生的实际情况分别不同的费用性质将其确认为不同产品生产所负担的费用；对于几种产品共同发生的费用，必须按受益原则，采用一定方法和程序将其分配计入相关产品的生产成本。本节所指的费用主要指期间费用。

二、期间费用

期间费用是企业当期发生费用中的重要组成部分，是指本期发生的、不能直接或间接归入某种产品成本的、直接计入损益的各项费用，包括管理费用、销售费用和财务费用。

（一）管理费用

管理费用是指企业为组织和管理企业生产经营所发生的各种费用，包括企业在筹建期间内发生的开办费、董事会和行政管理部门在企业的经营管理中发生的或者应由企业统一负担的公司经费（包括行政管理部门职工工资及福利费、物料消耗、低值易耗品摊销、办公费和差旅费等）、工会经费、董事会费（包括董事会成员津贴、会议费和差旅费等）、聘请中介机构费、咨询费（含顾问费）、诉讼费、业务招待费、技术转让费、矿产资源补偿费、研究费用、行政管理部门发生的固定资产修理费用等。

企业发生的管理费用，在“管理费用”科目核算，并在“管理费用”科目中按费用项目设置明细账，进行明细核算。期末，“管理费用”科目的余额结转“本年利润”科目后无余额。

（二）销售费用

销售费用是指企业在销售商品和材料、提供劳务的过程中发生的各种费用，包括保险费、包装费、展览费、广告费、商品维修费、预计产品质量保证损失、运输费、装卸费、为销售本企业商品而专设销售机构（含销售网点、售后服务网点等）的职工薪酬、业务费、折旧费、固定资产修理费等费用。

企业发生的销售费用，在“销售费用”科目核算，并在“销售费用”科目中按各费用项目设置明细账，进行明细核算。期末，“销售费用”科目的余额结转“本年利润”科目后无余额。

（三）财务费用

财务费用是指企业为筹集生产经营所需资金等而发生的筹资费用，包括利息支出（减利息收入）、汇兑损益以及相关的手续费、企业发生的现金折扣或收到的现金折扣等。

企业发生的财务费用，在“财务费用”科目核算，并按费用项目设置明细账，进行明细核算。期末，“财务费用”科目的余额结转“本年利润”科目后无余额。

第三节　利　润

一、利润的构成

企业作为独立的经济实体，应当以自己的经营收入抵补其成本费用，并且实现盈利。企业盈利的大小在很大程度上反映了企业生产经营的经济效益，表明企业在每一会计期间的最终经营成果。

利润是指企业在一定会计期间的经营成果。利润包括收入减去费用后的净额、直接计入当期利润的利得和损失等。

直接计入当期的利得和损失，是指应当计入当期损益、会导致所有者权益发生增减变动的、与所有者投入资本或者向所有者分配利润无关的利得或者损失。

利润相关计算公式如下：

1.营业利润

营业利润=营业收入−营业成本−税金及附加−销售费用−管理费用−财务费用−
资产减值损失−信用减值损失±资产处置损益±公允价值变动损益±投资收益

其中，营业收入是指企业经营业务所确定的收入总额，包括主营业务收入和其他业务收入。营业成本是指企业经营业务所发生的实际成本总额，包括主营业务成本和其他业务成本。资产减值损失是指企业计提各项资产减值准备所形成的损失。信用减值损失是企业计提的各项金融工具信用减值准备所确认的信用损失。资产处置损益是指企业处置非流动资产产生的利得或损失，但不包括处置金融工具、长期股权投资和投资性房地产等非流动资产产生的损益。公允价值变动损益是指企业交易性金融资产等公允价值变动形成的应计入当期损益的利得（或损失）。投资收益是指企业以各种方式对外投资所取得的收益（或发生的损失）。

2.利润总额

利润总额=营业利润+营业外收入-营业外支出

其中，营业外收入、营业外支出是指企业发生的、与日常活动无直接关系的各项利得（或损失）。

3.净利润

净利润=利润总额-所得税费用

其中，所得税费用是指企业确认的、应从当期利润总额中扣除的所得税费用。

二、营业外收支的会计处理

营业外收支是指企业发生的与日常活动无直接关系的各项收支。营业外收支虽然与企业生产经营活动无直接关系，但从企业主体来考虑，同样会带来收入或形成企业的支出，也是增加或减少利润的因素，对企业的利润总额及净利润会产生较大的影响。

营业外收入是指企业在营业利润以外取得的收入，主要包括接受捐赠收入、获得的赔款收入等。企业取得营业外收入时，应借记有关科目，贷记“营业外收入”科目。

营业外支出是指企业在营业利润以外发生的支出，包括固定资产盘亏、毁损、报废等的净损失，以及非常损失、对外捐赠支出、赔偿金和违约金支出等。企业发生营业外支出时，应借记“营业外支出”科目，贷记有关科目。

【例10-36】中国海洋××股份有限公司20×3年7月收到客户违约赔款收入2 000元。会计处理如下：

借：银行存款　　2 000

　贷：营业外收入　　2 000

【例10-37】中国海洋××股份有限公司20×3年8月用银行存款对外进行公益性捐赠50 000元。会计处理如下：

借：营业外支出　　50 000

　贷：银行存款　　50 000

三、利润核算的有关账户

1.“所得税费用”账户

“所得税费用”账户是费用类账户，用来核算企业的所得税费用情况。

2.“本年利润”账户

“本年利润”账户是所有者权益类账户，贷方登记本年利润的增加数，借方登记本年利润的减少数，年末无余额。

（1）期末将损益转入本年利润。

①将各种收入转入“本年利润”。

借：主营业务收入

　　其他业务收入

　　投资收益

　　营业外收入等

　贷：本年利润

②将各种费用转入“本年利润”。

借：本年利润

贷：主营业务成本

其他业务成本

税金及附加

销售费用

管理费用

财务费用

营业外支出

所得税费用等

（2）将净利润（或净亏损）转出“本年利润”。

①将本年净利润转出“本年利润”。

借：本年利润

贷：利润分配——未分配利润

②将本年净亏损转出“本年利润”。

借：利润分配——未分配利润

贷：本年利润

（3）本年利润的结转，有“表结法”和“账结法”两种方法：

①表结法，是在年终决算以外的月末、季末计算本期利润和本年累计利润时，将全部损益类账户的余额按“利润表”的填制要求，填入到“利润表”的各项目中，在表中计算出本期利润和本年累计利润的利润结转方法。

②账结法，是在每个会计期末将全部损益类账户（除“以前年度损益调整”外）的余额转入“本年利润”账户，通过“本年利润”账户结出当期利润和本年累计利润的利润结转方法。

【例 10-38】中国海洋××股份有限公司 20×3 年 12 月 31 日有关损益类账户发生额见表 10-12，所得税税率为 25%，假设无其他纳税调整事项。

要求：

（1）进行收入、费用的结转；

（2）计算本年该企业的所得税费用并做会计分录；

（3）进行“本年利润”的结转。

表 10-12 **损益类账户发生额** 单位：元

科目名称	借方	贷方
主营业务收入		800 000
主营业务成本	600 000	
税金及附加	10 000	
投资收益	500	
管理费用	40 000	

续表

科目名称	借方	贷方
销售费用	3 500	
财务费用	3 000	
营业外收入		20 000
营业外支出	10 000	

根据表10-12计算如下：

①营业利润=800 000−600 000−10 000−500−40 000−3 500−3 000=143 000（元）

②利润总额=143 000+20 000−10 000=153 000（元）

③所得税费用=153 000×25%=38 250（元）

④净利润=153 000−38 250=114 750（元）

（1）进行收入、费用的结转：

①结转收入：

借：主营业务收入　800 000
　　营业外收入　20 000
　贷：本年利润　820 000

②结转费用：

借：本年利润　667 000
　贷：主营业务成本　600 000
　　　税金及附加　10 000
　　　投资收益　500
　　　管理费用　40 000
　　　销售费用　3 500
　　　财务费用　3 000
　　　营业外支出　10 000

（2）结转所得税费用：

借：所得税费用　38 250
　贷：应交税费——应交所得税　38 250

借：本年利润　38 250
　贷：所得税费用　38 250

（3）结转本年利润：

借：本年利润　114 750
　贷：利润分配——未分配利润　114 750

四、利润分配

（一）利润分配顺序

企业利润分配的顺序如下：

第一，弥补以前年度亏损；

第二，提取盈余公积；

第三，向投资者分配利润。

（二）利润分配涉及的账户及核算

1.利润分配涉及的账户

（1）“利润分配”账户。该账户属于所有者权益类账户，贷方登记可供分配利润的增加数，借方登记可供分配利润的减少数。如有贷方余额，表示累积未分配的利润；如有借方余额表示累积未弥补的亏损。该账户设“未分配利润”“提取法定盈余公积”“提取任意盈余公积”“应付现金股利”“盈余公积补亏”等明细账进行明细核算。年末结转后，除“未分配利润”明细账有余额外，其他明细账都没有余额。

（2）“盈余公积”账户。该账户属于所有者权益类账户，是用来核算企业盈余公积的提取和使用情况的账户。

2.利润分配的核算

会计分录如下：

（1）提取盈余公积：

①提取法定盈余公积：

借：利润分配——提取法定盈余公积

　贷：盈余公积——法定盈余公积

借：利润分配——未分配利润

　贷：利润分配——提取法定盈余公积

②提取任意盈余公积：

借：利润分配——提取任意盈余公积

　贷：盈余公积——任意盈余公积

借：利润分配——未分配利润

　贷：利润分配——提取任意盈余公积

（2）用盈余公积弥补亏损：

借：盈余公积——法定盈余公积或任意盈余公积

　贷：利润分配——盈余公积补亏

借：利润分配——盈余公积补亏

　贷：利润分配——未分配利润

（3）用盈余公积转增资本：

借：盈余公积——转作股本的股利

　贷：实收资本（或股本）

（4）用盈余公积派送新股：

借：盈余公积——法定盈余公积或任意盈余公积

　贷：股本

（5）向投资者分配利润：

借：利润分配——应付现金股利

　贷：应付股利

借：利润分配——未分配利润

　贷：利润分配——应付现金股利

（6）分配给股东股票股利：

借：利润分配——转作股本的股利

　贷：股本

借：利润分配——未分配利润

　贷：利润分配——转作股本的股利

【例10-39】中国海洋××股份有限公司的股数为100 000 000股，每股面值1元。20×2年年初未分配利润为贷方余额80 000 000元，20×2年实现净利润50 000 000元。假定公司经批准的20×2年度利润分配方案为：按照20×2年实现净利润的10%提取法定盈余公积，按5%提取任意盈余公积，同时按每股0.2元向股东派发现金股利，按每10股送3股的比例派发股票股利。20×3年3月15日，公司以银行存款支付了全部现金股利，新增股本也已经办理完股权登记和相关增资手续。中国海洋××股份有限公司的会计分录如下：

（1）20×2年年末，结转本年实现的净利润：

借：本年利润	50 000 000	
贷：利润分配——未分配利润		50 000 000

（2）提取法定盈余公积和任意盈余公积：

借：利润分配——提取法定盈余公积	5 000 000	
——提取任意盈余公积	2 500 000	
贷：盈余公积——法定盈余公积		5 000 000
——任意盈余公积		2 500 000

（3）批准发放现金股利：

100 000 000×0.2=20 000 000（元）

借：利润分配——应付现金股利	20 000 000	
贷：应付股利		20 000 000

批准发放股票股利时不做任何账务处理。

（4）年末结转“利润分配”的明细科目：

借：利润分配——未分配利润	27 500 000	
贷：利润分配——提取法定盈余公积		5 000 000
——提取任意盈余公积		2 500 000
——应付现金股利		20 000 000

分配后，“利润分配——未分配利润”账户的贷方余额为：

80 000 000+50 000 000−27 500 000=102 500 000（元）

反映企业20×2年年末累计未分配利润为102 500 000元。

（5）20×3年3月15日，实际发放现金股利：

借：应付股利	20 000 000	
贷：银行存款		20 000 000

20×3年3月15日，增资手续完成，发放股票股利：

100 000 000×1×30 %=30 000 000（元）

借：利润分配——转作股本的股利　　30 000 000

　贷：股本　　30 000 000

注意：年末企业进行各种利润分配后，应将“利润分配”的其他明细账的金额转入“利润分配——未分配利润”明细账，结转后，除“利润分配——未分配利润”明细账有余额外，“利润分配”的其他明细账均无余额。

五、企业弥补亏损的有关账务处理

企业弥补亏损有三条渠道：

第一，用以后连续5年的税前利润弥补亏损。利用税前利润补亏不能超过5年，超过5年的亏损只能用税后利润弥补。

第二，用以后年度税后利润弥补亏损。

第三，用盈余公积弥补亏损。

【例10-40】中国海洋××股份有限公司20×2年亏损120万元，20×3—20×8年每年实现利润总额20万元，20×3年用法定盈余公积5万元弥补亏损。企业所得税税率为25%。中国海洋××股份有限公司有关亏损弥补分录如下：

（1）20×2年年末结转亏损：

借：利润分配——未分配利润　　1 200 000

　贷：本年利润　　1 200 000

（2）20×3—20×7年每年年末结转利润时，自动弥补亏损，不需单独做弥补亏损的会计分录。结转利润时的分录为：

借：本年利润　　200 000

　贷：利润分配——未分配利润　　200 000

（3）20×3年用盈余公积弥补亏损：

借：盈余公积——法定盈余公积　　50 000

　贷：利润分配——盈余公积补亏　　50 000

借：利润分配——盈余公积补亏　　50 000

　贷：利润分配——未分配利润　　50 000

（4）20×8年盈利20万元，先缴纳所得税，然后弥补亏损：

20×8年应交所得税=20×25%=5（万元）

借：所得税费用　　50 000

　贷：应交税费——应交所得税　　50 000

借：本年利润　　50 000

　贷：所得税费用　　50 000

（5）将20×8年净利润转入利润分配：

借：本年利润　　150 000

　贷：利润分配——未分配利润　　150 000

本章小结

1.收入是指企业在日常活动中形成的、会导致所有者权益增加的、与所有者投入资本无关的经济利益的总流入。按照企业从事日常活动的性质分类，可将收入分为销售商品收入、提供劳务的收入等。

2.商品包括企业为销售而生产的产品和为转售而购进的商品，如工业企业生产的产品、商业企业购进的商品等，企业销售的其他存货，如原材料、包装物等，也视同企业的商品。企业确认收入的方式应当反映其向客户转让商品或提供服务的模式，收入的金额应当反映企业因转让这些商品或服务而预期有权收取的对价金额。具体来说，收入的确认与计量应当采用五步法模型：(1) 识别与客户订立的合同；(2) 识别合同中的单项履约义务；(3) 确定交易价格；(4) 将交易价格分摊至各单项履约义务；(5) 履行各单项履约义务时确认收入。

3.销售业务可以分为某一时段内履行的履约义务和某一时点履行的履约义务。对于在某一时段内履行的履约义务，企业应当在该段时间内按照履约进度确认收入，但是，履约进度不能合理确定的除外；对于在某一时点履行的履约义务，企业应当在客户取得相关商品控制权时确认收入。

4.销售折扣是指企业在销售商品时，为鼓励客户多购商品或尽早付款而给予的价款折扣，包括商业折扣和现金折扣；销售折让是指企业因售出商品的质量不合格等而在售价上给予的减让；销售退回是指企业售出的商品由于质量、品种不符合要求等而发生的退货。

5.根据特定交易的不同情况进行会计处理：(1) 合同中存在重大融资成分的销售，企业应当按照现销价格确定交易价格，合同对价与现销价格之间的差额，应当在合同期间内采用实际利率法摊销。(2) 对于附有销售退回条款的销售，企业在客户取得相关商品控制权时，应当按照因向客户转让商品而预期有权收取的对价金额确认收入，按照预期因销售退回将退还的金额确认负债；同时，按照预期将退回商品转让时的账面价值，扣除收回该商品预计发生的成本（包括退回商品的价值减损）后的余额，确认为一项资产，按照所转让商品转让时的账面价值，扣除上述资产成本的净额结转成本。(3) 对于附有质量保证条款的销售，企业应当评估该质量保证是否在向客户保证所销售商品符合既定标准之外提供了一项单独的服务。(4) 委托代销商品应区分代销形式，是采用视同买断方式还是采用支付手续费方式。(5) 对于附有客户额外购买选择权的销售，企业应当评估该选择权是否向客户提供了一项重大权利。(6) 企业向客户授予知识产权许可的，应当评估该知识产权许可是否构成单项履约义务，构成单项履约义务的，应当进一步确定其是在某一时段内履行还是在某一时点履行。(7) 企业向客户预收销售商品款项的，应当首先将该款项确认为负债，待履行了相关履约义务时再转为收入。

6.费用是指企业在日常活动中发生的、会导致所有者权益减少的、与向所有者分配利润无关的经济利益的总流出。广义的费用泛指企业各种日常活动发生的所有耗费，狭义的费用仅指与本期营业收入相配比的那部分耗费。费用应按照权责发生制和配比原则确认，凡应属于本期发生的费用，不论其款项是否支付，均确认为本期费用；反之，不属于本期发生的费用，即使其款项已在本期支付，也不确认为本期费用。

7.期间费用是指本期发生的、不能直接或间接归入某种产品成本的、直接计入损益的各项费用，包括管理费用、销售费用和财务费用。管理费用是指企业为组织和管理企业生产经营所发生的费用，销售费用是指企业在销售商品和材料、提供劳务的过程中发生的各种费用，财务费用是指企业为筹集生产经营所需资金等而发生的筹资费用。

8.利润是企业在一定会计期间的经营成果。利润包括收入减去费用后的净额、直接计入当期利润的利得和损失等。营业利润=营业收入-营业成本-税金及附加-销售费用-管理费用-财务费用-资产减值损失-信用减值损失±资产处置损益±公允价值变动损益±投资收益；利润总额=营业利润+营业外收入-营业外支出；净利润=利润总额-所得税费用。

9.营业外收支是指企业发生的与日常活动无直接关系的各项收支。营业外收入是指企业发生的与其日常活动无直接关系的各项利得。营业外支出是指企业发生的与日常活动无直接关系的各项损失。

思政链接

万科销售收入确认政策的变化

1.2017年万科销售收入确认政策（旧准则）

万科集团在2017年年度报告的财务报表附注三（26）中对销售收入确认的会计政策进行了说明。首先，对收入进行了界定，说明了“收入是本集团在日常活动中形成的、会导致股东权益增加且与股东投入资本无关的经济利益的总流入”。其次，对其销售收入确认的条件进行了如下说明：“收入在其金额及相关成本能够可靠计量、相关经济利益很可能流入本集团并且同时满足以下不同类型收入的其他确认条件时，予以确认。当同时满足上述收入的一般确认条件及下述条件时，本集团确认销售商品收入：①本集团将商品所有权上的主要风险和报酬已转移给购货方；②本集团既没有保留通常与所有权相联系的继续管理权，也没有对已售出的商品实施有效控制。”然后，对销售收入的确认金额进行了如下说明：“本集团按已收或应收的合同或协议价款的公允价值确定销售商品收入金额”。再次，对销售收入确认的时点进行了如下说明：“房地产销售在房产完工并验收合格，达到了销售合同约定的交付条件，取得了买方按销售合同约定交付房产的付款证明时（通常收到销售合同首期款及已确认余下房款的付款安排）确认销售收入的实现”。最后，对销售收入的会计处理进行了如下说明：“本集团将已收到但未达到收入确认条件的房款记入“预收款项”科目，待符合上述收入确认条件后转入“营业收入”科目。

2.2018年万科销售收入确认政策（新准则）

万科集团在2018年年度报告的财务报表附注三（25）中对销售收入确认的会计政策进行了说明。首先，对收入进行了如下界定：“收入是本集团在日常活动中形成的、会导致股东权益增加且与股东投入资本无关的经济利益的总流入。本集团在履行了合同中的履约义务，即在客户取得相关商品或服务的控制权时，确认收入。”同时，万科根据新准则对房地产销售收入的确认进行了如下说明：对于根据销售合同条款、各地的法律及监管要求，满足在某一时段内履行履约义务条件的房地产销售，本集团在该段时间内按履约进度确认收入；其他的房地产销售在房产完工并验收合格，达到销售合同约定的交付条件，在客户取得相关商品或服务控制权时点，确认销售收入的实现。

另外，万科集团在2018年年度报告的财务报表附注五（8）合同资产中进行了如下说明：“本集团的合同资产主要涉及本集团与不同客户的建造合同。本集团根据合同约定履行建造义务，并按约定收取款项。当本集团取得该无条件收取对价的权利时，合同资产将转为应收账款。”在财务报表附注五（25）合同负债中进行了如下说明：“合同负债主要涉及本集团客户的房地产销售合同中收取的预收款。该预收款在合同签订时收取，金额为合同对价的20%～100%。该合同的相关收入将在本集团履行履约义务后确认。该预收款在2017年12月31日的资产负债表中记入'预收款项'科目，本集团自2018年1月1日起采用新收入准则（附注三、35（2）），根据新准则，本集团客户的房地产销售合同中收取的预收款记入'合同负债'科目。"

3.销售收入确认政策变更对财务数据的影响

2018年，万科集团根据新准则编制2018年年报，同时利用追溯调整法对2017年财务报表进行了调整，万科集团在2018年的年度报告中对会计政策变更对2017年及2018年财务报表的影响进行了数据披露。

资料来源　万科企业股份有限公司董事会.万科A：关于执行新修订的收入、金融工具等五项会计准则的公告［EB/OL］.［2018-04-26］.http://vip.stock.finance.sina.com.cn/corp/view/vCB_AllBulletinDetail.php? id=4338822.

思政启示：

收入准则变化涉及新的会计理论和实践，引入了更复杂的判断和估计过程，涉及一些复杂的收入安排和交易结构，对企业的内部控制和安全风险，对会计人员的道德和职业操守都提出了更高的要求。为准确理解和把握新的收入准则，准确核算和反映收入，会计人员应保持持续终身学习的态度，注重道德和职业操守，注重社会责任和公众利益，并加强沟通和合作，强化内部控制和风险管理，以确保收入准则的正确应用和披露，避免潜在的风险和违规行为。

第十章　即测即评

业务练习题

1.A公司向B公司销售一批商品，商品成本为10 000元，售价为15 000元，增值税税率为13%。商品已经发出，货款也已收妥。

要求：编制A公司确认销售商品收入和结转销售成本的会计分录。

2.20×3年6月10日，A公司向B公司赊销一批商品，商品成本为70 000元，售价为100 000元，增值税税率为13%。A公司开出发票账单，并按照合同约定的品种和质量发出商品，B公司已将该批商品验收入库。商品赊销期限为30天。

要求：编制A公司赊销商品的下列会计分录：

（1）6月10日，发出商品并结转成本。

（2）7月10日，收回货款。

3.20×3年9月20日，A公司将一批不需用的库存原材料销售给B公司。原材料采购成本为90 000元，已计提跌价准备35 000元，销售价格为50 000元，增值税税额为6 500元。A公司开出发票账单并发出原材料。A公司在销售原材料时已知悉B公司目前面临资金周转困难，近期内难以收回货款，但考虑到与B公司以往的业务关系以及处理积压库存原材料，仍将原材料发运给B公司。20×3年12月10日，B公司给A公司开出一张为期3个月的不带息商业承兑汇票，结算货款和税款。

要求：编制A公司销售原材料的下列会计分录：

（1）20×3年9月20日，发出原材料。

（2）20×3年12月10日，收到B公司开来的商业承兑汇票。

4.20×3年5月28日，A公司向D公司销售一批商品。商品成本为42 000元，销售价格为50 000元，增值税税额为6 500元。商品已发出，货款也已收妥。6月5日，D公司在验收商品时，发现存在质量问题，要求A公司给予20%的价格折让，A公司同意给予折让。

要求：编制A公司有关会计分录：

（1）发出商品，并收取货款。

（2）给予价格折让，并退回多收货款。

5.20×3年7月10日，A公司向D公司赊销一批商品，商品成本为12 000元，销售价格为16 000元，增值税税额为2 080元，赊销期为30天。商品发出后，A公司确认了销售收入。7月20日，D公司在验收商品时，发现存在质量问题，要求退货，A公司同意退货。

要求：编制A公司有关销售退回的会计分录：

（1）发出商品。

（2）办理退货。

6.20×3年年1月1日，A公司将其生产的一套设备销售给B公司，设备生产成本为250 000元，售价为360 000元，增值税销项税额为46 800元。根据合同约定，设备全部价款（包括增值税销项税额）于每年12月31日等额支付120 000元，分3次付清。A公司按收款进度为B公司开具增值税专用发票并产生增值税纳税义务。该设备的现销价格为315 000元，A公司判断该项分期收款销售存在重大融资成分。

要求：做出A公司采用分期收款方式销售商品的会计处理：

（1）计算确定实际利率。

（2）计算融资收益。

（3）采用实际利率法编制融资收益分配表。

（4）编制发出商品并确认销售收入、结转销售成本的会计分录。

（5）编制各年年末收取合同款并分配融资收益的会计分录。

7.A公司采用视同买断方式委托B公司代销一批商品，商品成本为36 000元，合同买断价格为40 000元，增值税税额为5 200元。根据代销合同，B公司在取得代销商品后，无论能否够卖出、能否获利，均与A公司无关，代销商品的实际售价由B公司自定。B公司将该批商品售出，实际售价为45 000元，增值税税额为5 850元。

要求：分别编制A公司和B公司代销商品的下列会计分录：

（1）A公司委托代销商品的会计分录。

①发出委托代销商品。

②收到乙公司支付的货款。

（2）B公司受托代销商品的会计分录。

①收到受托代销商品。

②将受托代销商品售出。

③向A公司付清货款。

8.20×3年度，A公司取得主营业务收入6 500万元，其他业务收入1 200万元，投资收益1 480万元，资产处置损益（收益）230万元，营业外收入190万元；发生主营业务成本4 000万元，其他业务成本1 000万元，税金及附加200万元，销售费用950万元，管理费用650万元，财务费用300万元，公允价值变动净损失100万元，资产减值损失200万元，信用减值损失150万元，营业外支出550万元，所得税费用420万元。A公司按净利润的10%提取法定盈余公积，向股东分配现金股利300万元。

要求：做出A公司有关利润结转与分配的会计处理：

（1）结转损益类科目。

（2）结转净利润。

（3）提取法定盈余公积。

（4）分配现金股利。

（5）计算利润表中下列项目的金额：

①营业利润。

②利润总额。

③净利润。

第十一章　财务报告

学习目标

1. 掌握资产负债表的内容、格式和编制方法；
2. 掌握利润表的内容、格式和编制方法；
3. 掌握现金流量表的内容、格式和编制方法；
4. 掌握所有者权益变动表的内容、格式和编制方法；
5. 了解分部报告的内容、结构和编制方法；
6. 了解关联方的判断原则和披露要求；
7. 熟悉附注的概念和报表重要项目的说明等。

育人目标

培育良好的职业判断能力，树立遵纪守法意识。

第一节　财务报告概述

一、财务报告的含义及构成

财务报告（又称财务会计报告），是根据会计核算资料及其他有关资料定期编制的，用以正式对外揭示或表述企业财务信息的书面报告文件，包括财务报表和其他应当在财务报告中披露的相关信息及资料。财务报表是对企业财务状况、经营成果和现金流量的结构性表述。财务报表至少应当包括下列组成部分：（1）资产负债表；（2）利润表；（3）现金流量表；（4）所有者权益（或股东权益，下同）变动表；（5）附注。财务报表的这些组成部分具有同等的重要程度。

二、财务报告的具体作用

财务报告的目标是向财务报告使用者提供与企业财务状况、经营成果和现金流量等有关的会计信息，反映企业管理层受托责任履行情况，有助于财务报告使用者做出经济决策。财务报告使用者包括投资者、债权人、政府及其有关部门和社会公众等。这里所说的财务报告，是通用的财务报告，它面向外部不同的使用者，所提供的应是外部集团共同关心、都能有用的信息，而不是针对某类使用者的特定信息需求。财务报告的作用表现在以下几个方面：

1.反映企业管理当局受托责任

股份有限公司的“两权分离”使股东和企业管理层之间出现了委托与受托关系。股东把资金投入公司，委托管理人员进行经营管理，为了确保自己的切身利益，保证其投入资本的保值与增值，需要经常了解管理层对受托经济资源的经营管理情况。通过公认会计原则或企业会计准则和其他一些法律规章的制约，财务报告能够较全面、系统、连续、综合地跟踪反映企业投入资源的渠道、性质、分布状态以及资源的运用效果，从而有助于评估企业的财务状况、经营绩效以及管理层对受托资源的经营管理责任的履行情况。

2.有助于投资者、债权人等进行合理的决策

在企业外部集团中，投资者、债权人是财务报告最重要的使用者。对于投资者和债权人来说，利用企业有关经济资源和经济业务等方面的财务信息，判断企业在激烈竞争的市场环境中生存、适应、成长与扩张的能力是非常有益的。财务报告提供的信息虽然主要是对过去经营成果和财务状况的反映与总结，但反映过去是为了预测未来。由于事物的发展存在着一定程度的连续性、系统性和规律性，财务报告对企业已发生的资金运动及其结果的反映，有助于投资者和债权人等预测企业未来时期的现金流入净额、流入时间和不确定性。这些信息是外部信息使用者进行投资、信贷等决策时必须考虑的。

3.能帮助企业管理当局改善管理，促进企业发展

在现代企业中，相关利益集团是企业各种资源的提供者，任何企业的生存与发展都必须依赖他们的贡献、配合与协作。企业管理层的主要职能就是鼓励和激发各种集团保持或扩大对企业的贡献，协调企业与相关利益集团以及各利益集团之间的关系。为此，管理人员不但需要管理并有效地利用受托的各种资源，而且需要定期向有关利益集团全面、系统、连续、客观地报告对受托资源的管理与利用情况，以及利用这些资源所创造的效益及其分配情况。财务报告提供的信息在这一领域发挥了不可替代的重要作用。

4.能帮助国家有关部门进行必要的宏观调控，促进社会资源有效配置

企业是国民经济的细胞，通过对企业提供的财务报告资源进行汇总分析，国家有关部门可以考核国民经济各部门的运行情况、各种财经法律制度的执行情况，一旦发现问题即可及时采取相应措施，通过各种经济杠杆和政策倾斜，发挥政府在市场经济优化资源配置中的补充作用。

三、财务报表的构成

财务报表分为年度、半年度、季度和月度财务报表。月度、季度财务报表是指月度和季度终了提供的财务报表；半年度财务报表是指在每个会计年度的前6个月结束后对外提供的财务报表；年度财务报表是指年度终了对外提供的财务报表。半年度、季度和月度财务报表统称为中期财务报表。企业的财务报表至少应当包括资产负债表、利润表、现金流量表、所有者权益（股东权益）变动表和附注。

四、财务报表列报的基本要求

1.需遵守企业会计准则

企业应当根据实际发生的交易和事项，遵循《企业会计准则——基本准则》和其他各

项会计准则的规定进行会计确认和计量，并在此基础上编制财务报表。企业应当在附注中对遵循企业会计准则编制的财务报表做出声明。只有遵循了企业会计准则的所有规定，财务报表才能声明“遵循了企业会计准则”。

2.要以持续经营为列报基础

企业应当以持续经营为基础，根据实际发生的交易和事项，按照企业会计准则的规定进行确认和计量，在此基础上编制财务报表。企业不应以附注披露代替确认和计量。企业管理层应当评价企业的持续经营能力，对持续经营能力产生重大怀疑的，应当在附注中披露导致对持续经营能力产生重大怀疑的影响因素。企业正式决定或被迫在当期或将在下一个会计期间进行清算或停止营业的，表明其处于非持续经营状态，应当采用其他基础编制财务报表，并在附注中声明财务报表未以持续经营为基础列报、披露未以持续经营为基础的原因和财务报表的编制基础。

3.需遵循可比性原则

可比性是会计信息质量的一项重要要求，目的是使同一企业不同期间和同一期间不同企业的财务报表相互可比。为此，财务报表项目的列报应当在各个会计期间保持一致，不得随意变更，但下列情况除外：（1）会计准则要求改变财务报表项目的列报。（2）企业经营业务的性质发生重大变化后，变更财务报表项目的列报能够提供更可靠、更相关的会计信息。

企业当期财务报表的列报，至少应当提供所有列报项目上一可比会计期间的比较数据，以及与理解当期财务报表相关的说明，但其他会计准则另有规定的除外。通常情况下，企业要列报所有列报项目的上一个可比会计期间的比较数据，至少包括两期各报表及相关附注。当企业追溯应用会计政策或追溯重述，或者重新分类财务报表项目时，企业应当在一套完整的财务报表中列报最早可比期间期初的财务报表，即应当至少列报三期资产负债表、两期其他各报表及相关附注。列报的三期资产负债表分别是指当期期末的资产负债表、上期期末的资产负债表以及上期期初的资产负债表。

4.需遵循重要性原则

关于项目在财务报表中是单独列报还是汇总列报，应当依据重要性原则来判断。总的原则是，如果某单一项目不具有重要性，则可将该单一项目与其他项目汇总列报；如具有重要性，则应当单独列报。企业在进行重要性判断时，应当根据企业所处的具体环境，从项目的性质和金额两方面予以判断：一方面，应当考虑该项目的性质是否属于企业日常活动，是否显著影响企业的财务状况、经营成果和现金流量等因素；另一方面，判断项目金额大小的重要性，应当通过单项金额占资产总额、负债总额、所有者权益总额、营业收入总额、营业成本总额、净利润、综合收益总额等直接相关项目金额的比重或所属列表单列项目金额的比重加以确定。同时，企业对于各个项目重要性的判断标准一经确定，不得随意变更。具体而言：

（1）性质或功能不同的项目，应当在财务报表中单独列报，但不具有重要性的项目除外。

（2）性质或功能类似的项目，其所属类别具有重要性的，应当按其类别在财务报表中单独列报。

（3）项目单独列报的原则不仅适用于报表，还适用于附注。某些项目的重要性程度不足以在资产负债表、利润表、现金流量表或所有者权益变动表中单独列报，但是可能对附注而言具有重要性，在这种情况下应当在附注中单独披露。

（4）无论是财务报表列报准则规定的单独列报项目，还是其他具体会计准则规定的单独列报的项目，企业都应当予以单独列报。

第二节 资产负债表

一、资产负债表的内容及结构

（一）资产负债表的内容

资产负债表是反映企业在某一特定日期财务状况的报表。它反映企业在某一特定日期所拥有或控制的经济资源、所承担的现时义务和所有者对净资产的要求权。

（二）资产负债表的结构

资产负债表的格式归纳起来有两种，即报告式资产负债表和账户式资产负债表，我国采用账户式资产负债表。

1.报告式资产负债表

报告式资产负债表也称竖式资产负债表，表的上方列示所有资产项目，下方列示负债及所有者权益项目，使上下方总额平衡，其平衡原理为：

资产-负债=所有者权益

2.账户式资产负债表

账户式资产负债表也称横式资产负债表，在表的中线的左方列示所有资产项目，右方列示负债和所有者权益项目，使左右方总额平衡。其平衡原理为会计恒等式：

资产=负债+所有者权益

账户式资产负债表的格式见表11-1。

表11-1 资产负债表

编制单位： 年 月 日 单位：元

资 产	期末余额	年初余额	负债和所有者权益（或股东权益）	期末余额	年初余额
流动资产：			流动负债：		
货币资金			短期借款		
交易性金融资产			交易性金融负债		
衍生金融资产			衍生金融负债		
应收票据			应付票据		
应收账款			应付账款		
应收款项融资			预收款项		
预付款项			合同负债		

续表

资产	期末余额	年初余额	负债和所有者权益（或股东权益）	期末余额	年初余额
其他应收款			应付职工薪酬		
存货			应交税费		
合同资产			其他应付款		
持有待售资产			持有待售负债		
一年内到期的非流动资产			一年内到期的非流动负债		
其他流动资产			其他流动负债		
流动资产合计			流动负债合计		
非流动资产：			非流动负债：		
债权投资			长期借款		
其他债权投资			应付债券		
长期应收款			其中：优先股		
长期股权投资			永续债		
其他权益工具投资			租赁负债		
其他非流动金融资产			长期应付款		
投资性房地产			预计负债		
固定资产			递延收益		
在建工程			递延所得税负债		
生产性生物资产			其他非流动负债		
油气资产			非流动负债合计		
使用权资产			负债合计		
无形资产			所有者权益（或股东权益）：		
开发支出			实收资本（或股本）		
商誉			其他权益工具		
长期待摊费用			其中：优先股		
递延所得税资产			永续债		
其他非流动资产			资本公积		
非流动资产合计			减：库存股		

续表

资 产	期末余额	年初余额	负债和所有者权益（或股东权益）	期末余额	年初余额
			其他综合收益		
			专项储备		
			盈余公积		
			未分配利润		
			所有者权益（或股东权益）合计		
资产总计			负债和所有者权益（或股东权益）总计		

二、资产负债表的填列方法

企业应以日常会计核算记录的数据为基础进行归类、整理和汇总，加工成报表项目，形成资产负债表。

（一）资产负债表项目的列示原则

资产和负债应当分别流动资产和非流动资产、流动负债和非流动负债列示。金融企业的各项资产或负债，按照流动性列示能够提供可靠且更相关信息的，可以按照其流动性顺序列示。

（二）资产负债表的编制方法

1.资产负债表“年初余额”栏的填列方法

资产负债表中的“年初余额”栏通常根据上年年末有关项目的期末余额填列，且与上年年末资产负债表的“期末余额”栏相一致。如果企业发生了会计政策变更、前期差错更正，应当对上年“期末余额”栏中的有关项目进行相应调整。如果企业上年度资产负债表规定的项目名称和内容与本年度不一致，应当对上年年末资产负债表相关项目的名称和金额按照本年度的规定进行调整，填入上年“年末余额”栏。

2.资产负债表“期末余额”栏的填列方法

资产负债表各项目“期末余额”栏内的数字，可通过以下几种方式取得：

（1）根据资产、负债和所有者权益类科目总账余额直接填列。如“其他权益工具投资”“递延所得税资产”“长期待摊费用”“短期借款”“应付票据”“持有待售负债”“交易性金融负债”“租赁负债”“递延收益”“递延所得税负债”“实收资本（或股本）”“其他权益工具”“库存股”“资本公积”“其他综合收益”“专项储备”“盈余公积”等项目。

（2）根据总账余额计算填列。如“货币资金”项目，需要根据“库存现金”“银行存款”“其他货币资金”账户的期末余额合计数填列。如“存货”项目，需要根据“原材料”“库存商品”“委托加工物资”“周转材料”“材料采购”“在途物资”“发出商品”“材料成本差异”“生产成本”（实质为没有完工产品价值）等账户的期末余额合计数再扣减“存货跌价准备”后填列。“其他应收款”项目，需根据“其他应收款”“应收利息”“应收股利”三个总账科目余额的合计数填列。“其他应付款”项目，需根据“其他应付款”“应付利息”“应付股利”三个总账科目余额的合计数填列。

(3) 根据明细账余额计算填列。如“应收账款”“预付款项”“应付账款”“预收款项”项目，需要根据所属相关明细账的期末贷方余额计算填列。具体公式如下：

①应收账款=应收账款有关明细账的借方余额+预收账款有关明细账的借方余额

如有坏账准备余额，公式如下：

应收账款=应收账款有关明细账的借方余额+预收账款有关明细账的借方余额-坏账准备余额

②预付款项=预付账款有关明细账的借方余额+应付账款有关明细账的借方余额

如有待摊费用借方余额，公式如下：

预付款项=预付账款有关明细账的借方余额+应付账款有关明细账的借方余额+待摊费用余额

③应付账款=应付账款有关明细账的贷方余额+预付账款有关明细账的贷方余额

④预收款项=预收账款有关明细账的贷方余额+应收账款有关明细账的贷方余额

(4) 根据总账和明细账余额分析计算填列。非流动资产和非流动负债项目，需将当年处置或到期部分，从所属总账余额中扣减，扣减部分计入“一年内到期的流动资产”“一年内到期的流动负债”，以扣减后的金额计入所属项目。如“长期借款”项目，需要根据“长期借款”总账期末余额，扣除“长期借款”各所属明细账中反映的、将于一年内到期的部分，分析计算填列。

(5) 根据有关账户余额减去其备抵账户余额后的净额填列。如“固定资产”项目是用“固定资产”账户余额减去“累计折旧”和“固定资产减值准备”后的净额填列。“无形资产”项目是用“无形资产”账户余额减去“累计摊销”和“无形资产减值准备”后的净额填列。“存货”项目是用相关账户余额相加后减去“存货跌价准备”的净额填列。“应收账款”项目是用有关明细账余额分析后减去“坏账准备”的净额填列。其余所有涉及减值准备的账户，均需用扣减后的净额填列。

具体而言：

(1)“货币资金”项目，反映企业库存现金、银行结算户存款、外埠存款、银行汇票存款、银行本票存款、信用卡存款、信用证保证金存款等的合计数，是根据现“库存现金”“银行存款”“其他货币资金”等科目的期末余额合计填列。

(2)“交易性金融资产”项目，反映资产负债表日企业分类为以公允价值计量且其变动计入当期损益的金融资产，以及企业持有的指定为以公允价值计量且其变动计入当期损益的金融资产的期末账面价值。本项目应根据“交易性金融资产”科目相关明细科目的期末余额分析填列。自资产负债表日起超过一年到期且预期持有超过一年的以公允价值计量且其变动计入当期损益的非流动金融资产的期末账面价值，在“其他非流动金融资产”项目反映。

(3)“衍生金融资产”项目，反映衍生金融工具的资产价值。本项目应根据“衍生金融资产”科目的期末余额填列。

(4)“应收票据”项目，反映资产负债表日以摊余成本计量的、企业因销售商品、提供服务等收到的商业汇票，包括银行承兑汇票和商业承兑汇票。本项目应根据“应收票据”科目的期末余额，减去“坏账准备”科目中相关坏账准备期末余额后的金额分析填列。

(5)“应收账款”项目，反映资产负债表日以摊余成本计量的、企业因销售商品、提供劳务等经营活动应收取的款项。本项目应根据“应收账款”和“预收账款”科目所属各明细科目的期末借方余额合计数，减去“坏账准备”科目中有关应收账款计提的坏账准备期末余额后的金额填列。

(6)“应收款项融资”项目，反映资产负债表日以公允价值计量且其变动计入其他综合收益的应收票据和应收账款等。本项目应根据“应收款项融资”科目的期末余额分析填列。

(7)“预付款项”项目，反映企业按照购货合同的规定预付给供应单位的款项等。本项目应根据“预付账款”和“应付账款”科目所属各明细科目的期末借方余额合计数，减去“坏账准备”科目中有关预付款项计提的坏账准备期末余额后的金额填列。如“预付账款”科目所属各明细科目期末有贷方余额，应在资产负债表“应付账款”项目内填列。

(8)“其他应收款”项目，反映企业除应收票据、应收账款、预付账款等经营活动以外的其他各种应收、暂付的款项。本项目应根据“其他应收款”“应收股利”“应收利息”科目的期末余额分析填列。

(9)“存货”项目，反映企业期末在库、在途和在加工中的各种存货的成本或可变现净值。本项目应根据“材料采购”“原材料”“周转材料”“库存商品”“委托加工物资”“生产成本”等科目的期末余额合计数，减去“存货跌价准备”科目期末余额后的金额填列。材料采用计划成本核算的，还应加或减材料成本差异（余额在借方，相加；余额在贷方，相减）后的金额填列。

(10)“合同资产”项目，反映企业已向客户转让商品而有权收取对价的权利（该权利取决于时间流逝之外的其他因素）的价值。本项目应根据“合同资产”科目相关明细科目的期末余额填列。同一合同下的合同资产和合同负债应当以净额列示，其中净额为借方余额的，应当根据其流动性在“合同资产”或“其他非流动资产”项目中填列，已计提减值准备的，还应减去“合同资产减值准备”科目中相关的减值准备期末余额。资产负债表日，“合同结算”科目的期末余额在借方的，根据其流动性在“合同资产”或“其他非流动资产”项目中填列。

(11)“持有待售资产”项目，反映资产负债表日划分为持有待售类别的非流动资产及被划分为持有待售类别的处置组中的流动资产和非流动资产的期末账面价值。本项目应根据“持有待售资产”科目的期末余额，减去“持有待售资产减值准备”科目的期末余额后的金额填列。

(12)“一年内到期的非流动资产”项目，反映预计自资产负债表日起一年内变现的非流动资产项目金额。本项目应根据有关科目的期末余额分析填列。

(13)“其他流动资产”项目，反映企业除货币资金、交易性金融资产、应收票据、应收账款、存货等流动资产以外的其他流动资产。本项目应根据有关科目的期末余额填列。

(14)“债权投资”项目，反映资产负债表日企业以摊余成本计量的债权投资的账面价值。本项目应根据“债权投资”科目的相关明细科目期末余额，减去“债权投资减值准备”科目的期末余额后的金额分析填列。

(15)“其他债权投资”项目，反映资产负债表日企业分类为以公允价值计量且其变动计入其他综合收益的长期债权投资的期末账面价值。本项目应根据“其他债权投资”科目的相关明细科目的期末余额分析填列。自资产负债表日起一年内到期的其他债权投资的期末账面价值，在“一年内到期的非流动资产”项目反映。企业购入的以公允价值计量且其变动计入其他综合收益的一年内到期的其他债权投资的期末账面价值，在“其他流动资产”项目反映。

（16）“长期应收款”项目，反映企业融资租赁产生的应收款项、采用递延方式具有融资性质的销售商品和提供服务等产生的长期应收款项等。本项目应根据“长期应收款”科目的期末余额，减去相应的“未实现融资收益”科目和“坏账准备”科目所属相关明细科目期末余额后的金额填列。

（17）“长期股权投资”项目，反映企业持有的对子公司、联营企业和合营企业的长期股权投资。本项目应根据“长期股权投资”科目的期末余额，减去“长期股权投资减值准备”科目期末余额后的金额填列。

（18）“其他权益工具投资”项目，反映资产负债表日企业指定为以公允价值计量且其变动计入其他综合收益的非交易性权益工具投资的期末账面价值。本项目应根据“其他权益工具投资”科目的期末余额填列。

（19）“其他非流动金融资产”项目，反映企业自资产负债表日起超过一年到期且预期持有超过一年的以公允价值计量且其变动计入当期损益的非流动金融资产的期末账面价值。本项目应根据“交易性金融资产”的发生额分析填列。

（20）“投资性房地产”项目，反映企业持有的投资性房地产。企业采用成本模式计量投资性房地产的，本项目应根据“投资性房地产”科目的期末余额，减去“投资性房地产累计折旧”和“投资性房地产减值准备”科目期末余额后的金额填列。企业采用公允价值模式计量投资性房地产的，本项目应根据“投资性房地产”科目的期末余额填列。

（21）“固定资产”项目，反映资产负债表日企业固定资产的期末账面价值和企业尚未清理完毕的资产清理净损益。本项目应根据“固定资产”科目的期末余额，减去“累计折旧”和“固定资产减值准备”科目期末余额后的金额，以及“固定资产清理”科目的期末余额填列。

（22）“在建工程”项目，反映资产负债表日企业尚未达到预定可使用状态的在建工程的期末账面价值和企业为在建工程准备的各种物资的期末账面价值。本项目应根据“在建工程”科目的期末余额，减去“在建工程减值准备”科目的期末余额后的金额，以及“工程物资”科目的期末余额，减去“工程物资减值准备”科目的期末余额后的金额填列。

（23）“生产性生物资产”项目，反映企业持有的生产性生物资产。本项目应根据“生产性生物资产”科目的期末余额，减去“生产性生物资产累计折旧”和“生产性生物资产减值准备”科目期末余额后的金额填列。

（24）“油气资产”项目，反映企业持有的矿区权益和油气井及相关设施的原价减去累计折耗和累计减值准备后的净额。本项目应根据“油气资产”科目的期末余额，减去“累计折耗”科目的期末余额和相应减值准备后的金额填列。

（25）“使用权资产”项目，反映资产负债表日承租人企业持有的使用权资产的期末账面价值。本项目应根据“使用权资产”科目的期末余额，减去“使用权资产累计折旧”和“使用权资产减值准备”科目的期末余额后的金额填列。

（26）“无形资产”项目，反映企业持有的无形资产，包括专利权、非专利技术、商标权、著作权、土地使用权等。本项目应根据“无形资产”科目的期末余额，减去“累计摊销”和“无形资产减值准备”科目期末余额后的金额填列。

(27)“开发支出”项目，反映企业开发无形资产过程中能够资本化形成无形资产成本的支出部分。本项目应根据“研发支出”科目中所属的“资本化支出”明细科目的期末余额填列。

(28)“商誉”项目，反映企业在合并中形成的商誉的价值。本项目应根据“商誉”科目的期末余额，减去相应减值准备后的金额填列。

(29)“长期待摊费用”项目，反映企业已经发生但应由本期和以后各期负担的分摊期限在一年以上的各项费用。长期待摊费用中在一年内（含一年）摊销的部分，在资产负债表“一年内到期的非流动资产”项目填列。本项目应根据“长期待摊费用”科目的期末余额减去将于一年内（含一年）摊销的数额后的金额填列。

(30)“递延所得税资产”项目，反映企业确认的可抵扣暂时性差异产生的递延所得税资产。本项目应根据“递延所得税资产”科目的期末余额填列。

(31)“其他非流动资产”项目，反映企业除长期股权投资、固定资产、在建工程、无形资产等资产以外的其他非流动资产。本项目应根据有关科目的期末余额填列。

(32)“短期借款”项目，反映企业向银行或其他金融机构等借入的期限在一年以下（含一年）的各种借款。本项目应根据“短期借款”科目的期末余额填列。

(33)“交易性金融负债”项目，反映资产负债表日企业承担的交易性金融负债，以及企业持有的指定为以公允价值计量且其变动计入当期损益的金融负债的期末账面价值。本项目应根据“交易性金融负债”科目的相关明细科目的期末余额填列。

(34)“衍生金融负债”项目，反映衍生金融工具的负债价值。本项目应根据“衍生金融负债”科目的期末余额填列。

(35)“应付票据”项目，反映资产负债表日以摊余成本计量的、企业因购买材料、商品和接受服务等而开出、承兑的商业汇票，包括银行承兑汇票和商业承兑汇票。本项目应根据“应付票据”科目的期末余额填列。

(36)“应付账款”项目，反映资产负债表日以摊余成本计量的、企业因购买材料、商品和接受服务等经营活动应支付的款项。本项目应根据“应付账款”和“预付账款”科目所属的相关明细科目的期末贷方余额合计数填列。

(37)“预收款项”项目，反映企业按照销货合同的规定预收购买单位的款项。本项目应根据“预收账款”和“应收账款”科目所属各明细科目的期末贷方余额合计数填列。

(38)“合同负债”项目，反映企业已收客户对价而应向客户转让商品的义务的价值。本项目应根据“合同负债”科目及相关明细科目的期末余额填列。同一合同下的合同资产和合同负债应当以净额列示，其中净额为贷方余额的，应当根据其流动性在“合同负债”或“其他非流动负债”项目中填列。资产负债表日，“合同结算”科目的期末余额在贷方的，根据其流动性在“合同负债”或“其他非流动负债”项目中填列。

(39)“应付职工薪酬”项目，反映企业根据有关规定应付给职工的工资、职工福利、社会保险费、住房公积金、工会经费、职工教育经费、非货币性福利、辞退福利等各种薪酬。本项目应根据“应付职工薪酬”科目期末余额填列。

(40)“应交税费”项目，反映企业按照税法的规定计算应缴纳的各种税费，包括增值税、消费税、所得税、资源税、土地增值税、城市维护建设税、房产税、城镇土地使用税、车船税、教育费附加、矿产资源补偿费等。本项目应根据“应交税费”科目的期末贷方余额填列。如“应交税费”科目期末为借方余额，应以“-”号填列。

（41）“其他应付款”项目，反映企业除应付票据、应付账款、预收款项、应付职工薪酬、应交税费等经营活动以外的其他各项应付、暂收的款项。本项目应根据“其他应付款”“应付股利”“应付利息”科目的期末余额合计数填列。

（42）“持有待售负债”项目，反映资产负债表日处置组中与划分为持有待售类别资产直接相关负债的期末账面价值。本项目应根据“持有待售负债”科目的期末余额填列。

（43）“一年内到期的非流动负债”项目，反映企业非流动负债中将于资产负债表日后一年内到期部分的金额，如将于一年内偿还的长期借款。本项目应根据有关科目的期末余额填列。

（44）“其他流动负债”项目，反映企业除短期借款、交易性金融负债、应付票据、应付账款、应付职工薪酬、应交税费等流动负债以外的其他流动负债。本项目应根据有关科目的期末余额填列。

（45）“长期借款”项目，反映企业向银行或其他金融机构借入的期限在一年以上（不含一年）的各项借款。本项目应根据“长期借款”科目期末有关明细账分析填列。

（46）“应付债券”项目，反映企业为筹集长期资金而发行的债券本金和利息。本项目应根据“应付债券”科目期末有关明细账分析填列。

（47）“租赁负债”项目，反映资产负债表日承租人企业尚未支付的租赁付款额的期末账面价值。本项目应根据“租赁负债”科目的期末余额填列。自资产负债表日起一年内到期应予清偿的租赁负债的期末账面价值，在“一年内到期的非流动负债”项目反映。

（48）“长期应付款”项目，反映资产负债表日企业除长期借款和应付债券以外的其他各种长期应付款项的期末账面价值。本项目应根据“长期应付款”科目的期末余额，减去相关的“未确认融资费用”科目期末余额后的金额，以及“专项应付款”科目的期末余额填列。

（49）“预计负债”项目，反映企业确认的对外提供担保、未决诉讼、产品质量保证、重组义务、亏损合同等预计负债。本项目应根据“预计负债”科目的期末余额填列。

（50）“递延收益”项目，反映企业应当在以后期间计入当期损益的政府补助。本项目应根据“递延收益”科目的期末余额填列。本项目中摊销期限只剩一年或不足一年的，或预计在一年内（含一年）进行摊销的部分，不得归类为流动负债，应在该项目中填列，不转入“一年内到期的非流动负债”项目。

（51）“递延所得税负债”项目，反映企业确认的应纳税暂时性差异产生的所得税负债。本项目应根据“递延所得税负债”科目的期末余额填列。

（52）“其他非流动负债”项目，反映企业除长期借款、应付债券等非流动负债以外的其他非流动负债。本项目应根据有关科目的期末余额减去将于一年内（含一年）到期偿还数后的余额填列。非流动负债各项目中将于一年内（含一年）到期的非流动负债，应在“一年内到期的非流动负债”项目内单独反映。

（53）“实收资本（或股本）”项目，反映企业各投资者实际投入的资本（或股本）总额。本项目应根据“实收资本（或股本）”科目的期末余额填列。

（54）“其他权益工具”项目，反映资产负债表日企业发行在外的除普通股以外分类为权益工具的金融工具的期末账面价值。对于资产负债表日企业发行的金融工具，分类为金融负债的，应在“应付债券”项目填列，对于优先股和永续债，还应在“应付债券”项目下设的“优先股”项目和“永续债”项目分别填列；分类为权益工具的，应在“其他权益工具”项目填列，对于优先股和永续债，还应在“其他权益工具”项目下设的“优先股”项目和“永续债”项目分别填列。

（55）“资本公积”项目，反映企业资本公积的期末余额。本项目应根据“资本公积”科目的期末余额填列。

（56）“库存股”项目，反映企业持有的尚未转让或注销的本公司股份金额。本项目应根据“库存股”科目的期末余额填列。

（57）“其他综合收益”项目，是指企业根据其他会计准则的规定未在当期损益中确认的各项利得和损失。本项目应根据“其他综合收益”科目的期末余额填列。

（58）“专项储备”项目，反映高危行业企业按国家规定提取的安全生产费的期末账面价值。本项目应根据“专项储备”科目的期末余额填列。

（59）“盈余公积”项目，反映企业盈余公积的期末余额。本项目应根据“盈余公积”科目的期末余额填列。

（60）“未分配利润”项目，反映企业尚未分配的利润。本项目应根据“本年利润”科目和“利润分配”科目的期末余额计算填列。未弥补亏损在本项目内以“-”号填列。

三、资产负债表的编制实例

【例 11-1】中国海洋××股份有限公司有关资料见表 11-2 和表 11-3。

表 11-2

资产负债表

编制单位：中国海洋××股份有限公司　　20×1 年 12 月 31 日　　单位：元

资产	期末余额	年初余额	负债和所有者权益（或股东权益）	期末余额	年初余额
流动资产：			流动负债：		
货币资金	1 406 300		短期借款	300 000	
交易性金融资产	15 000		交易性金融负债		
衍生金融资产	246 000		衍生金融负债		
应收票据	299 100		应付票据	200 000	
应收账款			应付账款	953 800	
应收款项融资			预收款项		
预付款项	100 000		合同负债		
其他应收款	5 000		应付职工薪酬	110 000	
存货	2 580 000		应交税费	36 600	
合同资产			其他应付款	51 000	
持有待售资产			持有待售负债		

续表

资产	期末余额	年初余额	负债和所有者权益（或股东权益）	期末余额	年初余额
一年内到期的非流动资产			一年内到期的非流动负债	1 000 000	
其他流动资产	100 000		其他流动负债		
流动资产合计	4 751 400		流动负债合计	2 651 400	
非流动资产：			非流动负债：		
债权投资			长期借款	600 000	
其他债权投资			应付债券		
长期应收款			其中：优先股		
长期股权投资	250 000		永续债		
其他权益工具投资			租赁负债		
其他非流动金融资产			长期应付款		
投资性房地产			预计负债		
固定资产	1 100 000		递延收益		
在建工程	1 500 000		递延所得税负债		
生产性生物资产			其他非流动负债		
油气资产			非流动负债合计	600 000	
使用权资产			负债合计	3 251 400	
无形资产	600 000		所有者权益（或股东权益）：		
开发支出			实收资本（或股本）	5 000 000	
商誉			其他权益工具		
长期待摊费用			其中：优先股		
递延所得税资产			永续债		
其他非流动资产	200 000		资本公积		
非流动资产合计	3 650 000		减：库存股		
			其他综合收益		
			专项储备		
			盈余公积	100 000	
			未分配利润	50 000	
			所有者权益（或股东权益）合计	5 150 000	
资产总计	8 401 400		负债和所有者权益（或股东权益）总计	8 401 400	

表 11-3

科目余额表

编制单位：中国海洋××股份有限公司　　　20×2 年 12 月 31 日　　　单位：元

科目名称	借方余额	科目名称	贷方余额
库存现金	2 000	短期借款	50 000
银行存款	776 135	应付票据	100 000
其他货币资金	7 300	应付账款	953 800
交易性金融资产	0	其他应付款	50 000
应收票据	66 000	应付职工薪酬	180 000
应收账款	600 000	应交税费	226 731
坏账准备	-1 800	应付利息	0
预付账款	100 000	应付股利	32 215.9
其他应收款	5 000	一年内到期的长期负债	0
材料采购	275 000	长期借款	1 160 000
原材料	45 000	股本	5 000 000
周转材料	38 050	盈余公积	124 770.4
库存商品	2 122 400	利润分配（未分配利润）	190 717.7
材料成本差异	4 250		
其他流动资产	100 000		
长期股权投资	250 000		
固定资产	2 401 000		
累计折旧	-170 000		
固定资产减值准备	-30 000		
工程物资	300 000		
在建工程	428 000		
无形资产	600 000		
累计摊销	-60 000		
递延所得税资产	9 900		
其他长期资产	200 000		
合计	8 068 235	合计	8 068 235

根据上述资料，编制中国海洋××股份有限公司 20×2 年 12 月 31 日资产负债表，见表 11-4。

表 11-4

资产负债表

编制单位：中国海洋××股份有限公司　　20×2 年 12 月 31 日　　单位：元

资　产	期末余额	年初余额	负债和所有者权益（或股东权益）	期末余额	年初余额
流动资产：			流动负债：		
货币资金	785 435	1 406 300	短期借款	50 000	300 000
交易性金融资产	0	15 000	交易性金融负债		
衍生金融资产		246 000	衍生金融负债		
应收票据	66 000	299 100	应付票据	100 000	200 000
应收账款	598 200		应付账款	953 800	953 800
应收款项融资			预收款项		
预付款项	100 000	100 000	合同负债		
其他应收款	5 000	5 000	应付职工薪酬	180 000	110 000
存货	2 484 700	2 580 000	应交税费	226 731	36 600
合同资产			其他应付款	82 215.9	51 000
持有待售资产			持有待售负债		
一年内到期的非流动资产			一年内到期的非流动负债		1 000 000
其他流动资产	100 000	100 000	其他流动负债		
流动资产合计	4 139 335	4 751 400	流动负债合计	1 592 746.9	2 651 400
非流动资产：			非流动负债：		
债权投资			长期借款	1 160 000	600 000
其他债权投资			应付债券		
长期应收款			其中：优先股		
长期股权投资	250 000	250 000	永续债		
其他权益工具投资			租赁负债		
其他非流动金融资产			长期应付款		
投资性房地产			预计负债		
固定资产	2 201 000	1 100 000	递延收益		
在建工程	728 000	1 500 000	递延所得税负债		
生产性生物资产			其他非流动负债		

续表

资　产	期末余额	年初余额	负债和所有者权益（或股东权益）	期末余额	年初余额
油气资产			非流动负债合计	1 160 000	600 000
使用权资产			负债合计	2 752 746.9	3 251 400
无形资产	540 000	600 000	所有者权益（或股东权益）：		
开发支出			实收资本（或股本）	5 000 000	5 000 000
商誉			其他权益工具		
长期待摊费用			其中：优先股		
递延所得税资产	9 900		永续债		
其他非流动资产	200 000	200 000	资本公积		
非流动资产合计	3 928 900	3 650 000	减：库存股		
			其他综合收益		
			专项储备		
			盈余公积	124 770.4	100 000
			未分配利润	190 717.7	50 000
			所有者权益（或股东权益）合计	5 315 488.1	5 150 000
资产总计	8 068 235	8 401 400	负债和所有者权益（或股东权益）总计	8 068 235	8 401 400

第三节　利润表

一、利润表的含义与格式

（一）利润表的含义

利润表是用以反映与企业在一定期间的经营成果紧密相关的财务信息的动态会计报表。利润表的列报应当充分反映企业经营业绩的主要来源和构成，有助于使用者判断净利润的质量及其风险，有助于使用者预测净利润的持续性，从而做出正确的决策。通过利润表，可以反映企业一定会计期间的收入实现情况，如实现的营业收入、投资收益、营业外收入各有多少；可以反映一定会计期间的费用耗费情况，如耗费的营业成本、税金及附加、销售费用、管理费用、研发费用、财务费用、营业外支出各有多少；可以反映企业生产经营活动的成果，即净利润的实现情况，据以判断资本保值、增值情况，等等。将利润表中的信息与资产负债表中的信息相结合，可以提供财务分析所需的基本资料，如将销货成本与存货平均余额进行比较，计算出存货周转率；将净利润与资产总额进行比较，计算出资产收益率等；可以表现企业资金周转情况以及企业的盈利能力和水平，便于报表使用者判断企业未来的发展趋势，做出经济决策。

（二）利润表的格式

利润表的格式有单步式和多步式两种。我国现行的利润表采用的是多步式，即通过对当期的收入、费用、支出项目按性质加以归类，按利润形成的主要环节列示一些中间性利润指标，分步计算当期净损益，便于使用者理解企业经营成果的不同来源。企业利润表对于费用列报通常应当按照功能进行分类，即按照企业经营业务发生的成本、管理费用、销售费用、研发费用和财务费用等进行分类，有助于使用者了解费用发生的领域；与此同时，为了有助于报表使用者预测企业的未来现金流量，对于费用的列报还应当在附注中披露按照性质分类的补充资料，如原材料费用、职工薪酬费用、折旧费用、摊销费用等。

利润表主要反映以下几方面的内容：

（1）营业收入，由主营业务收入和其他业务收入组成。

（2）营业利润，营业收入减去营业成本（主营业务成本、其他业务成本）、税金及附加、销售费用、管理费用、研发费用、财务费用、信用减值损失、资产减值损失，加上其他收益、投资收益、净敞口套期收益、公允价值变动收益、资产处置收益，即为企业的营业利润。

（3）利润总额，营业利润加上营业外收入，减去营业外支出，即为利润总额。

（4）净利润，利润总额减去所得税费用，即为净利润。净利润按照经营可持续性具体分为“持续经营净利润”和“终止经营净利润”两项。

（5）其他综合收益，具体分为“不能重分类进损益的其他综合收益”和“将重分类进损益的其他综合收益”两类，并以扣除相关所得税影响后的净额列报。不能重分类进损益的其他综合收益主要包括：重新计量设定受益计划变动额、权益法下不能转损益的其他综合收益、其他权益工具投资公允价值变动、企业自身信用风险公允价值变动等。将重分类进损益的其他综合收益主要包括：权益法下可转损益的其他综合收益、其他债权投资公允价值变动、金融资产重分类计入其他综合收益的金额、其他债权投资信用减值准备、现金流量套期储备、外币财务报表折算差额、自用房地产或作为存货的房地产转换为以公允价值模式计量的投资性房地产在转换日公允价值大于账面价值部分等。

（6）综合收益总额，净利润加上其他综合收益的税后净额，即为综合收益总额。

（7）每股收益，包括基本每股收益和稀释每股收益两项指标。

此外，为了使报表使用者通过比较不同期间利润的实现情况，判断企业经营成果的未来发展趋势，企业需要提供比较利润表，对各项目按照“本期金额”和“上期金额”两栏分别填列。利润表具体格式见表11-5。

表 11-5　　利润表

编制单位：　　年　月　　单位：元

项目	本期金额	上期金额
一、营业收入		
减：营业成本		
税金及附加		
销售费用		
管理费用		
研发费用		
财务费用		
其中：利息费用		
利息收入		
加：其他收益		
投资收益（损失以“-”号填列）		
其中：对联营企业和合营企业的投资收益		
以摊余成本计量的金融资产终止确认收益（损失以“-”号填列）		
净敞口套期收益（损失以“-”号填列）		
公允价值变动收益（损失以“-”号填列）		
信用减值损失（损失以“-”号填列）		
资产减值损失（损失以“-”号填列）		
资产处置收益（损失以“-”号填列）		
二、营业利润（亏损以“-”号填列）		
加：营业外收入		
减：营业外支出		
三、利润总额（亏损总额以“-”号填列）		
减：所得税费用		
四、净利润（净亏损以“-”号填列）		
五、其他综合收益的税后净额		
（一）不能重分类进损益的其他综合收益		
（二）将重分类进损益的其他综合收益		
六、综合收益总额		
七、每股收益：		
（一）基本每股收益		
（二）稀释每股收益		

二、利润表的编制

（一）利润表中的“本月数”与“本年累计数”

《企业财务会计报告条例》规定：年度、半年度会计报表至少应当反映两个年度或者相关两个期间的比较数据。也就是说，企业需要提供比较利润表，所以，利润表各项目需要分为“本月数”和“本年累计数”两栏分别填列。

利润表中“本月数”栏反映各项目的本月实际发生数。在编报中期财务会计报告时，填列上年同期累计实际发生数；在编报年度财务会计报告时，填列上年全年累计实际发生数。如果上年度利润表与本年度利润表的项目名称和内容不一致，应对上年度利润表项目的名称和数字按本年度的规定进行调整，填入本表“上年数”栏。在编制中期和年度财务会计报告时，应将“本月数”栏改成“上年数”栏。

利润表中“本年累计数”栏，反映各项目自年初起至报告期末止的累计实际发生数。

（二）利润表项目的填列

（1）“营业收入”“营业成本”“税金及附加”“销售费用”“管理费用”“财务费用”“其他收益”“投资收益”“净敞口套期收益”“公允价值变动收益”“信用减值损失”“资产减值损失”“资产处置收益”“营业外收入”“营业外支出”“所得税费用”等项目，应根据有关损益类科目的发生额分析填列。

（2）“研发费用”项目，应根据“管理费用”科目下的“研发费用”明细科目的发生额，以及“管理费用”科目下的“无形资产摊销”明细科目的发生额分析填列。

（3）“利息费用”和“利息收入”项目，应根据“财务费用”科目所属的相关明细科目的发生额分析填列，且这两个项目作为“财务费用”项目的其中项以正数填列。

（4）“对联营企业和合营企业的投资收益”和“以摊余成本计量的金融资产终止确认收益”项目，应根据“投资收益”科目所属的相关明细科目的发生额分析填列。

（5）“其他综合收益的税后净额”项目及其各组成部分，应根据“其他综合收益”科目及其所属明细科目的本期发生额分析填列。

（6）“营业利润”“利润总额”“净利润”“综合收益总额”项目，应根据利润表中相关项目计算填列。

（三）每股收益

企业应当在利润表中单独列示基本每股收益和稀释每股收益。

1.基本每股收益

基本每股收益=归属于普通股股东的当期净利润÷发行在外普通股的加权平均数

$$\frac{\text{发行在外普通股}}{\text{的加权平均数}}=\frac{\text{期初发行在外}}{\text{普通股股数}}+\frac{\text{当期新发行}}{\text{普通股股数}}\times\frac{\text{已发行}}{\text{时间}}\div\frac{\text{报告期}}{\text{时间}}-\frac{\text{当期回购}}{\text{普通股股数}}\times\frac{\text{已回购}}{\text{时间}}\div\frac{\text{报告期}}{\text{时间}}$$

【例 11-2】某上市公司 20×3 年年初发行在外的普通股 10 000 万股，3 月 2 日新发行普通股 4 500 万股，12 月 1 日回购 1 500 万股，以备将来奖励职工；20×3 年全年实现的归属于普通股股东净利润 2 725 万元。

普通股加权平均数=10 000×12/12+4 500×10/12−1 500×1/12=13 625（万股）

基本每股收益=2 725÷13 625=0.2（元/股）

2.稀释每股收益

企业存在稀释性潜在普通股的，应当分别调整归属于普通股股东的当期净利润和发行在外普通股的加权平均数，并据以计算稀释每股收益。

稀释性潜在普通股，是指假设当期转换为普通股会减少每股收益的潜在普通股。潜在普通股，是指赋予其持有者在报告期或以后期间享有取得普通股权利的一种金融工具或其他合同，包括可转换公司债券、认股权证、股份期权等。

（1）计算稀释每股收益，应当根据下列事项对归属于普通股股东的当期净利润进行调整（应考虑相关的所得税影响）：①当期已确认为费用的稀释性潜在普通股的利息；②稀释性潜在普通股转换时将产生的收益或费用。

【例11-3】某公司20×2年净利润为1 000万元，发行可转换债券当年利息费用（包括折价发行的摊销额）10万元，所得税税率25%。则：

调整后净利润=1 000+10-2.5=1 007.5（万元）

（2）计算稀释每股收益时，当期发行在外普通股的加权平均数应当为计算基本每股收益时普通股的加权平均数与假定稀释性潜在普通股转换为已发行普通股而增加的普通股股数的加权平均数之和。

（3）计算稀释性潜在普通股转换为已发行普通股而增加的普通股股数的加权平均数时，以前期间发行的稀释性潜在普通股，应当假设在当期期初转换；当期发行的稀释性潜在普通股，应当假设在发行日转换。

【例11-4】中国海洋××股份有限公司20×3年1月1日按面值发行年利率为4%的可转换债券，面值800万元，每100元债券可转换为1元面值普通股90股。20×3年公司实现净利润4 500万元，20×3年发行在外普通股4 000万股，所得税税率25%。

（1）基本每股收益=4 500÷4 000=1.125（元）

（2）净利润的增加=800×4%×（1-25%）=24（万元）

普通股股数的增加=800÷100 ×90= 720（万股）

稀释每股收益=（4 500+24）÷（4 000+720）=0.96（元）（保留两位小数）

（4）认股权证和股份期权等的行权价格低于当期普通股平均市场价格时，应当考虑其稀释性。计算稀释每股收益时，增加的普通股股数按下列公式计算：

增加的普通股股数=拟行权时转换的普通股股数-行权价格×拟行权时转换的普通股股数÷当期普通股平均市场价格

【例11-5】中国海洋××股份有限公司20×3年初对外发行100万份认股权证，行权价格3.5元。20×3年度净利润200万元，发行在外普通股加权平均数500万股，普通股平均市场价格4元。

基本每股收益=200÷500=0.4（元）

调整增加的普通股股数=100-100×3.5÷4=12.5（万股）

稀释的每股收益=200÷（500+12.5）=0.39（元）（保留两位小数）

（5）稀释性潜在普通股应当按照其稀释程度从大到小的顺序计入稀释每股收益，直至稀释每股收益达到最小值。

（四）编制实例

【例11-6】中国海洋××股份有限公司20×2年度有关损益类科目发生的经济业务及编

制的会计分录如下所示。

（1）销售商品一批，售价为1 000 000元，增值税额为130 000元，全部款项已经收讫并存入银行。该批产品的实际成本为600 000元。

借：银行存款　　1 130 000

　贷：主营业务收入　　1 000 000

　　　应交税费——应交增值税（销项税额）　　130 000

借：主营业务成本　　600 000

　贷：库存商品　　600 000

（2）将成本为150 000元的交易性金融资产以180 000元的价格出售，已扣除手续费等相关费用，款项存入银行。

借：银行存款　　180 000

　贷：交易性金融资产　　150 000

　　　投资收益　　30 000

（3）7月1日，购入某公司按面值发行的5年期、票面年利率10%、到期一次还本付息的债券200 000元，准备持有至到期。12月31日，确认利息收入10 000元。

借：债权投资——成本　　200 000

　贷：银行存款　　200 000

借：债权投资——应计利息　　10 000

　贷：投资收益　　10 000

（4）销售商品一批，售价为800 000元，增值税销项税额为104 000元。收到购货单位开出的6个月期的不带息商业承兑汇票一张。该批商品的实际生产成本为480 000元。

借：应收票据　　904 000

　贷：主营业务收入　　800 000

　　　应交税费——应交增值税（销项税额）　　104 000

借：主营业务成本　　480 000

　贷：库存商品　　480 000

（5）报废设备一台，该设备原始价值为80 000元，已提折旧65 000元，发生清理费用2 000元，取得残值收入2 500元，清理费用和残值收入均通过银行存款收付。该设备的报废清理工作已完毕。

借：固定资产清理　　15 000

　　累计折旧　　65 000

　贷：固定资产　　80 000

借：固定资产清理　　2 000

　贷：银行存款　　2 000

借：银行存款　　2 500

　贷：固定资产清理　　2 500

借：营业外支出——处置非流动资产损失　　14 500

　贷：固定资产清理　　14 500

（6）年初购买的原材料80 000元，因生产线停工未领用，年末发生减值11 340元。

借：资产减值损失——存货跌价准备　　11 340
　贷：存货跌价准备　　11 340

（7）企业持一张面值468 000元的未到期银行承兑汇票到银行贴现，实际收到贴现款458 640元。

借：银行存款　　458 640
　　财务费用　　9 360
　贷：应收票据　　468 000

（8）分配应支付的职工薪酬570 000元（不包括在建工程应负担的工资），其中生产人员薪酬484 500元、车间管理人员薪酬45 600元、行政管理部门人员薪酬39 900元。

借：生产成本　　484 500
　　制造费用　　45 600
　　管理费用　　39 900
　贷：应付职工薪酬——工资　　570 000

（9）预提应计入本期损益的借款利息共23 500元，其中，短期借款利息11 500元、长期借款利息12 000元。以银行存款支付长期借款利息9 000元。

借：财务费用　　23 500
　贷：应付利息　　23 500
借：应付利息　　9 000
　贷：银行存款　　9 000

（10）收到被投资单位分发的现金股利37 000元（该项投资以成本法核算，被投资单位税率和本企业一致，均为25%），已存入银行。

借：银行存款　　37 000
　贷：投资收益　　37 000

（11）计提本月固定资产折旧90 000元，其中应计入制造费用75 000元、应计入管理费用15 000元。

借：制造费用　　75 000
　　管理费用　　15 000
　贷：累计折旧　　90 000

（12）采用直线法摊销专利权价值60 000元。

借：管理费用——无形资产摊销　　60 000
　贷：累计摊销　　60 000

（13）用银行存款支付产品展览费10 000元、广告费30 600元、车间办公费4 400元及其他管理费用70 000元。

借：销售费用　　40 600
　　制造费用　　4 400
　　管理费用　　70 000
　贷：银行存款　　115 000

（14）按照应收账款余额百分比法计提坏账准备4 660元。

借：信用减值损失——坏账准备　　4 660

贷：坏账准备　　4 660

(15) 本年持有的交易性金融资产公允价值上升50 000元。

借：交易性金融资产——公允价值变动　　50 000

贷：公允价值变动损益　　50 000

(16) 公司本期产品销售应缴纳城市维护建设税10 990元、教育费附加4 710元。

借：税金及附加　　15 700

贷：应交税费——应交城市维护建设税　　10 990

——应交教育费附加　　4 710

(17) 将各收支账户结转至“本年利润”账户。

借：主营业务收入　　1 800 000

投资收益　　77 000

公允价值变动损益　　50 000

贷：本年利润　　1 927 000

借：本年利润　　1 384 560

贷：主营业务成本　　1 080 000

税金及附加　　15 700

销售费用　　40 600

管理费用　　184 900

财务费用　　32 860

营业外支出　　14 500

信用减值损失　　4 660

资产减值损失　　11 340

根据上述资料，汇总中国海洋××股份有限公司20×2年损益类科目累计发生额，见表11-6。

表11-6　　**中国海洋××股份有限公司20×2年度损益类科目累计发生额表**　　单位：元

科目名称	借方发生额	贷方发生额
主营业务收入		1 800 000
主营业务成本	1 080 000	
投资收益		77 000
公允价值变动损益		50 000
税金及附加	15 700	
销售费用	40 600	
管理费用	184 900	
财务费用	32 860	
资产减值损失	11 340	
信用减值损失	4 660	
营业外支出	14 500	

根据上述资料，编制中国海洋××股份有限公司20×2年度利润表，见表11-7。

表11-7

利润表

编制单位：中国海洋××股份有限公司　　20×2年12月　　单位：元

项目	本期金额	上期金额
一、营业收入	1 800 000	（略）
减：营业成本	1 080 000	
税金及附加	15 700	
销售费用	40 600	
管理费用	184 900	
研发费用		
财务费用	32 860	
其中：利息费用		
利息收入		
加：其他收益		
投资收益（损失以"-"号填列）	77 000	
其中：对联营企业和合营企业的投资收益		
以摊余成本计量的金融资产终止确认收益（损失以"-"号填列）		
净敞口套期收益（损失以"-"号填列）		
公允价值变动收益（损失以"-"号填列）	50 000	
信用减值损失（损失以"-"号填列）	-4 660	
资产减值损失（损失以"-"号填列）	-11 340	
资产处置收益（损失以"-"号填列）		
二、营业利润（亏损以"-"号填列）	556 940	
加：营业外收入		
减：营业外支出	14 500	
三、利润总额（亏损总额以"-"号填列）	542 440	
减：所得税费用	135 610	
四、净利润（净亏损以"-"号填列）	406 830	
五、其他综合收益的税后净额	（略）	
（一）不能重分类进损益的其他综合收益	（略）	
（二）将重分类进损益的其他综合收益	（略）	
六、综合收益总额	（略）	
七、每股收益：	（略）	
（一）基本每股收益	（略）	
（二）稀释每股收益	（略）	

第四节　现金流量表

一、现金流量表的含义及格式

现金流量是指企业在某一时期内的现金和现金等价物流入和流出的数量。这里所指的现金是广义现金的概念，是指可随时用于支付的款项，强调"随时用于支付"这一重要特征，具体包括库存现金、可以随时动用的银行存款（含通知存款）、其他货币资金、现金等价物。需特别注意的是：银行存款中不能随时支取的定期存款不符合现金流量表中的现金概念；现金等价物是指能同时满足期限短（一般指从购买日起3个月内到期）、流动性高、易于转换为已知金额的现金、价值变动风险很小等四个条件的、变现能力和支付能力都较强的短期投资。

企业日常经营业务是影响现金流量的重要因素，但并不是所有的交易或事项都会影响现金流量。例如，现金各项目之间的增减变动、非现金各项目之间的增减变动，都不会影响现金流量的增减变动。只有现金各项目与非现金各项目之间的增减变动，才会产生现金流量。

现金流量表是反映企业一定会计期间现金和现金等价物（以下简称现金）流入和流出情况的报表。现金流量表按照收付实现制原则编制，将权责发生制下的盈利信息调整为收付实现制下的现金流量信息。现金流量表是以现金为基础编制的。

注意：现金流量表主要反映现金各项目与非现金各项目之间的增减变动对现金净额的影响，非现金各项目之间的增减变动虽然不影响现金流量净额，但属于重要的投资和筹资活动，在现金流量表的补充资料中单独反映，修改后的现金流量表准则要求在补充资料中反映不涉及现金收支的投资和筹资活动的项目有三个："债务转为资本""一年到期的可转换公司债券""融资租入固定资产"。

现金流量表的格式见表11-8。

表11-8　　　　现金流量表

编制单位：　　　　　　　年　　月　　　　　　　单位：元

项　目	本期金额	上期金额
一、经营活动产生的现金流量：		
销售商品、提供劳务收到的现金		
收到的税费返还		
收到其他与经营活动有关的现金		
经营活动现金流入小计		
购买商品、接受劳务支付的现金		
支付给职工以及为职工支付的现金		
支付的各项税费		

续表

项　目	本期金额	上期金额
支付其他与经营活动有关的现金		
经营活动现金流出小计		
经营活动产生的现金流量净额		
二、投资活动产生的现金流量：		
收回投资收到的现金		
取得投资收益收到的现金		
处置固定资产、无形资产和其他长期资产收回的现金净额		
收到其他与投资活动有关的现金		
投资活动现金流入小计		
购建固定资产、无形资产和其他长期资产支付的现金		
投资支付的现金		
支付其他与投资活动有关的现金		
投资活动现金流出小计		
投资活动产生的现金流量净额		
三、筹资活动产生的现金流量：		
吸收投资收到的现金		
取得借款收到的现金		
收到其他与筹资活动有关的现金		
筹资活动现金流入小计		
偿还债务支付的现金		
分配股利、利润或偿付利息支付的现金		
支付其他与筹资活动有关的现金		
筹资活动现金流出小计		
筹资活动产生的现金流量净额		
四、汇率变动对现金及现金等价物的影响		
五、现金及现金等价物净增加额		
加：期初现金及现金等价物余额		
六、期末现金及现金等价物余额		

二、现金流量的分类及列示原则

（一）现金流量的分类

企业的现金流量主要由三大方面的活动产生：经营活动产生的现金流量、投资活动产生的现金流量、筹资活动产生的现金流量。

1.经营活动产生的现金流量

经营活动是指企业除投资活动和筹资活动外的所有交易和事项。各类企业由于行业特点不同，对经营活动的认定存在一定差异。对于工商企业而言，经营活动主要包括销售商品、提供劳务、购买商品、接受劳务、支付税费等。对于商业银行而言，经营活动主要包括吸收存款、发放贷款等。对于保险公司而言，经营活动主要包括原保险业务和再保险业务等。对于证券公司而言，经营活动主要包括自营证券、代理承销证券、代理兑付证券、代理买卖证券等。

与企业经营活动相关的现金流量就是经营活动现金流量，在我国，企业经营活动产生的现金流量采用直接法填列。

2.投资活动产生的现金流量

投资活动是指企业长期资产的购建及处置、不包括在现金等价物内的投资及处置活动。这里的长期资产是指固定资产、在建工程、无形资产和其他资产等持有期限在一年或一个营业周期以上的资产。

3.筹资活动产生的现金流量

筹资活动是指导致企业资本及债务规模和构成发生变化的活动。使资本的规模和结构发生变化的活动有发行股票、发生筹资费用、支付股利、分配利润、减少注册资本等。

（二）现金流量表列示原则

（1）现金流量应当分别按照现金流入和现金流出总额列报。但是，下列各项可以按照净额列报：

①代客户收取或支付的现金以及周转快、期限短的项目的现金流入和现金流出。例如，证券公司代收的客户证券买卖交割费、印花税等，旅游公司代游客支付的房费、餐费、交通费、文娱费、行李托运费、门票费、票务费、签证费等费用。这些费用周转快，在企业停留时间短，企业加以利用的余地小，净额更能说明其对企业支付能力、偿债能力的影响；如以总额反映，会对评价企业的支付能力和偿债能力、分析企业的未来现金流量产生误导。

②金融企业的有关项目，包括短期贷款发放与收回的贷款本金、活期存款的吸收与支付、同业存款和存放同业款项的存取、向其他金融企业拆借资金、证券的买入卖出等。

（2）自然灾害损失、保险索赔等特殊项目，应当根据其性质，分别归并到经营活动、投资活动和筹资活动现金流量类别中单独列报。

（3）外币现金流量以及境外子公司的现金流量，应当采用现金流量发生日的即期汇率或按照系统合理的方法确定的、与现金流量发生日即期汇率近似的汇率折算。汇率变动对现金的影响额应当作为调节项目，在现金流量表中单独列报。

三、经营活动产生的现金流量各项目的编制

经营活动产生的现金流量有直接法和间接法两种编制方法。我国现金流量表以直接法进行编制，在现金流量表的补充资料中按间接法对经营活动产生的现金流量进行反映。

经营活动现金流入项目主要包括：

①销售商品、提供劳务收到的现金；

②收到的税费返还；

③收到其他与经营活动有关的现金。

经营活动现金流出项目主要包括：

①购买商品、接受劳务支付的现金；

②支付给职工以及为职工支付的现金；

③支付的各项税费；

④支付其他与经营活动有关的现金。

用经营活动的现金流入小计减去经营活动的现金流出小计，可计算得出经营活动产生的现金流量净额。

（一）经营活动产生的现金流入量项目的填列

1．“销售商品、提供劳务收到的现金”项目的填列

“销售商品、提供劳务收到的现金”项目从内容上看包括两个方面的内容：销售商品、提供劳务所收取的货款和销售商品、提供劳务过程中收取的增值税销项税额。本项目根据“应收账款”“应收票据”“预收账款”“主营业务收入”“其他业务收入”“库存现金”“银行存款”等账户的记录分析填列。

由于现金流量表是以收付实现制为基础编制的，所以从时间跨度上看，该项目包括三个方面的内容：本年收取以前年度销售商品、提供劳务的款项，本年收取当年销售商品、提供劳务的款项，本年预收以后年度销售商品、提供劳务的款项。

（1）确定本年收取以前年度销售商品、提供劳务的款项

本年收取以前年度销售商品、提供劳务的款项主要表现为“应收账款”“应收票据”金额减少。虽然“应收账款”“应收票据”金额减少并不一定是收到了现金，但可以先假设“应收账款”“应收票据”减少是由于收到了现金，如果存在“应收账款”“应收票据”减少但没有收到现金的情况，后续再予以扣除。

（2）确定本年收取当年销售商品、提供劳务的款项

如果是现销，本年销售商品、提供劳务收取的现金表现为“主营业务收入”“其他业务收入”“应交税费——应交增值税（销项税额）”项目金额的增加；如果是赊销，“主营业务收入”“其他业务收入”“应交税费——应交增值税（销项税额）”的发生额减去“应收账款”“应收票据”的增加数为本年收取当年销售商品、提供劳务的现金（如果以前年度预收了部分或全部款项，还应减去“预收账款”的减少数）。

（3）确定本年预收以后年度销售商品、提供劳务的款项

本年预收以后年度销售商品、提供劳务的款项表现为“预收账款”金额的增加。如“预收账款”减少，说明本年度的销售收入中有一部分抵减了“预收账款”，则本年度并未收取这部分现金，在填列本项目时应减去这部分金额。

根据以上分析，在填列“销售商品、提供劳务收到的现金”项目时，应先假设本年销售商品、提供劳务全部为现销，且“应收账款”“应收票据”的减少，“预收账款”的增加全部都收取了现金，也就是说，先认为“主营业务收入”“其他业务收入”“应交税费——应交增值税（销项税额）”的发生额和“应收账款”“应收票据”的减少，“预收账款”的增加全部都收取了现金，然后分析是否存在本年销售商品、提供劳务和“应收票据”“应收账款”减少，“预收账款”增加没有收到现金的情况，如果有，则减去这些金额。

【例 11–7】中国海洋××股份有限公司 20×1 年有关账户的期末余额为：“应收账款”1 500 万元，“应收票据”1 000 万元，“预收账款”50 万元。20×2 年有关账户的期末余额及发生额为：“应收账款”1 200 万元，“应收票据”1 100 万元，“预收账款”80 万元，“主营业务收入”发生额为 5 000 万元，“其他业务收入”发生额为 1 000 万元，“应交税费——应交增值税（销项税额）”发生额为 780 万元。20×2 年未发生销售退回业务，未发生坏账损失业务，未发生商业汇票贴现业务，未发生债务人以非现金资产抵债业务，未发生以前核销的坏账损失本期收回的业务。

要求：计算 20×2 年该企业“销售商品、提供劳务收到的现金”项目的金额并编制抵销分录。

分析如下：

（1）先假设本年度销售全部都收到了款项，则根据“主营业务收入”“其他业务收入”“应交税费——应交增值税（销项税额）”账户的发生额计算本年销售商品、提供劳务共收到了现金 6 780 万元（5 000+1 000+780）。

（2）“应收票据”增加 100 万元，说明本期销售商品、提供劳务中有 100 万元并未收到现金。

（3）“应收账款”减少 300 万元，说明现在收到以前年度销售商品、提供劳务的款项为 300 万元。

（4）“预收账款”增加 30 万元，说明本期提前收取了将来销售商品、提供劳务的款项 30 万元。

综上，20×2 年该企业“销售商品、提供劳务收到的现金”项目的金额为：

6 780+300−100+30=7 010（万元）

借：经营活动现金流量——销售商品、提供劳务收到的现金	70 100 000	
应收票据	1 000 000	
贷：主营业务收入		50 000 000
其他业务收入		10 000 000
应交税费——应交增值税（销项税额）		7 800 000
应收账款		3 000 000
预收账款		300 000

本年销售商品、提供劳务和“应收票据”“应收账款”减少，“预收账款”增加但没有收到现金的情况有：

①本年发生了销售退回但部分或全部款项未退还给购货方。本年销售商品、提供劳务时没有收取现金，后来发生销售退回，以及本年销售商品、提供劳务时收取了现金，后来发生销售退回且将款项退还给购买方了，这两种情况从整个会计期间来看，好比本会计年

度并未发生该销售业务，对填列“销售商品、提供劳务收到的现金”项目没有影响。如果本年销售商品、提供劳务时收取了现金，后来发生销售退回，但部分或全部款项没有退还给购买方，则本年销售商品、提供劳务收取的现金要比“主营业务收入”“其他业务收入”“应交税费——应交增值税（销项税额）”的发生额要多，故在填列本项目时要加上这部分没有退还的现金。

②本年以非现金资产抵债而使“应收账款”“应收票据”减少。如果债务人以非现金资产抵债而使本年的“应收账款”“应收票据”减少，此时“应收账款”“应收票据”虽然减少了，但并未收到现金，所以在填列本项目时应把这部分金额减去。

③本年发生了坏账损失。发生坏账时的会计分录为借记“坏账准备”科目，贷记“应收账款”科目，由此可见，如果本年发生了坏账损失，虽然“应收账款”减少了，但并未收到现金，所以在填列本项目时要把这部分金额减去。

④本年收回以前年度核销的坏账损失。以前年度核销的坏账损失本年度又收回，会计分录为，借记“银行存款”科目，贷记“应收账款”科目，同时借记“应收账款”科目，贷记“坏账准备”科目。由此可见，本年收回以前年度核销的坏账损失，“应收账款”不增不减，但实际上有现金流入，所以在填列本项目时应加上这部分金额。

【例11-8】中国海洋××股份有限公司为增值税一般纳税人，20×2年有关资料如下：

（1）主营业务收入10 000万元（不含增值税，已扣除销售退回），增值税的销项税额为1 300万元（已扣除销售退回）；

（2）应收账款的年初余额为600万元，年末余额为500万元；

（3）发生坏账损失10万元，收回以前年度核销的坏账20万元；

（4）预收账款年初数为15万元，年末数为55万元；

（5）应收票据年初数为200万元，年末数为450万元，本年有10万元到期票据未收到款项而转为应收账款；

（6）本年度发生销售退回，货款及增值税共计33.9万元款项未退还给购货方；

（7）收到债务人抵偿应收账款23.4万元的存货。

要求：计算该公司20×2年度“销售商品、提供劳务收到的现金”项目的金额。

分析如下：

（1）先假设本年的销售均收到了款项，则根据本年的“主营业务收入”“应交税费——应交增值税（销项税额）”的发生额，先认为本年销售商品、提供劳务收到的现金为11 300万元（10 000+1 300）。

（2）本年的“应收账款”减少100万元，先假设这些“应收账款”减少全部都收到了现金，在填列本项目时加上这100万元。

（3）本年发生坏账损失10万元，说明本年“应收账款”的减少额中有10万元并未收到现金，在填列本项目时应减去这10万元；本年收回以前年度核销的坏账20万元，这笔业务虽然使“应收账款”不增不减，但实际上本期收到20万元款项（实质上属于收回销售款），在填列本项目时应加上这20万元。

（4）本年“预收账款”增加40万元，说明本年预收了今后销售商品、提供劳务的款项40万元，在填列本项目时应加上这40万元。

（5）本年“应收票据”增加250万元，说明本年销售商品、提供劳务有250万元的款项没收到，在填列本项目时应减去这250万元；10万元的应收票据到期未收到款项转为应收账款，对计算“销售商品、提供劳务所收到的现金”无影响，在填列本项目时不需考虑。

(6) 本年度发生销售退回，货款及增值税共计33.9万元未退还款项，说明本年收到的款项要比发生的销售商品、提供劳务业务金额多33.9万元，在填列本项目时应加上这33.9万元。

(7) 收到债务人抵偿应收账款23.4万元的存货，说明应收账款减少了23.4万元，但并未收到款项（收到的是存货），在填列本项目时应减去这23.4万元。

所以，20×2年度“销售商品、提供劳务收到的现金”项目的金额为11 210.5万元（10 000+1 300+100-10+20+40-250+33.9-23.4）。

2.“收到的税费返还”项目的填列

“收到的税费返还”项目反映企业收到的各种税费的返还款，如收到的增值税、所得税、消费税、关税、教育费附加等的返还款。本项目根据“营业外收入”“税金及附加”“库存现金”“银行存款”等账户的记录分析填列。

3.“收到其他与经营活动有关的现金”项目的填列

“收到其他与经营活动有关的现金”项目反映企业除了上述各项目外，收到的其他与经营活动有关的现金流入，如罚款收入、流动资产损失中由个人赔偿的现金收入、由于自然灾害所造成的流动资产损失而收到的保险赔偿收入等。本项目根据“营业外收入”“库存现金”“银行存款”等账户记录分析填列。

【例11-9】中国海洋××股份有限公司20×2年收到退还的消费税为10万元；原材料损失11.3万元，其中由保管员赔偿的1万元已收到现金，而由保险公司赔偿的4万元未收到现金，其余损失已作为管理费用处理；罚款收到现金0.5万元；销售材料收到现金3.39万元；处置一项固定资产，原值10万元，已提折旧8万元，残值变价收入收到现金0.8万元，发生资产处置损失1.2万元。该公司20×2年“收到其他与经营活动有关的现金”项目的金额为多少？

本例中，收到退还的消费税10万元时，应借记“银行存款”科目，贷记“营业外收入”科目，该现金流入应计入“收到的税费返还”项目；销售材料收到现金3.39万元应计入“销售商品、提供劳务收到的现金”项目；处置固定资产收到现金0.8万元应计入投资活动现金流入项目；发生资产处置损失1.2万元应计入经营活动现金流出项目。故该公司20×2年“收到其他与经营活动有关的现金”项目的金额为1.5万元（1+0.5）。

（二）经营活动产生的现金流出量项目的填列

1.“购买商品、接受劳务支付的现金”项目的填列

本项目反映企业购买商品、接受劳务，经营租入固定资产等实际支付的现金（包含增值税进项税额）。本项目根据“应付账款”“应付票据”“预付账款”“主营业务成本”“其他业务成本”“库存现金”“银行存款”等账户的记录及资产负债表上的“存货”项目分析填列。

“购买商品、接受劳务支付的现金”项目从内容上看包括两个方面的内容：购买商品、接受劳务所支付的货款、运杂费等和购买商品、接受劳务过程中支付的增值税进项税额。由于现金流量表是以收付实现制为基础编制的，所以从时间跨度上看，该项目包括三个方

面的内容：本年支付以前年度购买商品、接受劳务的款项，本年支付当年购买商品、接受劳务的款项，本年预付以后年度购买商品、接受劳务的款项。

（1）确定本年支付以前年度购买商品、接受劳务的款项

本年支付以前年度购买商品、接受劳务的款项主要表现为“应付账款”“应付票据”金额减少。虽然“应付账款”“应付票据”金额减少并不一定支付了现金，但可以先假设“应付账款”“应付票据”减少是由于支付了现金的原因，如果存在“应付账款”“应付票据”减少但没有支付现金的情况，再进行相应的调整。

（2）确定本年支付当年购买商品、接受劳务的款项

首先应确定本年究竟购买了多少商品、接受了多少劳务，然后确定本年购买商品、接受劳务支付了多少款项。一般来讲，本年购买商品、接受劳务的金额可以进行如下的计算：

①本年购买的商品、接受的劳务本年已全部对外售出。如果购买的商品、接受的劳务无须加工就出售，则本年购买商品、接受劳务的成本为本年“主营业务成本”“其他业务成本”的发生额；如果购买的商品、接受的劳务需要加工才能出售，则本年购买商品、接受劳务的成本为“主营业务成本”“其他业务成本”的发生额减去本年发生的“生产成本”“制造费用”中非物料消耗部分金额（“生产成本”“制造费用”中非物料消耗部分的金额为产品所消耗的人工费、折旧费及摊销的待摊费用等，这些金额不属于购进商品和接受劳务的成本，如果发生了现金流出，属于“经营活动现金流量——支付给职工及为职工支付的现金”或“经营活动现金流量——支付其他与经营活动有关的现金”项目的内容）。

②本年购买的商品、接受的劳务本年全部未对外售出。如果购买的商品、接受的劳务无须加工，则本年购买商品、接受劳务的成本为本年“存货”项目的增加额；如果购买的商品、接受的劳务需要加工，则本年购买商品、接受劳务的成本为“存货”项目的增加额减去“生产成本”“制造费用”中非物料消耗部分金额。

③本年购买的商品、接受的劳务本年部分已对外售出部分未对外售出。如果购买的商品、接受的劳务无须加工就出售，则购买商品、接受劳务的成本为本年“主营业务成本”“其他业务成本”的发生额和“存货”项目的增加额；如果购买的商品、接受的劳务需要加工才能出售，则本年购买商品、接受劳务的成本为“主营业务成本”“其他业务成本”的发生额和“存货”项目的增加额之和减去“生产成本”“制造费用”中非物料消耗部分金额。

（3）确定本年预付以后年度购买商品、接受劳务的款项

本年预付以后年度购买商品、接受劳务的款项表现为“预付账款”项目金额的增加。如果“预付账款”减少，说明对方本年用存货抵付了一部分预付账款，这部分增加的存货本年并未付现金，在填列本项目时要减去这部分金额。

同时，在填列“购买商品、接受劳务支付的现金”项目时应注意购货退回是否已收回了现金。本年购买商品、接受劳务时没有支付现金，后来发生购货退回，以及本年购买商品、接受劳务时支付了现金，后来发生购货退回且销售方将款项退还给本企业了，这两种情况从整个会计年度来看，和未发生该购货业务（或接受劳务业务）一样，对填列本项目没有影响。如果本年购买商品、接受劳务时支付了现金，发生购货退回时部分或全部款项还未退还给本企业，则本年购买商品、接受劳务支付的现金实际要高于前述假定，填列时

要加上这部分尚未退还的现金数额。

综上，在填列“购买商品、接受劳务支付的现金”项目时，思路如下：

先假设“主营业务成本”“其他业务成本”“应交税费——应交增值税（进项税额）”的发生额，“存货”的增加额，“应付账款”和“应付票据”的减少额，“预付账款”的增加额全部都支付了现金，然后扣除这些项目增加（或减少）但未实际支付现金的部分以及本期“生产成本”“制造费用”发生额中非物料消耗部分的金额。

本年购买商品、接受劳务但未实际未支付现金的情况有：

①“应付账款”“应付票据”项目金额的增加额和“预付账款”项目的减少额，说明本年购买的商品、接受的劳务中的这部分，本年度未支付现金；

②“存货”项目金额的减少额，说明本年度销售的产品中有一部分属于以前库存，本年度未支付现金；

③“存货”项目金额的增加额，要扣减因债务人抵付前欠债务、投资者投入、投资性房地产转换等方式导致的存货增加，这部分增加本年度未支付现金。

【例11-10】中国海洋××股份有限公司为增值税一般纳税人，20×2年有关项目的期末余额为：“应付账款”1 000万元，“应付票据”1 500万元，“存货”6 000万元，“预付账款”50万元。20×3年有关账户的期末余额及发生额为：“应付账款”1 200万元，“应付票据”1 100万元，“存货”7 000万元，“预付账款”80万元，“主营业务成本”发生额为5 000万元，“其他业务成本”发生额为1 000万元，“应交税费——应交增值税（进项税额）”发生额为780万元。20×3年未发生购货退回业务。

要求：计算20×3年该公司“购买商品、接受劳务支付的现金”项目的金额并编制抵销分录。

分析如下：

(1) 先假设本年度购进的存货全部都支付了现金，根据“主营业务成本”“其他业务成本”“应交税费——应交增值税（进项税额）”的发生额和“存货”的增加额计算支付的现金共计7 780万元（5 000+1 000+780+1 000）。

(2)“应付账款”增加了200万元，说明本年度购买的商品、接受的劳务中有200万元没有支付款项，需调减200万元。

(3)“应付票据”减少了400万元，说明本年度支付了以前年度购买商品、接受劳务的款项400万元，需调加400万元。

(4)“预付账款”增加30万元，说明本年度支付了以后年度购买商品、接受劳务的款项30万元，需调加30万元。

该公司20×3年度“购买商品、接受劳务支付的现金”项目的金额为8 010万元（7 780−200+400+30）。

借：主营业业务成本	50 000 000
其他业务成本	10 000 000
应交税费——应交增值税（销项税额）	7 800 000
存货	10 000 000
应付票据	4 000 000
预付账款	300 000

贷：经营活动现金流量——销售商品、提供劳务支付的现金　　80 100 000

　　应付账款　　2 000 000

【例11-11】中国海洋××股份有限公司为增值税一般纳税人，20×3年“主营业务成本”发生额为3 000万元，“其他业务成本”发生额为800万元，“应交税费——应交增值税（进项税额）”发生额为390万元（上述金额均已扣除购货退回的金额）。20×3年年末与年初相比，“应付账款”减少500万元，“应付票据”增加100万元，“存货”减少300万元，“预付账款”减少50万元。20×3年发生购货退回业务，已冲减“存货”100万元，已冲减“应交税费——应交增值税（进项税额）”13万元，但有63万元的款项未收回。“生产成本”和“制造费用”发生额中非物料消耗金额为427万元。

要求：计算20×3年该公司“购买商品、接受劳务支付的现金”项目的金额。

分析如下：

（1）先假设本年度购进的存货全部都支付了现金，则根据“主营业务成本”“其他业务成本”“应交税费——应交增值税（进项税额）”的发生额，“存货”的增加额和“生产成本”“制造费用”中非物料消耗部分的金额可知，本年度“购买商品、接受劳务支付的现金”为3 463万元（3 000+800+390−300−427）（“存货”减少了300万元，说明本年度销售了以前年度购进的存货300万元，主营业务成本增加额中有300万元在本年度并未支付现金，所以在填列本项目时需减去300万元）。

（2）“应付账款”减少500万元，说明本年度支付了以前年度购买商品、接受劳务的款项500万元，填列本项目时需加上500万元。

（3）“应付票据”增加100万元，说明本年度购买商品、接受劳务款项中有100万元尚未支付，填列本项目时需减去100万元。

（4）“预付账款”减少了50万元，说明本年度增加的存货中有50万元是用以前年度预付账款支付的，本年度并未支付现金，填列本项目时需减去50万元。

（5）发生购货退回有63万元的款项未收回，相当于本年未发生该项购货业务，却因购买行为支付了63万元的现金，填列本项目时需加上63万元。

本年度“购买商品、接受劳务支付的现金”项目的金额为3 876万元（3 000+800+390−300−427+500−100−50+63）。

2.“支付给职工及为职工支付的现金”项目的填列

“支付给职工以及为职工支付的现金”项目，反映企业实际支付给职工以及为职工支付的现金，包括本期实际支付给职工的工资、奖金、各种津贴和补贴等，以及为职工支付的其他费用，根据“应付职工薪酬”“其他应付款”“应付福利费”“库存现金”“银行存款”等账户的记录分析填列。

本项目不包括支付给离退休人员、在建工程人员的各项费用等。支付给离退休人员的各项费用，在“支付其他与经营活动有关的现金”项目中反映；支付给在建工程人员的各项费用，属于投资活动现金流出，在“购建固定资产、无形资产和其他长期资产支付的现金”项目中反映。

企业为职工支付的养老、失业等社会保险基金、补充养老保险、住房公积金，支付给职工的住房困难补助，企业为职工缴纳的商业保险金，以及企业支付给职工或为职工支付的其他福利费用等，应按职工的工作性质和服务对象，分别在本项目和“购建固定资产、无形资产和其他长期资产支付的现金”项目中反映。

3.“支付的各项税费”项目的填列

“支付的各项税费”项目反映企业当期实际上缴税务部门的各种税金，以及支付的教育费附加、矿产资源补偿费、印花税、房产税、土地增值税、车船税等，但不包括支付的耕地占用税（因为耕地占用税计入固定资产价值，属于投资活动现金流出，计入“购建固定资产、无形资产和其他长期资产支付的现金”项目）。本项目根据“应交税费”科目下属的各明细科目的借方发生额和“库存现金”“银行存款”等账户的记录分析填列。

4.“支付其他与经营活动有关的现金”项目的填列

“支付其他与经营活动有关的现金”项目反映除上述各项目外，支付的其他与经营活动有关的现金流出，如罚款支出、支付的差旅费、业务招待费、保险费、经营租入固定资产的租金等。本项目根据有关账户的记录分析填列，可根据“销售费用”“管理费用”科目的借方发生额，扣除折旧费用、无形资产摊销等无相应现金流出的项目后填列。

四、投资活动产生的现金流量各项目的编制方法

现金流量表中的投资活动包括不属于现金等价物的短期投资和长期投资的购买与处置、固定资产的购建与处置、无形资产的购置与处置等。投资活动产生的现金流量应首先区分现金流入与现金流出，在此基础上再细分为若干项目。

投资活动现金流入项目主要包括：

①收回投资收到的现金；

②取得投资收益收到的现金；

③处置固定资产、无形资产和其他长期资产收回的现金净额；

④收到其他与投资活动有关的现金。

投资活动现金流出项目主要包括：

①购建固定资产、无形资产和其他长期资产支付的现金；

②投资支付的现金；

③支付其他与投资活动有关的现金。

用投资活动的现金流入小计减去投资活动的现金流出小计，可计算得出投资活动产生的现金流量净额。

（一）投资活动产生的现金流入量各项目的填列

1.“收回投资收到的现金”项目的填列

“收回投资收到的现金”项目反映企业出售、转让或到期收回除现金等价物外的交易性金融资产、其他权益工具投资、长期股权投资而收到的现金，以及收回债权投资、其他债权投资本金而收到的现金（不包括债权投资、其他债权投资收回的利息和收回的非现金资产，利息在“取得投资收益收到的现金”项目反映）。本项目根据“交易性金融资产”“债权投资”“其他债权投资”“其他权益工具投资”“长期股权投资”“库存现金”“银行存款”等账户的记录分析填列。

2.“取得投资收益收到的现金”项目的填列

“取得投资收益收到的现金”项目反映企业因各种投资而分得的现金股利、利润、利息等，具体包括股权投资分得的现金股利、子公司和合营企业等分配利润而收取的现金，

债权投资和其他债权投资取得的现金利息收入等。本项目根据“交易性金融资产”“债权投资”“其他债权投资”“其他权益工具投资”“长期股权投资”“投资收益”“库存现金”“银行存款”等账户的记录分析填列。

3.“处置固定资产、无形资产和其他长期资产收回的现金净额”项目的填列

“处置固定资产、无形资产和其他长期资产收回的现金净额”项目反映企业处置固定资产、无形资产和其他长期资产所取得的现金，扣除为处置这些资产而支付的有关费用后的净额。由于自然灾害所造成的固定资产等长期资产损失而收到的保险赔偿收入，也在本项目反映。本项目根据“固定资产清理”“无形资产”“资产处置损益”“库存现金”“银行存款”等账户的记录分析填列。

【例 11-12】中国海洋××股份有限公司将一项原值为 150 000 元的固定资产以 160 000 元的价格出售，固定资产已提折旧 20 000 元，用银行存款支付清理费 2 000 元，实现资产处置收益 28 000 元，则该企业“处置固定资产、无形资产和其他长期资产收回的现金净额”项目的金额为 158 000 元。

【例 11-13】中国海洋××股份有限公司 3 年前购买的债券到期收回本息，该批债券票面金额为 100 000 元、票面利率为 10%、五年期、到期还本付息，则“收回投资收到的现金”项目的金额为 100 000 元。

4.“收到其他与投资活动有关的现金”项目的填列

“收到其他与投资活动有关的现金”项目反映企业除上述项目外，收到的其他与投资活动有关的现金，如收到购买股票、债券时支付的已宣告发放但未领取的现金股利和已到付息期而未领取的利息。本项目根据有关账户的记录分析填列。其他与投资活动有关的现金，如价值较大的，应单列项目反映。

（二）投资活动产生的现金流出量各项目的填列

1.“购建固定资产、无形资产和其他长期资产支付的现金”项目的填列

“购建固定资产、无形资产和其他长期资产支付的现金”项目，反映企业购买、建造固定资产，取得无形资产和其他长期资产所支付的现金，不包括为购建固定资产、无形资产等而发生的借款利息资本化部分，以及融资租入固定资产、无形资产等支付的租赁费。支付的借款利息和融资租入固定资产、无形资产等支付的租赁费，属于筹资活动产生的现金流出，计入筹资活动中“分配股利、利润或偿付利息所支付的现金”项目。本项目可根据“固定资产”“在建工程”“无形资产”“库存现金”“银行存款”等科目的记录分析填列。

2.“投资支付的现金”项目的填列

“投资支付的现金”项目反映企业对外进行权益性投资和债权性投资所支付的现金，包括企业取得的除现金等价物以外的交易性金融资产、债权投资、其他债权投资、其他权益工具投资、长期股权投资所支付的现金，以及支付的佣金、手续费等交易费用（不包含购买股票和债券时，实际支付价款中包含的已宣告但尚未领取的现金股利或已到付息期但尚未领取的债券利息，该部分现金流出在“支付其他与投资活动有关的现金”项目中反映）。本项目根据“交易性金融资产”“债权投资”“其他债权投资”“其他权益工具投资”“长期股权投资”“库存现金”“银行存款”等账户的记录分析填列。

3.“支付其他与投资活动有关的现金”项目的填列

“支付其他与投资活动有关的现金”项目反映企业支付的除了上述各项目外的其他投资活动的现金，如企业购买股票和债券时，实际支付的价款中包含的已宣告发放而未领取的现金股利或已到期而未领取的债券利息，应在本项目反映。本项目根据有关账户的记录分析填列。

【例11-14】中国海洋××股份有限公司用银行存款购入乙公司股票作为长期股权投资，共计支付价款200 000元，其中包含已宣告发放但未领取的现金股利10 000元，另支付佣金等500元，则中国海洋××股份有限公司现金流量表上“投资支付的现金”项目金额为190 500元（200 000+500−10 000）。已宣告发放但未领取的现金股利10 000元计入“支付的其他与投资活动有关的现金”项目。

五、筹资活动产生的现金流量各项目的编制方法

企业有两大方面的筹资活动，一是使资本的规模和结构发生变化的筹资活动，二是使债务的规模和结构发生变化的筹资活动。

筹资活动现金流入项目主要包括：

①吸收投资收到的现金；

②取得借款收到的现金；

③收到其他与筹资活动有关的现金。

筹资活动现金流出项目主要包括：

①偿还债务支付的现金；

②分配股利、利润或偿付利息支付的现金；

③支付其他与筹资活动有关的现金。

用筹资活动的现金流入小计减去筹资活动的现金流出小计，可计算得出筹资活动产生的现金流量净额。

（一）筹资活动产生的现金流入项目的填列

1.“吸收投资收到的现金”项目的填列

“吸收投资收到的现金”项目反映企业收到的投资者投入的现金，包括企业发行股票、债券等筹集到的款项净额（为了发行股票、债券而由企业直接支付的审计费、咨询费等费用，不在本项目反映，在“支付其他与筹资活动有关的现金”项目中反映）。本项目根据“实收资本（或股本）”“应付债券”“库存现金”“银行存款”等账户的记录分析填列。

2.“取得借款收到的现金”项目的填列

“取得借款收到的现金”项目反映企业举借各种短期借款、长期借款收到的现金。借款手续费在“支付其他与筹资活动有关的现金”项目反映。本项目根据“短期借款”“长期借款”“库存现金”“银行存款”等账户的记录分析填列。

3.“收到其他与筹资活动有关的现金”项目的填列

“收到其他与筹资活动有关的现金”项目反映企业除上述各项目外，收到的其他与筹资活动有关的现金，如接受现金捐赠等。本项目根据有关账户的记录分析填列。

（二）筹资活动产生的现金流出项目的填列

1.“偿还债务支付的现金”项目的填列

“偿还债务支付的现金”项目反映企业以现金偿还债务的本金，包括偿还借款本金、债券本金等导致的现金流出（只反映本金，利息费用在“分配股利、利润或偿付利息支付的现金”项目中反映）。本项目根据“短期借款”“长期借款”“应付债券”“库存现金”“银行存款”等账户的记录分析填列。

2.“分配股利、利润或偿付利息支付的现金”项目的填列

“分配股利、利润或偿付利息支付的现金”项目反映企业实际支付的现金股利、利润及利息等导致的现金流出。本项目根据“应付股利”“财务费用”“在建工程”“长期借款”“应付债券”“库存现金”“银行存款”等账户的记录分析填列。

注意：企业支付的利息费用无论是计入财务费用或是计入在建工程、研发支出——资本化支出，均在本项目中反映。

3.“支付其他与筹资活动有关的现金”项目的填列

“支付其他与筹资活动有关的现金”项目反映企业支付的其他与筹资活动有关的现金，如捐赠支出的现金，发行股票债券时由企业支付的审计费、咨询费，融资租入固定资产支付的租金，投资者抽回投资而支付给投资者的现金等。本项目根据有关账户的记录分析填列。

【例 11-15】中国海洋××股份有限公司报告期内发行股票1 000 000股（委托证券公司发行），每股面值1元，发行价格为5元/股，扣除佣金等发行费80 000元，实际收到款项4 920 000元，另公司支付了100 000元的审计费等费用，则中国海洋××股份有限公司现金流量表中“吸收投资收到的现金”项目的金额为4 920 000元。

本例中，“吸收投资收到的现金”项目金额=5 000 000-80 000=4 920 000（元），发行股票、债券所支付的审计费、咨询费等费用，属于前期费用，在“支付其他与筹资活动有关的现金”项目中反映。

【例 11-16】中国海洋××股份有限公司报告期内自行发行债券1 000 000元，用银行存款支付印刷费等发行费10 000元；委托证券公司发行债券2 000 000元，抵扣发行费40 000元，则中国海洋××股份有限公司现金流量表中“吸收投资收到的现金”项目的金额为2 960 000元。

本例中，“吸收投资收到的现金”项目金额=1 000 000+2 000 000-40 000=2 960 000（元），自行发行证券所支付的发行费在“支付其他与筹资活动有关的现金”中反映，而委托其他单位发行债券时，从发行收入中扣除发行费直接在“吸收投资所收到的现金”项目中反映。

六、现金流量表的编制方法

（一）直接法和间接法

编制现金流量表时，列报经营活动现金流量的方法有两种：一是直接法；二是间接法。这两种方法通常也被称为编制现金流量表的方法。

1.直接法

直接法是指按现金收入和现金支出的主要类别直接反映企业经营活动产生的现金流量

的方法，如直接列报“销售商品、提供劳务收到的现金”“购买商品、接受劳务支付的现金”等。在直接法下，一般是以利润表中的营业收入为起算点，调节与经营活动有关项目的增减变动，然后计算出经营活动产生的现金流量。

2.间接法

间接法是指以净利润为起算点，调整不涉及现金的收入、费用、营业外收支等有关项目，剔除投资活动、筹资活动对现金流量的影响，据此计算出经营活动产生的现金流量。由于净利润是以权责发生制为核算基础确定的，且包括了与投资活动和筹资活动相关的收益和费用，将净利润调节为经营活动现金流量，实际上就是将按权责发生制为核算基础确定的净利润调整为现金净流入，并剔除投资活动和筹资活动对现金流量的影响。

采用直接法编报现金流量表，便于分析企业经营活动产生的现金流量的来源和用途，预测企业现金流量的未来前景；采用间接法编报现金流量表，便于将净利润与经营活动产生的现金流量净额进行比较，了解净利润与经营活动产生的现金流量差异的原因，从现金流量的角度分析净利润的质量。

国际会计准则鼓励企业采用直接法编制现金流量表。我国现金流量表准则规定企业应当采用直接法编制现金流量表，同时要求在附注补充资料中按间接法对经营活动现金流量的情况进行反映。

（二）工作底稿法或T形账户法

在具体编制现金流量表时，可采用工作底稿法或T形账户法等技术方法来编制。

1.工作底稿法

（1）含义：以工作底稿为手段，以利润表和资产负债表数据为基础，对每一项目进行分析并编制调整分录，从而编制出现金流量表的方法。

（2）工作底稿法的编制程序如下：

①建立工作底稿。按照资产负债表、利润表、现金流量表的顺序建立工作底稿。

②将资产负债表的期初数和期末数填入工作底稿的期初数和期末数栏，将利润表的本期数填入工作底稿的本期数栏。

③对当期业务进行分析并编制调整分录。编制调整分录时，以利润表各项目为基础，从“营业收入”项目开始，结合资产负债表项目逐一进行分析编制。

④将编制好的调整分录填入工作底稿的相应部分。

⑤核对调整分录。资产负债表各项目的期初数加减调整分录的借、贷方金额后，应当等于期末数。利润表各项目调整分录的借、贷方金额应等于各自的本期数。

⑥计算出工作底稿中现金流量表各项目的期末数，据此编制正式的现金流量表。

2.T形账户法

（1）含义：以T形账户为手段，以利润表和资产负债表数据为基础，对每一项目进行分析并编制调整分录，从而编制出现金流量表的方法。

（2）T形账户法的编制程序如下：

①为所有的非现金项目（包括资产负债表项目和利润表项目）分别开设T形账户，并将各自的期末期初变动数记入各该科目。

②开设一个大的“现金及现金等价物”T形账户，左右各分为经营活动，投资活动和筹资活动三个部分，左边记现金流入，右边记现金流出，并与其他账户一样，过入期末期

初变动数。

③以利润表项目为基础，结合资产负债表分析每一个非现金项目的增减变动，并据此编制调整分录。

④将调整分录过入各T形账户，并进行核对，该账户借贷相抵后的余额与原先记入的期初期末变动数应当一致。

⑤根据大的“现金及现金等价物”T形账户编制正式的现金流量表。

七、现金流量表编制举例

【例11-17】中国海洋××股份有限公司为一家海洋装备制造类上市公司，为增值税一般纳税人，增值税税率为13%，所得税税率为25%，20×2年12月31日，有关科目的余额见表11-9。

表11-9　科目余额表

编制单位：中国海洋××股份有限公司　　20×2年12月31日　　单位：元

科目名称	借方余额	科目名称	贷方余额
库存现金	5 000	短期借款	400 000
银行存款	1 800 000	应付票据	250 000
其他货币资金	168 000	应付账款	760 000
交易性金融资产	26 800	应付职工薪酬	51 000
应收票据	80 000	应交税费	40 800
应收账款	400 000	其他应付款	65 000
坏账准备	-8 000	应付利息	12 000
预付账款	65 000	长期借款	1 800 000
其他应收款	4 500	其中：一年内到期的非流动负债	850 000
材料采购	120 000	递延所得税负债	8 000
原材料	91 200	股本	1 000 000
周转材料	80 000	资本公积	3 428 800
包装物	10 000	其他综合收益	4 500
低值易耗品	70 000	盈余公积	143 900
库存商品	60 000	利润分配——未分配利润	90 000
材料成本差异	3 500		
存货跌价准备	-6 500		
其他权益工具投资	80 000		
长期股权投资	220 000		

续表

科目名称	借方余额	科目名称	贷方余额
长期股权投资减值准备	-4 500		
固定资产	3 099 000		
累计折旧	-600 000		
固定资产减值准备	-190 000		
在建工程	1 600 000		
无形资产	1 200 000		
累计摊销	-240 000		
合计	8 054 000	合计	8 054 000

中国海洋××股份有限公司20×3年发生了如下经济业务：

（1）从银行提取现金5 000元以备日常开支。

（2）购入原材料一批，材料价款200 000元，增值税26 000元，共计226 000元，原已预付材料款65 000元，余款161 000元用银行存款支付，材料未到。

（3）收到原材料一批，实际成本120 000元，计划成本115 000元，材料已验收入库，货款已于上月支付。

（4）购入不需安装设备一台，价款90 000元，增值税11 700元，支付包装费等1 100元。价款、增值税、包装费等共计102 800元，均以银行存款支付。设备已交付使用。

（5）购入工程物资一批，价款130 000元，增值税16 900元，均已用银行存款支付。

（6）收到银行通知，用银行存款支付到期的商业承兑汇票150 000元，偿还应付账款85 000元。

（7）销售产品一批，销售价款400 000元，应收取增值税52 000元，产品已发出，价款尚未收到。

（8）从银行借入3年期借款500 000元，已存入银行，该项借款用于购建固定资产。

（9）在建工程应付职工工资410 000元。

（10）某工程完工，计算应负担的长期借款利息160 000元。该项借款本息未付。

（11）某工程完工，交付生产使用，已办理竣工手续，固定资产价值1 500 000元。

（12）销售产品一批，价款950 000元，应收取增值税123 500元，货款和增值税款银行已收妥入账。

（13）出售一台不需用设备，收到总价款452 000元（含增值税52 000元），设备原价800 000元，已提折旧260 000元，已提减值准备100 000元，设备已交付购入单位。

（14）收到一项长期股权投资的现金股利40 000元，存入银行。该项投资按成本法核算，对方公司的所得税税率与本公司一致，均为25%。

（15）归还短期借款本金200 000元，应付利息10 000元，共计210 000元。

（16）用银行汇票支付采购材料价款，公司收到开户银行转来银行汇票多余款项收账通知，通知上所填多余款为4 623元，购入材料的价款及运费共125 300元，支付的增值税额为16 077元，材料未到。

（17）上述购入材料验收入库，该批材料的计划价格为125 600元。

（18）用银行存款支付职工工资1 037 000元，其中包括支付给在建工程人员的工资410 000元。

（19）分配应付职工工资627 000元（不含在建工程人员工资410 000元），其中，生产人员工资570 000元，车间管理人员工资11 400元，行政管理部门人员工资45 600元。

（20）用银行存款支付研发部门的新技术开发支出20 000元，支出符合资本化条件。

（21）用银行存款支付产品展览费15 000元，广告费13 000元。

（22）基本生产领用原材料一批，计划成本300 000元；领用低值易耗品一批，计划成本60 000元，采用一次转销法摊销。

（23）结转领用原材料与低值易耗品的成本差异，材料成本差异率为2%。

（24）采用银行承兑汇票结算方式销售产品一批，价款300 000元，增值税额39 000元，收到339 000元的商业承兑汇票一张。

（25）将上述银行承兑汇票向银行办理贴现，贴现息为24 000元，该票据的到期日为20×3年4月20日。同时将上年销售商品所收到的一张面值为80 000元、已到期的无息银行承兑汇票，连同解讫通知书和进账单交银行办理转账，收到银行盖章退回的进账单一联，款项银行已收妥。

（26）确认应计入当期损益的借款利息共32 500元，其中，短期借款利息22 000元，长期借款利息10 500元。

（27）计提本月固定资产折旧120 000元，其中，应计入制造费用100 000元，管理费用20 000元。

（28）计提无形资产摊销80 000元。

（29）用银行存款支付管理部门水电费12 000元、生产车间水电费75 000元。

（30）用银行存款支付研发费用67 100元，假设该无形资产当月月底达到预定用途。

（31）本期产品销售应缴纳的城市维护建设税14 875元、教育费附加6 375元。

（32）用银行存款缴纳增值税232 000元、城市维护建设税14 875元、教育费附加6 375元。

（33）年末交易性金融资产公允价值为28 800元，较年初上升了2 000元，应确认公允价值变动损益2 000元。

（34）年末其他权益工具投资的公允价值为90 000元，较年初上升了10 000元（该债券于上年购入，取得时成本为74 000元，上年年末公允价值为80 000元）。

（35）计算并结转本期完工产品成本1 123 600元。假设没有期初在产品，本期生产的产品全部完工入库。

（36）结转本期产品销售成本900 000元。

（37）基本生产车间盘亏一台设备，原价280 000元，已提折旧225 000元，已提减值准备25 000元。

（38）偿还长期借款本金850 000元。

（39）收回应收账款360 000元，存入银行。

（40）应收某客户的账款5 000元，已确定不能收回。

（41）按应收账款余额的2%计提坏账准备。

（42）计提存货跌价准备11 190元。

（43）计提固定资产减值准备20 000元。

（44）上述（37）笔业务中的固定资产盘亏在年末结账前仍未批准处理，按规定将30 000元损失转为营业外支出。

（45）结转各收入、费用科目，确定利润总额353 620元。

（46）假设计算并结转应交所得税49 700元，所得税费用59 600元，增加递延所得税负债9 900元。

（47）用银行存款缴纳所得税48 500元。

（48）假定提取盈余公积21 567元，分配普通股现金股利81 145元。

（49）将利润分配各明细科目的余额转入“未分配利润”明细科目，结转本年利润。

（50）20×3年年末将于1年内到期的非流动负债为400 000元。

假定除其他权益工具投资外，上述业务均不单独考虑递延所得税因素。

要求：根据以上资料编制中国海洋××股份有限公司的会计分录、科目余额表、资产负债表、利润表、现金流量表。

1.编制会计分录

（1）借：库存现金	5 000	
贷：银行存款		5 000
（2）借：材料采购	200 000	
应交税费——应交增值税（进项税额）	26 000	
贷：银行存款		161 000
预付账款		65 000
（3）借：原材料	115 000	
材料成本差异	5 000	
贷：材料采购		120 000
（4）借：固定资产	91 100	
应交税费——应交增值税（进项税额）	11 700	
贷：银行存款		102 800
（5）借：工程物资	130 000	
应交税费——应交增值税（进项税额）	16 900	
贷：银行存款		146 900
（6）借：应付票据	150 000	
应付账款	85 000	
贷：银行存款		235 000
（7）借：应收账款	452 000	
贷：主营业务收入		400 000
应交税费——应交增值税（销项税额）		52 000
（8）借：银行存款	500 000	
贷：长期借款		500 000

(9) 借：在建工程 410 000
　　贷：应付职工薪酬 410 000
(10) 借：在建工程 160 000
　　贷：长期借款——应付利息 160 000
(11) 借：固定资产 1 500 000
　　贷：在建工程 1 500 000
(12) 借：银行存款 1 073 500
　　贷：主营业务收入 950 000
　　　　应交税费——应交增值税（销项税额） 123 500
(13) 借：固定资产清理 440 000
　　　　累计折旧 260 000
　　　　固定资产减值准备 100 000
　　贷：固定资产 800 000
借：银行存款 452 000
　贷：固定资产清理 400 000
　　应交税费——应交增值税（销项税额） 52 000
借：资产处置损益——处理固定资产净损失 40 000
　贷：固定资产清理 40 000
(14) 借：银行存款 40 000
　　贷：投资收益 40 000
(15) 借：短期借款 200 000
　　　　应付利息 10 000
　　贷：银行存款 210 000
(16) 借：材料采购 125 300
　　　　银行存款 4 623
　　　　应交税费——应交增值税（进项税额） 16 077
　　贷：其他货币资金 146 000
(17) 借：原材料 125 600
　　贷：材料采购 125 300
　　　　材料成本差异 300
(18) 借：应付职工薪酬 1 037 000
　　贷：银行存款 1 037 000
(19) 借：生产成本 570 000
　　　　制造费用 11 400
　　　　管理费用 45 600
　　贷：应付职工薪酬 627 000
(20) 借：研发支出——资本化支出 20 000
　　贷：银行存款 20 000
(21) 借：销售费用——展览费 15 000

借：销售费用——广告费　13 000

　贷：银行存款　28 000

(22) 借：生产成本　300 000

　贷：原材料　300 000

借：制造费用　60 000

　贷：周转材料——低值易耗品　60 000

(23) 原材料应负担成本差异=300 000×2%=6 000（元）

低值易耗品应负担成本差异=60 000×2%=1 200（元）

借：生产成本　6 000

　制造费用　1 200

　贷：材料成本差异　7 200

(24) 借：应收票据　339 000

　贷：主营业务收入　300 000

　　应交税费——应交增值税（销项税额）　39 000

(25) 借：银行存款　315 000

　财务费用　24 000

　贷：应收票据　339 000

借：银行存款　80 000

　贷：应收票据　80 000

(26) 借：财务费用　32 500

　贷：应付利息　22 000

　　长期借款——应付利息　10 500

(27) 借：制造费用　100 000

　管理费用　20 000

　贷：累计折旧　120 000

(28) 借：管理费用　80 000

　贷：累计摊销　80 000

(29) 借：管理费用　12 000

　制造费用　75 000

　贷：银行存款　87 000

(30) 借：研发支出——费用化支出　67 100

　贷：银行存款　67 100

借：研发费用　67 100

　贷：研发支出——费用化支出　67 100

(31) 借：税金及附加　21 250

　贷：应交税费——应交城市维护建设税　14 875

　　——应交教育费附加　6 375

(32) 借：应交税费——应交增值税（已交税金）　232 000

　——应交城市维护建设税　14 875

借：应交税费——应交教育费附加　　6 375
　贷：银行存款　　253 250

(33) 借：交易性金融资产——公允价值变动　　2 000
　贷：公允价值变动损益　　2 000

(34) 借：其他权益工具投资——公允价值变动　　10 000
　贷：其他综合收益——公允价值变动　　10 000

借：其他综合收益——递延所得税　　2 500
　贷：递延所得税负债　　2 500

(35) 借：生产成本　　247 600
　贷：制造费用　　247 600

借：库存商品　　1 123 600
　贷：生产成本　　1 123 600

(36) 借：主营业务成本　　900 000
　贷：库存商品　　900 000

(37) 借：累计折旧　　225 000
　　固定资产减值准备　　25 000
　　待处理财产损溢——待处理固定资产损溢　　30 000
　贷：固定资产　　280 000

(38) 借：长期借款　　850 000
　贷：银行存款　　850 000

(39) 借：银行存款　　360 000
　贷：应收账款　　360 000

(40) 借：坏账准备　　5 000
　贷：应收账款　　5 000

(41) 应补提坏账准备=487 000×2%−3 000=6 740（元）

借：信用减值损失——计提的坏账准备　　6 740
　贷：坏账准备　　6 740

(42) 借：资产减值损失——计提的存货跌价准备　　11 190
　贷：存货跌价准备　　11 190

(43) 借：资产减值损失——计提的固定资产减值准备　　20 000
　贷：固定资产减值准备　　20 000

(44) 借：营业外支出——固定资产盘亏　　30 000
　贷：待处理财产损溢——待处理固定资产损溢　　30 000

(45) 借：主营业务收入　　1 650 000
　　投资收益　　40 000
　　公允价值变动损益　　2 000
　贷：本年利润　　1 692 000

借：本年利润　　1 338 380
　贷：主营业务成本　　900 000

贷：税金及附加		21 250
销售费用		28 000
管理费用		157 600
研发费用		67 100
财务费用		56 500
资产减值损失		31 190
信用减值损失		6 740
资产处置损益		40 000
营业外支出		30 000
（46）借：所得税费用	59 600	
贷：递延所得税负债		9 900
应交税费——应交所得税		49 700
借：本年利润	59 600	
贷：所得税费用		59 600
（47）借：应交税费——应交所得税	48 500	
贷：银行存款		48 500
（48）借：利润分配——提取盈余公积	21 567	
贷：盈余公积		21 567
借：利润分配——应付普通股股利	81 145	
贷：应付股利		81 145
（49）借：利润分配——未分配利润	102 712	
贷：利润分配——提取盈余公积		21 567
——应付普通股股利		81 145
借：本年利润	294 020	
贷：利润分配——未分配利润		294 020

2.登记T形账

根据上述分录，登记T形账，并结出余额（仅以库存现金、银行存款、应付职工薪酬、盈余公积为例加以说明，其他账户同样登记）。

借方　　　　库存现金　　　　贷方

借方	贷方
期初余额　5 000	
（1）5 000	
期末余额　10 000	

借方	银行存款 贷方
期初余额 1 800 000	
(8) 500 000 (12) 1 073 500 (13) 452 000 (14) 40 000 (16) 4 623 (25) 315 000 (25) 80 000 (39) 360 000	(1) 5 000 (2) 161 000 (4) 102 800 (5) 146 900 (6) 235 000 (15) 210 000 (18) 1 037 000 (20) 20 000 (21) 28 000 (29) 87 000 (30) 67 100 (32) 253 250 (38) 850 000 (47) 48 500
期末余额 1 373 573	

借方	应付职工薪酬 贷方
	期初余额 51 000
(18) 1 037 000	(9) 410 000 (19) 627 000
	期末余额 51 000

借方	盈余公积 贷方
	期初余额 143 900
	(48) 21 567
	期末余额 165 467

3.编制科目余额表

根据T形账登记汇总结果，编制20×3年12月31日有关科目的余额，见表11-10。

表11-10

科目余额表

编制单位：中国海洋××股份有限公司　　20×3年12月31日　　单位：元

科目名称	借方余额	科目名称	贷方余额
库存现金	10 000	短期借款	200 000
银行存款	1 373 573	应付票据	100 000
其他货币资金	22 000	应付账款	675 000
交易性金融资产	28 800	应付职工薪酬	51 000

续表

科目名称	借方余额	科目名称	贷方余额
应收票据	0	应付股利	81 145
应收账款	487 000	应交税费	5 823
坏账准备	−9 740	其他应付款	65 000
预付账款	0	应付利息	24 000
其他应收款	4 500	长期借款	1 620 500
材料采购	200 000	其中：一年内到期的非流动负债	400 000
原材料	31 800	递延所得税负债	20 400
周转材料	20 000		
包装物	10 000	股本	1 000 000
低值易耗品	10 000	资本公积	3 428 800
库存商品	283 600	其他综合收益	12 000
材料成本差异	1 000	盈余公积	165 467
存货跌价准备	−17 690	利润分配——未分配利润	281 308
其他权益工具投资	90 000		
长期股权投资	220 000		
长期股权投资减值准备	−4 500		
固定资产	3 610 100		
累计折旧	−235 000		
固定资产减值准备	−85 000		
工程物资	130 000		
在建工程	670 000		
无形资产	1 200 000		
累计摊销	−320 000		
研发支出	20 000		
合计	7 730 443	合计	7 730 443

4.编制资产负债表

根据科目汇总表和有关明细账情况，编制20×3年12月31日资产负债表，见表11-11。

表 11-11

资产负债表

编制单位：中国海洋××股份有限公司　　20×3 年 12 月 31 日　　单位：元

资　产	期末余额	年初余额	负债和所有者权益（或股东权益）	期末余额	年初余额
流动资产：			流动负债：		
货币资金	1 405 573	1 973 000	短期借款	200 000	400 000
交易性金融资产	28 800	26 800	交易性金融负债	0	0
衍生金融资产	0	0	衍生金融负债	0	0
应收票据	0	80 000	应付票据	100 000	250 000
应收账款	477 260	392 000	应付账款	675 000	760 000
应收款项融资	0	0	预收款项	0	0
预付款项	0	65 000	合同负债	0	0
其他应收款	4 500	4 500	应付职工薪酬	51 000	51 000
存货	518 710	348 200	应交税费	5 823	40 800
合同资产	0	0	其他应付款	170 145	77 000
持有待售资产	0	0	持有待售负债	0	0
一年内到期的非流动资产	0	0	一年内到期的非流动负债	400 000	850 000
其他流动资产	0	0	其他流动负债	0	0
流动资产合计	2 434 843	2 889 500	流动负债合计	1 601 968	2 428 800
非流动资产：			非流动负债：		
债权投资	0	0	长期借款	1 220 500	950 000
其他债权投资	0	0	应付债券	0	0
长期应收款	0	0	其中：优先股	0	0
长期股权投资	215 500	215 500	永续债	0	0
其他权益工具投资	90 000	80 000	租赁负债	0	0
其他非流动金融资产	0	0	长期应付款	0	0
投资性房地产	0	0	预计负债	0	0
固定资产	3 290 100	2 309 000	递延收益	0	0
在建工程	800 000	1 600 000	递延所得税负债	20 400	8 000
生产性生物资产	0	0	其他非流动负债	0	0
油气资产	0	0	非流动负债合计	1 240 900	958 000
使用权资产	0	0	负债合计	2 842 868	3 386 800

续表

资 产	期末余额	年初余额	负债和所有者权益 (或股东权益)	期末余额	年初余额
无形资产	880 000	960 000	所有者权益（或股东权益）:		
开发支出	20 000	0	实收资本（或股本）	1 000 000	1 000 000
商誉	0	0	其他权益工具	0	0
长期待摊费用	0	0	其中：优先股	0	0
递延所得税资产	0	0	永续债	0	0
其他非流动资产	0	0	资本公积	3 428 800	3 428 800
非流动资产合计	5 295 600	5 164 500	减：库存股	0	0
			其他综合收益	12 000	4 500
			专项储备	0	0
			盈余公积	165 467	143 900
			未分配利润	281 308	90 000
			所有者权益（或股东权益）合计	4 887 575	4 667 200
资产总计	7 730 443	8 054 000	负债和所有者权益（或股东权益）总计	7 730 443	805 4000

5.编制各损益类科目的本期发生额表

各损益类科目本期发生额见表11-12。

表 11-12 **损益类账户本期发生额表**

编制单位：中国海洋××股份有限公司　　20×3年12月31日　　单位：元

账户名称	借方	贷方
主营业务收入		1 650 000
主营业务成本	900 000	
税金及附加	21 250	
管理费用	157 600	
研发费用	67 100	
财务费用	56 500	
销售费用	28 000	
投资收益		40 000
公允价值变动损益		2 000
资产减值损失	31 190	
信用减值损失	6 740	

续表

账户名称	借方	贷方
资产处置损益	40 000	
营业外收入		
营业外支出	30 000	
所得税费用	59 600	

6.编制利润表

根据损益类科目发生额表编制20×3年12月利润表，见表11-13。

表11-13 利润表

编制单位：中国海洋××股份有限公司 20×3年12月 单位：元

项目	本期金额	上期金额
一、营业收入	1 650 000	（略）
减：营业成本	900 000	
税金及附加	21 250	
销售费用	28 000	
管理费用	157 600	
研发费用	67 100	
财务费用	56 500	
其中：利息费用	—	
利息收入	—	
加：其他收益		
投资收益（损失以"–"号填列）	40 000	
其中：对联营企业和合营企业的投资收益	—	
以摊余成本计量的金融资产终止确认收益（损失以"–"号填列）	—	
净敞口套期收益（损失以"–"号填列）	—	
公允价值变动收益（损失以"–"号填列）	2 000	
信用减值损失（损失以"–"号填列）	–6 740	
资产减值损失（损失以"–"号填列）	–31 190	
资产处置收益（损失以"–"号填列）	–40 000	
二、营业利润（亏损以"–"号填列）	383 620	
加：营业外收入	—	

续表

项　目	本期金额	上期金额
减：营业外支出	30 000	
三、利润总额（亏损总额以“-”号填列）	353 620	
减：所得税费用	59 600	
四、净利润（净亏损以“-”号填列）	294 020	
五、其他综合收益的税后净额	8 000	
（一）不能重分类进损益的其他综合收益	8 000	
（二）将重分类进损益的其他综合收益	—	
六、综合收益总额	302 020	
七、每股收益：	—	
（一）基本每股收益	—	
（二）稀释每股收益	—	

注：所得税费用金额为本年利润经纳税调整后的金额。

7.编制调整分录

以利润表项目为基础，从“营业收入”开始，结合资产负债表项目逐一进行分析，并编制调整会计分录：

（1）分析调整营业收入

营业收入由主营业务收入和其他业务收入构成，企业取得收入的时候，分录如下：

借：银行存款/应收票据/应收账款/预收账款等

　　贷：主营业务收入/其他业务收入

　　　　应交税费——应交增值税（销项税额）

从利润表可知，本期营业收入为1 650 000元，从明细账可知，本期销售产品的增值税销项税额为214 500元（分录（7）中52 000，分录（12）中123 500，分录（24）中39 000），先假定本期销售收入和税金全部收到了现金。然后需要分析应收账款、应收票据、预收账款的本年变动情况，从年初科目余额表（表11-9）、年末科目余额表（表11-10）可知，中国海洋××股份有限公司本年应收账款余额增加了87 000元（487 000-400 000），故需在假定的现金流量基础上调减87 000元；应收票据余额减少了80 000元（0-80 000），说明收到了前一年度的款项，需在假定的现金流量基础上调增80 000元（如应收账款、应收票据的变动实际未涉及现金流入，后续再做进一步调整）。调整分录为：

经营活动现金流量——销售商品、提供劳务收到的现金

=1 650 000+214 500+80 000-87 000=1 857 500（元）

借：经营活动现金流量——销售商品、提供劳务收到的现金　　　1 857 500

　　应收账款　　　87 000

贷：营业收入　1 650 000

应交税费——应交增值税（销项税额）　214 500

应收票据　80 000

（2）分析调整营业成本

营业成本由主营业务成本和其他业务成本构成，主要由各种存货价值结转形成，企业结转成本的时候，分录如下：

借：主营业务成本/其他业务成本

贷：库存商品/原材料/周转材料等（存货）

各存货又通常是购入取得，购入分录如下：

借：库存商品/原材料/周转材料等（存货）

应交税费——应交增值税（进项税额）

贷：银行存款/应付票据/应付账款/预付账款等

从利润表可知，本期营业成本为900 000元，从明细账可知，本期购入存货的增值税进项税额为42 077元（分录（2）中26 000，分录（16）中16 077），先假定本期购入的所有存货全部出售，且购入存货的价款和税款全部支付了现金，则经营活动现金流量——购买商品、接受劳务支付的现金为942 077元。然后在此基础上分析存货、应付账款、应付票据、预付账款的本年变动情况，从年初科目余额表（表11-9）、年末科目余额表（表11-10）可知，中国海洋××股份有限公司本年存货总额增加了181 700元（（200 000+31 800+10 000+10 000+283 600+1 000）－（120 000+91 200+10 000+70 000+60 000+3 500）），说明本期购入存货大于转出存货，现金实际流出量大于假定金额，故现金流出量需在假定的现金流出量的基础上调增181 700元；应付票据减少了150 000元（100 000−250 000），说明偿还了前一年度的应付票据，需在假定的现金流量基础上调增150 000元；应付账款减少了85 000元（675 000−760 000），说明偿还了前一年度的应付账款，需在假定的现金流量基础上调增85 000元；预付账款减少了65 000元（0−65 000），说明使用了前一年度的预付账款，这部分购入实际没有流出现金，故需在假定的现金流量基础上调减65 000元（如应付账款、应付票据、预付账款的变动实际未涉及现金流出，后续再做进一步调整）。调整分录为：

$$\text{经营活动现金流量——购买商品、接受劳务支付的现金} = 900\,000 + 42\,077 + 181\,700 + 150\,000 + 85\,000 - 65\,000 = 1\,293\,777(\text{元})$$

借：营业成本　900 000

应交税费——应交增值税（进项税额）　42 077

应付票据　150 000

存货　181 700

应付账款　85 000

贷：经营活动现金流量——购买商品、接受劳务支付的现金　1 293 777

预付款项　65 000

（3）调整税金及附加

先假定本期利润表中的税金及附加21 250元全部流出了现金，计入“经营活动现金流量——支付的各项税费”项目。如其中有一部分实际未导致现金流出，后续再冲减“经营活动现金流量——支付的各项税费”项目。调整分录为：

借：税金及附加　　21 250

　贷：经营活动现金流量——支付的各项税费　　21 250

（4）调整销售费用

先假定本期利润表中的销售费用28 000元全部流出了现金，计入“经营活动现金流量——支付其他与经营活动有关的现金”项目。如其中有一部分实际未导致现金流出，后续再冲减该项目。调整分录为：

借：销售费用　　28 000

　贷：经营活动现金流量——支付其他与经营活动有关的现金　　28 000

（5）调整管理费用和研发费用

先假定本期利润表中的管理费用157 600元、研发费用67 100元全部流出了现金，计入“经营活动现金流量——支付其他与经营活动有关的现金”项目。如其中有一部分实际未导致现金流出，后续再冲减该项目。调整分录为：

借：管理费用　　157 600

　　研发费用　　67 100

　贷：经营活动现金流量——支付其他与经营活动有关的现金　　224 700

（6）调整财务费用

按照我国现行会计准则与会计制度，企业在一定时期所确认的财务费用与经营活动产生的现金流量无直接关系。根据利润表，中国海洋××股份有限公司本月共发生财务费用56 500元，其中24 000元（分录（25）为应收票据贴现息，导致应收票据减少，并无相应的现金流入，而在调整分录（1）中，已假定所有应收票据的减少都有现金流入，故应在调整分录（1）的基础上将“销售商品、提供劳务收到的现金”调减24 000元。同时，从总账和有关明细账可知，本期财务费用的发生导致“长期借款”（长期借款——应付利息）增加了10 500元、“应付利息”（资产负债表中并入其他应付款核算）增加了22 000元（分录（26））。调整分录如下：

借：财务费用　　56 500

　贷：经营活动现金流量——销售商品、提供劳务收到的现金　　24 000

　　　其他应付款　　22 000

　　　长期借款　　10 500

（7）调整资产减值损失和信用减值损失

资产减值损失31 190元（分录（42）中11 190、分录（43）中20 000）和信用减值损失6 740元（分录（41））的确认均不涉及现金流量。只需将原分录中的“坏账准备”“存货跌价准备”“固定资产减值准备”分别替换成资产负债表中的“应收账款”“存货”“固定资产”项目即可。调整分录如下：

借：资产减值损失　　31 190

　　信用减值损失　　6 740

　贷：应收账款　　6 740

　　　存货　　11 190

　　　固定资产　　20 000

(8) 调整公允价值变动损益

利润表中确认的公允价值变动损益2 000元（分录（33））不涉及现金流量，也不涉及资产负债表项目名称变动。调整分录如下：

借：交易性金融资产 2 000

　贷：公允价值变动收益 2 000

(9) 调整投资收益

在我国，“取得投资收益收到的现金”属于投资活动产生的现金流量。先假定利润表中确认的投资收益40 000元（分录（14））均收到了现金，计入“投资活动现金流量——取得投资收益收到的现金”项目。如其中有一部分实际未导致现金流入，后续再冲减该项目。调整分录为：

借：投资活动现金流量——取得投资收益收到的现金 40 000

　贷：投资收益 40 000

(10) 调整资产处置损失和营业外支出

利润表中反映，中国海洋××股份有限公司本年资产处置损失40 000元（分录（13））、营业外支出30 000元（分录（37）和分录（44）），分别涉及处置固定资产损失40 000元、固定资产盘亏30 000元。

①将分录（13）中三笔分录合并，结果如下：

借：累计折旧 260 000

　固定资产减值准备 100 000

　银行存款 452 000

　资产处置损益——处理固定资产净损失 40 000

　贷：固定资产 800 000

　　应交税费——应交增值税（销项税额） 52 000

②将分录（37）、分录（44）中两笔分录合并，结果如下：

借：累计折旧 225 000

　固定资产减值准备 25 000

　营业外支出——固定资产盘亏 30 000

　贷：固定资产 280 000

③将以上两笔分录合并，并将银行存款替换成现金流量表中“投资活动现金流量——处置固定资产、无形资产和其他长期资产收回的现金净额”项目，将其他项目名称替换成资产负债表中项目名称，调整分录如下：

借：资产处置收益 40 000

　营业外支出 30 000

　投资活动现金流量——处置固定资产、无形资产和其他长期资产收回的现金净额 452 000

　固定资产（累计折旧） 485 000

　固定资产（固定资产减值准备） 125 000

　贷：固定资产（原价） 1 080 000

　　应交税费——应交增值税（销项税额） 52 000

（11）调整所得税费用

利润表中所得税费用59 600元（分录（46））的确认不直接涉及现金流量。调整分录如下：

借：所得税费用　59 600

　贷：递延所得税负债　9 900

　　　应交税费——应交所得税　49 700

（12）调整坏账准备

本年发生坏账5 000元（分录（40）），冲减了应收账款与坏账准备，即该项应收账款的减少并没有相应的现金流入，因此，调整分录（1）中所确定的“销售商品、提供劳务收到的现金”项目需要调减5 000元。将分录（40）中借方的“坏账准备”调整为资产负债表中“应收账款”项目，将贷方的“应收账款”调整为现金流量表中“经营活动现金流量——销售商品、提供劳务收到的现金”项目，调整分录如下：

借：应收账款（坏账准备）　5 000

　贷：经营活动现金流量——销售商品、提供劳务收到的现金　5 000

（13）调整固定资产

调整分录（10）在分析调整营业外支出时，已涉及固定资产减少的调整，此处调整固定资产的增加额1 591 100元（分录（4）中91 100，分录（11）中1 500 000）以及相应的增值税进项税额11 700元（分录（4）），将分录（4）和分录（11）合并，并将分录（4）中“银行存款”替换成现金流量表中“投资活动现金流量——购建固定资产、无形资产和其他长期资产支付的现金”项目。调整分录如下：

借：固定资产　1 591 100

　　应交税费——应交增值税（进项税额）　11 700

　贷：投资活动现金流量——购建固定资产、无形资产和其他长期资产支付的现金　102 800

　　　在建工程　1 500 000

（14）调整累计折旧

本期计提折旧120 000元（分录（27）），其中100 000元计入制造费用，这部分费用月末转入产品成本，并最终转入营业成本，前述调整分录（2）已假设所有营业成本均会导致现金流出，计提折旧时这部分费用并未导致现金流出，故需要调减调整分录（2）中“购买商品、接受劳务支付的现金”项目金额100 000元；20 000元计入了管理费用，前述调整分录（5）已假设本期确认的全部管理费用都导致了现金流出，计提折旧费用并未导致现金流出，故应调减调整分录（5）中“支付其他与经营活动有关的现金”项目20 000元，并将分录（27）中的“累计折旧”科目替换成资产负债表中“固定资产”项目。调整分录如下：

借：经营活动现金流量——购买商品、接受劳务支付的现金　100 000

　　　　　　　　　　——支付其他与经营活动有关的现金　20 000

　贷：固定资产（累计折旧）　120 000

（15）调整在建工程（工程物资）

分析在建工程的本期借方发生额7 000 000元（分录（5）中工程物资130 000，分录

(9) 中410 000，分录（10）中160 000）以及相应的增值税进项税额16 900元（分录（5）），确定与此相关的“购建固定资产、无形资产和其他长期资产支付的现金”项目金额。对分录（5）、(9)、(10) 进行合并，并将原分录中相应科目分别替换成资产负债表和现金流量表中相应项目，分录（9）中在建工程人员的应付职工薪酬应计入“购建固定资产、无形资产和其他长期资产支付的现金”项目，调整分录如下：

借：在建工程　　700 000

　　应交税费——应交增值税（进项税额）　　16 900

　贷：投资活动现金流量——购建固定资产、无形资产和其他长期资产支付的现金　　556 900

　　　长期借款（长期借款——应付利息）　　160 000

(16) 调整无形资产（累计摊销）

购买和出售无形资产的业务，是否伴随有相应的现金流出与流入，如有，则属于“投资活动现金流量——购建固定资产、无形资产和其他长期资产支付的现金”或“投资活动现金流量——处置固定资产、无形资产和其他长期资产收回的现金净额”，本例中中国海洋××股份有限公司本期没有发生购建或处置无形资产的经济业务。无形资产摊销80 000元（分录（28）），增加了本期管理费用，但无相应的现金流出，前述调整分录（5）已假设所有管理费用都流出了现金，故应调减“经营活动现金流量——支付其他与经营活动有关的现金”项目，同时将分录（28）中的“累计摊销”替换成资产负债表中的“无形资产”项目。调整分录如下：

借：经营活动现金流量——支付其他与经营活动有关的现金　　80 000

　贷：无形资产（累计摊销）　　80 000

(17) 调整开发支出（研发支出）

本期研发支出流出现金20 000元（分录（20）），应计入“投资活动现金流量——支付其他与投资活动有关的现金”项目，并将分录（20）中“研发支出”科目替换成资产负债表中“开发支出”项目。调整分录如下：

借：开发支出　　20 000

　贷：投资活动现金流量——支付其他与投资活动有关的现金　　20 000

(18) 调整其他权益工具投资

本例中，其他权益工具投资公允价值的变动（分录（34））不涉及现金流量。直接将原分录的其他综合收益合并后，编制调整分录如下：

借：其他权益工具投资　　10 000

　贷：其他综合收益　　7 500

　　　递延所得税负债　　2 500

(19) 调整短期借款

分析“短期借款”项目有无增减变动，是否有相应的现金流入或流出。中国海洋××股份有限公司本期“短期借款”科目有200 000元的借方发生额（分录（15）），系该公司以现金偿还短期借款本金，应计入现金流量表中“筹资活动现金流量——偿还债务支付的现金”项目，调整分录如下：

借：短期借款　　200 000

贷：筹资活动现金流量——偿还债务支付的现金 200 000

（20）调整应付职工薪酬

本期“应付职工薪酬”科目借方发生额为1 037 000元（分录（18）），其中支付给在建工程人员的工资410 000元（分录（9）），属于“投资活动现金流量——购建固定资产、无形资产和其他长期资产支付的现金”，已在调整分录（15）中予以调整，其余627 000元属于“经营活动现金流量——支付给职工以及为职工支付的现金”项目。调整分录如下：

借：应付职工薪酬 627 000

贷：经营活动现金流量——支付给职工以及为职工支付的现金 627 000

“应付职工薪酬”科目借方发生额1 037 000元（分录（18））中，支付给在建工人的工资410 000元已予以调整，581 400元计入了生产成本，最终增加了营业成本，在调整分录（2）中已假定流出了现金，故应调减“经营活动现金流量——购买商品、接受劳务支付的现金”项目金额581 400元。计入管理费用的45 600元，则应在分录（5）的基础上调减“经营活动现金流量——支付其他与经营活动有关的现金”项目金额。调整分录如下：

借：经营活动现金流量——购买商品、接受劳务支付的现金 581 400

——支付其他与经营活动有关的现金 45 600

贷：应付职工薪酬 627 000

（21）调整应交税费

应交税费调整较复杂，因为与前面有关项目联系较多，且涉及多个项目。增值税的销项税额已在调整分录（1）调整，进项税额已在调整分录（2）调整，与固定资产、工程物资相关的增值税已在调整分录（10）、（13）、（15）调整，本期确认的税金及附加已在调整分录（3）调整，且本期确认的税金及附加（分录（32））与实际缴纳数一致，因而此处只需调整确定实际上缴税务机关的增值税与所得税。本期实际缴纳增值税232 000元（分录（32）），缴纳所得税48 500元（分录（47））。调整分录如下：

借：应交税费 280 500

贷：经营活动现金流量——支付的各项税费（增值税） 232 000

——支付的各项税费（所得税） 48 500

（22）分析调整应付利息

本期“应付利息”科目贷方发生额22 000元（分录（26）），是确认的应付短期借款利息，已在调整分录（6）中调整，借方发生额10 000元（分录（15）），是偿付利息支付的现金。调整分录如下：

借：其他应付款（应付利息） 10 000

贷：筹资活动现金流量——分配股利、利润或偿付利息支付的现金 10 000

（23）调整一年内到期的非流动负债

本期长期借款的借方发生额85 000元（分录（38）），从年初的科目余额表（表11-9）可知，该长期借款在资产负债表中已被列入一年内到期的非流动负债。调整分录如下：

借：一年内到期的非流动负债 850 000

贷：筹资活动现金流量——偿还债务支付的现金 850 000

从20×3年年底科目余额表（表11-10）可知，一年内到期的长期借款400 000元，需从长期借款转为一年内到期的非流动负债。调整分录如下：

借：长期借款　　400 000

　贷：一年内到期的非流动负债　　400 000

（24）调整长期借款

本期长期借款的贷方发生额500 000元（分录（8）），属于“筹资活动的现金流量——取得借款收到的现金”项目。调整分录如下：

借：筹资活动的现金流量——取得借款收到的现金　　500 000

　贷：长期借款　　500 000

（25）结转净利润

年末将净利润294 020元（分录（49））转入“利润分配”账户，正常分录是借记“本年利润”科目，贷记“利润分配——未分配利润”科目，分别调整为利润表和资产负债表中的项目，调整分录如下：

借：净利润　　294 020

　贷：未分配利润　　294 020

（26）提取盈余公积及分配股利

本期提取盈余公积21 567元，向投资者分配利润81 145元（分录（48）、（49）），将原分录中的“利润分配——未分配利润”“应付股利”分别调整为资产负债表中的“未分配利润”“其他应付款”项目。调整分录如下：

借：未分配利润　　102 712

　贷：盈余公积　　21 567

　　　其他应付款（应付股利）　　81 145

（27）调整现金及现金等价物净变化额

用本期经营活动、投资活动、筹资活动的现金净流入量，减去现金净流出量，得出本期现金及现金等价物净变化额为567 427元。调整分录如下：

借：现金及现金等价物净增加额　　567 427

　贷：货币资金　　567 427

8.编制现金流量表

将各调整分录记入已经完成基础工作的工作底稿。登记结果详见表11-14。

表11-14　现金流量表工作底稿　单位：元

项目	期初数	调整分录		期末数或本期数
		借方	贷方	
一、资产负债表项目				期末数
借方项目				
货币资金	1 973 000		（27）567 427	1 405 573
交易性金融资产	26 800	（8）2 000		28 800

续表

项目	期初数	调整分录		期末数或本期数
		借方	贷方	
应收票据	80 000		（1）80 000	0
应收账款	392 000	（1）87 000 （12）5 000	（7）6 740	477 260
预付款项	65 000		（2）65 000	0
其他应收款	4 500			4 500
存货	348 200	（2）181 700	（7）11 190	518 710
其他权益工具投资	80 000	（18）10 000		90 000
长期股权投资	215 500			215 500
固定资产	2 309 000	（10）485 000 （10）125 000 （13）1 591 100	（7）20 000 （10）1 080 000 （14）120 000	3 290 100
在建工程	1 600 000	（15）700 000	（13）1 500 000	800 000
无形资产	960 000		（16）80 000	880 000
开发支出	0	（17）20 000		20 000
借方项目合计	8 054 000			7 730 443
贷方项目				
短期借款	400 000	（19）200 000		200 000
应付票据	250 000	（2）150 000		100 000
应付账款	760 000	（2）85 000		675 000
其他应付款	77 000	（22）10 000	（6）22 000 （26）81 145	170 145
应付职工薪酬	51 000	（20）627 000	（20）627 000	51 000
应交税费	40 800	（2）42 077 （13）11 700 （15）16 900 （21）280 500	（1）214 500 （10）52 000 （11）49 700	5 823
一年内到期的非流动负债	850 000	（23）850 000	（23）400 000	400 000
长期借款	950 000	（23）400 000	（6）10 500 （15）160 000 （24）500 000	1 220 500

续表

项目	期初数	调整分录		期末数或本期数
		借方	贷方	
递延所得税负债	8 000		（11）9 900 （18）2 500	20 400
股本	1 000 000			1 000 000
资本公积	3 428 800			3 428 800
其他综合收益	4 500		（18）7 500	12 000
盈余公积	143 900		（26）21 567	165 467
未分配利润	90 000	（26）102 712	（25）294 020	281 308
贷方项目合计	8 054 000			7 730 443
二、利润表项目				本期数
营业收入			（1）1 650 000	1 650 000
营业成本		（2）900 000		900 000
税金及附加		（3）21 250		21 250
销售费用		（4）28 000		28 000
管理费用		（5）157 600		157 600
研发费用		（5）67 100		67 100
财务费用		（6）56 500		56 500
资产减值损失		（7）31 190		31 190
信用减值损失		（7）6 740		6 740
投资收益			（9）40 000	40 000
公允价值变动收益			（8）2 000	2 000
资产处置收益		（10）40 000		40 000
营业外支出		（10）30 000		30 000
所得税费用		（11）59 600		59 600
净利润		（25）294 020		294 020
三、现金流量表项目				本期数
一、经营活动产生的现金流量：				

续表

项目	期初数	调整分录		期末数或本期数
		借方	贷方	
销售商品、提供劳务收到的现金		（1）1 857 500	（6）24 000 （12）5 000	1 828 500
经营活动现金流入小计				1 828 500
购买商品、接受劳务支付的现金		（14）100 000 （20）581 400	（2）1 293 777	612 377
支付给职工以及为职工支付的现金			（20）627 000	627 000
支付的各项税费			（3）21 250 （21）232 000 （21）48 500	301 750
支付其他与经营活动有关的现金		（14）20 000 （16）80 000 （20）45 600	（4）28 000 （5）224 700	107 100
经营活动现金流出小计				1 648 227
经营活动产生的现金流量净额				180 273
二、投资活动产生的现金流量：				
收回投资收到的现金				
取得投资收益收到的现金		（9）40 000		40 000
处置固定资产、无形资产和其他长期资产收回的现金净额		（10）452 000		452 000
投资活动现金流入小计				492 000
购建固定资产、无形资产和其他长期资产支付的现金			（13）102 800 （15）556 900	659 700
支付其他与投资活动有关的现金			（17）20 000	20 000
投资活动现金流出小计				679 700
投资活动产生的现金流量净额				-187 700
三、筹资活动产生的现金流量：				
取得借款收到的现金		（24）500 000		500 000
筹资活动现金流入小计				500 000
偿还债务支付的现金			（19）200 000 （23）850 000	1 050 000

续表

项目	期初数	调整分录		期末数或本期数
		借方	贷方	
分配股利、利润或偿付利息支付的现金			（22）10 000	10 000
筹资活动现金流出小计				1 060 000
筹资活动产生的现金流量净额				-560 000
四、现金及现金等价物净增加额		（27）567 427		-567 427
调整分录借贷合计		11 918 616	11 918 616	

根据表11-14，编制现金流量表，见表11-15。

表11-15 **现金流量表**

编制单位：中国海洋××股份有限公司 20×3年12月 单位：元

项 目	本期金额	上期金额
一、经营活动产生的现金流量：		略
销售商品、提供劳务收到的现金	1 828 500	
收到的税费返还	—	
收到其他与经营活动有关的现金	—	
经营活动现金流入小计	1 828 500	
购买商品、接受劳务支付的现金	612 377	
支付给职工以及为职工支付的现金	627 000	
支付的各项税费	301 750	
支付其他与经营活动有关的现金	107 100	
经营活动现金流出小计	1 648 227	
经营活动产生的现金流量净额	180 273	
二、投资活动产生的现金流量：		
收回投资收到的现金	—	
取得投资收益收到的现金	40 000	
处置固定资产、无形资产和其他长期资产收回的现金净额	452 000	
收到其他与投资活动有关的现金	—	
投资活动现金流入小计	492 000	
购建固定资产、无形资产和其他长期资产支付的现金	659 700	

续表

项　目	本期金额	上期金额
投资支付的现金	—	
支付其他与投资活动有关的现金	20 000	
投资活动现金流出小计	679 700	
投资活动产生的现金流量净额	-187 700	
三、筹资活动产生的现金流量：		
吸收投资收到的现金	—	
取得借款收到的现金	500 000	
收到其他与筹资活动有关的现金	—	
筹资活动现金流入小计	500 000	
偿还债务支付的现金	1 050 000	
分配股利、利润或偿付利息支付的现金	10 000	
支付其他与筹资活动有关的现金	—	
筹资活动现金流出小计	1 060 000	
筹资活动产生的现金流量净额	-560 000	
四、汇率变动对现金及现金等价物的影响	—	
五、现金及现金等价物净增加额	-567 427	
加：期初现金及现金等价物余额	—	
六、期末现金及现金等价物余额	—	

企业采用直接法列报经营活动现金流量的情况下，还应采用间接法在报表附注中披露将净利润调节为经营活动现金流量的信息，见表11-16。

表11-16　**将净利润调节为经营活动现金流量**　单位：元

项目	金额
1. 将净利润调节为经营活动现金流量	
净利润	294 020
加：资产减值损失和信用减值损失	37 930
固定资产折旧	120 000
无形资产摊销	80 000
处置固定资产、无形资产和其他长期资产的损失（收益以“-”号填列）	70 000
固定资产报废损失（收益以“-”号填列）	—

续表

项目	金额
公允价值变动损失（收益以“-”号填列）	-2 000
财务费用（收益以“-”号填列）	56 500
投资损失（收益以“-”号填列）	-40 000
递延所得税资产减少（增加以“-”号填列）	—
递延所得税负债增加（减少以“-”号填列）	9 900
存货的减少（增加以“-”号填列）	-181 700
经营性应收项目的减少（增加以“-”号填列）	29 000
经营性应付项目的增加（减少以“-”号填列）	-293 377
其他	—
经营活动产生的现金流量净额	180 273
2.不涉及现金收支的投资和筹资	
债务转为资本	—
一年内到期的可转换公司债券	—
融资租入固定资产	—
3.现金及现金等物净增加情况	
现金的期末余额	1 405 573
减：现金的期初余额	1 973 000
加：现金等价物的期末余额	—
减：现金等价物的期初余额	—
现金及现金等价物净增加额	-567 427

注：经营性应收项目的变动情况=应收账款增加额+应收票据减少额+预付账款减少额=-（87 000+5 000）+（80 000-24 000）-65 000=29 000（元）

经营性应付项目的变动情况=应付账款减少额+应付票据减少额+应交税费减少额=（-85 000）+（-150 000）+（-58 377）=-293 377（元）

第五节　所有者权益变动表

一、所有者权益变动表的内容及结构

（一）所有者权益变动表的内容

所有者权益变动表是指反映构成所有者权益各组成部分当期增减变动情况的报表。所有者权益变动表应当全面反映一定时期所有者权益变动的情况，不仅包括所有者权益总量的增减变动，还包括所有者权益增减变动的重要结构性信息，以便于报表使用者准确理解所有者权益增减变动的根源。

在所有者权益变动表中，综合收益和与所有者（或股东）的资本交易导致的所有者权益的变动，应分别列示。企业至少应当单独列示反映下列信息的项目：（1）综合收益总额；（2）会计政策变更和前期差错更正的累积影响金额；（3）所有者投入资本和向所有者分配利润等；（4）提取的盈余公积；（5）所有者权益各组成部分的期初和期末余额及其调节情况。

（二）所有者权益变动表的结构

为清楚地反映构成所有者权益的各组成部分当期的增减变动情况，所有者权益变动表应当以矩阵的形式列示：一方面，列示导致所有者权益变动的交易或事项，改变了以往仅仅按照所有者权益的各组成部分反映所有者权益变动情况，而是从所有者权益变动的来源对一定时期所有者权益变动情况进行全面反映；另一方面，按照所有者权益各组成部分（包括实收资本、资本公积、其他综合收益、盈余公积、未分配利润、库存股等）及其总额列示交易或事项对所有者权益的影响。

此外，企业还需要提供比较所有者权益变动表，将各项目再分为“本年金额”和“上年金额”两栏分别填列。

二、所有者权益变动表的填列方法

（一）上年金额栏的填列方法

所有者权益变动表“上年金额”栏内各项数字，应根据上年度所有者权益变动表“本年金额”栏内所列数字填列。如果上年度所有者权益变动表规定的项目的名称和内容与本年度不一致，应对上年度所有者权益变动表各项目的名称和金额按照本年度的规定进行调整，填入所有者权益变动表“上年金额”栏内。

（二）本年金额栏的填列方法

所有者权益变动表“本年金额”栏内数字一般根据“实收资本（或股本）”“其他权益工具”“资本公积”“盈余公积”“专项储备”“其他综合收益”“利润分配”“库存股”“以前年度损益调整”等科目及其明细科目发生额分析填列。

第六节　附　注

一、附注的主要内容

附注是对资产负债表、利润表、现金流量表、所有者权益变动表等报表中列示项目的文字描述或明细资料，以及对未能在这些报表中列示项目的说明等。附注是财务报表的重要组成部分。附注应当按照如下顺序披露有关内容：

（一）企业的基本情况

（1）企业注册地、组织形式和总部地址。

（2）企业的业务性质和主要经营活动。

（3）母公司以及集团最终母公司的名称。

（4）财务报告的批准报出者和财务报告批准报出日。

（二）财务报表的编制基础

（1）会计年度。

（2）记账本位币。

（3）会计计量所运用的计量属性。

（4）现金和现金等价物的构成。

（三）遵循企业会计准则的声明

企业应当明确说明编制的财务报表符合企业会计准则的要求，真实、公允地反映了企业的财务状况、经营成果和现金流量等有关信息。以此明确如下问题，如企业对于拥有的持股不足50%的关联企业，为何判断企业拥有控制权并因此将其纳入合并范围；又如投资性房地产的判断标准是什么等，这些判断对在报表中确认的项目金额具有重要影响。因此，这项披露要求有助于使用者理解企业选择和运用会计政策的背景，增加财务报表的可理解性。

（四）重要会计估计的说明

企业应当披露会计估计中所采用的关键假设和不确定因素的确定依据，这些关键假设和不确定因素在下一会计期间内很可能导致资产、负债账面价值进行重大调整。在确定报表中确认的资产和负债的账面金额过程中，企业有时需要对不确定的未来事项在资产负债表日对这些资产和负债的影响加以估计。例如，固定资产可收回金额的计算需要根据其公允价值减去处置费用后的净额与预计未来现金流量的现值两者之间的较高者确定，在计算资产预计未来现金流量的现值时需要对未来现金流量进行预测，并选择适当的折现率。应当在附注中披露未来现金流量预测所采用的假设及其依据、所选择的折现率为什么是合理的等。这些假设的变动对这些资产和负债项目金额的确定影响很大，有可能会在下一个会计年度内做出重大调整。因此，强调这一披露要求，有助于提高财务报表的可理解性。

（五）会计政策和会计估计变更以及差错更正的说明

企业应当按照《企业会计准则第28号——会计政策、会计估计变更和差错更正》及其应用指南的规定，披露会计政策和会计估计变更以及差错更正的有关情况。

（六）重要报表项目的说明

企业应当以文字和数字描述相结合、尽可能以列表形式披露重要报表项目的构成或当期增减变动情况，并与报表项目相互参照。在披露顺序上，一般应当按照资产负债表、利润表、现金流量表、所有者权益变动表的顺序及其报表项目列示的顺序。

（七）其他需要说明的重要事项

这主要包括或有和承诺事项、资产负债表日后非调整事项、关联方关系及其交易等。

二、分部报告

（一）业务分部和地区分部的确定

1.业务分部

业务分部，指企业内可区分的、能够提供单项或一组相关产品或劳务的组成部分，该组成部分承担了不同于其他组成部分的风险和报酬。

企业在确定业务分部时，应结合企业内部管理要求，并考虑下列因素：①各单项产品或劳务的性质，包括产品或劳务的规格、型号、最终用途等。通常情况下，产品或劳务的性质相同，其风险、报酬率及成长率通常可能较为接近，一般可将其划分到同一业务分部中。而对于性质完全不同的产品或劳务，则不能将其划分到同一业务分部中。②生产过程的性质。③产品或劳务的类型。④销售产品或提供劳务的方式。⑤生产产品或提供劳务受法律、行政法规的影响，包括经营范围或交易定价限制等。

2.地区分部

地区分部，指企业内可区分的、能在一个特定的经济环境内提供产品或劳务的组成部分。该组成部分承担了不同于其他经济环境内提供产品或劳务的组成部分的风险和报酬。

在确定地区分部时，应结合企业内部管理要求，并考虑下列因素：①所处经济、政治环境的相似性，包括境外经营所在地区经济和政治的稳定程度等。②在不同地区经营之间的关系。③经营范围的相似程度大小。④与某一特定地区经营相关的特别风险，包括气候异常变化等。⑤外汇管理规定，即境外经营所在地区是否实行外汇管理。⑥外汇风险。

（二）报告分部的确定

1.重要性标准的判断

报告分部是指符合业务分部或地区分部的定义，按规定应予披露的业务分部或地区分部。报告分部的确定应当以业务分部或地区分部为基础。当业务分部或地区分部的大部分收入是对外交易收入，且满足下列条件之一的，企业应当将其确定为报告分部：

（1）该分部的分部收入占所有分部收入合计的10%或以上。

（2）该分部的分部利润（亏损）的绝对额，占所有盈利分部利润合计额或者所有亏损分部亏损合计额的绝对额两者中较大者的10%或以上。

（3）该分部的分部资产占所有分部资产合计额的10%或以上。

2.低于10%重要性标准的选择

业务分部或地区分部未满足三个重要性判断标准的，可按照下列规定进行处理：

（1）不考虑该分部的规模，直接将其指定为报告分部。在这种情况下，无论该分部是否满足10%的重要性标准，企业可以根据需要直接将其指定为报告分部。

（2）不将该分部直接指定为报告分部的，而是将该分部与一个或一个以上类似的、未满足规定条件的其他分部合并为一个报告分部。对分部报告的10%的重要性测试可能会导致存在多种业务或多地区经营的企业拥有大量未满足10%数量临界线的小业务分部或地区分部，在这种情况下，如果企业没有直接将这些分部指定为报告分部的，则可以将一个或一个以上类似的、未满足重要性标准的小分部合并成一个报告分部。

（3）不将该分部指定为报告分部且不与其他分部合并的，应当在披露分部信息时，将其作为其他项目单独披露。如果企业不将该分部直接指定为报告分部，并且也不将该分部与其他未作为报告分部的其他分部合并为一个报告分部，则企业应当把这些分部作为其他项目（即未分配项目），单独进行披露。

3.报告分部75%的标准

企业的业务分部或地区分部达到规定的10%重要性判断标准，确认为报告分部后，确定为报告分部的各业务分部或各地区分部对外交易收入合计额占企业总收入的比重应达到75%的比例。

4.垂直一体化经营情况下报告分部的确定

当业务分部或地区分部的大部分收入是通过与企业外部客户交易而取得时，在满足其他重要性条件的情况下，可以将该业务分部或地区分部确定为报告分部。但如果企业的内部管理按照垂直一体化经营的不同层次来划分，即使大部分收入不是通过对外交易取得，仍可将垂直一体化经营的不同层次确定为独立的报告分部。

（三）分部信息的披露

分部信息的披露包括分部收入、分部费用、分部利润（亏损）、分部资产、分部负债等方面信息的披露。其中，分部收入通常不包括下列项目：①利息收入（包括因预付或借给其他分部款项而确认的利息收入）和股利收入，但分部的日常活动是金融性质的除外。②营业外收入。③处置投资产生的净收益，但分部的日常活动是金融性质的除外。④采用权益法核算的长期股权投资在被投资单位实现的净利润中应享有的份额，但分部的日常活动是金融性质的除外。分部费用通常不包括下列项目：①利息费用（包括因预收或向其他分部借款而确认的利息费用），但分部的日常活动是金融性质的除外。②营业外支出。③处置投资发生的净损失，但分部的日常活动是金融性质的除外。④采用权益法核算的长期股权投资在被投资单位发生的净损失中应承担的份额，但分部的日常活动是金融性质的除外。⑤所得税费用。⑥与企业整体相关的管理费用和其他费用。

三、关联方披露

（一）关联方关系的认定

1.关联方的定义

一方控制、共同控制另一方或对另一方施加重大影响，以及两方或两方以上同受一方控制、共同控制或重大影响的，构成关联方。关联方关系则指有关联的各方之间的关系。其中，控制是指有权决定一个企业的财务和经营政策，并能据以从该企业的经营活动中获取利益。

2.企业关联方的构成

下列构成企业的关联方：

（1）该企业的母公司。

（2）该企业的子公司。

（3）与该企业受同一母公司控制的其他企业。

（4）对该企业实施共同控制的投资方。如A、B、C三个企业共同控制D企业，则A和D、B和D、C和D成为关联方关系。如果不存在其他关联方关系，A和B、A和C、B和C之间不构成关联方关系。

（5）对该企业施加重大影响的投资方。

（6）该企业的合营企业。如A、B、C、D企业各占F企业有表决权资本的25%，按照合同规定，投资各方按照出资比例控制F企业，由于出资比例相同，F企业由A、B、C、D企业共同控制，在这种情况下，A和F、B和F、C和F、D和F之间构成关联方关系。

（7）该企业的联营企业。

（8）该企业的主要投资者个人及与其关系密切的家庭成员。

（9）该企业或其母公司的关键管理人员及与其关系密切的家庭成员。

（10）该企业的主要投资者个人、关键管理人员或与其关系密切的家庭成员控制、共同控制或施加重大影响的其他企业。

（二）不构成关联方关系的情况

下列情况不构成关联方关系：

（1）与该企业发生日常往来的资金提供者、公用事业部门、政府部门和机构，与该企业发生大量交易而存在经济依存关系的单个客户、供应商、特许商、经销商、代理商。

（2）与该企业共同控制合营企业的合营者。

（3）仅仅同受国家控制而不存在其他关联方关系的企业。

（三）关联方的披露

关联方的披露应主要包括如下内容：

（1）母公司和子公司的名称。母公司不是该企业最终控制方的，说明最终控制方名称。母公司和最终控制方均不对外提供财务报表的，说明母公司之上与其最相近的对外提供财务报表的母公司名称。

（2）母公司和子公司的业务性质、注册地、注册资本（或实收资本、股本）及其当期发生的变化。

（3）母公司对该企业或者该企业对子公司的持股比例和表决权比例。

（4）企业与关联方发生关联方交易的，披露该关联方关系的性质、交易类型及交易要素。交易要素至少应当包括：①交易的金额。②未结算项目的金额、条款和条件，以及有关提供或取得担保的信息。③未结算应收项目的坏账准备金额。④定价政策。

（5）企业应当分别关联方以及交易类型披露关联方交易。

本章小结

1.财务报告是企业对外提供的反映企业某一特定日期财务状况和某一会计期间经营成果、现金流量等会计信息的文件。财务报告是向投资者等财务报告使用者提供决策有用信息的媒介和渠道，是沟通投资者、债权人等使用者与企业管理层之间信息的桥梁和纽带。

2.财务报告包括财务报表和其他应当在财务报告中披露的相关信息及资料。其中，财务报表由报表本身及附注两部分构成，附注是财务报表的有机组成部分，而报表至少应当包括资产负债表、利润表、现金流量表等报表。

3.资产负债表是反映企业在某一特定日期财务状况的会计报表。企业编制资产负债表的目的是通过如实反映企业的资产、负债和所有者权益金额及其结构情况，从而有助于使用者评价企业资产的质量以及短期偿债能力、长期偿债能力和利润分配能力等。

4.利润表是反映企业在一定会计期间的经营成果的会计报表。企业编制利润表的目的是通过如实反映企业实现的收入、发生的费用以及应当计入当期利润的利得和损失等金额及其结构情况，从而有助于使用者分析评价企业的盈利能力及其构成与质量。

5.现金流量表是反映企业在一定会计期间现金和现金等价物流入和流出情况的会计报表。企业编制现金流量表的目的是通过如实反映企业各项活动的现金流入、流出情况，从而有助于使用者评价企业的现金流和资金周转情况。

6. 附注是对在会计报表中列示项目所做的进一步说明，以及对未能在这些报表中列示项目的说明等。企业编制附注的目的是通过对财务报表本身做补充说明，以更加全面、系统地反映企业财务状况、经营成果和现金流量的全貌，从而有助于向使用者提供更为有用的信息，做出更加科学合理的决策。

7. 财务报表是财务报告的核心内容，但是除了财务报表之外，财务报告还应当包括其他相关信息，具体可以根据有关法律法规的规定和外部使用者的信息需求而定。如企业可以在财务报告中披露其承担的社会责任、对社区的贡献、可持续发展能力等信息，这些信息对于使用者的决策也是相关的，尽管属于非财务信息，无法包括在财务报表中，但是如果有规定或者使用者有需求的，企业应当在财务报告中予以披露，有时企业也可以自愿在财务报告中披露相关信息。

思政链接

年报存虚假记载 ST 星星遭中国证监会处罚

成立工作小组美化财务报表、两年时间累计虚增营收46.97亿元、累计虚增利润28.37亿元……2023年8月，ST星星因虚增业绩，年报中存在虚假记载，受到中国证监会行政处罚。业内人士指出，企业要健全内部控制制度，完善治理结构，以确保财务报告的真实性和准确性。

ST星星日前披露称，公司近日收到中国证监会送达的《行政处罚决定书》。经查，公司存在虚增营业收入、利润总额等情况，致其2019年年报和2020年年报存在虚假记载。根据相关规定，中国证监会决定对ST星星给予警告，并处600万元罚款，相关责任人合计处1 960万元罚款。公告显示，2019年与2020年，ST星星相关子公司等通过虚构销售业务，分别虚增营业收入138 381.66万元、319 217.90万元；此外，其相关子公司等还通过虚构租赁和加工业务的方式，分别在2019年与2020年虚增营业收入5 519.36万元、6 581.32万元。在调节营业成本方面，ST星星相关子公司等还通过虚构采购、与供应商约定虚假折扣的方式进行调节。

通过以上虚构销售、虚构租赁和加工业务、虚构采购、约定虚假采购折扣等方式，ST星星2019年度虚增营业收入143 901.02万元，虚增营业成本26 510.16万元，虚增利润总额117 390.86万元（不考虑税费、期间费用等调整），分别占当期披露营业收入的22.68%、营业成本的4.98%、利润总额的761.20%；2020年，ST星星通过财务造假活动虚增营业收入325 799.22万元，虚增营业成本159 492.83万元，虚增利润总额166 306.39万元（不考虑税费、期间费用等调整），分别占当期披露营业收入的39.26%、营业成本的22.22%、利润总额的3 799.51%。

ST星星还少计商誉减值损失。经查，通过虚构销售、虚构租赁和加工业务等方式，子公司星星触控2019年和2020年分别虚增收入20 033.26万元和18 888.34万元；子公司星星精密2019年和2020年分别虚增收入28 174.53万元和49 276.85万元。ST星星2019年和2020年对星星触控及星星精密进行商誉减值测试所依据的财务基础数据错误，导致少计提商誉减值损失。2021年12月底，ST星星披露会计差错更正公告，更正后，ST星星2019年补计提商誉减值损失14 671.96万元，其中收购星星触控形成的商誉补计提

4 901.01万元，收购星星精密形成的商誉补计提9 770.94万元；2020年补计提商誉减值损失72 920.28万元，其中收购星星触控形成的商誉补计提25 692.91万元、收购星星精密形成的商誉补计提47 227.37万元。

公告显示，时任ST星星董事长刘建勋组织公司“年度报表工作小组”，“美化”财务报表；与配合造假单位签署了《业务居间合作协议》《关于公司2020年度年报数据调整决定》等文件，在案证据足以证明其组织、实施ST星星信息披露违法行为。

ST星星表示，本次《行政处罚决定书》涉及信息披露违法违规问题已于2021年整改完毕，公司将吸取经验教训，加强内部治理的规范性，提高信息披露质量，并严格遵守相关法律法规规定。

资料来源　李犇.年报存虚假记载 ST星星遭证监会处罚［N］. 经济参考报，2023-08-15（3）.

思政启示：

虚假财务报告违反了法律和道德规范，不仅损害企业和个人的利益，也对整个经济和市场秩序产生负面影响，可能导致企业和个人面临法律诉讼、罚款和监禁等严重后果。对于虚假财务报告，社会应该高度关注，并采取措施来预防和惩治这种不诚信行为。作为会计人员，应具备高度的诚信和道德品质，诚实守信，不得伪造、篡改或隐瞒财务数据，严禁编造虚假财务报告；应具备良好的会计专业知识和技能，熟悉相关会计准则和法规，能够正确应用会计准则进行财务报告编制和分析，并保持独立性和客观性，不受任何利益、压力或影响而偏离真实情况，不得为达到某种目的而改变报告内容；应不断学习和更新自己的知识，关注会计法规和准则的变化，提高自己的职业判断力和专业水平，勇于发现和报告财务问题，及时纠正错误和偏差，保证财务报告的可靠性和透明度，维护会计职业的声誉和信誉。

第十一章　即测即评

业务练习题

1. 中国海洋××股份有限公司为增值税一般纳税企业，20×3年该公司发生了如下经济业务：

（1）提取现金1 872 000元，备发工资。

（2）支付工资1 872 000元。

（3）购入原材料一批，用银行存款支付货款936 000元，增值税为121 680元，材料验收入库。

（4）车间报废设备一台，以现金支付清理费用3 120元，取得变价收入6 240元，已收存银行。该设备原价873 600元，已提折旧499 200元。

（5）以银行存款归还短期借款本金624 000元及以前月份预提的利息78 000元。

（6）从银行获得3年期借款1 560 000元，存入银行。

（7）转让交易性金融资产，收到银行存款717 600元，该股票账面成本为624 000元。

（8）销售乙产品一批，总价款 657 072 元，该批产品的销售成本为 374 400 元，款项尚未收到。

（9）用银行存款支付广告费 31 200 元，支付退休人员工资 156 000 元，支付公司办公经费 468 000 元。

（10）以银行存款偿还上年所欠货款 1 216 800 元。

（11）计提本年度生产车间用固定资产折旧 624 000 元。

（12）计提短期借款利息 156 000 元。

（13）偿还长期借款本金 3 120 000 元。

（14）以银行存款支付罚款 374 400 元。

（15）计提无形资产摊销 187 200 元。

（16）分配职工工资，其中生产人员 936 000 元，车间管理人员 374 400 元，行政管理人员 312 000 元，在建工程人员 249 600 元。

（17）计提城市维护建设税 249 600 元

（18）计提本年销售应负担的教育费附加 12 480 元。

（19）用银行存款支付教育费附加 12 480 元。

（20）将各损益类科目余额结转“本年利润”账户。

要求：

（1）根据以上经济业务做出会计分录。

（2）根据会计分录编制本公司资产负债表、利润表及现金流量表（假定其他项目均未发生任何变动）。

2. 中国海洋××股份有限公司 20×3 年有关资料如下：

（1）当期销售商品实现收入 10 000 元，“应收账款”账户期初余额为 20 000 元，期末余额为 50 000 元，“预收账款”账户期初余额为 10 000 元，期末余额为 30 000 元。假定不考虑坏账准备和增值税因素。

（2）当期用银行存款支付购买原材料货款 48 000 元，支付前期的应付账款 12 000 元；当期购买原材料预付货款 15 000 元，当期因购货退回现金 6 000 元。

（3）当期实际支付职工工资及各种奖金 44 000 元。其中，生产工人工资及奖金 35 000 元，在建工程人员工资及奖金 9 000 元。

（4）当期购买工程物资预付货款 22 000 元，向承包商支付工程款 16 000 元。

（5）当期购入某公司股票 1 000 股，实际支付全部价款 14 500 元。其中，相关税费 200 元，已宣告但尚未领取的现金股利 300 元。

（6）当期发行面值为 80 000 元的企业债券，扣除支付的佣金等发行费用 8 000 元后，实际收到款项 72 000 元。另外，为发行企业债券实际支付审计费用 3 000 元。

（7）当期用银行存款偿还借款本金 6 000 元，偿还借款利息 6 000 元。

（8）当期用银行存款支付分配的现金股利 30 000 元。

要求：根据上述资料，计算中国海洋××股份有限公司现金流量表中下列项目的金额：

（1）销售商品、提供劳务收到的现金。

（2）购买商品、接受劳务支付的现金。

（3）支付给职工以及为职工支付的现金。

（4）购置固定资产、无形资产和其他长期资产支付的现金。

（5）投资支付的现金。

（6）吸收投资收到的现金。

（7）偿还债务支付的现金。

（8）分配股利、利润或偿付利息支付的现金。

主要参考文献

［1］财政部会计财务评价中心．中级会计实务［M］．北京：经济科学出版社，2023.

［2］中国注册会计师协会．会计［M］．北京：中国财政经济出版社，2023.

［3］中华人民共和国财政部．会计基础工作规范［A/OL］．(2022-04-19)［2023-09-08］．http：//jdjc.mof.gov.cn/fgzd/202204/t20220419_3803834.htm.

［4］刘永泽，陈立军．中级财务会计［M］．7版．大连：东北财经大学出版社，2021.

［5］戴德明，林钢，赵西卜．财务会计学［M］．13版．北京：中国人民大学出版社，2021.

［6］中华人民共和国财政部．企业会计准则（合订本）［M］．北京：经济科学出版社，2020.

［7］路国平，黄中生．中级财务会计［M］．3版．北京：高等教育出版社，2018.

［8］安索尼，里斯，赫特斯坦．会计学：教程与案例［M］．骆珣，等译．9版．北京：北京大学出版社，2000.